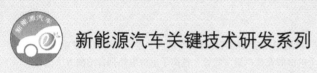
新能源汽车关键技术研发系列

锂离子动力蓄电池
热管理技术

李军求　张承宁　等著

U0359622

机械工业出版社
CHINA MACHINE PRESS

本书结合作者的研究成果，根据相关领域的国内外研究进展，围绕车用锂离子电池热管理技术，介绍了车用锂离子电池的充放电温度特性、锂离子电池电热耦合建模方法，重点论述了锂离子电池的风冷与液冷散热、锂离子电池基于 PTC 与宽线金属膜加热方法、电池正弦交流电自加热与电池安全演变特性与管理策略等方面实验研究与仿真模拟的重要结论。

　　本书主要面向新能源汽车行业从业人员，适合新能源汽车、热管理、电池等相关领域的研究人员和工程技术人员阅读和参考，也可作为能源与动力、电动汽车、电池等相关专业的本科生与研究生的教材或参考书。

图书在版编目（CIP）数据

锂离子动力蓄电池热管理技术 / 李军求等著 . —北京：机械工业出版社，2021.4（2025.5 重印）
（新能源汽车关键技术研发系列）
ISBN 978-7-111-67843-4

Ⅰ . ①锂… Ⅱ . ①李… Ⅲ . ①电动汽车－锂离子电池－研究 Ⅳ . ① U469.72

中国版本图书馆 CIP 数据核字（2021）第 053850 号

机械工业出版社（北京市百万庄大街 22 号 邮政编码 100037）
策划编辑：何士娟 责任编辑：何士娟
责任校对：陈 越 封面设计：张 静
责任印制：张 博
固安县铭成印刷有限公司印刷
2025 年 5 月第 1 版第 3 次印刷
169mm×239mm · 22 印张 · 466 千字
标准书号：ISBN 978-7-111-67843-4
定价：169.00 元

电话服务　　　　　　　网络服务
客服电话：010-88361066　机 工 官 网：www.cmpbook.com
　　　　　010-88379833　机 工 官 博：weibo.com/cmp1952
　　　　　010-68326294　金 书 网：www.golden-book.com
封底无防伪标均为盗版　机工教育服务网：www.cmpedu.com

丛书序

　　在新能源汽车成为战略新兴产业之一等国家战略的背景下，以纯电动汽车和燃料电池汽车、插电式混合动力汽车为代表的新能源汽车，作为能源网络中用能、储能和回馈能源的终端，成为我国乃至经济新体系中的重要组成部分。我国经过 4 个五年计划的科技攻关，基本掌握了新能源汽车的整车技术和关键零部件技术，实现了跨越式发展，并逐步实现了产业化。

　　但是，在世界这个完全开放的市场中，中国新能源汽车核心关键技术尚未彻底突破，技术竞争压力越来越大，加快新能源汽车持续创新、推进中国汽车产业技术转型升级，是中国科技发展的重大战略需求。中国的新能源汽车技术还需要不断创新，快速发展。

　　本套丛书将聚焦于新能源汽车整车、零部件关键技术，以及与新能源汽车配套的科技体系和产业链，邀请行业内各领域一直从事研究和试验工作的产品第一线技术人员编写，内容系统、科学，极具实用性，希望能够为我国新能源汽车的持续发展提供技术支撑和智力支持。

前　言

　　现如今，世界各地仍严重依赖石油、煤炭等化石燃料来满足能源需求。而在日渐严峻的环境问题重压下，能源结构的转变成为必然的发展趋势。大力发展节能与新能源汽车作为其中重要的一环，成为汽车长远发展方向上的一大共识。在国家政策的积极引导下，我国新能源汽车市场迅猛发展，市场渗透率由 2011 年的 0.3% 发展至 2018 年的 4% 以上。而在《新能源汽车产业发展规划（2021—2035）》提出的目标中，到 2025 年，新能源汽车新车销量占比将达到 25% 左右。

　　动力电池是新能源汽车的重要能量来源，其高效稳定的运行是保障新能源汽车性能的关键。锂离子电池凭借能量密度高、功率密度高以及循环寿命长等方面的优势，成为当前车用动力电池的首选。但由于锂离子电池的适宜工作温度范围相对较窄（通常为 10~30℃），而新能源汽车实际应用场景的温度范围则更为宽泛，所以随着新能源汽车的大范围普及，对动力电池的高低温环境适应性的要求也更加严苛。为解决电池温度特性与应用场景需求间的矛盾，电池热管理需要完成散热、加热及控制温差等方面的任务。

　　过高的温度将加快电池副反应的发生，使电池老化加速，严重影响电池的使用寿命。而大电芯化的趋势则使得电芯表面积与体积之比下降，造成电池内部热量较难散出。当散热条件恶劣时，热量积累将使得电池的温度急剧上升，增加热失控风险。此外，伴随着快速充电需求的持续增长，大倍率充电成为趋势，无疑对电池系统的散热效能提出了更高的要求。因此，如何实现高效且均匀的散热、避免电池高温运行，一直以来都是电池热管理研究中的重点。

　　而低温条件下，锂离子电池的容量、充放电功率等性能将大打折扣，极大限制了其在高寒地区的应用。为解决锂离子电池低温使用限制的问题，对电池的加热与保温也至关重要。同样，如何快速、均匀、安全且无损伤地实现电池加热也成为当前热管理研究中的热点。

　　同时，锂离子电池存在热安全性问题，轻则导致电池性能下降，重则引发安全事故。其诱因主要包括机械滥用、电滥用与热滥用，其中过充电电滥用是导致锂离子电池热安全问题最常见的诱因之一。因此分析热失控演变特性和建模方法，研究锂电池热安全管理策略，成为电池热管理研究新的热点问题。

　　本书结合作者研究实践及国内外研究进展，较为详尽地论述了锂离子电池热管理相关原理及方法。本书对电池热管理研究现状展开综述，并对锂离子电池温度特性、电热耦合建模方法进行分析与介绍，着重叙述了电池风冷散热、液冷散热、PTC 外部加热、宽线金属膜外部加热及正弦交流电内部加热建模与仿真分析。此外，进一步对锂离子电池过充电热安全演变特性及管理策略进行了阐述，可以为新能源汽车、动力电池及热管理等领域的相关研究人员与工程技术人员提供理论建模、仿真分析和工程实际的参考。

本书由李军求、张承宁、雷治国、金鑫、孙丹妮共同著写，共 8 章。李军求负责第 1、3~4、5、8 章的编写工作和第 7 章部分编写工作，并负责全书组织和各章统稿审核工作；张承宁负责第 6 章的编写工作，第 2 章的部分编写工作；雷治国负责第 2 章的部分编写工作和第 6 章的数据处理，金鑫和孙丹妮负责第 7 章的部分编写工作。第 1 章介绍了车用动力电池发展概况，归纳总结了当前电池热管理及热特征建模的研究现状；第 2 章介绍了锂离子电池结构及工作原理，并基于特性实验分析了锂离子电池的温度特性；第 3 章介绍了锂离子电池产热及热传导原理，并着重阐述了电池电热耦合模型的构建；第 4、5 章则分别叙述了风冷散热与液冷散热电池模组的建模，并基于模型仿真分析了相关因素对散热性能的影响；第 6 章介绍了基于 PTC 与基于宽线金属膜这两类外部加热技术方案，并结合实验与数值仿真展示了两类技术的加热性能；第 7 章从加热原理、加热实验、建模仿真及方案设计等方面详细介绍了基于正弦交流电的内部加热方法；第 8 章针对电池热安全管理，重点论述了过充电滥用过程中锂电池特征参数和内部机理演变特性，过充电安全预警、诊断及安全防护方法。

本书作者力图将动力电池热管理领域国内外最新的研究开发成果，以及北京理工大学电动车辆国家工程实验室团队的研究成果和心得体会奉献给同仁，以助新能源汽车动力电池热管理的研究向前发展一臂之力。但由于作者能力有限，本书内容并不能涵盖动力电池系统热管理相关的所有知识，希望广大读者积极提出批评和斧正意见，推动本书的修改和完善。

对于本书出版和发行给予大力支持的行业同仁，作者在此表示诚挚的感谢！

李军求，张承宁

目 录

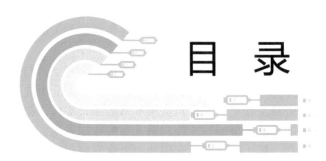

丛书序

前言

第 3 章　锂离子电池电热耦合建模

第6章　锂离子电池外部加热技术

第 7 章　基于正弦交流电的锂离子电池内部加热

第 8 章　锂离子电池热安全演变特性与管理策略

第 1 章

动力电池热管理研究现状

1.1 新能源汽车与动力电池

进入 21 世纪以来，在社会和科技的快速进步下，能源以及生态环境问题日益凸显。而随着汽车保有量的持续攀升，汽车排放及其产生的能源消耗逐渐成为生态环境和能源问题中不可忽略的一环。纯电动汽车以其零排放、无污染、噪声小等优点被认为是最适合未来社会、最具有发展前景的交通工具之一。

为了推动新能源汽车的发展，世界各国都出台了相关政策。美国从 2009 年起就投入 25 亿美元支持电动汽车产业的发展，曾计划在 2015 年前实现 100 万辆电动汽车上路的目标。2018 年 9 月，美国新能源汽车（包括插电混合与纯电汽车）的保有量突破了 100 万辆。另外，美国政府通过降低新能源汽车的购置税、政府采购新能源汽车等方式促进新能源汽车的销售。同时，通过大范围的新能源基础设施建设等项目来进一步推进新能源汽车产业的发展。日本早在 2006 年就颁布了新的国家能源战略，通过发展新能源汽车等多种方式降低其对石油的依赖度，并出台多项激励措施和优惠政策来促进新能源汽车的发展。在欧洲，德国实施了替代燃料优惠补贴政策；法国投入了 4 亿欧元以开展清洁能源汽车项目；英国政府实施了汽车保有税税制，资助低碳汽车项目。

我国政府出台了多项扶持政策来加速新能源汽车的发展，以缩短与德国、日本、美国等传统汽车工业强国的差距。早在 2009 年，我国科技部和财政部就联合启动了"十城千辆"电动汽车示范应用工程项目，在北京、上海等 13 个城市投放了百余辆混合动力公交车，作为新能源汽车的技能示范推广。之后政府又出台了对新能源汽车的购置补贴政策，以推进新能源汽车的应用，提高其市场占有率。在"十二五"规划中，我国政府提出未来十年将投入 1000 亿元用于研究和打造新能源汽车产业链。在《中国制造 2025》重点领域技术路线图中将纯电动汽车作为发展重点。2020 年 3 月 21 日，国务院常务会议确定将新能源汽车购置补贴和免征购置税政策延长两年，成为当年针对新能源汽车的最显著利好的政策，有助于保持产业良好的发展势头，拉动汽车消费。同年，工信部修订了《新能源汽车生产企业及产品准入管理规定》，进一步放开准入门槛，激发市场活力，促进我国新能源汽车产业的高质量发展。《新能源汽车产业发展规划（2021—2035）》提出到2025年，我国新能源汽车市场竞争力明显提高，动力电池、驱动电机、车载操作系统等关键技术取得重大突破，新能源汽车销量占比达到25%左右的目标。《节能与新能源汽车技术路线图2.0》再次强调了我国汽车行业需要坚持纯电动发展战略，并提出了新能源汽车逐渐成为主流产品，汽车产业实现电动化转型的目标；该规划指出，到2035年，我国的传统能源动力乘用车应全部为混合动力，新能源汽车年销量占比达到50%以上；燃料电池汽车保有量达到100万辆左右，商用车实现氢动力转型。新能源汽车已然成为车辆工业未来的发展方向。

作为新能源汽车上的重要储能元件，锂离子电池凭借其较高的比功率、电压、能量密度以及循环寿命长、无污染、无记忆效应、自放电低等方面的优势，得到了市场的青睐。其在手机、航天、军事装备和电动车辆等领域都具备广泛的应用前景。锂离子电池已经逐步替代其他电池成为主要的动力电池。在未来5～10年内，电动汽车将超过消费电子产品成为锂离子电池的第一大应用领域。

截至2018年年底，全球电动汽车销量突破550万辆，中国的销量占比超过53%。新能源汽车的发展，使得动力电池急速扩容。2011年以来，全球锂离子电池产量进入飞速增长时期。2011—2018年全球锂离子电池的产量变化以及增速情况如图1-1所示。

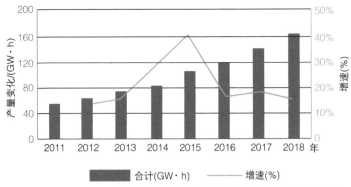

图1-1　2011—2018年全球锂离子电池的产量变化以及增速情况

在全世界范围内，锂离子动力电池的研发及生产主要集中在中国、日本、韩国及美国。美日韩在锂离子电池基础研发领域处于世界领先水平；而中国锂离子动力电池产能最大，同时也具有广阔的市场，研发及生产的综合实力在近年来得到了快速的发展，已逐步缩小与世界先进水平的差距。

同时，随着我国电池行业骨干企业对先进技术研究的不断投入，动力电池产品的水平也得到了较大的提升。宁德时代2019年的研发投入达到了29.9亿元，同比增长50.3%，增速较2018年提高了近30个百分点，占2019年企业营业收入的比重为 6.5%。国轩高科 2019 年研发投入 5.9 亿元，同比增长 19.2%，占当年营业收入的比重高达 11.9%。负极材料龙头企业贝特瑞 2019 年研发支出金额 2.4 亿元，同比增长 29.9%，占当年营业收入的比重为 5.4%。

在电池体系方面，现阶段仍以磷酸铁锂体系及三元材料体系为主导。三元动力电池具有能量密度大、低温性能好等优势，而磷酸铁锂离子电池则在安全性及循环寿命上更具优势。

《新能源汽车动力电池技术年度跟踪报告（2019 年）》指出，目前磷酸铁锂动力电池单体的能量密度已超过 170W·h/kg，体积能量密度达 360～390W·h/L，成组后电池系统的能量密度将超过 140W·h/kg，循环寿命在 5000 次以上。方形硬壳三元动力电池能量密度达到 240W·h/kg（软包为 270W·h/kg），体积能量密度为 540～590W·h/L（软包为 590～630W·h/L），成组后系统的能量密度超过 170W·h/kg。另外，三元材料体系也由 NCM（镍钴锰）523 及 NCM622 逐步朝向 NCM712 及 NCM811 转变，以追求更高的能量密度。价格方面，三元动力电池和磷酸铁锂动力电池的系统价格分别在 1.05 元/(W·h) 和 0.95 元/(W·h) 以上。

从电池封装形式来看，目前分为三种：方形硬壳、铝塑膜软包及圆柱形。三种封装形式的优劣势见表 1-1。

表 1-1　电池不同封装形式的优势及劣势

	优　势	劣　势
方形硬壳	结构可靠性高 单体电池循环寿命长	壳体较重，能量密度较低 机械结构件成本较高
铝塑膜软包	质量及体积能量密度高 可根据需求定制	机械性能较弱，易发生漏液 对外部模组保护结构要求高 散热设计相对困难
圆柱形	壳体钢壳为主，工艺制造成本低 工艺成熟度高，生产效率高 成品率及一致性高	大规模成组所需数量非常大，成组成本高 循环寿命相对较短 机械结构的高功率限制

我国采用 NCM523 及 NCM622 体系的方形硬壳电池的能量密度在 200～240W·h/kg 之间。而磷酸铁锂体系电池的能量密度通常在 140～180W·h/kg 之间，部分产品可达到 200W·h/kg。在铝塑膜软包方面，已有多家企业基于 NCM811 正极材料与硅碳负极材料开发出能量密度达 300W·h/kg 的单体电池。韩国 LG 化学的量产三元单体电池的能量密度可达 250W·h/kg 左右。圆柱形动力电池产品有尺寸增大的发展趋势，由 18650（即直径 18mm、高度 65mm）尺寸向 21700 尺寸转变。目前，国内量产的圆柱形电池的能量密度普遍为 230～260W·h/kg。日本松下采用镍钴铝（NCA）正极材料及硅碳负极材料的 21700 圆柱形电池的能量密度则能达到 270W·h/kg。

总体来看，目前的动力电池产品仍以磷酸铁锂及三元材料为主。而随着续驶里程需求的提升，高镍三元材料体系被电池企业普遍看好，但高镍三元材料在安全性上的劣势也成为其发展过程中一大障碍。在总体技术上，中国汽车工程学会牵头修订编制的《节能与新能源汽车技术路线图 2.0》指出，至 2035 年，我国新能源汽车动力电池技术总体上应处于国际领先地位，形成多材料体系动力电池、模块和系统产品平台，不断提高动力电池的能量密度，普及、商用和高端能量型动力电池的能量密度分别应达到 300W·h/kg、250W·h/kg 和 500W·h/kg 以上，使动力电池的耐久性和可靠性显著提升。

1.2 动力电池热管理和热安全

锂离子电池的性能、寿命、安全性均与电池的温度密切相关。电池温度过高，会加快副反应的进行，加速老化（大致温度每升高 15℃，寿命减少一半），甚至引发安全事故；电池温度过低，其功率、容量会明显降低，如不限制功率，则可能造成锂离子析出，造成不可逆衰减并埋下安全隐患。通常锂离子电池的适宜工作温度是 10~30℃，而汽车的使用环境温度范围则在 −30~50℃，车内电池周围的热环境往往很不均匀，这对电池组的热管理提出了严峻的挑战。动力电池的大型化、成组化应用使得电池（组）的散热能力大大低于产热能力，尤其对于以高倍率放电为特征的 HEV、PHEV，更需要设计复杂的散热系统。单体电池并联使用时（单体电池内部极片之间也是并联），温度不均匀会引起热电耦合，即温度高的电池（或部位）内阻较小，会分担更多的电流，致使荷电状态不均匀，从而加快电池组的劣化。因此，车用动力电池系统热管理技术是保证其性能、寿命及安全性的关键技术之一。几款电动汽车（包括 HEV、PHEV 和 BEV）电池组热管理系统的概况见表 1-2。

表 1-2 几款电动汽车电池组热管理系统的概况

国别	车辆型号	车辆类型	电池连接方法	热管理系统及其他
美国	GM Volt	PHEV	由 288 片单体组成，布置在 7 个含 36 片单体的模块和 2 个含 18 片单体的模块中	采用液冷方法，冷却液为 50% 水与 50% 乙二醇混合物。金属散热片间隔于单体间，冷却液在散热片内封闭循环，单体间散热片的厚度仅为 1mm 左右
			电气连接为混联结构，与机械布置相对独立，电气连接可等效为 96 片单体串联成组，3 组并联	
			若保持电池组标称电压与总容量不变，则由约 250 片单体组成	当温度过低时，加热线圈可加热冷却液并为电池升温
	Enwel Th!nk City	BEV	以 28kW·h 为例，电池组由 432 片单体组成。采用混联结构，电气连接等效为 108 片串联成组，4 组并联	采用强制风冷方法，每两片并联单体头部有中空的铝制导热槽，该导热槽与电池组整体的通风导流槽连接
	特斯拉 Roadster	BEV	由 6831 只 18650 锂离子电池组成。其中，69 只并联为 1 组，再将 9 组串联为 1 层，最后串联堆叠 11 层构成	采用液冷方法，冷却液为 50% 水与 50% 乙二醇混合物

（续）

国别	车辆型号	车辆类型	电池连接方法	热管理系统及其他
日本	丰田普锐斯 Prius，PHV	HEV，PHEV	—	采用强制风冷方法，通风风扇有四种运行模式：关、低转速、中转速、高转速。电池温控系统决定了电池风扇的运行模式
	日产 Leaf	BEV	由 192 片单体组成，为混联结构，即 48 个模块串联，每个模块内 2 串 2 并	电池包密封，外界不通风（寒冷地区有加热选件）
	Mitsubishi iMiEV，Minicap	BEV	iMiEV 由 88 片单体串联组成	采用强制风冷方法

此外，锂离子电池同样存在热安全性问题，轻则导致电池性能下降，影响电动汽车的性能和续驶里程，重则引发安全事故，造成人员伤亡和重大经济损失。近年来，不完全统计的由锂离子动力电池热失控导致的安全事故见表 1-3，图 1-2 所示为部分安全事故对应的图片。

表 1-3　不完全统计的由锂离子动力电池热失控导致的安全事故

事故序号	时间	地点	事故描述
1	2013.6	香港	电动公交车快速充电过程中着火
2	2015.4	深圳	电动客车充电时着火
3	2016.4	上海浦东	电动乘用车起火自燃
4	2016.5	珠海	电动公交车因电池短路导致起火
5	2017.5	北京	电动客车停车场自燃
6	2019.4	上海	电动乘用车快速充电后停车场自燃
7	2019.8	湖南	电动客车充电时着火
8	2020.10	北京	电动车发生自燃

a) 事故5照片　　　　　　　　b) 事故6照片　　　　　　　　c) 事故7照片

图 1-2　近年来部分锂离子动力电池安全事故现场图片

表 1-3 列举事故的诱因多为电池碰撞、内短路、过热、过充电等，这些诱因都可能导致热失控的发生。电池单体发生热失控后，产生的热量会传递给相邻的单体，造成热失控的蔓延。热失控与热蔓延导致电池模组起火甚至爆炸，威胁乘客的生命财产安全。《节能与新能源汽车技术路线图 2.0》提出到 2035 年，新能源汽车的起火事故率小于 0.01 次 / 万辆的目标。我国于 2020 年发布了《燃料电池电动汽车安全要求》与《电动汽车用动力蓄电池安全要求》，并在 2021 年实行，其中《电动汽车用动力蓄电池安全要求》是强制性国家标准。

因此，锂离子动力电池热安全研究至关重要，解决方法主要包括：电池材料层面的正负极、隔膜、电解液的改进，在热蔓延防控方面，防止热失控的电池单体将热量传递给相邻的单体而造成整个电池组的热失控等。

1.3　动力电池热管理研究方法

为了将锂离子电池应用到电动汽车动力电池系统上，需要考虑很多方面的问题，其中一个重要的方面便是锂离子动力电池的热管理问题。电动汽车动力电池热管理研究主要涉及以下三个方面：动力电池组的散热研究；动力电池组的低温加热研究；动力电池组温度场分布的研究。

对于第一方面，主要是由于电池组在充放电过程中产生热量，如果热量不及时散发出去，就会导致电池组温度上升，加快电池组寿命衰退，如果温度过高，甚至会引起电池组起火乃至爆炸，因此动力电池组的散热研究至关重要。对于第二方面，随着电动汽车的逐步推广，动力电池的低温性能越来越受到人们的重视，电池组在低温下充电难、放电容量衰减、续驶里程缩短等问题逐渐暴露出来，因此对动力电池组的低温加热研究同样必要。对于第三方面，主要是由于电池组内部含有许多电池单体，如果电池组温度场分布不均匀，将会使电池单体的不一致性增大，从而影响电池组的整体性能，因此电池组温度场分布的研究也是动力电池组热管理研究的重要方面。

1.3.1　动力电池组加热方法

电池组加热研究进展相对缓慢，在技术上实现电动车辆电池组加热要比实现电池组冷却困难。随着电动车辆的逐步推广，电池组的加热问题无法回避。当电池处于较低温度（-10℃以下）时，电池的充放电性能均大幅下降，如图 1-3 所示。这是因为在低温环境下，电池电极的极化严重，电池内阻显著增加，电解液的活性物质无法得到充分利用。下面从电池内部加热和外部加热两个方面阐述电池组加热技术的发展现状。

1. 内部加热法

T.A.Stuart（文献 20）研究了低温下对电池施加交流电的内部加热方法。其首先研究了 60Hz 交流电的内部加热效果，通过对低温下不同 SOC 的铅酸电池施加

60Hz 交流电，发现交流电的幅值越大，电池内部生热越明显。其指出，对铅酸电池施加幅值为 100A 的 60Hz 交流电后，电池能在 5min 内迅速升温并能实现正常的充放电。其也对 10 ~ 20kHz 的高频交流电进行了研究，并将其施加于 16 串的松下镍氢电池组，实验结果表明：幅值为 60 ~ 80A 的 10 ~ 20kHz 的交流电施加于 −30 ~ −20℃ 之间的镍氢电池组上，能使电池组在几分钟内迅速恢复到正常充放电的状态。

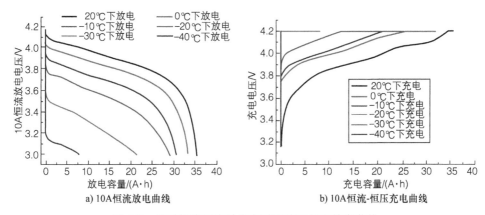

图 1-3　锰酸锂离子电池在各种温度下的充放电曲线

Hande A（文献 21）通过采用逆变电路以实现电池的高频加热，结果表明在几分钟内电池的温度就能升至室温，他还指出加热后电池的充放电性能得到提升，内阻也减小了，但是并没有对这一加热方法进行建模分析，也未对这种方法可能会对电池产生的容量和寿命的影响进行分析。Zhao（文献 22）通过比较电池充放电时的产热过程，指出电池放电产热比充电时多，利用这一特性，可以通过大脉冲放电与小脉冲充电相结合的方式来对电池进行低温加热。

Zhang Jianbo（文献 23）等采用正弦交流电对低温下的电池进行内部加热，并指出在一定范围内，正弦交流电的幅值越高，频率越低，电池的升温速度越快。其采用 18650 电池进行研究（试验平台见图 1-4），当正弦交流电的幅值为 7A(2.25C)、频率为 1Hz 并且外部对流换热系数为 15.9W/（ $m^2 \cdot K$ ）时，电池可以在 15min 内从 −20℃ 升高到 5℃，并且电池温度分布保持均匀。

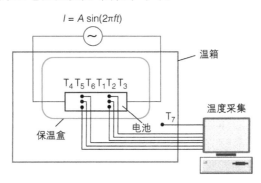

图 1-4　交流加热试验平台示意图

Ruan Haijun 等（文献 24）也提出了一种步进式充电方法（Stepwise Segmented Charging Technique），具体的做法如图 1-5 所示，对低温环境下的电池组进行浅充浅放，并且保持浅放的电流不变，不断增大浅充的电流，这一过程中电池会内部生热，并最终达到所需的温度。实验结果表明，经过 15min，电池温度就能从 -10℃升到 0℃。由于是浅充浅放，所以几乎不会对电池容量或寿命产生影响。

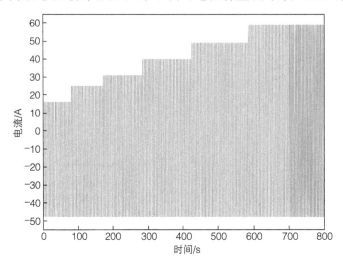

图 1-5　步进式充电预热方法的充放电电流变化

作为一种特殊形式的内部加热方法，由宾夕法尼亚州立大学王朝阳教授研究团队（文献 25）所提出的全气候自加热电池（见图 1-6），在近年来受到了广泛关注。全气候电池在传统锂离子电池的内部植入镍箔作为加热源。当需要进行低温预热时，加热控制开关闭合形成自加热电流回路以在电池内部产生大量热量，实现动力电池快速预热。在单体层面，研究结果显示，电池可在 30s 内由 -30℃升温至 0℃，且耗能在自身的 5% 以内。在电池产业化生产及应用层面，北京理工大学联合盟固利动力科技有限公司对全气候电池单体及自加热技术方案进行了攻关，在全气候动力电池系统（见图 1-7）的开发中取得了重大突破与成果。在寒区驻车加热试验中实现了 6min 快速自加热启动，温升速度超过 5℃/min，低温启动环节电池加热能耗不高于 5%，显示了该技术在未来工业化应用中的巨大潜力。

2. 外部加热法

（1）液体或气体加热

液体或气体加热方法是通过将加热后的液体或气体充入电池箱对电池进行加热。通用汽车公司推出的 VOLT 电动汽车即采用液体对电池组进行加热和散热（见图 1-8 和图 1-9）。采用液体加热，对电池箱的密封和绝缘要求较高，会增加整个电池箱的复杂程度，在可靠性方面尚有许多问题需要解决。虽然气体加热（见图 1-10）对于密封和绝缘没有特殊的要求，但是存在加热速度慢和加热能耗较高的缺点。

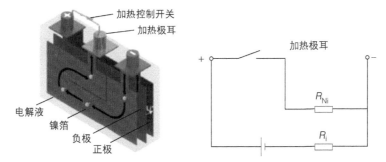

图 1-6　全气候电池自加热原理图

图 1-7　全气候动力电池系统样机

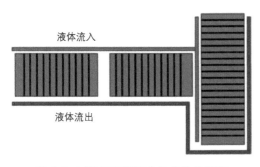

图 1-8　VOLT 电动汽车传热液体流向

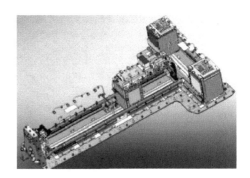

图 1-9　VOLT 电动汽车电池模组结构

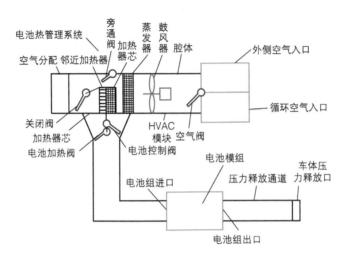

图 1-10　通用环球科技电池气体加热管理系统

（2）加热板加热

加热板加热是指在电池包顶部或底部添加电加热板。加热时，电加热板通电，加热板的一部分热量通过热传导方式直接传给电池，还有一部分通过周围被加热的空气以对流方式对电池进行加热。文献 30 对动力电池组底部加热进行了研究（加热系统见图 1-11）。研究结果表明：采用加热板加热，加热时间长，加热后，电池组温度分布不均匀，出现了较大温差。

a) 电池布置方式

b) 单组电池布置方式

c) 电池箱风扇

d) 电池箱PTC电加热板

图 1-11　动力电池底部加热系统

（3）加热套加热

加热套加热是指每个电池单体加上一个加热套，加热套由电阻材料制成。这种加热方式（见图 1-12）可以使电池组各电池单体受热均匀，能量损失比较少。但是在炎热的夏天，加热套会造成电池散热困难等问题。

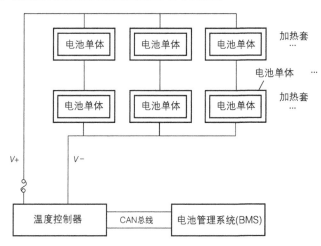

图 1-12　某汽车加热套加热方案

（4）珀尔贴效应加热法

珀尔贴效应是指电流流过两种不同导体的界面时，将从外界吸收热量，或向外界放出热量。利用珀尔贴效应这种特殊性质，通过改变电流的方向，就可以实现加热和制冷两种功能，加热和制冷强度可以通过改变电流大小进行精确控制，是一种主动式电池组热管理系统。珀尔贴效应在电子设备上已经有了一定的应用，但是将珀尔贴效应应用在动力电池上的研究比较少。

Chakib Alaoui 和 Ziyad M. Salameh（文献 32-34）对珀尔贴效应在电动汽车上的应用进行了研究。文献 32 利用珀尔贴效应制作电热装置，并对该装置进行了实验。实验结果表明：该装置具有结构简单、温度控制精度高、能耗低等优点。文献 33、34 给出了将珀尔贴效应应用在汽车上的装置结构（见图 1-13），并给出了其在汽车上的布置方案（见图 1-14）。该装置不仅可以对电池进行加热和冷却，而且还可以替代汽车空调。

Bartek Kras 和 Marcin Ciosek 等（文献 35、36）利用珀尔贴效应研制开发了主动式电池组热管理系统，并且装配到 SAM EVII 电动汽车上，锂离子动力电池电量为 7kW·h，热管理系统可以有效地对电池进行冷却和加热，但是没有给出热管理系统的具体结构形式。

Yan Ji 等（文献 37）对不同的加热方法从以下 4 个方面进行了比较研究：

① 电池在加热过程中的能量损失。

② 加热时间。

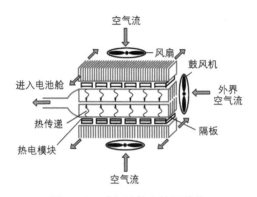

图 1-13　珀尔贴效应热泵结构

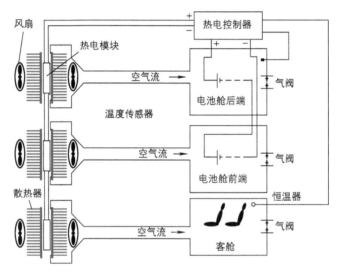

图 1-14　珀尔贴效应热管理系统

③ 加热对电池系统及电池自身的影响。

④ 加热系统的成本。

该文献选取了以下 4 种加热方法进行比较：

① 电池直流内部加热，即对电池进行恒流或恒压放电，使电池内部生热。

② 电池自加热，具体做法为电池供电给对流加热装置用于自身的加热。

③ MPH（Mutual Pulse Heating）加热，即将整个电池组分为两部分，中间用 DC/DC 装置相连，一部分放电用来给另一部分充电，然后另一部分放电用来给这部分充电，在两部分交替充放电的过程中使得整个电池组的温度逐渐升高。

④ 交流电加热，即对电池正负极施加一定频率和幅值的交流电，使得电池自身发热。

经过研究，文献指出：方法②电池自加热需要的加热时间最短；方法③ MPH

加热需要的能量最少，并且加热均匀；方法④交流电加热使用的交流电可以通过市电转换而来，不需要消耗电池内部能量，并且该方法的加热均匀性较好；方法①电池直流内部加热虽然不需要设计附加的加热装置，但是该方法加热效率低、加热时间长、电池的容量损失大。

1.3.2　动力电池组散热方法

电动车辆电池组的散热问题较早就引起研究者的注意，早在 1979 年，文献 38 就提出了铅酸动力电池组的热管理问题。当电池组以高倍率进行充放电或是在高温环境下工作时，由于受到空间限制，动力电池组布置比较紧凑，如果没有合理的冷却措施，必然导致电池组局部温度上升。电池组温度分布的不均匀性将导致电池组一致性被破坏，缩短电池寿命。电池组的冷却方法主要有空气冷却、液体冷却、相变材料冷却以及热管冷却。其中，对空气冷却的研究已经比较成熟，目前动力电池组使用的冷却方式主要是空气冷却，其他冷却方法还在不断研究和完善中。

1. 空气冷却

空气冷却指风流过电池组时与电池表面间对流换热，带走热量从而冷却电池组。该散热方式性价比较高、易于安装、设计方便，是目前应用最广泛的电动汽车电池热管理系统。

在采用空气作为传热介质的热管理系统中，外部环境或车中的空气进入热管理系统的流道，与电池组的热交换表面直接接触，并通过空气流动带走热量。按照空气流动的自发程度，可以分为自然通风和强制通风两类。自然通风包括自然对流及随车辆行驶产生的空气流动。强制通风主要通过风扇驱动，风扇的瞬时功率由热管理系统的控制电路确定。

空气冷却的外部流通和内部流通示意图、主动冷却和被动冷却的冷却方式流程如图 1-15 所示。在被动空气冷却中，空气从外部引入，给电池散热后经过风机直接排出。而主动冷却则是内部的空气流通，被风机排出后被回流到车辆的冷却/加热装置中再次进行新的循环散热。

2. 液体冷却

采用液体作为传热介质的热管理系统主要分为接触式和非接触式。接触式采用高度绝缘的液体如硅基油、矿物油等，可将电池组直接浸泡在传热液体中；非接触式采用水、乙二醇或冷却液等导电液体，电池组不能与传热液体直接接触。此时，需在电池组内部布置分布式的密闭管道，传热液体从管道中流过并带走热量，管道的材质及其密闭性保证了导电液体与电池本体的电绝缘。接触式或非接触式液冷系统中的液体流动主要依靠油泵/水泵等进行驱动。

与气体相比，液体具有高的热容量和导热系数，所以在相同的体积和流速下，液体的冷却效果明显比空气好。然而，虽然液体冷却效果优于空气冷却，但是采用液体冷却必须考虑密封、绝缘、可靠性、电池组能量密度降低以及成本等问题。接触式液冷系统的传热介质绝缘油具有较高的黏度，需要较高的油泵功率以维持所需流速，非接触式液冷系统需要在电池组内部设计分布式的密闭流道，这增加了电池组的整体质量，并降低了电池表面与传热介质之间的热传递效率。

被动冷却—外部空气流通

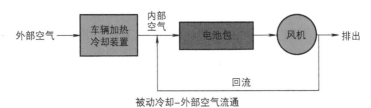

被动冷却—外部空气流通

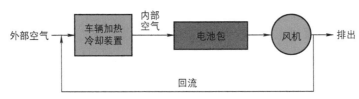

主动加热和冷却—外部和内部空气流通

图 1-15　空气冷却方法示意图

Ahmad Pesaran（文献 39、40）对这些问题进行了比较详细的讨论。文献 39 指出，如果采用冷却液与电池直接接触的冷却方式，那么冷却液必须是绝缘的，如矿物油。由于油的黏度大，其流速相对较低，使冷却效果降低，而且泵的耗能比较大。如果采用水进行冷却，由于水是导电的，所以只能采用非接触的冷却方式，从而使得冷却系统结构复杂，而且电池产生的热只能通过水套再传至冷却水，降低了冷却效果。文献 41 提出了一套动力电池组液体冷却系统，通过仿真模拟可以得到比较好的控制效果（见图 1-16）。该系统包括电池模块、电池模块箱体、套管式蒸发器、水泵、温控三通阀、电加热装置、分液头及冷却液管道。

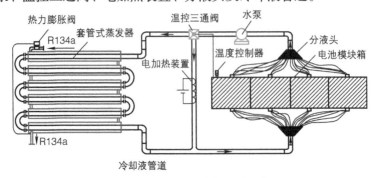

图 1-16　电池组液体冷却系统示意图

3. 相变材料冷却

某些物质在特定温度下发生相变并吸收或释放能量，这些物质称为相变材料（Phase Change Material，PCM）。可以通过调节相变材料及添加剂的种类与组成比例将其相变温度调整在电池适宜工作范围的上限附近。使用该类相变材料包裹电池组，当电池温度上升至相变温度时，相变材料将吸收大量潜热，使得电池温度维持在电池适宜工作范围以内，有效防止电池组过热。

以相变材料作为传热介质的热管理系统具有整体构造简单、系统可靠性好及安全性较高的优点，已被广泛应用于电子设备的冷却系统。1994 年，Rafalovich A 等人（文献 42）用相变材料对铅酸电池进行冷却，通过数值模拟和实验证明相变材料可使铅酸电池在较大的温度范围内正常工作。

Said Al-Hallaj 和 J.R.Selman 等（文献 43-47）对相变材料作为锂离子动力电池的冷却材料进行了一系列研究。文献 43、44 通过模拟仿真论证了相变材料作为锂离子动力电池被动式热管理系统冷却材料是完全可行的。文献 45、46 以电动踏板车为研究对象，使用 18650 锂离子电池替代原车的铅酸电池，给出确定每块电池单体需要 PCM 数量的计算方法。同时，通过对比实验发现，由于相变材料的导热系数小，如果单独采用相变材料进行冷却，那么电池放电时所产生的大部分热量无法散发到空气中，而且会导致电池包中不同位置的电池单体出现较大的温差，且电池组连续进行充放电工作时，容易出现温度累积。通过在相变材料中添加泡沫铝，可以显著提高相变材料的导热系数，使电池组的温度分布均匀。文献 47 将强制冷却与采用相变材料的冷却效果进行比较，相关试验装置如图 1-17 所示。其中，为提高相变材料的导热系数，在相变材料中添加了石墨。仿真结果表明：相变材料的冷却效果明显优于强制冷却。而且，在 45℃环境温度和大电流放电的情况下，采用相变材料的冷却系统能够将电池组的温度控制在安全范围内，并且电池组的温度分布均匀。

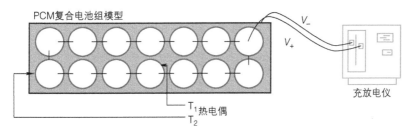

图 1-17　相变材料冷却试验装置示意图

文献 48 采用电加热管模拟电池生热，研究了相变材料的整个相变过程以及相变材料中不同位置的温度变化情况。实验结果表明：相变材料能够使电加热管的温度控制在设定的范围内，具有良好的冷却效果。

相变材料作为动力电池的被动式冷却系统有其独特的优势：它不需要冷却风扇、

排气扇、冷凝器以及冷却路线设计等，也没有主动式冷却系统的一些能耗要求。虽然相变材料具有以上优点，但不能忽视其缺点：如果热管理系统采用相变材料作为冷却材料，必须考虑密封问题，而且电池箱的体积也将增大，其能量密度会减小，这对电动汽车而言是比较大的缺点。

4. 热管冷却

热管冷却是 1942 年美国人 R.S. 高勒提出的，1967 年，热管首次在航天领域使用，并取得成功，而后许多电子设备上开始采用热管进行冷却。虽然热管在电子设备上被成功运用，但在电动汽车动力电池中的应用却还在研究阶段。

2002 年，Wu Maosung 等（文献 49）利用热管对 12A·h 圆柱形锂离子电池进行模拟仿真和实验，实验结果表明：热管冷却能够降低电池的最高温度，并且可使电池的温度分布均匀。但实验也表明：热管需配合散热片和风扇使用才能有比较好的冷却效果，同时应注意热管与电池必须有良好的接触。文献 50 对 SC 型镍氢电池分别采用自然对流、强制对流以及热管三种方式进行冷却，其中热管冷却系统如图 1-18 所示；通过对比三种冷却方式的结果，热管冷却的效果较好，电池组的温度分布比较均匀。

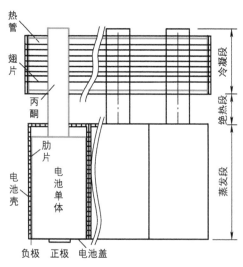

图 1-18　重力热管式电池冷却系统结构图

1.4　动力电池热特征建模研究现状

1.4.1　动力电池产热模型研究

在低倍率充放电环境下，电池的发热主要有电化学反应热、欧姆热和极化热。但是在高倍率充放电时，如果散热情况不好，就会造成热量堆积使电池温度升高，除了上述产热外，可能还会伴随副反应热产生。另外在高温、过充电、过放电、短路、外物挤压和针刺等滥用情况下，会有更加剧烈的多种副反应产热发生。针对动力电池产热问题，研究人员从实验、机理、建模等角度开展了大量研究。

D.Bernardi（文献 51）基于能量守恒理论提出了后来被广泛应用的电池生热率模型。该模型在电池正常充放电条件下能够很好地模拟电池内部复杂的生热与温度分布。Bernardi 生热率公式为

$$Q = I_L(E_0 - U_L) - I_L T \frac{dE_0}{dT} \tag{1-1}$$

式中，Q 为电池总产热；I_L 为电流；E_0 为开路电压；U_L 为工作电压；T 为开尔文温度。等号右边第一项为不可逆热，包括欧姆热和极化热，第二项为电化学反应可逆热。

电化学反应热是指当锂离子嵌入与脱出正负极材料时，电池由一个平衡态达到另一个平衡态，在宏观上表现为电池克服反应能垒而吸热或者放热。由电化学在热力学上的可逆性可知，该反应热为可逆热。

欧姆热是指电池在集流体和 SEI 膜的界面会有欧姆电阻，当电流通过时会产生不可逆的焦耳热。欧姆热的大小与 SEI 膜的厚度、各界面的欧姆电阻有关。

极化热是指当充放电电流较大时，超过了电解液体系能够提供的最大电流——极限扩散电流，就会出现浓度过电势，即极化现象。由于过电势的存在而产生的热为极化热。

以上产热都是电池在正常充放电循环下的正常产热，因为没有涉及电池材料的分解与副反应，所以也没有剧烈的热产生。但是在电流很大而散热又不好的工况下，大量热会堆积在电池内部，当温度到达副反应的起始温度后，电池材料快速分解产热，从而引发热失控。

副反应是指当温度或者电压达到一定程度后，电池内部的材料结构和浓度发生变化的剧烈化学反应。副反应一般会产生大量的热和气体，消耗掉正负极材料和电解液，使得电池结构性破坏并失控。副反应主要包括 SEI 膜的分解、负极嵌锂与电解液反应、电解液分解和正极材料分解等。Noboru Sato（文献 52）在研究电池的热特性时加入了副反应生热的影响，改进了电池的生热模型：

$$Q_t = Q_r + Q_p + Q_s + Q_{ohm} = I_L T \left(\frac{dE_0}{dT} \right) + Q_p + Q_{ohm} + Q_s \tag{1-2}$$

式中，Q_t 为电池总产热；Q_r 为可逆热；Q_p 为极化热；Q_{ohm} 为欧姆热；Q_s 为副反应热。

除此之外，电池热特性建模的方法还有许多种，可以按照不同维度建立电池的一维、二维或三维热模型（文献 53-55），也可以按照建模原理的不同将电池热模型分为电化学 - 热耦合模型和电 - 热耦合模型等多种类型（文献 56、57）。在具体的研究当中，还有各种实际的方法可用于电池热特性建模。

Wang Tao（文献 59）等根据电化学模型原理和传热学原理建立了一个电池单体内部温度的预测模型，模型中主要考虑了焦耳热、电极反应、热传导和对流换热等因素。通过对电池进行恒倍率放电实验验证了上述模型的准确性。

Kim G H（文献 59）等针对锂离子电池建立了一种基于三维热模型的热滥用模型，对电池内部可能引起生热的反应都进行了研究，并将这些反应的生热量耦合到上述模型中去，然后通过实验对电池的内部温度场进行分析。结果表明上述模型具有较高的准确性。

Cong Zhu 等（文献 60）建立了一种基于多孔电极与浓溶液理论（Porous Electrode and Concentrated Solution Theory）的电池热模型，并能准确预测电池生热率、散热率以及电池组内单体的升温情况。在电池生热率方面，作者分别研究了电池反应热、焦耳热和极化热，并研究了电池在充放电过程中的电流和 SOC 对生热率的影响；之后作者又研究了电池的散热率模型，并研究了自然对流与强制对流时的散热情况；最后作者指出：①该模型与实验结果能较好吻合；②电池 SOC 对可逆热影响较大，当 SOC 相同时，恒流充放电时产生的可逆热和不可逆热都相同；③恒流充放电时，可逆热才产生作用，时充时放会使可逆热互相抵消，那么可逆热就不产生影响。

Andrey Smyshlyaev 等（文献 61）在建立电池热模型时采用了二维偏微分方程的形式。该模型在 CFD/FEM 模型的基础上进行简化，与 CFD 模型的相容性较好，同时可以对模型的参数和状态进行估计和追踪。仿真结果表明该模型可以缩短计算时间。

Priya Gambhire 等（文献 62）提出了一种降阶模型（Reduced Order Model），可用于研究电池的电化学特性和热特性。该模型使用了集总热平衡方程。为了完善该模型，作者又采用了分布式热平衡方程，使得电池单体内部许多可以产热的部分都被包括在内。经过完善后的模型既能在电动车上实时使用，又能对锂离子电池的设计开发有所裨益。

Liu Zhen 等（文献 63）提出了一种基于实验数据的集成方法来对锂离子电池的温度分布进行在线预估，具有较高的实用性。

M. Shadman Rad 等（文献 64）开发了一种电池生热模型，认为电池生热的因素有两点：

① 基于温度和电流的超势能（overpotential）的影响，这部分包括焦耳热；
② 基于电池 SOC 的熵（entropy）的影响。

文献特别指出，熵的影响作用不容忽视，通过将基于 SOC 的熵的影响融合到模型中去，可以很好地提高模型的精度。文献还研究了电池的对流散热问题，并指出对流换热系数达到 80W/（m²·K）时，才能满足散热需求。

Nicolas Damay 等（文献 65）对方形锂离子动力电池的几何和物理特性进行了分析，并通过实验的方法来求取电池的相关热物性参数，然后将参数用于电池热模型的仿真。将仿真结果与实验结果进行对比，证明了该模型的正确性。

综合来看，电池热特性建模涉及电化学、材料学、传热学和热力学等多学科，同时还需要借助于数学建模、工程数值计算和 CFD 热力及流体仿真等技术。

1.4.2　动力电池热失控建模研究

为清楚了解锂离子电池发生热失控时副反应各个阶段温度和生热率关系，需要建立电池热失控模型，模拟仿真电池在滥用情况下的热特性，为电池安全预警和防护设计提供设计依据和仿真分析手段。目前国内外学者已经对电池热失控进行了很多研究。

T.D.Hatchard 等（文献 66）在研究锂离子电池高温环境下的热失控时，建立了一个锂离子电池集中质量热失控模型。在模型中加入了三个阿伦尼乌斯形式的副反应方程，用来描述 SEI 膜分解、负极材料副反应和正极材料副反应的反应速率和生热率。然后开展了 145～175℃范围内锂离子电池的高温热箱实验。经过实验与仿真数据的对比，验证了模型的准确性。另外，通过改变实验条件和模型仿真条件，指出该模型可以应用于其他材料和尺寸的电池。

Gi-Heon Kim 等（文献 67）建立了一个三维的锂离子电池热滥用模型，用来模拟电池高温环境下的热失控现象，部分仿真结果如图 1-19 所示。值得注意的是，该三维模型里包括了副反应模型。副反应理论参考了 T. D. Hatchard 的研究，同样使用阿伦尼乌斯形式的副反应方程表示。三维模型可以描述电池在高温滥用实验下的温度分布，通过温度来反映电池是否已经发生热失控。在研究了不同尺寸的电池在相同滥用条件下的结果后，发现大尺寸的电池更容易发生热失控。

清华大学的冯旭宁等（文献 68、69）对 25A·h 的三元锂离子电池组进行了热失控传播的研究，并建立了电池组热失控传播的三维模型。实验中使用了串联起来的 6 块电池，使用针刺的方法诱使电池组发生热失控来验证模型的准确性。所建立的三维模型能够对热失控扩展过程中的温度分布实现仿真模拟，如图 1-20 所示。模型仿真的电池温度曲线和实验测量的数据误差在可以接受的范围内，对于不同参数的电池模拟也都满足了要求。经过实验和模型的分析，发现减少电池内部能量，将对流换热系数增强到 70W/（m²·K）或者在电池间加耐高温阻热材料，都可以有效降低热失控传播的危害。

Sandeep Yayathi（文献 70）使用一个改进的 ARC 实验方法，将电池所有的产热合理地分配给电池体、气体、热传导和辐射。研究发现，热失控的起始温度和 SOC 成反比，电池热失控后总的产热远远大于充满电后的化学能。在分析了电池的几种副反应后，建立了副反应的动力学模型。

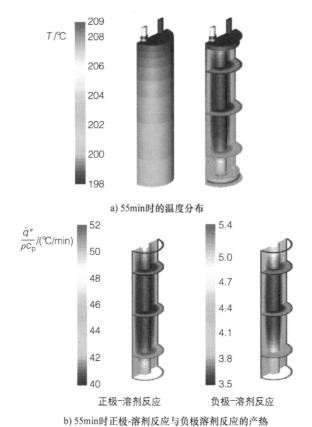

a) 55min时的温度分布

正极-溶剂反应 负极-溶剂反应

b) 55min时正极-溶剂反应与负极溶剂反应的产热

图 1-19　18650 电池 155℃烘箱试验的三维模拟仿真

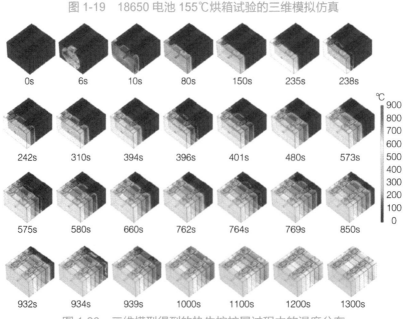

图 1-20　三维模型得到的热失控扩展过程中的温度分布

Paul T. Coman 等（文献 71）使用一个能够造成电池内部短路的装置来研究由于内部短路情况引发的热失控现象，同时建立了一个基于阿伦尼乌斯方程和传热学理论的三维热模型用来模拟内部短路造成的温度分布情况。如图 1-21 所示，该模型由一个电化学模块和一个传热模块组成，电化学模块用来计算模型的副反应生热，传热模块用来计算电池的温度分布。经过实验验证，模型仿真数据与实验数据基本吻合，能够准确反映出电池的温度分布。

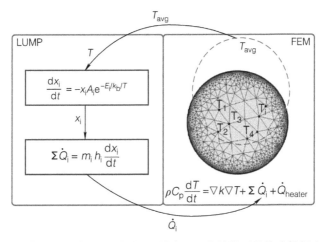

图 1-21　基于集总电化学模型及三维有限元传热模型的热失控耦合建模

目前，关于锂离子电池热失控模型的研究主要集中在高温滥用情况下电池副反应生热率随温度上升的变化。对于其他滥用情况，如过充电、过放电、短路、针刺和挤压等条件，缺乏合理的建模分析。大部分对于副反应研究的理论基础是阿伦尼乌斯公式，即化学反应速率随温度变化的关系式。对于电池温度分布的理论基础则是三维热扩散方程。对于电池在滥用情况下电压和电流的变化则缺乏建模分析，没有将电池电化学内部的反应真正参与进来，没有做到电化学 - 热的耦合模拟。锂离子电池热失控模型目前还需要进一步完善，电池的温度、电压、电流、阻抗等参数应该在模型中体现出来。要完成一个准确的模型建立，需要电化学、传热学和机械流体等多学科的支撑，未来的发展方向应该是热 - 机械 - 电化学多物理耦合的模型。

本章针对动力电池的热管理现状进行了详细阐述，包括新能源汽车、动力电池、动力电池热安全，以及电池热管理与建模的研究现状，具体如下：

1）在政策支持和技术进步的双重保障下，新能源汽车在近年来发展极为迅猛，但与此同时，一些安全问题也是不可忽视的。基于此，研究人员针对动力电池的热管理及热安全管理开展了大量研究。

2）研究人员从实验、机理、建模等角度开展了大量研究，D.Bernardi 提出的电池生热率模型被广泛运用。电池热特性建模涉及电化学、材料学、传热学和热力学等多学科，同时还需要借助于数学建模、工程数值计算和 CFD 热力及流体仿真等技术。

3）电动汽车动力电池热管理技术主要涉及以下两个方面：动力电池组的散热研究和动力电池组的低温加热研究。加热方面从内部加热与外部加热两个方面进行了介绍，电池的散热方法从空气、液体、相变材料与热管四个方面进行了介绍。

4）研究人员针对电池发生热失控时的各种材料的副反应做了大量的研究，从高温、过充电和过放电以及内短路的角度对动力电池的热失控进行了实验研究与分析。对于一个准确的热失控模型，需要电化学、传热学和机械流体等多学科的支撑，向热 - 机械 - 电化学多物理耦合方向发展。

参考文献

[1] BROWN S，PYKE D，STEENHOF P. Electric vehicles：the role and importance of standards in an emerging market[J]. Energy policy，2010，38（7）：3797-3806.

[2] 苏巴鸿.新能源汽车发展趋势研究 [J]. 时代汽车，2019（16）：88-89.

[3] 秦伟，陈曦.十大战略产业期待突破：新出炉《中国制造 2025》重点领域技术路线图详解 [J]. 装备制造，2015（11）：36-39.

[4] 陈向国.新能源汽车如何"爬坡过坎"[J]. 节能与环保，2020（5）：18-19.

[5] 中国汽车工程学会.节能与新能源汽车技术路线图 2.0[M].北京：中国汽车工程学会，2020.

[6] 安平，其鲁.锂离子二次电池的应用和发展 [J]. 北京大学学报（自然科学版），2006，（S1）：1-7.

[7] 赵健，杨维芝，赵佳明.锂离子电池的应用开发 [J]. 电池工业，2000，（1）：31-36.

[8] 吴凯，张耀，曾毓群，等.锂离子电池安全性能研究 [J]. 化学进展，2011，（Z1）：401-409.

[9] 陈睿，唐琛明，王兴威，等.石墨对电动工具用锂离子电池安全性的影响 [J]. 电动工具，2013，（5）：16-19.

[10] 戴永年，杨斌，姚耀春，等.锂离子电池的发展状况 [J]. 电池，2005，（03）：193-195.

[11] 智研咨询集团.2018—2024 年中国锂离子电池市场专项调研及投资前景评估报告 [Z]. 北京：智研咨询集团，2018.

[12] 余雪松.我国锂离子电池产业国际竞争力明显提升 [N]. 中国计算机报，2020-07-20（14）.

[13] 电动汽车产业技术创新战略联盟.新能源汽车动力电池技术年度跟踪报告（2019 年）[Z]. 北京：电动汽车产业技术创新战略联盟，2020.

[14] 王芳，夏军.电动汽车动力电池系统设计与制造技术 [M].北京：科学出版社，2017.

[15] 张剑波，卢兰光，李哲.车用动力电池系统的关键技术与学科前沿 [J]. 汽车安全与节能学报，2012，3（2）：87-104.

[16] CHAO W，ZHU CB，GE YW et al. A review on fault mechanism and diagnosis approach for Li-

ion batteries[J]. Journal of nanomaterials, 2015, 2015: 1-9.

[17] TRÖLTZSCH U, KANOUN OLFA, TRÄNKLER HANS-ROLF. Characterizing aging effects of lithium ion batteries by impedance spectroscopy[J]. Electrochimica acta, 2006, 51 (8): 1664-1672.

[18] 邵晓挺, 冯浩. 锂离子电池全生命周期安全性演变研究进展 [J]. 化工设计通讯, 2018, 44 (12): 193.

[19] ZHANG S S, XU K, JOW T R. The low temperature performance of Li-ion Batteries[J]. Journal of Power Sources, 2003, 115: 137-140.

[20] STUART T A, HANDE A. HEV battery heating using AC currents[J]. Journal of Power Sources 129 (2004)368-378.

[21] HANDE A, STUART T. Effects of high frequency AC currents on cold temperature battery performance[Z]. Proceedings of the 2nd IEEE India International Congress on Power Electronics (IICPE 2004), Mumbai, India. 2004.

[22] ZHAO X W, ZHANG G Y, YANG L, et al. A new charging mode of Li-ion batteries with LiFePO$_4$/C composites under low temperature[J]. Journal of thermal analysis and calorimetry, 2011. 104 (2): 561-567.

[23] ZHANG J B, GE H, LI Z, et al. Internal heating of lithium-ion batteries using alternating current based on the heat generation model in frequency domain[J]. Journal of Power Sources, 273 (2015): 1030-1037.

[24] RUAN H J, JIANG J C, SUN B X, et al. Stepwise segmented charging technique for lithium-ion battery to induce thermal management by low-temperature internal heating[Z]. 2014 IEEE transportation electrification conference and expo, ITEC Asia-Pacific 2014-Conference Proceedings, October 30, 2014.

[25] WANG C Y, ZHANG G S, GE S H, et al. Lithium-ion battery structure that self-heats at low temperatures [J]. Nature, 2016(529): 515-518.

[26] 王文伟, 孙逢春. 全气候新能源汽车关键技术及展望 [J]. 中国工程科学, 2019, 21 (3): 47-55.

[27] ROLAND M, LANCE T, HORST M. VOLTEC battery system for electric vehicle with extended range[J]. Sae international journal of engines, 2011, 4 (1): 1944-1962.

[28] 联合汽车电子有限公司. 车用电池热管理系统及其工作方法: CN200910050752. 8[P]. 2009-11-10.

[29] 通用汽车环球科技运作公司. 车辆加热通风和空气调节和电池热管理: CN200810215946. 4 [P]. 2009-03-17.

[30] 马晓. 电动汽车锂离子电池温度特性与加热管理系统研究 [D]. 北京: 北京理工大学, 2010.

[31] 奇瑞汽车股份有限公司. 一种锂离子动力电池加热装置: CN200910185971. 7[P]. 2010-05-18.

[32] CHAKIB A, SALAMEH ZIYAD M. Solid state heater cooler: design and evaluation[Z]. 2001 Large engineering systems conference on power engineering conference proceedings, Halifax, NS, Canada, 2001: 139-145.

[33] CHAKIB A, SALAMEH ZIYAD M. Modeling and simulation of a thermal management system for electric vehicles[Z]. The 29th Annual conference of the IEEE industrial electronics society,

Roanoke, VA, United states, 2003 : 887-890.

[34] CHAKIB A, SALAMEH ZIYAD M. A novel thermal management for electric and hybrid vehicles[J]. IEEE Transactions on Vehicular Technology, 2004, 54 (2): 468-476.

[35] BARTEK K, MARCIN C, KONRAD M. Thermal management of lithium polymer based battery pack for urban BEV[Z]. Proceedings of the 24th world battery, hybrid and fuel cell electric vehicle symposium, Stavanger, Norway, 2009 : 1-4.

[36] BARTEK K, ADRIAN A. Improvement of low temperature performance of SAM EV-II Li-ion battery pack by applying active thermal management based on Peltier elements[Z]. Proceedings of the 25th world battery, hybrid and fuel cell electric vehicle symposium, Shenzhen, China, 2010 : 1-5.

[37] J I Y, WANG C Y. Heating strategies for Li-ion batteries operated from subzero temperatures[J]. Electrochimica acta, 2013, 107 : 664-674.

[38] CHEN C C, GIBBARD H F. Thermal management of battery systems for electric vehicles and utilityload leveling[Z]. Proceedings of the 14th intersociety energy conversion engineering conference, Boston, MA, USA : American Chem. Soc. ; IEEE; American Nuclear Soc, 1979 : 725-729.

[39] AHMAD A PESARAN, BURCH S, KEYSER M. An approach for designing thermal management systems forelectric and hybrid vehicle battery packs[Z]. Proceeding of the 4th vehicle thermal management systems conference and exhibition, London, UK, 1999 : 1-16.

[40] AHMAD A PESARAN. Battery thermal management in EVs and HEVs : issues and solutions[EB/OL]. [2001-02-06]. http ://www. nrel. gov/vehiclesandfuels/energystorage.

[41] 吴忠杰, 张国庆. 混合动力车用镍氢电池的液体冷却系统 [J]. 广东工业大学学报, 2008, 25 (4): 28-31.

[42] RAFALOVICH A, LONGARDNER W, KELLER G, et al. Thermal management of electric vehicle's batteriesusing phase change materials[Z]. Winter annual meeting of the american society of mechanical engineers, Chicago, IL, USA, 1994 : 1-4.

[43] SAID AL-HALLAJ, SELMAN J R. A novel thermal management system for electric vehicle batteries using phase-change material[J]. Journal of the electrochemical society, 2000, 147 (9): 3231-3236.

[44] SAID AL-HALLAJ, SELMAN J R. Thermal modeling of secondary lithium batteries for electric vehicle/hybrid electric vehicle applications[J]. Journal of power sources, 2002, 110 : 341-348.

[45] SIDDIQUE A KHATEEB A, MOHAMMED M F B, ROBERT SELMAN J A, et al. Design and simulation of a lithium-ion battery with a phase change material thermal management system for an electric scooter[J]. Journal of power sources, 2004, 128 : 292-307.

[46] SIDDIQUE A K A, SHABAB A, et al. Thermal management of Li-ion battery with phase change material for electric scooters : experimental validation[J]. Journal of power sources, 2005, 142 : 345-353.

[47] KIZILELA R, LATEEFA A, SABBAHA R, et al. Passive control of temperature excursion and uniformity in high-energy Li-ion battery packs at high current and ambient temperature[J]. Journal

of power sources，2008，183：370-375.

[48]　DUAN X A，NATERER G F. Heat transfer in phase change materials for thermal management of electricvehicle battery modules[J]. International journal of heat and mass transfer，2010（53）：5176-5182.

[49]　WU M S，LIU K H，WANG Y Y，et al. Heat dissipation design for lithium-ion batteries[J]. Journal of power sources，2002，109：160-166.

[50]　张国庆，吴忠杰，饶中浩，等 . 动力电池热管冷却效果实验 [J]. 化工进展，2009，28（7）：1165-1168.

[51]　NEWMAN，BERNARDI，PAWLIKOWSKI. A general energy-balance for battery systems[J]. Journal of the electrochemical society，1985，132（1）：5-12.

[52]　SATO NOBORU. Thermal behavior analysis of lithium-ion batteries for electric and hybrid vehicles[J]. Journal of Power Sources，2001，99（1-2）：70-77.

[53]　HALLAJ S A，SELMAN J R. Thermal modeling of secondary lithium batteries for electric vehicle/hybrid electric vehicle applications[J]. Journal of power sources，2002，110：341-348.

[54]　KHATEEB S A，AMIRUDDIN S，FARID M，et al. Thermal management of Li-ion battery with phase change material for electric scooters：experimental validation[J]. Journal of Power sources，2005，142：345-353.

[55]　KIM G H，PESARAN A. Battery thermal management system design modeling[Z]//The 22nd international battery，Hybrid and fuel cell electric vehicle conference and exhibition. Yokohama，Japan：Japan automobile research institute，2006.

[56]　HALLAJ S A，MALEKI H，HONG J S，et al. Thermal modeling and design considerations of lithium-ion batteries[J]. Journal of power sources，1999，83：1-8.

[57]　FUNAHASHI A，KIDA Y，YANAGIDA K，et al. Thermal simulation of large-scale lithium secondary batteries using a graphite-coke hybrid carbon negative electrode and $LiNi_{0.7}Co_{0.3}O_2$ positive electrode[J]. Journal of power sources，2002，104：248-252.

[58]　WANG T. Development of a one-dimensional thermal-electrochemical model of lithium-ion battery[Z]. Industrial electronics society，2013：6709-6714.

[59]　KIM G H，PESARAN A，SPOTNITZ R. A three-dimensional thermal abuse model for lithium-ion cells[J]，Journal of power sources，2007，170：476-489.

[60]　ZHU C，LI X，SONG L，et al. Development of a theoretically based thermal model for lithium ion battery pack[J]. Journal of power sources，2013，223：155-164.

[61]　SMYSHLYAEV A，KRSTIC M，CHATURVEDI N，et al. PDE model for thermal dynamics of a large Li-ion battery pack[Z]. American control conference，2011：959-964.

[62]　GAMBHIRE P，GANESAN N，BASU S，et al. A reduced order electrochemical thermal model for lithium ion cells[J]. Journal of power sources，2015，290（20）：87-101.

[63]　LIU Z，LI H. Integrated modeling for intelligent battery thermal management[Z]. International conference，2013：2522-2527.

[64]　SHADMAN R M，DANILOV DL，BAGHALHA M，et al. Adaptive thermal modeling of Li-ion batteries[J]. Electrochimica acta，102（2013）183-195.

[65] NICOLAS D，CHRISTOPHE F. Thermal modeling and experimental validation of a large prismatic lithium-ion battery[Z]. Industrial electronics society，2013：4694-4699.

[66] HATCHARD T D，MACNEIL D D，BASU A，et al. Thermal model of cylindrical and prismatic lithium-ion cells[J]. Journal of the electrochemical society，2001，148（7）：A755-A761.

[67] KIM G H，PESARAN A，SPOTNITZ R. A three-dimensional thermal abuse model for lithium-ion cells[J]. Journal of power sources，2007，170（2）：476-489.

[68] 冯旭宁 . 车用锂离子动力电池热失控诱发与扩展机理、建模与防控 [D]. 北京：清华大学，2016.

[69] FENG X N，HE X M，OUYANG M G et al. Thermal runaway propagation model for designing a safer battery pack with 25Ah $LiNi_xCo_yMn_zO_2$ large format lithium ion battery[J]. Applied Energy，2015，154：74-91.

[70] YAYATHI S，WALKER W，DOUGHTY D et al. Energy distributions exhibited during thermal runaway of commercial lithium ion batteries used for human spaceflight applications[J]. Journal of power sources，2016，329：197-206.

[71] COMAN PAUL T，DARCY ERIC C，VEJE CHRISTIAN T，et al. Modelling Li-ion cell thermal runaway triggered by an internal short circuit device using an efficiency factor and arrhenius formulations[J]. Journal of the electrochemical society，2017，164（4）：A587-A593

第 **2** 章

锂离子电池充放电温度特性分析

温度对锂离子电池特征的影响主要体现在电池容量、电池内阻、充放电功率等方面。高温和低温对电池的特性有着不同的影响，低温主要造成电池的性能变差甚至无法正常使用，而高温对电池的影响主要考虑电池的受热热失控行为。因此本章以方形铝塑膜电池为研究对象，针对低温条件，通过对不同温度环境下的电池进行充放电实验，研究温度对电池充放电容量、电压工作平台、欧姆电阻、交流阻抗以及充放电功率等特性的影响。同时，在自然散热条件下，对充放电过程中电池的热特性进行研究和分析。

2.1　锂离子电池结构与工作原理

2.1.1　锂离子电池的结构

锂离子电池是指以两种不同的能够可逆嵌入和脱出锂离子的化合物分别作为电池的正极和负极的二次电池体系。锂离子电池主要由正极、负极、电解液和隔膜组成，图 2-1 所示为圆柱形和方形两种锂离子电池的结构示意图。锂离子电池正极采用锂离子嵌入化合物，常用的有钴酸锂（$LiCoO_2$）、镍酸锂（$LiNiO_2$）、锰酸锂（$LiMn_2O_4$）、磷酸铁锂（$LiFePO_4$）和钒的氧化物等。负极分为碳基材料和非碳基材料，碳基材料主要有石墨化碳材料和无定形碳材料等；非碳基材料主要有钛的氧化物、氮化物、硅基材料、锡基氧化物和纳米氧化物等。传统电池电解液为水溶液，如铅酸电池。由于锂离子电池的工作电压高（$3 \sim 4.2V$），因此采用非水电解液，主要有液体、固体和熔盐三种形式。

锂离子电池在微观上是由若干个三明治结构单元卷绕或堆叠而成的，如图 2-2 所示。每个单元均包含正负极集流体、正负极活性材料与隔膜等五个部分。电解液和溶剂则分布在三明治结构的四周。

正负极集流体：大多负极是铜箔，正极是铝箔，其功能是汇集来自正负极的电流，使活性材料得以均布并且对电池整体结构进行支撑。

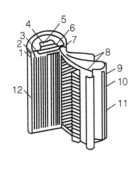

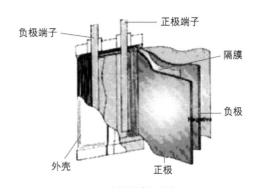

| a) 圆柱形锂离子电池 | b) 方形锂离子电池 |

图 2-1　锂离子电池结构示意图

1—绝缘体　2—垫圈　3—PTC 元件　4—正极端子　5—排气孔　6—防爆阀　7—正极
8—隔膜　9—负极　10—负极引线　11—正极　12—外壳

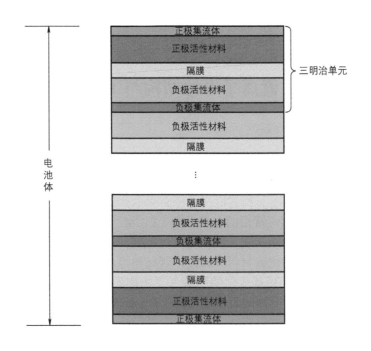

图 2-2　锂离子电池的微观结构

正负极活性材料：因其多孔性质，故也得名多孔电极。碳元素在负极材料中占主导；磷酸铁锂、锰酸锂与 NMC 等锂盐是正极的主要成分。其中，影响充放电倍率与容量的是固相迁移系数与含锂浓度这两个指标，影响能量密度的是其体积分数。

隔膜：功能是分隔正负极以防止内部短路，具有孔隙的聚乙烯、聚丙烯等聚烯烃材料是其主要成分，只有锂离子能够穿过隔膜。

电解液：包括电解质锂盐、有机溶剂与添加剂，锂盐一般为电导率高、热稳定性好且无毒的 $LiPF_6$，有机溶剂多为 EC、PC 与 EMC 等。

2.1.2 锂离子电池的工作原理

锂离子电池在充电过程中，Li^+ 从正极化合物中脱出并被负极中的碳物质吸附，负极处于低电位的富锂状态，正极则处于高电位的贫锂状态，电子作为补偿电荷经外电路传输到负极，使负极电荷保持平衡。同理，放电时，Li^+ 从负极脱出并插入正极，此时正极处于富锂状态而负极处于贫锂状态，作为补偿电荷的电子经外电路传输到正极。锂离子电池因这种充放电过程，即锂离子在两个电极之间往返脱嵌的过程，被形象地比喻为"摇椅电池"。"摇椅电池"的构想由 Armand 在 1980 年首次提出。锂离子电池的充放电过程如图 2-3 所示。

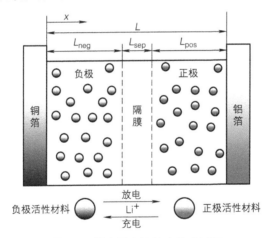

图 2-3　锂离子电池的充放电过程

以锰酸锂电池为例，电池的负极为石墨碳材料，正极为锰酸锂（$LiMn_2O_4$）。电池放电时，在电场力的作用下，Li^+ 从石墨负极的层间脱出，经电解液嵌入正极的 $LiMn_2O_4$ 中；充电时，Li^+ 在电场力的作用下从正极 $LiMn_2O_4$ 中迁出，经电解液嵌入石墨负极的碳层间。在整个充放电过程中，电池正、负极反应及总反应分别为

充电反应：

正极：$LiMn_2O_4 \rightarrow Li_{1-x}Mn_2O_4 + xLi^+ + xe^-$

负极：$C + xLi^+ + xe^- \rightarrow Li_xC$

电池总反应：$LiMn_2O_4 + C \rightarrow Li_{1-x}Mn_2O_4 + Li_xC$

放电反应：

正极：$Li_{1-x}Mn_2O_4 + xLi^+ + xe^- \rightarrow LiMn_2O_4$

负极：$Li_xC \rightarrow C + xLi^+ + xe^-$

电池总反应：$Li_{1-x}Mn_2O_4 + Li_xC \rightarrow LiMn_2O_4 + C$

2.2 温度对锂离子电池充放电性能的影响

温度是影响锂离子电池性能的重要因素，因此明确温度对电池充放电性能的影响是电池热特性及热管理研究中的关键环节。本节将以某款锂离子动力电池为例，从电池温度特性实验出发，展开分析温度对电池充放电电压、容量及内阻的具体影响。

2.2.1 电池充放电温度特性实验平台

电池性能测试实验平台结构框图如图 2-4 所示。整个平台由电池充放电设备、温箱、温度测量模块、数据采集系统和电化学工作站组成。

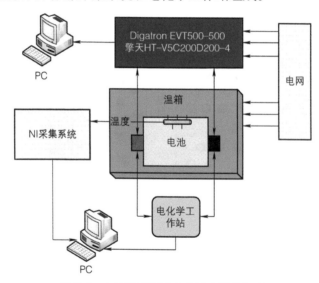

图 2-4　电池性能测试实验平台结构框图

电池充放电设备分别为针对电动车辆锂离子电池组测试而开发的 Digatron EVT500-500 和针对电池单体测试开发的擎天 HT-V5C200D200-4。Digatron EVT500-500 的最大充放电电流可达 500A，最高电压为 500V，主要的工作模式包括恒流模式、恒压模式、恒功率模式及恒内阻模式，可调用系统自带的动态工况如 DST 和 FUDS。EVT500-500 采用 CAN 接口与上位控制计算机连接，上位控制计算机通过测试系统 "BTS-600" 对 EVT500-500 的工作模式进行设定并实时记录电池组的电流和电压值。在测试过程中，上位控制计算机可根据需要对充放电电流、充放电时间、截止电压以及循环次数等参数进行调整。测试结束后，测试系统可根据需要将实验数据制成图形、文本或表格的形式。擎天 HT-V5C200D200-4 的最高电压为 5V，最大充放电电流为 200A，此设备仅用于电池单体的测试，测试精度较高，其主要功能与 EVT500-500 相似。Digatron EVT500-500 和擎天 HT-V5C200D200-4 主要参数指标见表 2-1。

温箱的作用是提供测试所需的环境温度。在测试过程中，将被测电池放置在设定好温度的温箱中，通过静置一定的时间，使电池达到设定温度，模拟电池在不同温度环境下的真实状态。然后对温箱中的电池进行充放电测试，获得电池在不同温度下的充放电性能。温箱的尺寸为 600mm × 600mm × 730mm，可提供 $-40 \sim 80\,℃$ 的温度范围，满足实验的要求。

表 2-1　EVT500-500 和 HT-V5C200D200-4 测试系统参数指标

参数指标	EVT500-500	HT-V5C200D200-4
最大充放电电流	500A	200A
电流测量误差	± 0.5%	± 0.05%
最大电压	500V	5V
电压测量误差	± 0.5%	± 0.05%

温度测量模块用于测量充放电过程中电池表面和极耳的温度变化，温度测量模块有 16 个通道，采用 PT100 温度传感器。温度传感器输出的电压信号经数据采集系统传送至上位机，安装在上位机的软件将电压信号转换为具体的温度值并进行数据的实时保存和显示。

电化学工作站用于测量电池的交流阻抗谱和固定频率下的阻抗值。

2.2.2　锂离子电池常温充放电特性

此处以锰酸锂电池为研究对象，其外形如图 2-5 所示。这款电池是软包电池，外壳采用铝塑膜，其基本参数见表 2-2。

图 2-5　电池单体外形

表2-2   锰酸锂电池基本参数

锰酸锂电池参数	具体数值
额定容量	35A·h
额定电压	3.7V
尺寸	300mm × 168mm × 15mm
质量	1.02kg

1. 静态充放电特性

为了解锰酸锂电池充电电流对充电容量和充电电压的影响，以及放电电流对放电容量和放电电压的影响，对锰酸锂电池进行静态充放电实验。静态充电方法主要有恒流 - 恒压充电、恒压充电和恒功率充电。此处采用恒流 - 恒压充电法，即首先以某一恒定电流 I 将电池充电至上限截止电压，再以截止电压作为恒压对电池进行涓流充电，当充电电流下降至 $I/10$ 后停止充电。静态放电方法主要有恒流放电法、恒定电阻放电法和恒功率放电法。此处采用恒流放电法，即以某一恒定电流 I 对电池进行放电，当电池端电压下降至下限截止电压时停止放电。

静态放电实验在常温环境下进行，在恒流放电实验之前，电池首先以 1/3C 倍率进行恒流恒压充电，充满后静置 2h，静置结束后分别以 10A、35A、70A、140A 进行恒流放电，放电截止电压为 3V。在不同放电倍率下，电池单体电压与容量关系如图 2-6 所示。

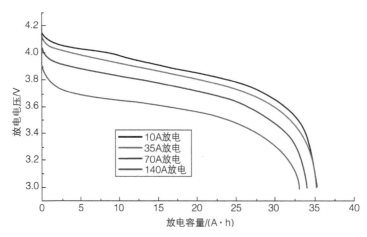

图 2-6   常温环境下锂离子电池以不同倍率恒流放电曲线

从图 2-6 可以看出，随着放电倍率的增加，电池端电压快速下降，放电容量减小。将 140A（4C 倍率）恒流放电与 10A 恒流放电进行比较，电池端电压平均下降 8.23%，最大下降 14.11%，放电容量减少 6.49%。与电压下降程度相比，放电容量下降稍小。如果以 70A 进行恒流放电，则容量仅减少 3.71%。通过不同倍率的放电实验可以发现，当电池容量释放至 20% 左右时，无论是大倍率放电还是小倍率放电，电池端电压均快速降至截止电压，这说明在放电末期电池极化严重。而且相关研究表明，电池的放电深度对循环寿命影响较大。因此，在实际使用中，应尽量避免对电池进行深度放电。电池以大电流进行放电是为了满足车辆运行中对大功率的需求，但是长时间进行大倍率放电，电池的放电能量将下降。当电池以 10A 进行恒流放电时，电池的放电能量为 135.46W·h，而以 140A 进行恒流放电时，电池的放电能量为 117.48W·h，下降 13.27%。因此，电池应避免长时间大电流放电。

根据 Peukert 理论，在同一温度下，当电池进行恒流放电时，电池的电流 I、放电时间 t 以及放电容量 C 之间满足关系：

$$I^n t = C \tag{2-1}$$

式中，n 为电池的时间常数。

如果定义 C_s 为标准电流 I_s 下的放电容量，C_q 为其他电流 I_q 下的放电容量，那么由 Peukert 理论，有

$$I_q^n t_q = I_s^n t_s = C \tag{2-2}$$

式（2-2）可改写为

$$I_q t_q I_q^{n-1} = I_s t_s I_s^{n-1} \tag{2-3}$$

最后得

$$C_q = C_s \left(\frac{I_s}{I_q} \right)^{n-1} \tag{2-4}$$

由上述推导可知，电池的时间常数 n 越接近 1，此电池的放电容量受放电电流的影响越小，电池放电容量的稳定性越好。针对本电池，如果以 10A 为标准放电电流，则标准放电容量为 35.33A·h。通过式（2-4）可计算出电池以 35A、70A 和 140A 放电时，电池的时间常数分别为 1.003、1.019、1.026，非常接近 1。这就从理论上说明此电池大电流放电的稳定性好，放电效率高，对减少电池的使用量，节省车内空间有很大帮助。

静态充电实验在常温环境下进行。在恒流-恒压充电实验之前，电池首先以 1/3C 倍率进行恒流放电后静置 2h，静置结束后分别以 10A、35A、70A、140A 进行恒流充电。当电池电压上升至 4.2V 时，以 4.2V 进行恒压充电，当电流降至 I/10（I 表示不同的充电电流）时，停止充电。电池的充电电压与充电容量的关系如图 2-7 所示。

从图 2-7 可以清楚地看出，随着充电倍率的增加，电池端电压快速上升，恒流充电时间缩短，充入容量减小，但恒压充电容量增加，具体参数见表 2-3。从表中可以看出，采用大倍率充电，可缩短充电时间，充电容量与 35A·h 相比仅减少 3.5%，这说明此款锰酸锂电池具有良好的大倍率充电特性。

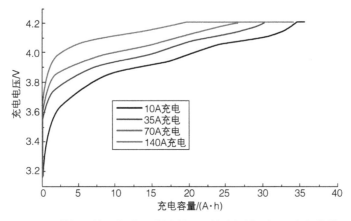

图 2-7　常温环境下锂离子电池以不同倍率恒流 - 恒压充电曲线

表 2-3　不同充电电流时充电容量和充电时间比较

充电电流 /A	10	35	70	140
恒流充电容量 /(A·h)	34.49	30.44	26.99	19.68
总充电容量 /(A·h)	35.51	34.23	33.95	33.78
总充电容量与 35A·h 比值（%）	101	97.8	97	96.5
充电时间 /min	225	66	53	25

2. 动态充放电特性

　　锂离子电池的动态充放电能力是表征电池性能的一个重要指标。此处针对电池特定情况下的大功率充放电需求，建立图 2-8 所示的复合脉冲工况，最大放电电流为 280A（8C），最大充电电流为 175A（5C）。图 2-9 所示为电池脉冲充放电曲线。通过脉冲实验可以看出，当电池容量在 80% ～ 100% 时，电池的最大充电电流小于 140A。随着电池容量下降，电池的充电能力提高，电池容量大于或等于 20% 时，均能进行 280A 大电流放电。

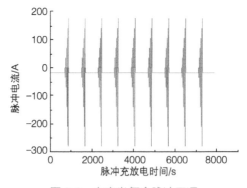

图 2-8　自定义复合脉冲工况

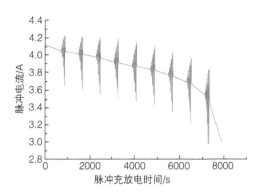

图 2-9　电池脉冲充放电曲线

2.2.3　温度对电池放电电压的影响

目前锂离子电池一般能在 −20 ~ 50℃范围正常工作，但在实际使用中，大部分锂离子电池仅能确保在 0℃以上的工作性能。本节将对锂离子电池在低温环境下的充放电性能进行研究分析。

电池的放电电压是表征电池性能的重要指标，以相同倍率进行放电，放电电压的高低直接决定了电池放电功率的大小。将电池放置在不同的环境温度下，以相同的倍率进行恒流放电实验：在常温下，以 1/3C 倍率对电池进行恒流 - 恒压充电，充满后将电池静置在温箱中，静置时间为 5h；静置结束后，以某一倍率进行恒流放电，截止电压为 3V。本研究对锂离子电池单体在 −40 ~ 20℃温度范围内，分别以 10A、35A、70A 和 140A 进行恒流放电，电池的放电电压与容量关系如图 2-10 ~ 图 2-13 所示。

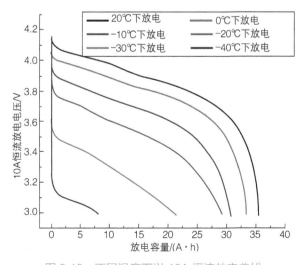

图 2-10　不同温度下以 10A 恒流放电曲线

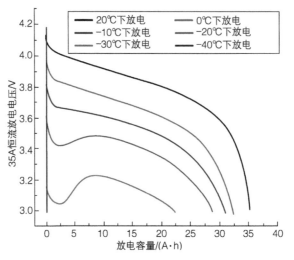

图 2-11　不同温度下以 35A 恒流放电曲线

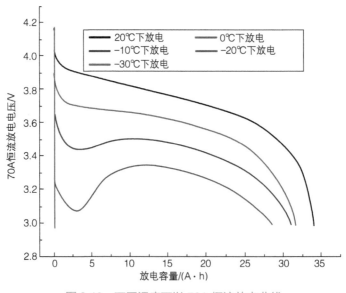

图 2-12　不同温度下以 70A 恒流放电曲线

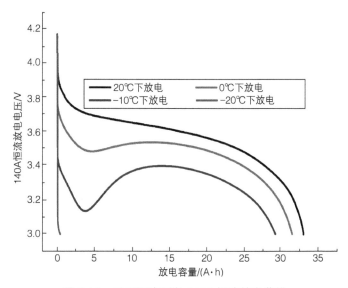

图 2-13   不同温度下以 140A 恒流放电曲线

根据电池单体低温放电实验结果，可以得出以下结论：

1）在同一放电倍率下，电池的放电电压随温度的下降而降低。以 10A 恒流放电为例，−40℃与 20℃相比，电池放电电压平均下降 1V。

2）低温大电流放电时，放电曲线出现明显的波谷波峰形状，放电电压波动较大。以 70A 恒流放电为例，在 20℃和 0℃放电时，放电曲线比较正常，没有出现波谷波峰。当温度降为 −10℃时，放电曲线出现明显的波谷。当温度降至 −20℃时，放电曲线出现明显的波谷波峰形状，电池两端的电压从放电前的 4.15V 降至 3.07V，电压降达到 1.08V。降至最低点后，电压开始升高，最高达到 3.35V，然后再次下降。这说明电池在低温下进行大电流放电时，放电初期由于温度低，电池的活性物质无法充分利用，电极极化严重，电池内阻大，放电初期电池的放电电压快速下降。而放电过程中，电流流过电池，电池内阻产生焦耳热使电池温度快速上升，电池的活性物质部分得到激活，因此电池的放电电压开始上升。随着电池容量的减少，电池的放电电压又开始下降。

2.2.4   温度对电池放电容量的影响

不同温度下，电池的放电容量会发生变化，为研究温度对方形铝塑膜电池的影响，在 −40 ~ 20℃的温度范围内，将电池以不同放电倍率进行恒流放电，放电容量的变化见表 2-4。

表 2-4　不同温度和不同放电倍率下某电池的放电容量　　（单位：A·h）

环境温度	放电倍率			
	10A 恒流放电	35A 恒流放电	70A 恒流放电	140A 恒流放电
20℃	35.33	35.19	34.01	33.02
0℃	33.32	32.28	32.47	31.51
−10℃	30.63	30.96	31.01	29.31
−20℃	29.07	29.41	28.44	0.38
−30℃	21.12	22.21	0.06	0
−40℃	7.81	0.02	0	0

从表 2-4 可以看出，在同一放电倍率下，随着环境温度的下降，电池放电容量快速下降。如 10A 恒流放电：当温度为 20℃时，放电容量为 35.33A·h；当温度降为 −30℃时，放电容量降为 21.12A·h，下降了 40.22%；当温度降至 −40℃时，放电容量仅为 7.81A·h，下降了 77.89%。

2.2.5　温度对电池充电容量的影响

通过对不同温度下电池放电特性的研究可知，随着温度的降低，电池的放电性能大幅衰减。本节将研究低温对电池充电性能的影响。将电池放置在不同的环境温度下，以相同的倍率进行恒流 - 恒压充电：在常温下，以 1/3C 倍率对电池进行恒流放电，截止电压为 3V，放电结束后将电池静置在设定好温度的温箱中，静置时间为 5h；静置结束后，进行恒流 - 恒压充电。电池以 10A、35A 和 70A 恒流 - 恒压充电的电压与充电容量的关系如图 2-14 ~ 图 2-16 所示。

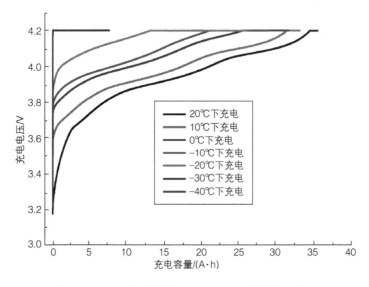

图 2-14　不同温度电池以 10A 恒流 - 恒压充电曲线

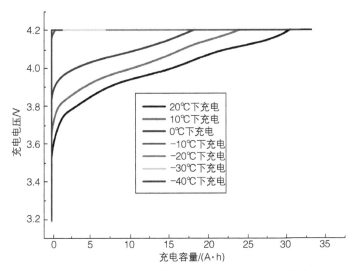

图 2-15　不同温度电池以 35A 恒流 - 恒压充电曲线

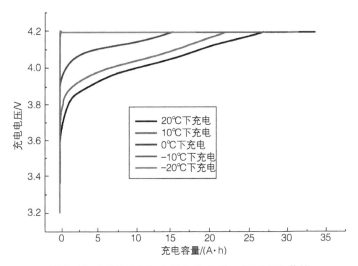

图 2-16　不同温度电池以 70A 恒流 - 恒压充电曲线

从图 2-14 ~ 图 2-16 可以看出，低温下电池的充电性能显著衰减。电池在低温下充电呈现以下两个特性：

1）充电电流相同时，随着温度的降低，充电电压不断提高。尤其是进行大电流充电时，在 0℃以下，已完全没有恒流充电过程，在充电电流加载的瞬间，电池端电压迅速升至截止电压 4.2V，直接进入恒压充电阶段。

2）随着温度的降低，恒流充电时间和充入容量快速减少，恒压充电时间和充入容量增加，总充入容量减少。以相同电流进行充电时，充入相同容量所用的时间增加。

2.2.6　温度对电池内阻的影响

电池内阻是指电池在工作时，电流流过电池内部所受到的阻力。对于锂离子电池而言，电池内阻分为欧姆电阻和极化内阻。欧姆电阻由电极材料电阻、电解质电阻、隔膜电阻和各部分接触电阻组成，是温度与 SOC 的函数。极化内阻是指电池内部发生电化学反应时由极化引起的电阻，包括电化学极化和浓差极化引起的电阻。锂离子电池的欧姆电阻可以通过两种方式测得：直流内阻法和交流阻抗法。

1. 直流内阻特性

电池的直流内阻可由脉冲充放电实验测得。常温下电池 SOC 为 0.5 时，在脉冲充放电电流激励下的电压响应曲线如图 2-17 所示。其中，ΔU_1 由欧姆电阻引起，是电池开始放电瞬间的电压降，因此放电欧姆电阻可由式（2-5）计算。ΔU_3 由欧姆电阻引起，是电池开始充电瞬间的升压值，同理可计算得到充电欧姆电阻。ΔU_2 和 ΔU_4 是由电池极化内阻引起的电压变化量。

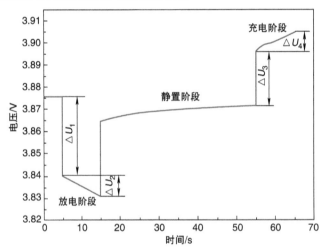

图 2-17　脉冲充放电电池电压相应曲线

$$R = \frac{\Delta U_1}{|I|} \tag{2-5}$$

电池在温度为 $-20 \sim 20\,℃$、SOC 为 $0.1 \sim 1.0$ 下的充放电欧姆电阻曲线如图 2-18 和图 2-19 所示，从图中能够归纳得出直流内阻与温度和 SOC 间的关系：

1）随着温度降低，充放电内阻均快速增加，在 $0\,℃$ 以下时出现较大幅度的升高，在 $-20\,℃$ 时电池的充电欧姆电阻明显高于放电内阻。$-20\,℃$ 下电池的平均放电欧姆电阻是 $-10\,℃$ 下的 140.05%，平均充电欧姆电阻是 $-10\,℃$ 下的 190.53%。由此可说明电池恒流放电电压随温度降低快速下降和恒流充电电压随温度降低快速上升的原因。同时，也可解释随着温度下降，电池充电性能比放电性能衰减更快的现象。

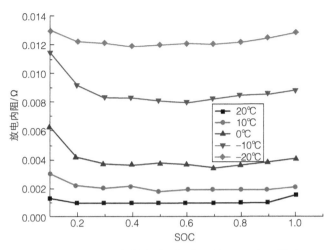

图 2-18　不同温度放电时欧姆电阻随 SOC 变化关系

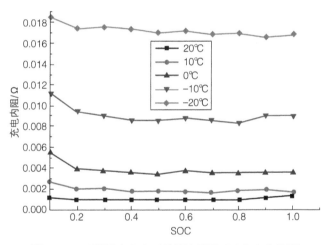

图 2-19　不同温度充电时欧姆电阻随 SOC 变化关系

2）在某一温度下，充放电欧姆电阻呈现在 SOC 两端区域偏大，在 0.2～0.8 区域偏小的特点。

2. 交流内阻特性

由上文分析可知，测量直流内阻时，需要对电池进行充放电操作，在一定程度上将改变电池的状态，因此无法采用这种方法测量电池在某一 SOC 下随温度长时间变化的趋势。交流阻抗法测量内阻是将某一频率的小电压或电流信号加于电池两端，通过测量其电流或电压响应得出内阻值。采用一系列不同频率可测量出电池的阻抗谱图。采用 Thales 电化学工作站对电池的交流阻抗进行测量。电池在常温 20℃下，采用 1Hz～100kHz 频宽、5mV 扰动电压测量得到的电池交流阻抗谱如图

2-20 所示。从图中可以看出，不同频率下电池的阻抗值相差较大。但是在频率小于 1kHz 的低频区，电池的交流阻抗值变化较小，此时交流阻抗的相位较小，阻抗值可近似认为是电池的内阻值。

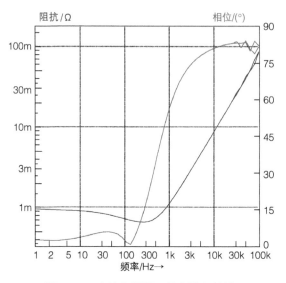

图 2-20　电池在常温下的交流阻抗谱

　　将锰酸锂电池静置在 –40℃ 下，采用频率为 260Hz、电压幅值为 5mV 的交流信号测量的电池交流阻抗变化曲线如图 2-21 所示，测量时间为 8h。从图中可以看出，电池的交流内阻值随着静置时间的增长而快速增加，但 3.5h 后基本处于不变状态。因此，可以认为锰酸锂电池单体在某种环境中静置 3.5h 后，已处于平衡状态。

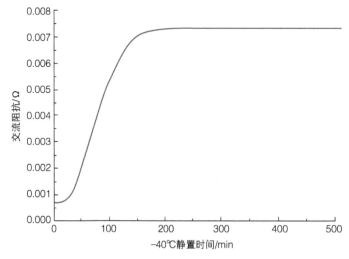

图 2-21　–40℃ 静置过程中电池交流阻抗变化曲线

2.3 锂离子电池充放电温度特性实验分析

2.3.1 锂离子电池放电温度特性分析

在自然散热环境下，分别对电池进行 0.3C、0.5C、1C、2C、3C 和 4C 倍率放电。电池充放电过程中采用 16 通道的温度测量系统对电池温度进行测量，传感器标号及位置如图 2-22 所示。首先，将电池悬置于无强制散热环境中，温度为室温。放电前，先以 1/3C 倍率对电池进行恒流 - 恒压充电，充满后静置 2h；然后以某一倍率进行恒流放电，截止电压为 3V。电池在不同倍率放电过程中，正、负极耳的生热曲线如图 2-23 所示。由于实验是在自然散热环境下进行的，不同时间段的室温略有不同，为便于比较研究，作图时将电池的起始温度统一为 20℃。

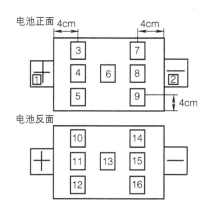

a) 温度传感器在电池正反面的
标号及位置示意图

b) 温度传感器位置实物图

图 2-22 单体电池温度传感器标号及位置

由图 2-23 可以看出，放电过程中电池正极耳温度略高于负极耳的温度，在大倍率放电时，这种趋势更为明显。随着电池放电倍率的提高，电池正、负极耳的温度快速上升。以 0.3C 放电时，电池正极耳的温度从 20℃上升到 21.9℃，仅上升9.5%；以 1C 放电时，电池正极耳的温度从 20℃上升到 24.3℃，上升了 21.5%；以 2C 放电时，电池正极耳的温度从 20℃上升到 29.6℃，上升了 48%;以 4C 放电时，电池正极耳的温度从 20℃上升到 36.96℃，上升了 84.8%。因此，电池在高温环境下进行大倍率放电时，必须采取相应的散热措施，否则电池会因过热而导致性能衰退、寿命缩短，甚至进入热失控的危险状态。

电池以不同倍率放电的过程中，电池单体正、反两面的平均温升曲线如图 2-24所示。从图中可以看出，在不同放电倍率下，电池本体的温升与正、负极耳的温升趋势相同：放电初期温升较快，中期温升放缓，放电后期温度又快速上升。

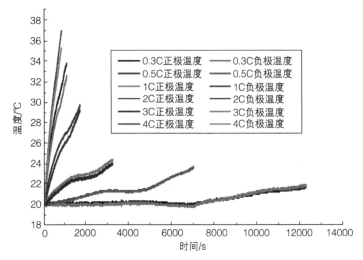

图 2-23　不同放电倍率电池正、负极耳温度变化曲线

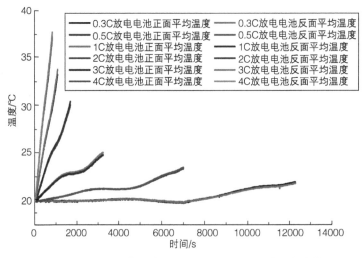

图 2-24　不同放电倍率电池正、反面平均温度变化曲线

2.3.2　锂离子电池充电温度特性分析

与放电温升实验相同，进行充电温升实验时，将电池悬置于无强制散热的环境中，首先以 1/3C 倍率对电池进行恒流放电，截止电压为 3V，放电结束后静置 2h，然后分别以 0.3C、0.5C、1C、2C、3C 和 4C 倍率进行恒流 - 恒压充电。电池在不同倍率充电的过程中，正负极耳的温度曲线如图 2-25 所示。从图中可以看出，充

电过程中电池正负极耳的温差比相同倍率放电时小。在恒流充电过程中，电池正负极耳的温度快速上升；在恒压充电阶段，电池极耳的温度开始下降，这主要是因为恒压充电阶段充电电流不断下降，电池生热率减小。因此，在电池恒流 - 恒压充电过程中，恒流充电过程是电池内部热量积聚的重要阶段。电池以不同倍率充电过程中，电池单体正、反面的平均温度曲线如图 2-26 所示。从图中可以看出，电池单体正反面的温度几乎相等，电池本体的温升与正负极耳的温升趋势相同。

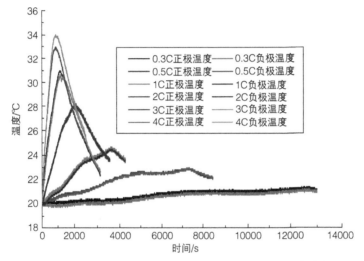

图 2-25　不同充电倍率下电池单体正、负极耳的温度曲线

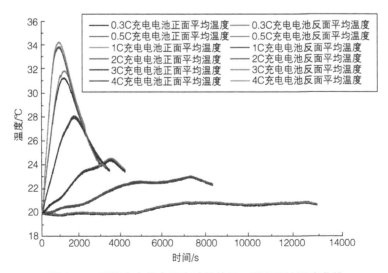

图 2-26　不同充电倍率下电池单体正、反面平均温度曲线

　　本章主要对锂离子电池的结构和工作原理进行了介绍，并对某方形铝塑膜电池的相关特性进行了研究，为后续电池组热管理系统的研究工作奠定了基础并提供了相关数据支持，主要研究结论包括：

　　1）在常温下，分别以 1C、2C 和 4C 倍率对方形铝塑膜电池进行恒流放电，以 1/3C 倍率恒流放电容量作为标准，放电容量分别是标准容量的 99.61%、96.29% 和 93.48%。大倍率放电时，容量并未大幅衰减，说明电池具有较好的稳定性，放电效率高。

　　2）在常温下，对锂离子电池进行自定义复合脉冲实验，研究电池大倍率充放电的能力。实验结果表明：当电池容量大于或等于 20% 时，能进行 280A 大电流放电；当电池容量大于或等于 70% 时，电池最大充电电流小于 140A。随着容量的下降，电池的充电能力提高。

　　3）对 –40 ~ 20℃环境下的锂离子电池进行充放电实验，实验结果表明：随着温度的降低，锂离子电池放电容量快速衰减，放电电压大幅降低；恒流充电时间大幅缩短，恒流充入容量减少，而恒压充电时间延长，总充电容量减少。

　　4）通过脉冲充放电动态测试研究电池直流充放电内阻随温度变化特性。研究结果表明：随着温度的降低，电池的直流充放电内阻升高，尤其是在 –10℃以下，电池的充放电内阻值快速上升。利用电化学工作站，测量静置在 –40℃环境下电池的交流内阻，在静置初期，电池的交流内阻随着静置时间的增加而快速增大；静置 3.5h 后，电池的交流内阻值趋于稳定，电池内部状态达到平衡。

参考文献

[1]　郑洪河.锂离子电池电解质 [M].北京：化学工业出版社，2007.

[2]　吴宇平，戴晓兵，马军旗，等.锂离子电池：应用与实践 [M].北京：化学工业出版社，2006.

[3]　黄可龙，王兆翔，刘素琴.锂离子电池原理与关键技术 [M].北京：化学工业出版社，2008.

[4]　刘璐，王红蕾，志刚.锂离子电池的工作原理及其主要材料 [J].科技信息，2009，23：454.

[5]　LINDEN D，REDDY T B. Handbook of batteries[M]，2nd. New York：McGraw Hill，2002.

[6]　ARMAND M. Materials for advanced batteries[M].Plenum Press：New York，1980：145.

[7]　DOERFFEL D，SHARKH S M. A critical review of using the Peukert equation for determining the remaining capacity of lead-acid and lithium-ion batteries[J]. Journal of Power Sources，2006，155（2）：395-400.

[8]　魏学哲，徐玮，沈丹.锂离子电池内阻辨识及其在寿命估计中的应用 [J].电源技术，2009，3（3）：217-220.

第 3 章

锂离子电池电热耦合建模

在进行动力电池热管理系统设计时,往往需要建立动力电池热模型,对电池温度变化进行仿真分析。锂离子电池产热计算关系到电池热模型的准确性,目前难以在电池充放电过程中实时准确测量,同时电池单体内部温度的获取也存在较大困难,这些问题无疑增加了电池热管理的设计难度。本章介绍了电池热物性参数的获取方法,系统地阐述了方形铝塑膜电池基于 Bernardi 生热率的电热耦合建模以及基于电化学模型的电热耦合建模方法。此外,也针对圆柱形电池提出了径向分层模型建模方法。

3.1 锂离子电池产热和热传导原理

3.1.1 锂离子电池产热

锂离子电池正常充放电过程中,产热主要有电池极化生热、内阻焦耳热和化学反应生热。

(1)内阻焦耳热

主要由电池内阻产生。电池内阻主要包括电子内阻(包括导电极耳、集流体、活性物质间的接触电阻)和电解质的离子内阻(含电极与隔膜)。内阻焦耳热在电池充放电过程中始终为正值,即无论充电还是放电,内阻焦耳热都产生热量而不吸收热量,该部分热量是电池充放电过程中产生热量的主要部分。

(2)化学反应生热

由于电池在充放电过程中会进行化学反应,化学反应的过程中会产生热量,反应热可由式(3-1)计算:

$$Q_r = -T\frac{\partial \Delta G}{\partial T} = -T\frac{\partial \Delta H}{\partial T} - T\left[-\frac{\partial(T\Delta S)}{\partial T}\right] = -\sum_i \frac{\Delta H_i}{n_i F}I_i + \sum_j \frac{\Delta S_j}{n_j F}I_j \tag{3-1}$$

式中, H 为焓(J); S 为熵(J/K); G 为吉布斯自由能(J), $\Delta G = \Delta H - T\Delta S$; T 为

热力学温度（K）；n 为电子数；F 为法拉第常数。

这部分热量在电池放电阶段为正值，在电池充电阶段为负值。常温下电池以相同的倍率进行恒流充放电时，放电过程电池表面平均温度比充电过程高。

（3）电池极化生热

电池会因负载电流的通过而发生极化，在极化过程中就会产生热量，在充放电过程中这部分热量均取正值。电池极化主要包括活化极化和浓差极化，活化极化可以驱动电极和电解质界面间的电化学反应，浓差极化则是由产物与反应物在电解质 - 电极界面与电解质本体之间的浓差所导致的。

上述为电池正常使用过程的生热。如果出现热失控，电池会产生副反应热，对电池造成损害，并产生危险。

3.1.2　锂离子电池热传导

锂离子动力电池热传导模型建立在直角坐标系下，从锂离子动力电池中任意取出一个微元平行六面体来进行微元体能量平衡分析，如图 3-1 所示。

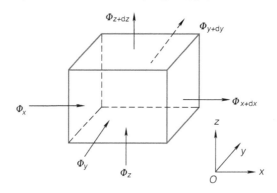

图 3-1　微元体的导热热平衡分析

直角坐标系中均匀介质内部的任意一个微元体，由于电池充放电过程中自身会发热，有内热源，设其值为 $\dot{q}$，表示单位时间内单位体积中产生或消耗的热能，根据傅里叶导热定律得：

$$\begin{cases} (\varPhi_x)_x = -\lambda \left(\dfrac{\partial T}{\partial x} \right)_x \mathrm{d}y\mathrm{d}z \\[3mm] (\varPhi_y)_y = -\lambda \left(\dfrac{\partial T}{\partial y} \right)_y \mathrm{d}x\mathrm{d}z \\[3mm] (\varPhi_z)_z = -\lambda \left(\dfrac{\partial T}{\partial z} \right)_z \mathrm{d}x\mathrm{d}y \end{cases} \qquad (3\text{-}2)$$

式中，$(\varPhi_x)_x$ 为热流量在 x 方向的分量在 x 点的值；$(\varPhi_y)_y$ 为热流量在 y 方向的分量

在 y 点的值；$(\varPhi_z)_z$ 为热流量在 z 方向的分量在 z 点的值。

通过 $x = x + \mathrm{d}x$、$y = y + \mathrm{d}y$、$z = z + \mathrm{d}z$ 三个表面导出微元体的热流量，同理，根据傅里叶导热定律得

$$\begin{cases} \left(\varPhi_x\right)_{x+\mathrm{d}x} = \left(\varPhi_x\right)_x + \dfrac{\partial \varPhi_x}{\partial x} = \left(\varPhi_x\right)_x + \dfrac{\partial}{\partial x}\left[-\lambda\left(\dfrac{\partial T}{\partial x}\right)_x \mathrm{d}y\mathrm{d}z\right]\mathrm{d}x \\[3mm] \left(\varPhi_y\right)_{y+\mathrm{d}y} = \left(\varPhi_y\right)_y + \dfrac{\partial \varPhi_y}{\partial y} = \left(\varPhi_y\right)_y + \dfrac{\partial}{\partial y}\left[-\lambda\left(\dfrac{\partial T}{\partial y}\right)_y \mathrm{d}x\mathrm{d}z\right]\mathrm{d}y \\[3mm] \left(\varPhi_z\right)_{z+\mathrm{d}z} = \left(\varPhi_z\right)_z + \dfrac{\partial \varPhi_z}{\partial z} = \left(\varPhi_z\right)_z + \dfrac{\partial}{\partial z}\left[-\lambda\left(\dfrac{\partial T}{\partial z}\right)_z \mathrm{d}x\mathrm{d}y\right]\mathrm{d}z \end{cases} \tag{3-3}$$

依据能量守恒定律，在任一时间间隔内，导入微元体的总热流量与微元体内热源的生成热等于导入微元体的总热流量与微元体热力学能（即内能）的增量之和，其中微元体热力学能增量为

$$\rho c \frac{\partial T}{\partial t}\mathrm{d}x\mathrm{d}y\mathrm{d}z \tag{3-4}$$

式中，ρ 为微元体的密度（kg/m^3）；c 为微元体的比热容 [$J/(kg \cdot K)$]；t 为时间（s）。

微元体内热源的生热为

$$\dot{q}\mathrm{d}x\mathrm{d}y\mathrm{d}z \tag{3-5}$$

根据式（3-2）~式（3-5）可得

$$\rho c \frac{\partial T}{\partial t} = \lambda \mathrm{div}(\mathrm{grad}T) + \dot{q} \tag{3-6}$$

当导热系数为各向异性时，导热微分方程为

$$\rho c \frac{\partial T}{\partial t} = \lambda_x \frac{\partial^2 T}{\partial x^2} + \lambda_y \frac{\partial^2 T}{\partial y^2} + \lambda_z \frac{\partial^2 T}{\partial z^2} + \dot{q} \tag{3-7}$$

在电池组充放电或者自身作为加热源加热时，电池是一个典型有内热源非稳态导热体。如果采用外部电源对电池进行加热，内热源为零，则电池是一个无内热源的非稳态导热体。

电池产生热量会与外界进行交换，主要包括以下几种。

（1）热传导

热传导是借助分子热运动使热量在存在温度梯度的物体内部或物体间传递的过程，公式如下：

$$q = -\lambda_n \frac{\partial T}{\partial n} \tag{3-8}$$

式中，q 为热流密度（W/m²）；λ_n 为导热系数 [W/（m·K）]；$\partial T/\partial n$ 为 n 方向的温度梯度（K/m）；负号代表温度升高的方向与热量传递的方向相反。

（2）热对流

热对流是指液体或气体中存在温度差异的各部分之间通过循环流动而进行热量转移的过程。公式如下：

$$q = h(T_1 - T_2) \tag{3-9}$$

式中，h 为对流换热系数 [W/（m²·K）]；T_1 为固体表面温度，（K）；T_2 为流体温度（K）。

（3）热辐射

热辐射是指具有温度的物体以电磁波的方式向外传递热量的过程。公式如下：

$$q = F\varepsilon\sigma A_1(T_1^4 - T_2^4) \tag{3-10}$$

式中，F 为修正因子；ε 为热辐射率；σ 为 Stefan-Boltzmann 常数，$\sigma = 5.67 \times 10^{-8}$ W/（m²·K⁴）；A_1 为其中一节电池辐射面的面积（m²）；T_1 为该节电池辐射面的温度（K）；T_2 为周围另一节电池辐射面的温度（K）。

锂离子电池因其内部材料排布非常紧凑而且导热性能良好，所以通过热辐射传递的热量占比很小，可略去不计。

3.2 锂离子电池热物性参数

电池内部的正极、负极、隔膜和电解液的组成材料都不相同，甚至同时存在着固态、液态和气态的物质。在不破坏电池结构的情况下测量电池内部各个结构的热物性参数极其困难，可通过查阅相关资料和实验，获得组成电池的每种材料单独的热物性参数（见表 3-1），对电池整体热物性参数进行相关的计算。

3.2.1 导热系数

电池电芯的分层结构使得电池内部热物性参数的分布呈现出了一定的规律。电池材料在宽度 x 轴和长度 y 轴方向上是均匀分布的，在厚度 z 轴方向上是层状堆叠的。因此在三维热模型中，可以将电池作为一个 x 和 y 方向上导热系数相同、z 方向导热系数不同的一个各向异性的材料来处理，这里可以采用热阻法推算电池的导热系数。热阻法分为串联热阻法和并联热阻法，分别用式（3-11）和式（3-12）表示：

$$k = \frac{L_1 + L_2}{L_1/k_1 + L_2/k_2} \tag{3-11}$$

$$k = \frac{A_1}{A_1 + A_2} k_1 + \frac{A_2}{A_1 + A_2} k_2 \tag{3-12}$$

层叠型的锂离子电池在厚度方向上的导热系数应该用串联热阻法计算，在长度和宽度方向上用并联热阻法计算。通过计算可得

x 轴和 y 轴方向上的导热系数为

$$k_{\mathrm{T},x} = k_{\mathrm{T},y} = \frac{\sum L_i k_{\mathrm{T},i}}{\sum L_i} \tag{3-13}$$

z 轴方向的导热系数为

$$k_{\mathrm{T},z} = \frac{\sum L_i}{\sum L_i / k_{\mathrm{T},i}} \tag{3-14}$$

式中，$k_{\mathrm{T},x}$、$k_{\mathrm{T},y}$ 和 $k_{\mathrm{T},z}$ 分别为 x 轴方向、y 轴方向和 z 轴方向的平均导热系数；L_i 为电化学模型中五层中各层的厚度；$k_{\mathrm{T},i}$ 为五层中各层所包含材料的导热系数。

表 3-1　某方形铝塑膜电池所用材料热物性参数

组成部分	物性参数				
	材料	厚度 / μm	密度 / (kg/m³)	比热容 / [J/(kg·K)]	导热系数 /[W/(m·K)]
铜箔	Cu	10	8933	385	398
正极材料	锰酸锂化合物	55	2840	839	3.9
隔膜	PVDF	30	659	1978	0.33
负极材料	石墨	55	1671	1064	3.3
铝箔	Al	10	2710	903	208
外壳	铝塑膜	318	1636	1377	0.427

3.2.2　电池密度

电池芯内部的材料为铜、铝、正负极材料、隔膜和电解液按比例组成的混合物。由于电池每一层都很薄，可以认为电池内部为均匀的物质，所以使用各部分材料的平均密度来作为电池的密度：

$$\rho_{\mathrm{batt}} = \frac{\sum L_i \rho_i}{\sum L_i} \tag{3-15}$$

式中，ρ_{batt} 为电池平均密度；ρ_i 为电池各组成部分材料的密度；L_i 为电池"三明治"结构单元中各层的厚度。

3.2.3　电池比热容

电池比热容的定义为单位质量物质的热容量，即单位质量物体改变单位温度时吸收或放出的热量。由于电池是由多种物质组成的，所以和电池密度一样，电池比热容由式（3-16）计算：

$$c_{batt} = \frac{\sum (\rho_i L_i) c_i}{\sum (\rho_i L_i)} \qquad (3\text{-}16)$$

式中，c_{batt} 为电池平均比热容；ρ_i 为电池各组成部分材料的密度；c_i 为电池各组成部分材料的比热容；L_i 为电池"三明治"结构单元中各层的厚度。

3.3　基于 Bernardi 生热率的电池电热耦合模型

以某方形铝塑膜电池为例，对 Bernardi 生热率、引入电流密度的 Bernardi 生热率进行比较计算，确定方形铝塑膜电池生热率模型。

3.3.1　电池电热耦合模型建模及验证

由于电池外壳采用铝塑膜，其对环境的热辐射非常小，因此热模型可忽略电池与周围环境的热辐射。采用其他两种生热率计算的热模型也进行相同处理。结合 Bernardi 生热率的计算方程和导热微分方程式可得出基于 Bernardi 生热率的电池单体三维生热模型：

$$\rho c \frac{\partial T}{\partial t} = \lambda_x \frac{\partial^2 T}{\partial x^2} + \lambda_y \frac{\partial^2 T}{\partial y^2} + \lambda_z \frac{\partial^2 T}{\partial z^2} + \beta \frac{I_L}{V_B} \left[(E_0 - U_L) - T \frac{dE_0}{dT} \right] \qquad (3\text{-}17)$$

初始条件和边界条件为

$$\begin{cases} T(x, y, z; 0) = T_0 \\ -\lambda \frac{\partial T}{\partial \boldsymbol{n}} |_\Gamma = h(T - T_{amb}) |_\Gamma \end{cases} \qquad (3\text{-}18)$$

式中，T_0 为电池单体的初始温度；T_{amb} 为环境温度；β 为生热率的修正系数，此系数通过仿真模拟计算结果与实验数据的比较进行优化选取，放电时 $\beta=1.13$，充电时 $\beta=0.65$；V_B 为电池单体体积；I_L 和 U_L 分别为电池的充放电电流和电压；E_0 为电池开路电压，dE_0/dT 为电池平衡电动势的温度影响系数；Γ 为边界；$\boldsymbol{n}$ 为边界 Γ 的法向。

由于开路电压 E_0 随电池的容量和温度而变化，因此本章对锂离子电池在 $-40 \sim 20$℃温度、不同 SOC 下的开路电压进行测量，并基于相关实验数据，通过拟合得到不同 SOC 下电池开路电压关于温度的函数：

$$E_0 = E(\text{SOC}, T) \tag{3-19}$$

当 SOC=1、$-40\,℃ \leqslant T \leqslant 20\,℃$ 时，数据拟合如图 3-2 所示，E_0 关于 T 的拟合函数见式（3-20）：

$$E_0 = 1.461 \times 10^{-7} T^3 + 5.298 \times 10^{-6} T^2 + 2.519 \times 10^{-4} T + 4.1534 \tag{3-20}$$

$$\frac{\mathrm{d}E_0}{\mathrm{d}T} = 4.383 \times 10^{-7} T^2 + 1.06 \times 10^{-5} T + 2.519 \times 10^{-4} \tag{3-21}$$

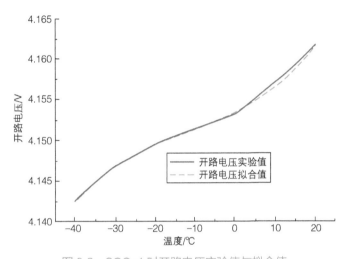

图 3-2　SOC=1 时开路电压实验值与拟合值

当 SOC=0.9、$-40\,℃ \leqslant T \leqslant 20\,℃$ 时，数据拟合如图 3-3 所示，E_0 关于 T 的拟合函数见式（3-22）：

$$E_0 = 2.547 \times 10^{-7} T^3 + 1.396 \times 10^{-6} T^2 + 2.027 \times 10^{-4} T + 4.068 \tag{3-22}$$

$$\frac{\mathrm{d}E_0}{\mathrm{d}T} = 7.641 \times 10^{-7} T^2 + 2.792 \times 10^{-6} T + 2.027 \times 10^{-4} \tag{3-23}$$

当 SOC=0.8、$-40\,℃ \leqslant T \leqslant 20\,℃$ 时，数据拟合如图 3-4 所示，E_0 关于 T 的拟合函数见式（3-24）：

$$E_0 = 2.944 \times 10^{-7} T^3 + 1.289 \times 10^{-6} T^2 + 2.196 \times 10^{-4} T + 4.037 \tag{3-24}$$

$$\frac{\mathrm{d}E_0}{\mathrm{d}T} = 8.832 \times 10^{-7} T^2 + 2.578 \times 10^{-6} T + 2.196 \times 10^{-4} \tag{3-25}$$

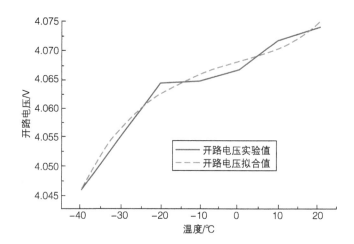

图 3-3　SOC=0.9 时开路电压实验值与拟合值

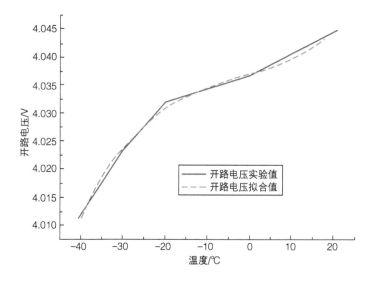

图 3-4　SOC=0.8 时开路电压实验值与拟合值

当 SOC=0.7、−40℃ ≤ T ≤ 20℃时，数据拟合如图 3-5 所示，E_0 关于 T 的拟合函数见式（3-26）：

$$E_0 = -1.128 \times 10^{-7}T^3 - 5.361 \times 10^{-6}T^2 + 5.734 \times 10^{-4}T + 3.997 \qquad （3-26）$$

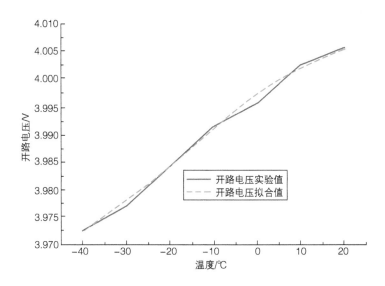

图 3-5　SOC=0.7 时开路电压实验值与拟合值

$$\frac{\mathrm{d}E_0}{\mathrm{d}T} = 3.384 \times 10^{-7} T^2 + 1.072 \times 10^{-5} T + 5.734 \times 10^{-4} \qquad (3\text{-}27)$$

通过拟合，可以得出其他 SOC 下电池开路电压与温度的函数关系。

进一步，利用电池生热模型对充放电过程中电池的温度进行仿真计算，并通过实验数据对仿真结果进行验证。

（1）放电过程

利用电池以 0.3C、0.5C、1C、2C、3C 和 4C 倍率放电的电池表面平均温度实验数据与电池生热模型仿真计算的电池表面平均温度进行比较，后面两个模型也采用相同的数据进行比较，结果如图 3-6 所示。

从图 3-6 可以看出，采用基于 Bernardi 生热率的电池三维生热模型所计算出的电池单体表面平均温度与实验结果基本相符，平均相对误差均在 1.5% 以内，最大相对误差在 3.5% 以内。

（2）充电过程

充电过程中电池表面温度实验值与仿真计算值的比较如图 3-7 所示。

与电池放电相比，电池充电过程中表面温升的模拟计算值与实验值的误差有所增加，平均相对误差保持在 2% 以内，最大相对误差升高至 4.5% 以内。

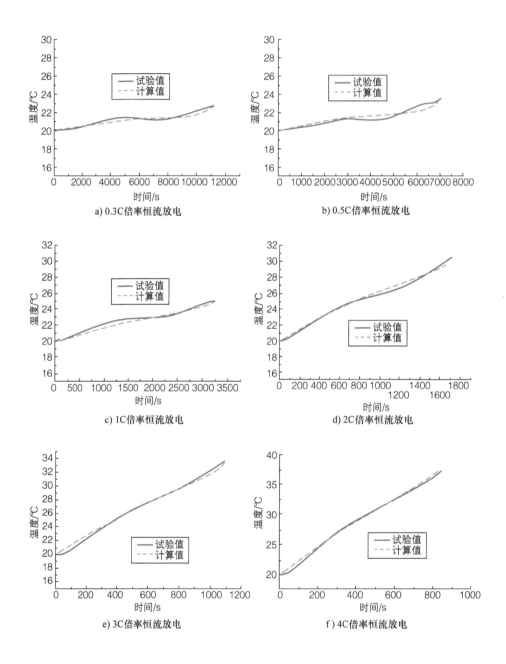

图 3-6　常温下基于 Bernardi 生热率计算的恒流放电电池表面温升与实验值比较

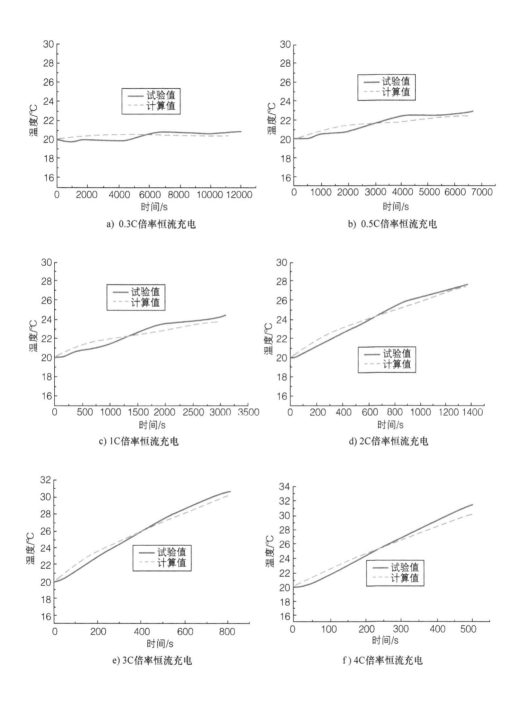

图 3-7　常温下基于 Bernardi 生热率计算的恒流充电电池表面温升与实验值比较

3.3.2 引入电流密度的电热耦合模型建模及验证

电热耦合模型在 Bernardi 生热率的基础上引入电流密度，模型同时考虑电池充放电过程中的电场分布和热场分布。在充放电过程中，由于电池单体中极片的电流密度分布不均匀，通过建立电池极片的电场模型，可以得到正负极片的电流密度分布，由于极片非常薄，可忽略厚度方向的影响，因此建立电池极片的二维模型。电池正极片的二维几何模型如图 3-8 所示，式（3-28）是正极片二维电势模型，式（3-29）~ 式（3-31）为求解的初始条件和边界条件；负极片的几何模型与正极片相同，二维电池模型为式（3-32）~ 式（3-35）的初始条件和边界条件。

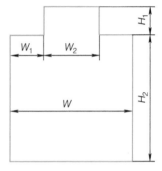

图 3-8　单极片二维几何图形

正极片二维电势模型：

$$\frac{\partial^2 \varphi_p}{\partial x^2} + \frac{\partial^2 \varphi_p}{\partial y^2} = \frac{I_{tp}}{\sigma_{cp} h_p S_p} \tag{3-28}$$

$$\varphi_p = \varphi_{p0}(t) \tag{3-29}$$

$$\frac{\partial \varphi_p}{\partial n} = r_p \frac{I_{tp}}{a} \qquad (W_1 < x \leqslant W_1 + W_2, \ y = H_1 + H_2) \tag{3-30}$$

$$\frac{\partial \varphi_p}{\partial n} = 0 \qquad (除了 W_1 < x \leqslant W_1 + W_2 、 y = H_1 + H_2 外的其他边界) \tag{3-31}$$

负极片二维电势模型：

$$\frac{\partial^2 \varphi_n}{\partial x^2} + \frac{\partial^2 \varphi_n}{\partial y^2} = -\frac{I_{tn}}{\sigma_{cn} h_n S_n} \tag{3-32}$$

$$\varphi_n = \varphi_{n0}(t) \tag{3-33}$$

$$\frac{\partial \varphi_n}{\partial n} = -r_n \frac{I_{tn}}{a} \qquad (W_1 < x \leqslant W_1 + W_2, \ y = H_1 + H_2) \tag{3-34}$$

$$\frac{\partial \varphi_n}{\partial n} = 0 \qquad (除了 W_1 < x \leqslant W_1 + W_2 、 y = H_1 + H_2 外的其他边界) \tag{3-35}$$

式中，φ_p、φ_n 分别为正极片和负极片的电势；φ_{p0}、φ_{n0} 分别为充放电过程中正极片和负极工作电压；I_{tp}、I_{tn} 分别为充放电过程中流过正极片和负极片的电流；σ_{cp}、σ_{cn}

分别为正极片和负极片的电导率；r_p、r_n 分别为正极片和负极片的内阻；h_p、h_n 分别为正极片和负极片的厚度；a 为极耳长度；S_p、S_n 分别为正极片和负极片的面积；**n** 为边界外法线方向。

根据电场理论，正负极片的电流密度可通过式（3-36）求解：

$$\boldsymbol{J} = -\sigma_c \boldsymbol{E} = -\sigma_c \nabla \boldsymbol{\varphi} \tag{3-36}$$

式中，**J** 为电流密度；σ_c 为正负极片的电导率。

电池正极片的二维电热模型为

$$\rho c \frac{\partial T}{\partial t} = \lambda_x \frac{\partial^2 T}{\partial x^2} + \lambda_y \frac{\partial^2 T}{\partial y^2} + \beta J_p \left[(E_0 - U_L) - T \frac{\mathrm{d}E_0}{\mathrm{d}T} \right]$$

$$\frac{\partial^2 \varphi_p}{\partial x^2} + \frac{\partial^2 \varphi_p}{\partial y^2} = \frac{I_{tp}}{\sigma_{cp} h_p S_p} \tag{3-37}$$

$$J_p = -\sigma_c \nabla \varphi_p$$

温度场的初始条件和边界条件为

$$\begin{cases} T(x,\ y,\ z;\ 0) = T_0 \\ -\lambda \dfrac{\partial T}{\partial n} \big|_\Gamma = h(T - T_{amb}) \big|_\Gamma \end{cases} \tag{3-38}$$

电场的初始条件和边界条件为

$$\varphi_p = \varphi_{p0}(t) \tag{3-39}$$

$$\frac{\partial \varphi_p}{\partial n} = -r_p \frac{I_{tp}}{a} \quad (W_1 < x \leqslant W_1 + W_2,\ y = H_1 + H_2) \tag{3-40}$$

$$\frac{\partial \varphi_p}{\partial n} = 0 \quad (除了 W_1 < x \leqslant W_1 + W_2、y = H_1 + H_2 外的其他边界) \tag{3-41}$$

同理可得到负极片的二维热模型。

如果要建立精确的电池三维电热耦合模型，必须严格按照电池单体的结构进行建模。正如之前分析的，电池单体各组成部分的厚度与长宽比值非常小，使得计算量超过能够接受的范围。因此，将电池单体等效为三部分：正极极片、负极极片和其他物质（包括包装、隔膜和电解质等），如图 3-9 所示。电池单体三维电热耦合模型为式（3-42），初始条件和边界条件为式（3-43）～式（3-49），式中的参数都已在之前的内容中进行过相关说明。

图 3-9　电池单体
电热耦合几何模型

$$\begin{cases} \rho_p c_p \dfrac{\partial T}{\partial t} = \lambda_{px} \dfrac{\partial^2 T}{\partial x^2} + \lambda_{py} \dfrac{\partial^2 T}{\partial y^2} + \lambda_{pz} \dfrac{\partial^2 T}{\partial z^2} + \beta J_p \left[(E_0 - U_L) - T \dfrac{\mathrm{d}E_0}{\mathrm{d}T} \right] \\[4mm] \rho_n c_n \dfrac{\partial T}{\partial t} = \lambda_{nx} \dfrac{\partial^2 T}{\partial x^2} + \lambda_{ny} \dfrac{\partial^2 T}{\partial y^2} + \lambda_{nz} \dfrac{\partial^2 T}{\partial z^2} + \beta J_n \left[(E_0 - U_L) - T \dfrac{\mathrm{d}E_0}{\mathrm{d}T} \right] \\[4mm] \rho_r c_r \dfrac{\partial T}{\partial t} = \lambda_{rx} \dfrac{\partial^2 T}{\partial x^2} + \lambda_{ry} \dfrac{\partial^2 T}{\partial y^2} + \lambda_{rz} \dfrac{\partial^2 T}{\partial z^2} \\[4mm] \dfrac{\partial^2 \varphi_p}{\partial x^2} + \dfrac{\partial^2 \varphi_p}{\partial y^2} + \dfrac{\partial^2 \varphi_p}{\partial z^2} = \dfrac{I_{tp}}{\sigma_{cp} h_p S_p} \\[4mm] \dfrac{\partial^2 \varphi_n}{\partial x^2} + \dfrac{\partial^2 \varphi_n}{\partial y^2} + \dfrac{\partial^2 \varphi_n}{\partial z^2} = -\dfrac{I_{tn}}{\sigma_{cn} h_n S_n} \\[4mm] J_p = -\sigma_c \nabla \varphi_p \\[4mm] J_n = -\sigma_c \nabla \varphi_n \end{cases} \tag{3-42}$$

温度场的初始条件和边界条件为

$$\begin{cases} T(x, y, z; 0) = T_0 \\[2mm] -\lambda \dfrac{\partial T}{\partial n} \big|_\Gamma = h(T - T_{amb}) \big|_\Gamma \end{cases} \tag{3-43}$$

电场的初始条件和边界条件为

$$\varphi_p = \varphi_{p0}(t) \tag{3-44}$$

$$\frac{\partial \varphi_p}{\partial n} = r_p \frac{I_{tp}}{a} \quad (W_1 < x \leqslant W_1 + W_2, \ y = H_2) \tag{3-45}$$

$$\frac{\partial \varphi_p}{\partial n} = 0 \quad (除了 W_1 < x \leqslant W_1 + W_2 、 y = H_1 + H_2 外的其他边界) \tag{3-46}$$

$$\varphi_n = \varphi_{n0}(t) \tag{3-47}$$

$$\frac{\partial \varphi_n}{\partial n} = -r_n \frac{I_{tn}}{a} \quad (W_1 < x \leqslant W_1 + W_2, \ y = H_2) \tag{3-48}$$

$$\frac{\partial \varphi_n}{\partial n} = 0 \quad (除了 W_1 \leqslant x \leqslant W_1 + W_2 、 y = H_1 + H_2 外的其他边界) \tag{3-49}$$

进一步地，利用实验所测量的电池表面温度对模型进行验证。

（1）放电过程

通过模型可对电池的温度场进行计算，放电过程中电池表面温度实验值与仿真计算值的比较如图 3-10 所示。

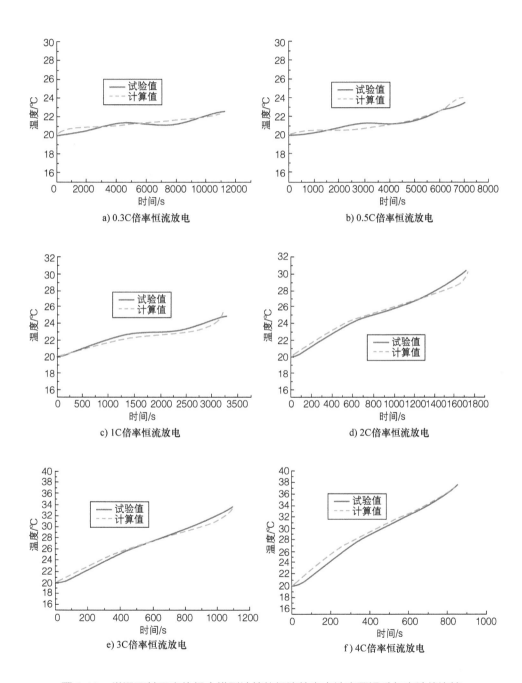

图 3-10　常温下基于电热耦合模型计算的恒流放电电池表面温升与实验值比较

（2）充电过程

充电过程中电池表面温度实验值与仿真计算值的比较如图 3-11 所示。

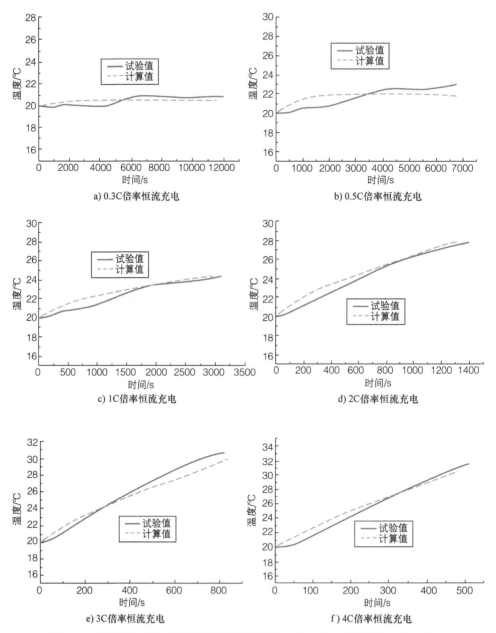

a) 0.3C倍率恒流充电

b) 0.5C倍率恒流充电

c) 1C倍率恒流充电

d) 2C倍率恒流充电

e) 3C倍率恒流充电

f) 4C倍率恒流充电

图 3-11　常温下基于电热耦合模型计算的恒流充电电池表面温升与实验值比较

电池充放电过程中表面温度仿真与实验结果表明，引入电流密度的电热耦合模型仿真精度与 Bernardi 生热率模型接近，并未获得更高精度。虽然引入电流密度的电热耦合模型考虑了电池充放电过程中温度分布不均匀，能够更准确地反映电池充放电过程中的生热情况，但在计算电池单体温升时，对电池模型进行了简化处理，降低了模型的精度。同时电池极片的厚度与长宽的比值非常小，单极片的模型计算量大，电池单体等效模型的计算量会更大。因此从模型计算量角度出发，采用 Bernardi 生热率模型更为经济。

3.4 基于电化学理论的电池电热耦合模型

3.4.1 伪二维电化学模型

本节首先介绍目前最具代表性的伪二维电化学模型（P2D）建模理论，在 P2D 模型的基础上进一步进行假设，建立了扩展单粒子模型，并对模型进行了合理降阶，减少了模型中偏微分方程的数量，降低了模型计算量。

P2D 电化学模型在建模过程中涵盖了热动力学、电化学反应动力学和质量守恒方程等。其中热动力学主要描述了无电流通过情况下的锂离子电池内部正负电极之间的电势差，即开路电压（Open Circuit Voltage，OCV）。一般情况下，电池的 OCV 与 SOC 和温度有关，而电化学反应动力学和质量守恒主要描述有电流通过的情况下电池动态行为变化情况。

1. 热动力学

对于商用锂离子电池，正负极活性材料的电势不可单独测量，只能测得两个电极的电势差，即端电压。因此，为了分别测到正负极的电势，引入参比电极，通过已知的参比电极电势得到相对电压，进而可分别计算出正负极的电势。锂离子电池常用正负极材料对应的电势分别见表 3-2 和表 3-3，其中纯锂电极的电势一般被定义为 0V。因此，锂离子电池的正极相对电势 OCV_p 可由式（3-50）计算：

$$OCV_p = \Phi_p - \Phi_{Li} \tag{3-50}$$

式中，OCV_p 为锂离子电池正极相对电势；Φ_p 为正极绝对电势；Φ_{Li} 为纯锂电极电势。

表 3-2 常用正电极活性材料的电势

正极材料	电势（vs.Li/Li$^+$）/V	比容量 /（mA·h/g）
$LiMn_2O_4$	4.1	100～120
$LiCoO_2$	3.9	140～170
$LiFePO_4$	3.45	170
Li（NiMnCo）$_{1/3}O_2$	3.8	160～170
$LiNi_{0.8}Co_{0.15}Al_{0.05}O_2$	3.8	180～240
Li-sulfur	2.1	1280

表 3-3　常用负电极活性材料的电势

负极材料	电势（vs.Li/Li+）/V	比容量 /（mA·h/g）
$Li_4Ti_5O_{12}$	1.6	175
LiC_6	0.1	372
Li-Tin	0.6	994
Li 金属	0	3862
Li-Silicon	0.4	4200

　　然而，正极绝对电势 $\varPhi_p$ 和负极绝对电势 $\varPhi_n$ 均不能通过直接测量得到，但是可以测到 $\varPhi_p$ 和 $\varPhi_{Li}$ 的电势差，即 OCV_p。对于全电池而言，OCV_{cell} 可由式（3-51）计算：

$$OCV_{cell} = \left(\varPhi_p - \varPhi_{Li}\right) - \left(\varPhi_n - \varPhi_{Li}\right) = \varPhi_p - \varPhi_n \qquad (3-51)$$

　　从热动力学的角度，单体电池的 OCV 与电极材料的吉布斯自由能 [ΔG] 有关。在常温条件下，吉布斯自由能的计算公式如下：

$$\Delta G = \Delta H - T\Delta S \qquad (3-52)$$

式中，ΔG 为吉布斯自由能，代表电化学反应中对外做的有用功（J）；ΔH 为焓变，代表电化学反应中产生的总能量；$T\Delta S$ 为反应过程中由于生热消耗掉的能量（T 为温度，ΔS 为熵变）。

　　一般情况下，对于一个化学反应而言，反应开始的条件与反应物和生成物的吉布斯自由能有关。吉布斯自由能越小，越有利于化学反应的发生，如图 3-12 所示。对于锂离子电池的电化学系统而言，在放电过程中，正负活性电极上进行氧化还原反应对应的反应物和生成物的吉布斯自由能之差小于零，所以当电池外部有负载后，电化学反应就会自发进行。但是在充电过程中，电化学反应不能自发进行，需要在电池正负极两端施加额外的电势，充电过程才能正常进行。

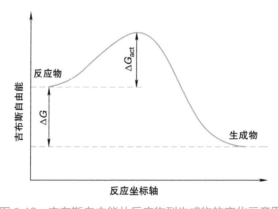

图 3-12　吉布斯自由能从反应物到生成物的变化示意图

对于锂离子电池的电化学系统，为了将吉布斯自由能与电势联系在一起，式（3-52）需进行变换。在恒压条件下，$H = \bar{U} + p\bar{V}$，因此式（3-52）可改写为

$$\Delta G = \Delta \bar{U} + p\Delta \bar{V} - T\Delta S \qquad (3\text{-}53)$$

式中，$\bar{U}$ 为系统的内能（J）；p 为压强（Pa）；$\bar{V}$ 为体积（m^3）；使用 $\bar{U}$ 和 $\bar{V}$ 是为了与电压和电势进行区分。

在电化学系统反应过程中，系统内能的定义如下：

$$\Delta \bar{U} = T\Delta S - p\Delta \bar{V} - n_e FU \qquad (3\text{-}54)$$

式中，n_e 为电化学反应过程中电子转移的化学计量数；F 为法拉第常数（C/mol）；U 为开路电压（V）。

将式（3-54）代入式（3-53）可得到吉布斯自由能与电势的关系：

$$\Delta G = -n_e FU \qquad (3\text{-}55)$$

在标准状态下，即在 1M 电解液、$p=1$bar、$T=25$℃条件下有

$$\Delta G^0 = -n_e FU^0 \qquad (3\text{-}56)$$

但是在非标准状态下有

$$\Delta G = \Delta G^0 + \bar{R}T \ln\left(\frac{\Pi act_{prod}}{\Pi act_{react}}\right) \qquad (3\text{-}57)$$

式中，$\bar{R}$ 为理想气体常数 [J/（K·mol）]；act 与反应物和生成物的浓度相关，计算公式为

$$act_i = \exp\left(\frac{\mu_i - \mu_0}{\bar{R}T}\right) \qquad (3\text{-}58)$$

式中，μ_i 为参与化学反应 i 的化学电势（J/mol）；μ_0 为标准状态下的值。

所以，将式（3-55）和式（3-56）代入式（3-57），可以得到式（3-59），即能斯特方程（Nernst Equation）：

$$U = U^0 - \frac{\bar{R}T}{n_e F} \ln\left(\frac{\Pi act_{prod}}{\Pi act_{react}}\right) \qquad (3\text{-}59)$$

因此，在锂离子电池电化学系统中，开路电压与嵌入和脱出的锂离子浓度有关，而式（3-59）中的 U 又不可测量。U^0 是标准状态下的开路电势，一般看作常数，但会受温度影响，常用的电极标准开路电势见表 3-2 和表 3-3。理论上，在已知温

度和锂离子浓度的条件下，通过式（3-59）可计算一对电极的开路电压。但是电极材料活化能的计算难度很大，因此通常利用经验值代替。对于商用全电池来说，获取正负极材料的开路电压有两种方法：一种方法是利用半电池的实验方法，即把全电池的正负极材料分开，并且分别作为正极与纯锂电极组成新的"全电池"，在足够小的电流（一般指小于 1/25C）下进行充放电，此时认为电池内部的极化作用可被忽略，半电池端电压可近似为开路电压。例如，图 3-13 所示为石墨与锂电极组成的半电池在 1/25C 放电条件下测得的 OCV 曲线。另外一种方法是用 1/25C 倍率对半电池进行脉冲放电，然后待电池静置至稳态时测量开路电压。从 100%SOC 持续测量至 0%SOC，这种方法的测量精度更高，结果也更准确，但由于耗时太长，所以目前绝大多数学者都采用第一种方法。在确定了电池在静置状态下的开路电压后，接下来就是量化在有电流通过时电池内部的欧姆电阻和过电势的影响。

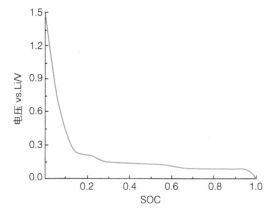

图 3-13   石墨材料与纯锂材料组成的半电池在 1/25C 放电条件下的开路电压

2. 反应动力学

对全电池来说，反应动力学理论主要研究的是正负电极分别与电解液在固液相交界面上的电化学反应现象。在固液相交界面上，同时存在氧化和还原反应。一般情况下反应速率计算公式如下：

$$r = kc \tag{3-60}$$

式中，r 为反应速率 $[\text{mol}/(\text{m}^2 \cdot \text{s})]$；$k$ 为电极材料的反应速率系数（m/s）；c 为含锂活性物质的浓度（mol/m^3）。

当电池处于稳态时，电池内部无电流通过，交界面上的氧化和还原反应处于平衡状态，正负电极的电势差等于开路电压。当电池有电流通过时，交界面上的氧化和还原反应就不再处于平衡状态。阿伦尼乌斯公式（Arrhenius Equation）给出了反应速率常数 k 与正负极活化能 ΔG_{act} 的关系，所以交界面上的反应速率可由式（3-61）表述：

$$r_{\mathrm{a}} = c_{\mathrm{s,R}} k_{\mathrm{a}} = c_{\mathrm{s,R}} k_{0,\mathrm{a}} \exp\left(-\frac{\Delta G_{\mathrm{act,a}}}{\bar{R} T}\right) \tag{3-61}$$

$$r_{\mathrm{c}} = c_{\mathrm{s,O}} k_{\mathrm{c}} = c_{\mathrm{s,O}} k_{0,\mathrm{c}} \exp\left(-\frac{\Delta G_{\mathrm{act,c}}}{\bar{R} T}\right) \tag{3-62}$$

式中，k_0 为标准状态下的反应速率系数（如果反应物不止一种，则 $c_{\mathrm{s,R}}$ 和 $c_{\mathrm{s,O}}$ 指的是所有反应物浓度的平均值）。

从式（3-61）和式（3-62）可以看出，反应速率受反应物浓度、环境温度以及反应物活化能的影响。将式（3-55）带入式（3-61）和式（3-62）中可得

$$r_{\mathrm{a}} = c_{\mathrm{s,R}} k_{0,\mathrm{a}} \exp\left[(1-\alpha)\frac{n_{\mathrm{e}} F \Delta U}{\bar{R} T}\right] \tag{3-63}$$

$$r_{\mathrm{c}} = c_{\mathrm{s,O}} k_{0,\mathrm{c}} \exp\left[-\alpha\frac{n_{\mathrm{e}} F \Delta U}{\bar{R} T}\right] \tag{3-64}$$

式中，ΔU 为内部电极电势在标准状态下的平衡电势的变化量，$\Delta U = U - U^0$；α 为衡量正负电极之间需要克服的活化能的比例系数，通常情况下取 $\alpha=0.5$。

因此，锂离子电池在放电过程中固相与液相交界面上的氧化还原反应式如下（其中充电过程中的氧化还原反应式符号相反）：

$$r = r_{\mathrm{a}} - r_{\mathrm{c}} = c_{\mathrm{s,R}} k_{0,\mathrm{a}} \exp\left[(1-\alpha)\frac{n_{\mathrm{e}} F \Delta U}{\bar{R} T}\right] - c_{\mathrm{s,O}} k_{0,\mathrm{c}} \exp\left(-\alpha\frac{n_{\mathrm{e}} F \Delta U}{\bar{R} T}\right) \tag{3-65}$$

根据交界面上局部电流密度 j（$\mathrm{A/m^2}$）与反应速率 r 的关系式 $j = n_{\mathrm{e}} F r$，式（3-65）可写为

$$j = nF\left\{c_{\mathrm{s,R}} k_{0,\mathrm{a}} \exp\left[(1-\alpha)\frac{n_{\mathrm{e}} F \Delta U}{\bar{R} T}\right] - c_{\mathrm{s,O}} k_{0,\mathrm{c}} \exp\left(-\alpha\frac{n_{\mathrm{e}} F \Delta U}{\bar{R} T}\right)\right\} \tag{3-66}$$

式（3-66）被称为 Bulter-Volmer 方程。

对于锂离子电池，假设负极是石墨，正极是金属 N 或者 N 氧化物的含锂复合物，那么正负极上反应物浓度根据氧化还原反应可定义为

$$\text{负极：} \mathrm{Li}_x\mathrm{C}_6 \rightarrow \mathrm{Li}^+ + \mathrm{C}_6 + \mathrm{e}^- \tag{3-67}$$

$$\text{正极：} \mathrm{Li}^+ + \mathrm{N} + \mathrm{e}^- \rightarrow \mathrm{Li}_y\mathrm{N} \tag{3-68}$$

假设在锂离子内部电化学反应过程中，$\alpha=0.5$、$n_{\mathrm{e}}=1$，正负极的反应速率系数相

等。因此，锂离子电池正负极固液相交界面的氧化还原反应分别可以用式（3-66）表述为

$$j_{\mathrm{p}} = F k_{0,\mathrm{p}} \left[c_{\mathrm{s,R,p}} \exp\left(\frac{F \Delta U_{\mathrm{p}}}{2 \bar{R} T} \right) - c_{\mathrm{s,O,p}} \exp\left(-\frac{F \Delta U_{\mathrm{p}}}{2 \bar{R} T} \right) \right] \qquad （3\text{-}69）$$

$$j_{\mathrm{n}} = F k_{0,\mathrm{n}} \left[c_{\mathrm{s,O,n}} \exp\left(-\frac{F \Delta U_{\mathrm{n}}}{2 \bar{R} T} \right) - c_{\mathrm{s,R,n}} \exp\left(\frac{F \Delta U_{\mathrm{n}}}{2 \bar{R} T} \right) \right] \qquad （3\text{-}70）$$

为了更好地表述正负极上的反应物浓度，引入表示活性材料反应物的最大浓度 $c_{\mathrm{max},i}$，并假设负极活性材料 $\mathrm{LiC_6}$ 或者正极活性材料 LiN 的最大浓度等于进行嵌锂和脱锂的正负极活性材料之和。因此正负电极上的活性材料浓度可定义为

$$负极：\quad c_{\mathrm{max,LiC_6}} = c_{\mathrm{C_6}} + c_{\mathrm{Li_xC6}} \qquad （3\text{-}71）$$

$$正极：\quad c_{\mathrm{max,LiN}} = c_{\mathrm{N}} + c_{\mathrm{Li_yN}} \qquad （3\text{-}72）$$

在上述假设的基础上，把活性材料的浓度转换为各电极上参与氧化还原反应的反应物浓度，进一步定义：

$$c_{\mathrm{s,O,p}} = c_{\mathrm{Li_yN}} \qquad （3\text{-}73）$$

$$c_{\mathrm{s,R,p}} = c_{\mathrm{N}} c_{\mathrm{Li}} = \left(c_{\mathrm{max,LiN}} - c_{\mathrm{Li_yN}} \right) c_{\mathrm{Li^+}} \qquad （3\text{-}74）$$

$$c_{\mathrm{s,O,n}} = c_{\mathrm{Li_xC_6}} \qquad （3\text{-}75）$$

$$c_{\mathrm{s,R,n}} = c_{\mathrm{C_6}} c_{\mathrm{Li}} = \left(c_{\mathrm{max,LiC_6}} - c_{\mathrm{Li_xC_6}} \right) c_{\mathrm{Li^+}} \qquad （3\text{-}76）$$

注意，上述各反应物浓度指的是在固液相交界面上参与电化学反应的表面活性物质浓度。为了便于进一步计算，引入如下定义：

$$c_{\mathrm{Li_yN}} = c_{\mathrm{s,p}} \qquad （3\text{-}77）$$

$$c_{\mathrm{max,LiN}} = c_{\mathrm{max,p}} \qquad （3\text{-}78）$$

$$c_{\mathrm{Li_xC_6}} = c_{\mathrm{s,n}} \qquad （3\text{-}79）$$

$$c_{\mathrm{max,LiC_6}} = c_{\mathrm{max,n}} \qquad （3\text{-}80）$$

式中，下角标 s 为活性电极表面浓度；下角标 p 和 n 分别为正极和负极。

电解液中的锂离子浓度定义为：靠近正极时，$c_{Li^+} = c_{e,p}$；靠近负极时，$c_{Li^+} = c_{e,n}$。因此，式（3-69）和式（3-70）可重新表述为

$$j_p = Fk_{0,p}\left[\left(c_{max,p} - c_{s,p} \right) c_{e,p} \exp\left(\frac{F\Delta U_p}{2\bar{R}T} \right) - c_{s,p} \exp\left(-\frac{F\Delta U_p}{2\bar{R}T} \right) \right] \tag{3-81}$$

$$j_n = Fk_{0,n}\left[\left(c_{max,n} - c_{s,n} \right) c_{e,n} \exp\left(-\frac{F\Delta U_n}{2\bar{R}T} \right) - c_{s,n} \exp\left(\frac{F\Delta U_n}{2\bar{R}T} \right) \right] \tag{3-82}$$

式中，ΔU 由标准平衡电势计算而来。

所以当电池无电流通过，即局部电流密度 $j=0$ 时，正负电极交界面上的氧化还原反应速率相同。根据式（3-81）和式（3-82），可得

$$\left(c_{max,p} - c_{s,p} \right) c_{e,p} \exp\left(\frac{F\Delta U_p}{2\bar{R}T} \right) = c_{s,p} \exp\left(-\frac{F\Delta U_p}{2\bar{R}T} \right) \tag{3-83}$$

$$\left(c_{max,n} - c_{s,n} \right) c_{e,n} \exp\left(-\frac{F\Delta U_n}{2\bar{R}T} \right) = c_{s,n} \exp\left(\frac{F\Delta U_n}{2\bar{R}T} \right) \tag{3-84}$$

进一步可计算 $\Delta U_{p,eq}$ 和 $\Delta U_{n,eq}$：

$$\Delta U_{p,eq} = \frac{\bar{R}T}{F} \ln\left[\frac{c_{s,p}}{\left(c_{max,p} - c_{s,p} \right) c_{e,p}} \right] \tag{3-85}$$

$$\Delta U_{n,eq} = \frac{\bar{R}T}{F} \ln\left[\frac{\left(c_{max,n} - c_{s,n} \right) c_{e,n}}{c_{s,n}} \right] \tag{3-86}$$

因此，正负电极上的电荷转移过电势计算如下：

$$\eta_p = \Delta U_p - \Delta U_{p,eq} \tag{3-87}$$

$$\eta_n = \Delta U_n - \Delta U_{n,eq} \tag{3-88}$$

将式（3-85）~ 式（3-88）代入式（3-81）和式（3-82），可得

$$j_p = Fk_{0,p}\sqrt{\left(c_{max,p} - c_{s,p} \right) c_{s,p} c_{e,p}}\left[\exp\left(\frac{F\eta_p}{2\bar{R}T} \right) - \exp\left(-\frac{F\eta_p}{2\bar{R}T} \right) \right] \tag{3-89}$$

$$j_n = Fk_{0,n}\sqrt{\left(c_{max,n} - c_{s,n} \right) c_{s,n} c_{e,n}}\left[\exp\left(-\frac{F\eta_n}{2\bar{R}T} \right) - \exp\left(\frac{F\eta_n}{2\bar{R}T} \right) \right] \tag{3-90}$$

根据双曲正弦变换，式（3-89）和式（3-90）可简化为

$$j_{p} = 2i_{0,p} \sinh\left(\frac{F\eta_{p}}{2\bar{R}T}\right) \tag{3-91}$$

$$j_{n} = -2i_{0,n} \sinh\left(\frac{F\eta_{n}}{2\bar{R}T}\right) \tag{3-92}$$

式中，$i_{0,p} = Fk_{0,p}\sqrt{(c_{max,p} - c_{s,p})c_{s,p}c_{e,p}}$、$i_{0,n} = Fk_{0,n}\sqrt{(c_{max,n} - c_{s,n})c_{s,n}c_{e,n}}$ 为锂离子电池内部平衡状态时的电流密度，即交换电流密度（Exchange Current Density）。

3. 固相电极质量守恒和浓差极化效应

在多孔电极理论中，假设氧化还原反应均发生在电极表面，即固液相交界面。电化学反应过程中，锂离子从多孔电极表面嵌入或者脱出，导致局部锂离子浓度增加或者减少，因此会产生浓度差。为了使电化学反应持续进行，必须有更多的锂离子从多孔电极内部嵌入或脱出。因此，在充放电过程中，锂离子电池的瞬时功率受锂离子从多孔电极内部转移到表面的时间限制，即与固相电极的扩散系数密切相关。Fick 定律被广泛应用于描述固相电极中粒子浓度梯度的变化：

$$\frac{\partial c_i}{\partial t} = \frac{D_i}{r^2}\frac{\partial}{\partial r}\left(r^2\frac{\partial c_i}{\partial r}\right) \tag{3-93}$$

式中，c_i 为指固相电极中第 i 个粒子中的锂离子浓度（mol/m³）；$t(s)$ 为时间；D_i 为锂离子在固相电极中的扩散系数（m²/s），一般假设为常数；r 为球形粒子的径向坐标（m），$0 < r < R_i$。

根据质量守恒定律可知式（3-93）的边界条件：

$$\left.\frac{\partial c_i}{\partial r}\right|_{r=0} = 0, \quad \left.D_i\frac{\partial c_i}{\partial r}\right|_{r=R_i} = \pm\frac{j_i(x,t)}{F} \tag{3-94}$$

式中，正号表示正极上的电流密度为正；负号表示负极上的电流密度为负。

因此，当电池有电流通过时，固液相发生电化学反应，多孔电极上的表面锂浓度和体积锂浓度会发生变化，产生浓差极化效应，不仅影响电荷转移电势，而且还影响到开路电压的计算。

4. 固相电极中的欧姆定律

固相电极中的电流密度与电势的关系符合欧姆定律：

$$\sigma_i\frac{\partial^2\Phi_i}{\partial x^2} = a_i j_i(x,t) \tag{3-95}$$

式中，Φ_i 为固相电势（V）；σ 为有效传导率（Ω/m），通常假设 σ 不受 x 轴坐标的影响。

式（3-95）适用于正负电极，在集流体和隔膜设置边界条件：

$$-\sigma_n \frac{\partial \varPhi_n}{\partial x}\bigg|_{x=0} = \sigma_p \frac{\partial \varPhi_p}{\partial x}\bigg|_{x=L_{cell}} = \frac{I(t)}{A} \qquad (3\text{-}96)$$

式中，I 为充放电电流（A）；A 为集流体的有效表面积（m^2）。

5. 液相电极质量守恒和浓差极化效应

电解液作为载体，为锂离子在正负电极之间传输提供路径。其中锂离子传输方式主要有扩散、迁移和对流。通常情况下，当锂离子离开固相电极进入电解液时，附近的锂离子浓度由于发生氧化反应而升高；反之，锂离子浓度则由于发生还原反应而降低。与固相电极表面一样，锂离子在电解液中传输时，在 x 轴方向上有浓度差产生，会进一步加快锂离子从浓度高的电极一端向浓度低的一端扩散。此外，由于锂离子的扩散作用，正负电极会产生电势差，会加快锂离子在电解液中的迁移。对流对锂离子电池在电解液中的传输影响较小，通常忽略不计。

（1）稀溶液理论

在稀溶液理论中，电解液中离子的传输过程可由式（3-97）表述：

$$N_i = -D_i \frac{\partial c_i}{\partial x} - z_i u_i F c_i \frac{\partial \varPhi_e}{\partial x} + c_i v \qquad (3\text{-}97)$$

式中，等号右边第一项代表扩散现象；第二项代表迁移现象；第三项代表对流现象；N_i 为电解液中离子的流量密度 $[mol/(m^2 \cdot s)]$；D_i 为电解液中的扩散系数（m^2/s）；z_i 为电解液中传输的带电粒子数量；$\varPhi_e$ 为电解液中的静电势（V），$\partial \varPhi_e / \partial x = -E$；$c_i$ 为电解液中离子的浓度（mol/m^3）；v 为离子在电解液中的传输速度（m/s）；u_i 为离子在电解液中的迁移率 $[m^2 \cdot mol/(J \cdot s)]$，一般情况下用 Nernst-Einstein 方程进行计算，$u_i = D_i / (\bar{R}T)$。

根据质量守恒定律，电解液中锂离子浓度可由式（3-98）计算：

$$\varepsilon_e \frac{\partial c_e}{\partial t} = \frac{a_i j_i(x,t)}{F} - \frac{\partial N}{\partial x} \qquad (3\text{-}98)$$

式中，ε_e 为电解液的体积分数；j_i 为氧化还原反应过程中的电流密度。

（2）浓溶液理论

与稀溶液理论相比，浓溶液理论由于更能准确地表示电解液中离子之间的相互作用而应用更为广泛，此时 Nernst-Einstein 方程不再适用。与稀溶液理论不同，浓溶液理论不再划分锂离子在电解液中传输的方式，认为锂离子在电解液中的传输与电化学电势有关：

$$\bar{\mu}_i = \mu_i + z_i F \varPhi \qquad (3\text{-}99)$$

式中，$\bar{\mu}_i$ 为带电离子的电化学电势（J/mol），决定电解液中锂离子的迁移情况；μ_i 为带电离子的化学电势（J/mol），等于常温恒压条件下吉布斯自由能的斜率，$\mu_i = \partial G / \partial n_i$，决定电解液中的锂离子的扩散情况；$z_i$ 为电解液中传输的带电粒子数量，不带电荷的离子（$z_i = 0$）不会受到静电势的影响，即对于不带电荷的离子，有 $\bar{\mu}_i = \mu_i$。

在浓溶液理论中有

$$c_i \frac{\partial \bar{\mu}_i}{\partial x} = \sum_j K_{ij}\left(v_j - v_i\right) \tag{3-100}$$

式中，K_{ij} 是粒子 i 和 j 之间的相互作用系数（J·s/m⁵），与粒子的浓度有关。

K_{ij} 可由式（3-101）计算：

$$K_{ij} = \frac{\bar{R}Tc_ic_j}{c_T\bar{D}_{ij}} \tag{3-101}$$

式中，$c_T = \sum_i c_i$ 为所有离子的浓度总和；$\bar{D}$ 为扩散系数，用于描述不同离子之间的相互作用，多数情况下被认为是经验参数。

例如，锂离子电池中最常用的电解液为 $LiPF_6$，分解后的方程式为 $LiPF_6 \rightarrow Li^+ + PF_6^-$，包括阳离子（$Li^+$）、阴离子（$PF_6^-$）和不带电荷的溶剂离子（$LiPF_6$）。因此，根据式（3-100），电解液中的不同离子电化学电势为

$$c_+ \frac{\partial \bar{\mu}_+}{\partial x} = K_{+-}\left(v_- - v_+\right) + K_{+0}\left(v_0 - v_+\right) \tag{3-102}$$

$$c_- \frac{\partial \bar{\mu}_-}{\partial x} = K_{-+}\left(v_+ - v_-\right) + K_{-0}\left(v_0 - v_-\right) \tag{3-103}$$

$$c_0 \frac{\partial \bar{\mu}_0}{\partial x} = K_{0+}\left(v_+ - v_0\right) + K_{0-}\left(v_- - v_0\right) \tag{3-104}$$

但是根据牛顿第三运动定律，有 $K_{ji} = K_{ij}$、$\bar{D}_{ji} = \bar{D}_{ij}$，所以式（3-102）~式（3-104）的右边等于 0。根据 Gibbs-Duhem 关系，式（3-102）~ 式（3-104）的左边也等于 0。由于电解液中的电流密度定义为 $i_e = F\sum_i z_iN_i = F\sum_i z_ic_iv_i$，所以式（3-102）~ 式（3-104）可以被简化为两个式子：

$$N_+ = c_+v_+ = -\frac{v_+\bar{D}_e}{v_e\bar{R}Tc_0}\frac{c_T}{c_0}c_e\frac{\partial\bar{\mu}_e}{\partial x} + \frac{i_e(t)t_0^+}{z_+F} + c_+v_0 \tag{3-105}$$

$$N_- = c_- v_- = -\frac{v_- \bar{D}_e}{v_e \bar{R} T c_0} \frac{c_T}{c_0} c_e \frac{\partial \bar{\mu}_e}{\partial x} + \frac{i_e(t) t_0^-}{z_- F} + c_- v_0 \qquad (3\text{-}106)$$

式中，v_+ 和 v_- 为电解液中阳离子和阴离子的数量；溶剂数量可定义为 $v_e = v_+ + v_-$，$\bar{\mu}_e v_e = v_+ \bar{\mu}_+ + v_- \bar{\mu}_-$；基于电中性的假设，锂盐浓度为 $c_e = \dfrac{c_+}{v_+} = \dfrac{c_-}{v_-}$；电解液中的离子扩散系数为 $\bar{D}_e = \dfrac{\bar{D}_{0+} \bar{D}_{0-}(z_+ - z_-)}{z_+ \bar{D}_{0+} - z_- \bar{D}_{0-}}$，表示阳离子和阴离子之间的有效扩散系数；$t_0^i$ 为离子迁移数量，代表离子 i 在充放电过程中的所占的电流密度比例，$t_0^+ = 1 - t_0^- = \dfrac{z_+ \bar{D}_{0+}}{z_+ \bar{D}_{0+} - z_- \bar{D}_{0-}}$。

为了进一步得到电解液中锂离子随时间的变化关系情况，结合式（3-97）和式（3-105），得到

$$D_e = \bar{D}_e \frac{c_T}{c_0} \left(1 + \frac{\mathrm{d}\ln \gamma_{+-}}{\mathrm{d}\ln m}\right) \qquad (3\text{-}107)$$

式中，γ_{+-} 为平均摩尔活性系数；m 为每千克电解液中锂盐的摩尔数。

此外，电化学电势梯度可被浓度梯度替换为

$$\frac{\bar{D}_e}{v_e \bar{R} T} \frac{c_T}{c_0} c_e \frac{\partial \bar{\mu}_e}{\partial x} = D_e \left(1 - \frac{\mathrm{d}\ln c_0}{\mathrm{d}\ln c_e}\right) \frac{\partial c_e}{\partial x} \qquad (3\text{-}108)$$

因此，电解液中锂离子的流量描述如下：

$$N_+ = -D_e \left(1 - \frac{\mathrm{d}\ln c_0}{\mathrm{d}\ln c_e}\right) \frac{\partial c_e}{\partial x} + \frac{i_e(t) t_0^+}{z_+ v_+ F} + c_e v_0 \qquad (3\text{-}109)$$

假设电解液内无对流现象，即 $v_0 = 0$，再结合式（3-97）可得到锂离子随时间的变化量为

$$\varepsilon_e \frac{\partial c_e}{\partial t} = \frac{a_i j_i(x,t)}{F} - \frac{\partial}{\partial x}\left[-D_e\left(1 - \frac{\mathrm{d}\ln c_0}{\mathrm{d}\ln c_e}\right)\frac{\partial c_e}{\partial x} + \frac{i_e(t) t_0^+}{z_+ v_+ F}\right] \qquad (3\text{-}110)$$

又因为给定的锂离子电池内部电解液中锂盐浓度的变化量很小，即 $\mathrm{d}\ln c_0 / \mathrm{d}\ln c_e \approx 0$，所以式（3-110）可进一步简化为

$$\varepsilon_e \frac{\partial c_e}{\partial t} = \frac{a_i j_i(x,t)}{F} + D_e \frac{\partial^2 c_e}{\partial x^2} - \frac{\partial i_e}{\partial x} \frac{t_0^+}{z_+ v_+ F} \qquad (3\text{-}111)$$

电中性的假设认为电池内部的总电流密度是恒定的，即总电流密度梯度为零。其中固相电极中电荷载体是流经集流体的电子，而液相区域中的电荷载体是锂离子，因此有

$$\nabla \cdot \boldsymbol{i}_s + \nabla \cdot \boldsymbol{i}_e = 0 \tag{3-112}$$

式中，只有电子流经在集流体上，所以 $\boldsymbol{i}_e = \boldsymbol{0}$；相反只有锂离子穿越隔膜，所以 $\boldsymbol{i}_s = \boldsymbol{0}$。

锂离子电池充放电过程中，有电流流经固相和液相区域，并发生氧化还原反应，则有

$$\nabla \cdot \boldsymbol{i}_s = -\nabla \cdot \boldsymbol{i}_e = aj \tag{3-113}$$

结合式（3-113），式（3-111）可进一步变换为

$$\varepsilon_e \frac{\partial c_e}{\partial t} = D_e \frac{\partial^2 c_e}{\partial x^2} \pm \frac{3\varepsilon_i \left(1 - t_0^+\right)}{FR_i} j_i(x,t) \tag{3-114}$$

式中，电流密度在负极为正，在正极为负，在隔膜上为 0；D_e 为电解液中的离子扩散系数，一般看作常数。

边界条件如下：

$$c_e|_{x=L_n^-} = c_e|_{x=L_n^+}, \qquad c_e|_{x=\left(L_n+L_{sep}\right)^-} = c_e|_{x=\left(L_n+L_{sep}\right)^+}$$
$$\frac{\partial c_e}{\partial t}\bigg|_{x=L_n^-} = \frac{\partial c_e}{\partial t}\bigg|_{x=L_n^+}, \qquad \frac{\partial c_e}{\partial t}\bigg|_{x=\left(L_n+L_{sep}\right)^-} = \frac{\partial c_e}{\partial t}\bigg|_{x=\left(L_n+L_{sep}\right)^+} \tag{3-115}$$

6. 液相电势

电解液中参与电化学反应的阳离子、阴离子和锂盐存在下述关系：

$$s_+ N_+^{z+} + s_- N_-^{z-} \Longleftrightarrow s_0 N_0 + n_e \mathrm{e}^- \tag{3-116}$$

式中，N_i 代表离子 i 的化学方程式；s_i 为化学计量系数；n_e 为电化学反应过程中生成的电子数量。

因此，电解液中离子之间的电化学电势梯度与静电势梯度的有如下关系：

$$s_+ \frac{\partial \overline{\mu}_+}{\partial x} + s_- \frac{\partial \overline{\mu}_-}{\partial x} + s_0 \frac{\partial \overline{\mu}_0}{\partial x} = -n_e F \frac{\partial \Phi_e}{\partial x} \tag{3-117}$$

由于 $s_+ z_+ + s_- z_- = -n$、$\overline{\mu}_e = v_+ \overline{\mu}_+ + v_- \overline{\mu}_-$ 以及 Gibbs-Duhem 方程 $c_0 \mathrm{d}\overline{\mu}_0 + c_e \mathrm{d}\overline{\mu}_e = 0$，结合式（3-100）~式（3-106），式（3-117）转换为

$$\frac{1}{z_-} \frac{\partial \overline{\mu}_-}{\partial x} = -\frac{F}{\sigma_e} i_e(t) - \frac{\partial \overline{\mu}_e}{\partial x} \frac{t_0^+}{z_+ v_+} \tag{3-118}$$

式中，电解液中的电导率 σ_e 定义如下：

$$\frac{1}{\sigma_e} = -\frac{\bar{R}T}{c_T z_+ z_- F^2}\left(\frac{1}{\bar{D}_{+-}} + \frac{c_0 t_0^-}{c_+ \bar{D}_{0-}}\right) \tag{3-119}$$

结合式（3-107）和式（3-108），电解液中电势梯度与电流密度有如下关系：

$$\frac{\partial \Phi_e}{\partial x} = \frac{i_e(t)}{\sigma_e} - \frac{v_e \bar{R}T}{F}\left(\frac{s_+}{n_e v_+} + \frac{t_0^+}{z_+ v_+} - \frac{s_0 c_e}{n c_0}\right)\left(1 + \frac{\mathrm{d}\ln \gamma_{+-}}{\mathrm{d}\ln m}\right)\frac{1}{c_e}\frac{\partial c_e}{\partial x} \tag{3-120}$$

由于 $\mathrm{d}\ln c_0 / \mathrm{d}\ln c_e \approx 0$，而锂离子在电解液中的电化学反应为 $\mathrm{Li}^+ + \mathrm{e}^- \rightarrow \mathrm{Li}$，所以可知 $v_+ = 1$，$v_e = 2$，$z_+ = 1$，$s_+ = 1$，$s_0 = s_- = 0$ 和 $n_e = -1$。因此，式（3-120）可被简化为

$$\frac{\partial \Phi_e}{\partial x} = \frac{i_e(t)}{\sigma_e} - (1+\gamma)\frac{2\bar{R}T\left(1 - t_0^+\right)}{F}\frac{\partial \ln\left(c_e\right)}{\partial x} \tag{3-121}$$

式中，$\gamma = \mathrm{d}\ln \gamma_{+-} / \mathrm{d}\ln m$ 代表有效活性系数。

式（3-121）代表电解液中的欧姆电阻和浓差极化造成的电势差。

3.4.2　扩展单粒子电化学模型

1. 单粒子模型

单粒子电化学模型在伪二维模型（P2D）模型的基础上进一步进行假设，利用单个活性物质颗粒代替整个电极，消除伪二维模型中 x 轴维度对锂离子浓度和电势的影响，减少模型中的非线性方程数量，提高计算效率。锂离子电池内部整个活性电极表面的电流密度可由式（3-122）计算：

$$j_i(x,t) = j_i(t) = \frac{I(t)R_i}{3AL_i \varepsilon_i} \tag{3-122}$$

式中，$i = p$、n，分别代表正极和负极；R 为粒子半径；A 为活性电极集流体的表面积；L 为电极厚度；ε 为活性电极中活性材料的体积分数，在球形体积中可由 $a_i = 3\varepsilon_i / R_i$ 替代。

此外，在固相活性电极上，假设电流均匀分布在各电极表面，且在各电极厚度方向上也是均匀分布的。在电解液中，当有电流通过时，假设电解液中的压降是由液相欧姆电阻引起的，而忽略浓差极化效应引起的液相电势压降。上述假设在小电流情况下不会影响模型的准确性，但不适用于大倍率电流的情况。因此，在单粒子模型的基础上考虑了液相中非欧姆电阻造成的压降，提高模型在大倍率电流情况下的精度，建立扩展单粒子模型，如图 3-14 所示。

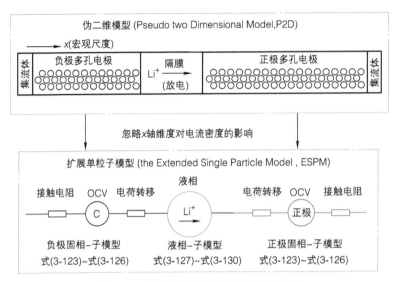

图 3-14　扩展单粒子电化学模型示意图

扩展单粒子模型的主要控制方程见表 3-4。其中式（3-124）表示了固相活性电极中的锂离子扩散现象；式（3-125）和式（3-126）是 Butler-Volmer 方程，即在固相活性电极表面发生电化学反应的方程；式（3-127）表示了电解液中锂离子浓度质量守恒；式（3-128）表示电解液中产生的电势，包括液相欧姆电阻电势和浓差极化电势；方程式（3-130）表示了扩展单粒子模型的输出端电压。$R_{c,i}I_i(t)$ 是正、负固相电极上的接触电阻，表示电子从固相电极表面经过集流体到外部正、负极耳时由材料电导率造成的欧姆压降；$R_{cell}I(t)$ 是锂离子电池的欧姆电阻。

表 3-4　扩展单粒子模型系统控制方程

变量	控制方程	
η_i	$\eta_i(t) = U_i - \phi_i - R_{c,i}I_i(t)$	（3-123）
c_i	$\dfrac{\partial c_i}{\partial t} = \dfrac{D_{s,i}}{r}\left(r^2 \dfrac{\partial c_i}{\partial t}\right)$ $\dfrac{\partial c_i}{\partial t} = 0$ at $r = 0$, $D\dfrac{\partial c_i}{\partial t} = \dfrac{j_i(t)}{F}$ at $r = R_{p,i}$	（3-124）
j_i	$j_i(t) = 2i_{0,i}\sinh\left[\dfrac{F}{2RT}\eta_i(t)\right] = \dfrac{I_i}{a_i A L \varepsilon_i}$	（3-125）
$i_{0,i}$	$i_{0,i} = F k_i \sqrt{c_i(R_{p,i})c_e\left[c_{max,i} - c_i(R_{p,i})\right]}$	（3-126）

（续）

变量	控制方程	
c_e	$\varepsilon_e \dfrac{\partial c_e}{\partial t} = D_e \dfrac{\partial^2 c_e}{\partial x^2} + \dfrac{a_i \left(1 - t_+^0\right)}{F} j_i(t)$	（3-127）
Φ_e	$\dfrac{\partial \Phi_e}{\partial x} = -\dfrac{i_e(t)}{\sigma_e} + (1 + \gamma) \dfrac{\bar{R}T\left(1 - t_+^0\right)}{F} \dfrac{\partial \ln(c_e)}{\partial x}$	（3-128）
V_e	$V_e = \Phi_e \left(L_{cell,s}\right) - \Phi_e(0, t)$	（3-129）
U	$U(t) = \Phi_p(t) - \Phi_n(t) - V_e(t) - R_{cell} I(t)$	（3-130）

2. 降阶方法

即使扩展单粒子模型在伪二维模型的基础上进行了简化，但是仍存在大量的偏微分方程（PDE），例如固相电极中式（3-124）和液相电解液中式（3-127），无法直接进行计算。因此，为降低整个系统的计算复杂度，选取适当的模型降阶方法是很有必要的。

（1）多项式近似

多项式近似是采用多项式 [$c_i(r) = k_{0,i} + k_{1,i} r + k_{2,i} r^2 + \cdots$] 对活性电极上的锂离子表面浓度和体积浓度进行拟合，通过计算体积浓度在球形粒子内外的分布情况，近似得到电流密度分布与浓度的关系：

$$\frac{\partial \bar{c}_i}{\partial t} = \frac{I(t)}{F A L_i \varepsilon_i} \tag{3-131}$$

计算式（3-131）时，要先计算多项式中的系数 $k_{0,i}$、$k_{1,i}$ 和 $k_{2,i}$ 等，同时要考虑边界条件：

$$\begin{cases} \dfrac{\partial c_i(r)}{\partial r} & (r = 0) \\[3mm] \dfrac{\partial c_i(r)}{\partial r} = \dfrac{j_i(t)}{F D_i} = \dfrac{R_i I(t)}{3 F D_i A L_i \varepsilon_i} & (r = R_i) \end{cases} \tag{3-132}$$

式中，$\dfrac{\partial c_i(r)}{\partial r} = k_{1,i} + 2k_{2,i} r + \cdots$。

假设球形粒子内部的体积浓度分布均匀，则

$$\bar{c}_i = \int_0^{R_i} c_i(r) \frac{4\pi r^2}{\frac{4}{3}\pi R_i^3} \, \mathrm{d}r \tag{3-133}$$

因此，结合式（3-132）和式（3-133），多项式系数可计算如下：

$$k_{0,i} = \overline{c}_i - \frac{R_i^2 I(t)}{10 F D_i A L_i \varepsilon_i}, \qquad k_{1,i} = 0, \qquad k_{2,i} = \frac{I(t)}{6 F D_i A L_i \varepsilon_i} \qquad (3\text{-}134)$$

因此，在粒子表面，即当 $r = R_i$ 时，锂离子表面浓度和体积浓度的关系如下：

$$c_{s,i} = \overline{c}_i + \frac{R_i^2 I(t)}{15 F D_i A L_i \varepsilon_i} \qquad (3\text{-}135)$$

需要注意的是，体积浓度的误差与电流大小成正比，电流越大，体积浓度的估算误差就越大。因此，在模型降阶的计算过程中，首先利用式（3-131）计算锂离子体积浓度，再利用式（3-135）计算锂离子表面浓度，最后根据得到的表面浓度进一步计算开路电压和电荷转移电势。

对式（3-131）和式（3-135）进行拉普拉斯变换并进行重新整合，得到表面浓度和体积浓度与电流密度的关系：

$$\frac{\overline{c}_i(s)}{I(s)} = \frac{1}{F A L_i \varepsilon_i s} \qquad (3\text{-}136)$$

$$\frac{c_{s,i}(s)}{I(s)} = \frac{15 D_i + R_i^2 s}{15 D_i A F L_i \varepsilon_i s} \qquad (3\text{-}137)$$

（2）Pade 近似

Pade 近似是一种广泛应用于频域的模型降阶方法，通常采用低阶线性方程组来估算高阶或非线性方程组。其中线性近似方程的微分阶数对模型仿真结果的准确度有很大影响，即选取的阶数越高，准确度就越高，但计算量会大大增加，所以选取的阶数是否合理直接决定整个降阶模型的计算精度和效率。

例如，对固相电极中式（3-93）和边界条件式（3-94）进行拉普拉斯变换：

$$s c_i(s) = D_i \frac{\mathrm{d}^2 c_i(s)}{\mathrm{d} r^2} + \frac{2 D_i}{r} \frac{\mathrm{d} c_i(s)}{\mathrm{d} r} \qquad (3\text{-}138)$$

$$\frac{\mathrm{d} c_i(s)}{\mathrm{d} r} = 0, \quad r = 0; \quad D_i \frac{\mathrm{d} c_i(s)}{\mathrm{d} r} = \pm \frac{R_i I(s)}{3 F A L_i \varepsilon_i}, \quad r = R_i \qquad (3\text{-}139)$$

把 s 看作自变量时，式（3-139）可转换为常微分方程：

$$c_i(s,r) = \frac{c_1}{r} \exp\left(r \sqrt{\frac{s}{D_i}} \right) + \frac{c_2}{r} \exp\left(-r \sqrt{\frac{s}{D_i}} \right) \qquad (3\text{-}140)$$

再结合式（3-139）的边界条件来求解式（3-138）中的系数 c_1 和 c_2，可得到粒子表面的锂离子表面浓度和电流密度的传递函数方程：

$$\frac{c_{s,i}(s)}{I(s)} = G_0(s) = \frac{R_i^2}{3D_i FAL_i \varepsilon_i} \frac{\sinh\left(\sqrt{\frac{sR_i}{D_i}}\right)}{R_i\sqrt{\frac{s}{D_i}}\cosh\left(\sqrt{\frac{sR_i}{D_i}}\right) - \sinh\left(R_i\sqrt{\frac{s}{D_i}}\right)} \qquad (3\text{-}141)$$

在 Pade 近似法中，传递函数方程可利用"时矩匹配"（Moment-matching）进行线性化估计，具体的线性化方程形式可根据具体应用进行选择。对于扩展单粒子模型，式（3-141）可选用式（3-142）进行估计：

$$\frac{c_{s,i}(s)}{I(s)} \approx G_x(s) = \frac{a_{0,i} + a_{1,i}s + a_{2,i}s^2 + \cdots}{s\left(b_{0,i} + b_{1,i}s + b_{2,i}s^2 + \cdots\right)} \qquad (3\text{-}142)$$

其中，时矩匹配主要用于对稳态或者低频条件下的非线性方程进行估计，即认为传递函数方程和线性近似方程以及其微分方程在零极点条件下的极限相等，见式（3-143）。结合式（3-142），传递函数中的系数计算结果见表 3-5。

$$\begin{aligned}
\lim_{s\to 0} &= \lim_{s\to 0} G_x(s) \\
\lim_{s\to 0} \frac{\mathrm{d}G_0(s)}{\mathrm{d}s} &= \lim_{s\to 0} \frac{\mathrm{d}G_x(s)}{\mathrm{d}s} \\
\lim_{s\to 0} \frac{\mathrm{d}^2 G_0(s)}{\mathrm{d}s^2} &= \lim_{s\to 0} \frac{\mathrm{d}^2 G_x(s)}{\mathrm{d}s^2} \\
&\vdots \\
\lim_{s\to 0} \frac{\mathrm{d}^{m-1} G_0(s)}{\mathrm{d}s^{m-1}} &= \lim_{s\to 0} \frac{\mathrm{d}^{m-1} G_x(s)}{\mathrm{d}s^{m-1}}
\end{aligned} \qquad (3\text{-}143)$$

表 3-5　固相电极中 Pade 近似法计算的传递函数系数

$\dfrac{c_{s,i}(s)}{I(s)}$	一阶 Pade 近似 $\dfrac{R_i}{3FAL_i\varepsilon_i}\dfrac{a_{0,i}}{s}$	二阶 Pade 近似 $\dfrac{R_i}{3FAL_i\varepsilon_i}\dfrac{a_{0,i}+a_{1,i}}{s(1+b_{2,i}s)}$	三阶 Pade 近似 $\dfrac{R_i}{3FAL_i\varepsilon_i}\dfrac{a_{0,i}+a_{1,i}s+a_{2,i}s^2}{s(1+b_{2,i}s+b_{3,i}s^2)}$
$a_{0,i}$	$3/R_i$	$3/R_i$	$3/R_i$
$a_{1,i}$	—	$2R_i/(7D_i)$	$4R_i/(11D_i)$
$a_{2,i}$	—	—	$R_i^3/(165D_i^2)$
$b_{2,i}$	—	$2R_i^2/(35D_i)$	$3R_i^2/(55D_i)$
$b_{3,i}$	—	—	$R_i^4/(3465D_i^2)$

　　为了对比不同降阶方法的准确性，采用 1C 倍率的电流对单粒子模型进行放电 30s，然后静置 30s，仿真结果如图 3-15 和图 3-16 所示，分别对比了时域条件和频

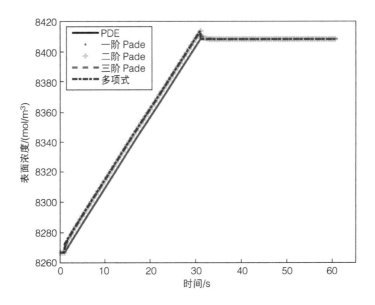

图 3-15　时域条件下，固相电极中不同降阶方法近似仿真结果对比

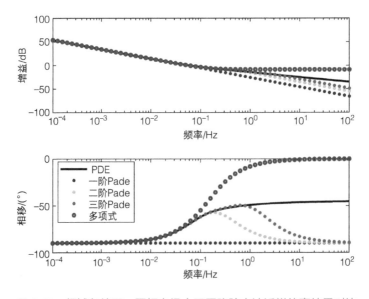

图 3-16　频域条件下，固相电极中不同降阶方法近似仿真结果对比

域条件下不同降阶方法在阶跃响应下的近似结果与偏微分方程的数值结果。图 3-15 结果显示：在放电或者静置过程中，采用二阶和三阶 Pade 降阶法的结果比多项式近似法和一阶 Pade 法更准确，其中三阶 Pade 近似法的精度最高。图 3-16 结果显示：三阶 Pade 降阶法的仿真结果精确度最高，但是从整个频域范围来看，Pade 降阶法在低频下有很好的仿真结果，高频下的结果稍差。对于扩展单粒子模型中固相电极中的非线性方程，选用三阶 Pade 降阶法既可满足模型的准确性，又保证了模型的计算效率。因此，这里对固相扩散方程的降阶方法选用三阶 Pade 方程。

同理，对电解液中式（3-114）和边界条件式（3-115）同样进行拉普拉斯变换：

$$c_{e,i}(s) = c_{1,i} \exp\left(\sqrt{\frac{\varepsilon_e s}{D_e}}x\right) + c_{2,i} \exp\left(-\sqrt{\frac{\varepsilon_e s}{D_e}}x \pm \frac{3I(s)(1-t_0^+)}{FAL_i\varepsilon_i\varepsilon_e}\right) \qquad （3-144）$$

与固相电极的近似求解方法一样，在极点 $s \to 0$ 处求极限，近似为求解线性方程组中的系数 $a_{j,i}$ 和 $b_{j,i}$。但不同的是，固相电极中的电流密度分布相同，而电解液中从正极、隔膜到负极的电流密度分布不同，所以根据实际锂离子电池内部正极、隔膜和负极的厚度进行求解（$L_n=0.25L_{cell}$，$L_{sep}=0.15L_{cell}$，$L_p=0.6L_{cell}$），结果见表 3-6 和表 3-7。

表 3-6　电解液中正极 Pade 近似法计算的传递函数系数

$\dfrac{c_{e,p}(s)}{I(s)}$	一阶 Pade 近似 $\dfrac{(1-t_0^+)}{FA\varepsilon_p}\dfrac{a_{0,p}}{1+b_{2,p}s}$	二阶 Pade 近似 $\dfrac{(1-t_0^+)}{FA\varepsilon_p}\dfrac{a_{0,p}+a_{1,p}s}{1+b_{2,p}s+b_{3,p}s^2}$
$a_{0,p}$	$-L_{cell}/4D_e$	$-L_{cell}/4D_e$
$a_{1,p}$	—	$-0.0045L_{cell}^3\varepsilon_e/D_e^2$
$b_{2,p}$	$0.11L_{cell}^2\varepsilon_e/D_e$	$0.13L_{cell}^2\varepsilon_e/D_e$
$b_{3,p}$	—	$0.0029L_{cell}^4\varepsilon_e^2/D_e^2$

表 3-7　电解液中负极 Pade 近似法计算的传递函数系数

$\dfrac{c_{e,n}(s)}{I(s)}$	一阶 Pade 近似 $\dfrac{\left(1-t_0^+\right)}{FA\varepsilon_n}\dfrac{a_{0,n}}{1+b_{2,n}s}$	二阶 Pade 近似 $\dfrac{\left(1-t_0^+\right)}{FA\varepsilon_n}\dfrac{a_{0,n}+a_{1,n}s}{1+b_{2,n}s+b_{3,n}s^2}$
$a_{0,n}$	$L_{cell}/3D_e$	$L_{cell}/3D_e$
$a_{1,n}$	—	$0.012L_{cell}^3\varepsilon_e/D_e^2$
$b_{2,n}$	$0.092L_{cell}^2\varepsilon_e/D_e$	$0.13L_{cell}^2\varepsilon_e/D_e$
$b_{3,n}$	—	$0.0027L_{cell}^4\varepsilon_e^2/D_e^2$

　　与固相仿真过程一样，采用 1C 倍率的电流对单粒子模型进行放电 30s，然后静置 30s。仿真结果如图 3-17 和图 3-18 所示，分别对比了时域条件和频域条件下不同降阶方法在阶跃响应下的近似结果与偏微分方程的数值结果。一阶 Pade 降阶法的仿真结果和偏微分方程的数值计算结果比二阶 Pade 降阶法的结果稍差，但是整体看来，曲线的重合度很高，满足精度要求。因此，在扩展单粒子模型建模过程中，液相扩散非线性方程的降阶采用一阶 Pade 降阶法。

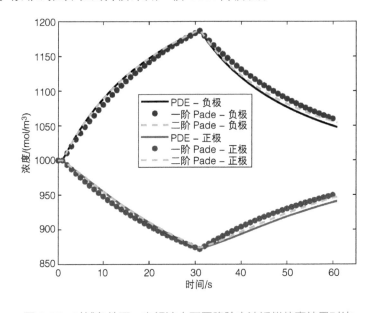

图 3-17　时域条件下，电解液中不同降阶方法近似仿真结果对比

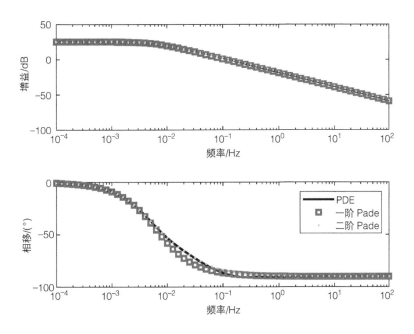

图 3-18　频域条件下，电解液中不同降阶方法近似仿真结果对比

3.4.3　锂离子电池热模型

在工程应用过程中，电池表面的温度分布和电池内部的局部横向电流密度分布是不均匀的，尤其对于方形铝塑膜电池，随着尺寸的增大，不均匀性会进一步增大。因此，在考虑锂离子电池三维生热时，需要综合考虑电池的电流分布与电池的三维传热。

1. 横向电流分布建模

为具体分析电池内部的横向电流分布情况，忽略纵向上（即 $y\text{-}z$ 平面）的电流、电压等因素的影响，如图 3-19 所示。具体假设如下：

1）假设在 $y\text{-}z$ 平面上的电池内部的电化学属性和参数相同。

2）假设在 $y\text{-}z$ 平面上的电池的生热系数和局部温度分布一致。

3）假设在 $y\text{-}z$ 平面上的电池局部电势一致。

根据泊松方程，锂离子电池在工作过程中正极集流体上的电荷守恒方程为

$$\frac{\partial^2 \Phi_{\mathrm{A}}(y,z)}{\partial y^2}+\frac{\partial^2 \Phi_{\mathrm{A}}(y,z)}{\partial z^2}+\frac{i_{\mathrm{N}}(y,z)}{\sigma_{\mathrm{p}}\delta_{\mathrm{p}}}=0 \qquad (3\text{-}145)$$

式中，Φ_{A} 为正极集流体上的电势；σ_{p} 为正极集流体的电导率；δ_{p} 为正极集流体的厚度；i_{N} 为电池的横向电流密度，如图 3-19 所示。

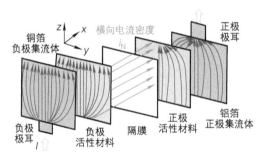

图 3-19 锂离子电池横向电流分布示意图

在极耳上，没有横向电流密度，电荷守恒方程为

$$\frac{\partial^2 \Phi_B(y,z)}{\partial y^2} + \frac{\partial^2 \Phi_B(y,z)}{\partial z^2} = 0 \tag{3-146}$$

式中，Φ_B 为正极集流体上正极耳的电势。

边界条件如下：

$$-\sigma_p \frac{\partial \Phi_A(y,z)}{\partial y}\bigg|_{y=0} = 0$$

$$-\sigma_p \frac{\partial \Phi_A(y,z)}{\partial y}\bigg|_{y=a} = 0$$

$$-\sigma_p \frac{\partial \Phi_A(y,z)}{\partial z}\bigg|_{z=0} = 0$$

$$-\sigma_p \frac{\partial \Phi_A(y,z)}{\partial z}\bigg|_{z=c} = \begin{cases} 0, & (y<d,\ y>e) \\ -\sigma_p \dfrac{\partial \Phi_B(y,z)}{\partial z}\bigg|_{z=c} & (d \leqslant y \leqslant e) \end{cases} \tag{3-147}$$

$$-\sigma_p \frac{\partial \Phi_B(y,z)}{\partial y}\bigg|_{y=d} = 0$$

$$-\sigma_p \frac{\partial \Phi_B(y,z)}{\partial y}\bigg|_{y=e} = 0$$

$$-\sigma_p \frac{\partial \Phi_B(y,z)}{\partial z}\bigg|_{z=h} = \frac{I}{N_{layer} A_{cs}}$$

$$\Phi_B(y,z) = \Phi_A(y,z) \quad (d \leqslant y \leqslant e)$$

式中，I 为经过电池的电流；N_{layer} 为电池中的卷绕层数，即三明治单元的数量；A_{cs} 为正极极耳的表面积；a、b、c、d、e 和 h 为电池的几何尺寸。

同样，负极集流体上的电荷守恒方程与正极集流体上的电荷守恒方程类似，但是多了一个负极耳上的零参考电势方程：

$$\frac{\partial^2 \Phi_{\bar{A}}(y,z)}{\partial y^2} + \frac{\partial^2 \Phi_{\bar{A}}(y,z)}{\partial z^2} + \frac{i_N(y,z)}{\sigma_n \delta_n} = 0 \tag{3-148}$$

$$\frac{\partial^2 \Phi_C(y,z)}{\partial y^2} + \frac{\partial^2 \Phi_C(y,z)}{\partial z^2} = 0 \tag{3-149}$$

$$-\sigma_n \left. \frac{\partial \Phi_{\bar{A}}(y,z)}{\partial y} \right|_{y=0} = 0 \tag{3-150}$$

式中，$\Phi_{\bar{A}}$ 和 Φ_C 分别为负极集流体上和负极极耳上的电势。

边界条件如下：

$$-\sigma_n \left. \frac{\partial \Phi_{\bar{A}}(y,z)}{\partial y} \right|_{y=a} = 0$$

$$-\sigma_n \left. \frac{\partial \Phi_{\bar{A}}(y,z)}{\partial z} \right|_{z=0} = 0$$

$$-\sigma_n \left. \frac{\partial \Phi_{\bar{A}}(y,z)}{\partial z} \right|_{z=c} = \begin{cases} 0 & (y < d, \ y > e) \\ -\sigma_n \left. \frac{\partial \Phi_C(y,z)}{\partial z} \right|_{z=c} & (d \leqslant y \leqslant e) \end{cases}$$

$$-\sigma_n \left. \frac{\partial \Phi_C(y,z)}{\partial y} \right|_{y=d} = 0 \tag{3-151}$$

$$-\sigma_n \left. \frac{\partial \Phi_C(y,z)}{\partial y} \right|_{y=e} = 0$$

$$-\sigma_n \left. \frac{\partial \Phi_C(y,z)}{\partial z} \right|_{z=h} = \frac{I}{N_{layer} A_{cs}}$$

$$\Phi_C(y,c) = \Phi_{\bar{A}}(y,c) \quad (d \leqslant y \leqslant e)$$

$$\Phi_C(y,h) = 0$$

因此，正极集流体上的电势分布取决于 Φ_A 和 Φ_B，负极集流体上的电势分布取决于 $\Phi_{\bar{A}}$ 和 Φ_C，可由式（3-152）和式（3-153）计算：

$$\Phi_p = \{ \Phi_A(y,z), \Phi_B(y,z) \} \tag{3-152}$$

$$\Phi_n = \{ \Phi_{\bar{A}}(y,z), \Phi_C(y,z) \} \tag{3-153}$$

y-z 平面上的电流密度可表述为

$$i_{y,k}(y,z) = -\sigma_k \frac{\partial \Phi_k(y,z)}{\partial y} \tag{3-154}$$

$$i_{z,k}(y,z) = -\sigma_k \frac{\partial \Phi_k(y,z)}{\partial z} \tag{3-155}$$

式中，$k=p$ 时，代表正极集流体；$k=n$ 时，代表负极集流体。

2. 三维传热建模

对于方形铝塑膜锂离子电池，内部的能量守恒方程可由式（3-156）表述：

$$\rho c \frac{\partial T(y,z,t)}{\partial t} = k_y \frac{\partial^2 T(y,z,t)}{\partial y^2} + k_z \frac{\partial^2 T(y,z,t)}{\partial z^2} + Q_{\text{Gen}}(y,z,t) - Q_{\text{Diss}}(y,z,t) \tag{3-156}$$

式中，ρ 为密度；c 为比热容；T 为温度；k_y 和 k_z 为导热系数；Q_{Gen} 为电池内部的总生热率；Q_{Diss} 为电池的散热率。

对于方形铝塑膜电池，电池厚度远小于其他两个尺寸，所以可只考虑 y-z 平面上的温度变化情况，忽略 x 轴上的温度分布变化情况。电池内部产生的热量主要包括活性电极和隔膜上的电化学反应热以及集流体上的焦耳热，公式如下：

$$Q_{\text{Gen}}(y,z,t) = \varepsilon_{\text{psn}} Q_{\text{psn}}(y,z,t) + \varepsilon_{\text{cc,p}} Q_{\text{cc,p}}(y,z,t) + \varepsilon_{\text{cc,n}} Q_{\text{cc,n}}(y,z,t) + Q_{\text{abuse}} \tag{3-157}$$

式中，Q_{psn} 为在正、负极和隔膜上的生热率；$Q_{\text{cc,p}}$ 和 $Q_{\text{cc,n}}$ 为电池内部和正、负极极耳上产生的焦耳热；Q_{abuse} 为电池内部各副反应发生时的生热率；ε_{psn}、$\varepsilon_{\text{cc,p}}$ 和 $\varepsilon_{\text{cc,n}}$ 分别是正、负极集流体之间，正极集流体上和负极集流体上生热的体积比（见表 3-8）。

表 3-8 正、负极上的体积分数和厚度参数分布

参数	正极极耳	负极极耳	正、负极极耳之间
ε_{psn}	0	0	$\dfrac{L}{\delta_n + L + \delta_p}$
$\varepsilon_{\text{cc,p}}$	1	0	$\dfrac{\delta_p}{\delta_n + L + \delta_p}$
$\varepsilon_{\text{cc,n}}$	0	1	$\dfrac{\delta_n}{\delta_n + L + \delta_p}$
d	δ_p	δ_n	$\delta_n + L + \delta_p$

焦耳热生热率公式如下:

$$Q_{\text{cc},k}(y,z,t)=\frac{1}{\sigma_k}\Big[i_{y,k}^2(y,z,t)+i_{z,k}^2(y,z,t)\Big] \tag{3-158}$$

式中,$i_{y,k}$ 和 $i_{z,k}$ 为 $y\text{-}z$ 平面上的电流密度,见式(3-146)和式(3-147);$k=\text{p、n}$,分别代表正极和负极。

可逆热和不可逆热生热率公式如下:

$$Q_{\text{psn}}(y,z,t)=\frac{1}{L}\int_0^L\Big[q_{\text{rev}}(y,z,t)+q_{\text{irrev}}(y,z,t)\Big]\mathrm{d}x \tag{3-159}$$

式中,L 为电池的厚度,如图 3-20 所示;q_{rev} 和 q_{irrev} 为电池内部发生化学反应时产生的可逆热和不可逆热,具体计算公式如下:

$$q_{\text{rev}}=\sum_{k=\text{p,n}}a_k J_k T\frac{\partial U_k}{\partial T} \tag{3-160}$$

$$q_{\text{irrev}}=\sum_{k=\text{p,n}}a_k J_k \eta_k+\sum_{k=\text{p,n}}\sigma_k^{\text{eff}}\nabla\phi_{\text{s},k}\cdot\nabla\phi_{\text{s},k}+\kappa^{\text{eff}}\nabla\phi_e\cdot\nabla\phi_e+\kappa_D^{\text{eff}}\cdot\nabla(\ln c_e)\cdot\nabla\phi_e \tag{3-161}$$

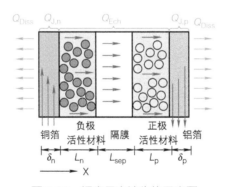

图 3-20 锂离子电池生热示意图

当锂离子电池内部有副反应发生时,可逆热占的比例很小。因此,为方便计算,在热失控模型中通常忽略可逆热,但是在电池正常充放电过程中不可忽略。

电池的散热率与环境温度和冷却方式有关,绝热条件下,$Q_{\text{Diss}}=0$;非绝热条件下,根据牛顿冷却定律,有

$$Q_{\text{Diss}}(y,z,t)=2\frac{h\big[T(y,z,t)-T_{\text{amb}}\big]}{d} \tag{3-162}$$

式中,h 为热传递系数;d 为电池散热表面的厚度;T_{amb} 为环境温度。

3.4.4 电热耦合模型

锂离子电池电热耦合模型主要是把上述电化学模型和热模型进行耦合计算，电热耦合模型示意图如图 3-21 所示。在求解过程中，主要难点在于如何求解电池内部局部横向电流密度和正负极集流体上的电势，即将模型的求解问题转化为求解 i_N、Φ_p 和 Φ_n 的问题。

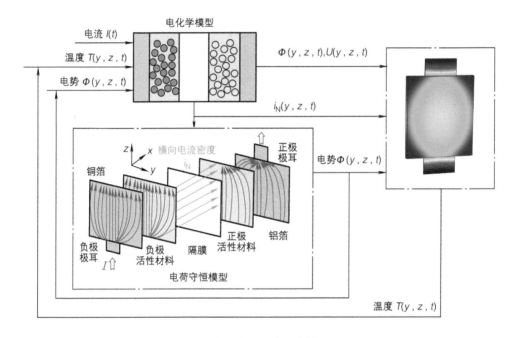

图 3-21　锂离子电池电热耦合模型示意图

首先，假设电池的整个 y-z 平面离散为 M 个节点，那么整个电池的电热耦合模型就转换为 M 个节点的电热耦合模型。基于上述建立的电化学模型和电荷守恒模型，对正负极集流体上的电势分别进行计算。

电池在正、负集流体之间的电势差为

$$
\begin{aligned}
V(t) &= \Phi_p(t) - \Phi_n(t) - V_e(t) \\
&= \left\{ U_p \left[i_{N,j}(t) \right] + \eta_{p,j} \left[i_{N,j}(t) \right] + \phi_{e,j} \left[i_{N,j}(t) \right] \Big|_{x=0} \right\} - \\
&\quad \left\{ U_n \left[i_{N,j}(t) \right] + \eta_{n,j} \left[i_{N,j}(t) \right] + \phi_{e,j} \left[i_{N,j}(t) \right] \Big|_{x=L} \right\}
\end{aligned}
\tag{3-163}
$$

式中，$j = 1, 2, \cdots, M$。

根据电荷守恒方程，正、负集流体之间的电势差可由式（3-164）计算：

$$\begin{aligned}
\bar{V}_j(t) &= \varPhi_{\mathrm{p},j}(t) - \varPhi_{\mathrm{n},j}(t) \\
&= \bar{\varPhi}_{\mathrm{p},j}(t) + \varPhi_{\mathrm{p,ref}}(t) - \bar{\varPhi}_{\mathrm{n},j}(t) - \varPhi_{\mathrm{n,ref}}(t) \\
&= \bar{\varPhi}_{\mathrm{p},j}(t) + \varPhi_{\mathrm{p,ref}}(t) - \bar{\varPhi}_{\mathrm{n},j}(t)
\end{aligned} \tag{3-164}$$

式中，$\varPhi_{\mathrm{n,ref}}(t)$ 为负极零参考电极。

根据式（3-139）和式（3-143），可知电荷守恒方程中的边界条件均为诺依曼（Neumann）边界条件。因此，集流体上的正、负电势可以由式（3-165）和式（3-166）表示：

$$\varPhi_{\mathrm{p},j}(t)\big|_{x=0} = \varPhi_{\mathrm{p},j}(t) \tag{3-165}$$

$$\varPhi_{\mathrm{n},j}(t)\big|_{x=L} = \varPhi_{\mathrm{n},j}(t) \tag{3-166}$$

在计算求解过程中，正、负集流体的电势差是不变的，总的横向电流密度与外部施加的电流相等：

$$\bar{V}_j(t) = V(t) \quad (j=1,2,\cdots,\mathrm{M}) \tag{3-167}$$

$$\iint\limits_{\varOmega \varPhi_{\mathrm{p}}} i_{\mathrm{N}}(y,z,t)\mathrm{d}y\mathrm{d}z = I(t) \tag{3-168}$$

上述计算过程的初始条件如下：

$$\begin{aligned}
i_{\mathrm{N},j}(0) &= \frac{I_0}{A} \\
V_j(0) &= \bar{V}_j(0) = V_0 \\
T_j(0) &= T_0
\end{aligned} \tag{3-169}$$

式中，A 为集流体的有效表面积；I_0 为 $t=0$ 时的电流大小；T_0 为锂离子电池充放电之前的初始温度。

3.4.5　电热耦合模型验证

为了验证电热耦合模型的准确性，以某方型铝塑膜电池为例使用充放电实验结果来进行对比分析。1C 充电下的仿真与实验中电池电压随时间变化曲线如图 3-22 所示，1C 放电下的仿真与实验中电池电压随时间变化曲线如图 3-23 所示，1C 放电下仿真与实验中电池温度随时间的变化曲线如图 3-24 所示。

从图 3-22 和图 3-23 可以清楚看到，模型仿真电压与实验测量电压在整体趋势上有着非常高的相似度。虽然模型仿真结果整体偏高大约 0.05V，但是与整体电压平台相比，只相当于 1.3% 的误差，因此可以认为电热耦合模型仿真结果具有很高的精度。

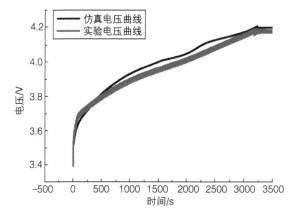

图 3-22　1C 充电仿真与实验电压曲线

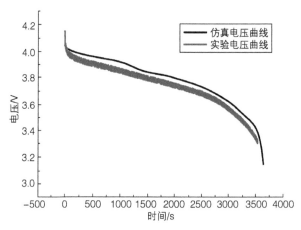

图 3-23　1C 放电仿真与实验电压曲线

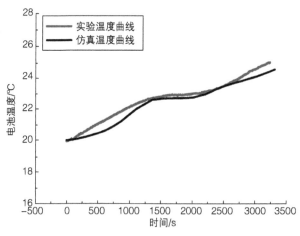

图 3-24　1C 放电仿真与实验温度曲线

图 3-24 为 1C 放电时电池温度的实验与仿真曲线，可以看到模型仿真温度与实测温度的整体趋势具有很好的一致性，只有在初始的 0 ~ 1000s 之间有一些温升速率的差异，可能是由模型在刚开始阶段的计算误差造成的。模型和实验的温度曲线在 1500 ~ 2000s 时都趋于平缓，此时可能是由电化学反应热变为负值、电池总生热率变小引起的。2000s 之后，模型和实验温度曲线几乎同时开始上升。模型仿真温度与实验温度在图 3-24 中表现出了很好的一致性，说明模型对于电池温度场的模拟具有很高的精度。

3.5 圆柱形电池径向分层电热耦合模型

3.5.1 径向分层电热耦合建模

对于圆柱形电池，可以在圆柱形坐标中建立每一微元体的热平衡方程式：

$$\rho c \frac{\partial t}{\partial \tau} = \frac{1}{r} \frac{\partial}{\partial r} \left(\lambda_r r \frac{\partial t}{\partial r} \right) + \frac{1}{r^2} \frac{\partial}{\partial \varphi} \left(\lambda_\varphi \frac{\partial t}{\partial \varphi} \right) + \frac{\partial}{\partial z} \left(\lambda_z \frac{\partial t}{\partial z} \right) + \dot{\Phi}_V \qquad （3-170）$$

式中，ρ 为密度；c 为比热容；t 为温度；τ 为时间；r、φ 和 z 为圆柱形坐标的三个坐标轴；r 还表示微元体在圆柱坐标轴 r 轴上的取值；λ_r、λ_φ 和 λ_z 为电池导热系数在圆柱坐标三个方向上的取值；$\dot{\Phi}_V$ 为该微元体的内热源。

式（3-170）$\rho c \frac{\partial t}{\partial \tau}$ 表示微元体温度的变化率，右边前三项为通过计算与其他微元体间的导热而得出的传热率，右边最后一项为通过内部生热产生的生热率。式（3-170）就是一个微元体的热量平衡方程式，也是圆柱形电池的导热微分方程。

利用式（3-170）的原理并根据相关的边界条件、时间条件、几何条件和物理条件等，最终可以确定电池单体内部及表面的温度场分布，再将计算得出的表面温度变化情况与实际实验中的表面温度变化情况进行对比，以验证模型的正确性。如果计算结果偏差太大，就需要修改相关的参数，然后重新计算进行比较，直至最终与实验结果相符。

上述方法可以通过相关的有限元软件实现，通过划分网格、设置边界条件等，然后进行迭代求解，最终可以仿真出整个表面的温度场，与实验得到的表面温度变化情况进行比较。

上述方法比较适用于正向思维方式的电池热特性建模，在建模时必须要先通过其他途径获得电池的热物性参数，然后才能比较顺利地进行求解。如果在建模之前不知道电池确切的热物性参数，一般都是参考其他文献或凭经验来确定这些热物性参数的大概取值，并通过不断地仿真调试并与实验结果进行比较来确定这些参数。

为此，圆柱形电池径向分层建模法被提出。该方法可以不借助有限元热仿真软件，直接通过软件编程计算电池单体的温度，而且还能通过遗传算法对模型中的热物性参数和自定义参数进行辨识，可以适用于逆向思维方式的电池生热建模。当电池热物性参数还未确定时，可以直接根据实验数据来辨识最佳的热物性参数，将辨识出的参数代入模型后，可以使模型很好地反映实际情况。

圆柱形电池径向分层模型只考虑圆柱形电池在径向上的热传导与对流换热，忽略轴向方向上通过圆柱形上下底面与外界环境的热交换。之所以忽略轴向方向上的热量交换，主要有两点原因：

① 从简化模型的角度考虑，模型考虑的因素越多，计算过程的累积误差也越大，影响最终结果的因素也增加。

② 圆柱形电池单体在构成电池组时一般是通过在电池单体的轴向方向上的顶面和底面进行焊接来实现连接的。

如果要分析轴向方向上的热量交换，需要考虑电池顶面和底面与焊接材料的导热情况、焊接材料与导线的导热情况、电池顶面和底面未焊接部分与外界环境的热量交换等。考虑轴向方向的热量交换时，如果考虑的因素太多，就很容易导致较大的误差。因此在建立径向分层模型时，将轴向方向上的顶面和底面的边界条件视为绝热的边界条件。

由于忽略了轴向方向上的热量交换，所以根据上述径向分层热平衡模型计算出来的电池热物性参数会有一定的误差。但是根据下文中仿真出来的电池表层升温曲线，通过与实验结果进行对比，可以充分验证该模型的可靠性与实用性。

在径向分层模型中，具体分层的数量不同，仿真计算的结果也会不同。本文将比较分析双层模型（层数较少）和九层模型（层数较多）的计算结果，首先以双层模型为例进行阐述，九层模型的建模原理与双层模型相同。

双层模型也可称为内外层模型，即在径向方向上将电池单体分为内层和外层，如图 3-25 所示。

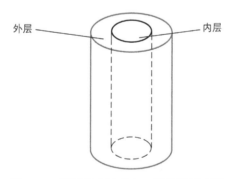

图 3-25　圆柱形电池径向双层模型示意图

图 3-25 中，内层为内部的小圆柱体，外层为整个电池单体除去内层后剩余的部分，内层半径的大小可以作为一个模型自定义参数，通过参数寻优来确定。

无论是内层还是外层，都可以依照式（3-171）建立热平衡方程式：

$$cm(\mathrm{d}T / \mathrm{d}t) = q_s + q_e \qquad (3\text{-}171)$$

式中，c 为比热容 [J/（kg·K）]，内外层的比热容视为相同值；m 为质量（kg），内外层的质量分别计算；t 为时间；$\mathrm{d}T / \mathrm{d}t$ 为温度变化率，可以视作短时间内的温度变化值，内外层需分别计算；q_s 为生热率（W），可先计算电池单体整体的生热率，然后根据内外层的体积比分别确定内外层的生热率；q_e 为传热率（W），用于计算通过各种传热方式从外部获得的热量率，内外层需分别计算。

对于式（3-171），需要确定电池单体的生热率，目前在计算电池单体生热率方面，比较广泛使用的是 Bernardi 生热率模型：

$$q_B = I_L (E_0 - U_L) - I_L T (\mathrm{d}E_0 / \mathrm{d}T) \qquad (3\text{-}172)$$

式中，q_B 为生热率（W）；I_L 为充放电电流（A），放电时 I 为正值，充电时取负值；E_0 为开路电压（V），即电池未进行充放电时的电压；U_L 为工作电压（V），即电池充放电过程中的电压；T 为温度（K），为开尔文温度，在计算时可取电池单体的平均温度的值；$\mathrm{d}E_0 / \mathrm{d}T$ 为电池开路电压随温度的变化率。

式（3-172）中主要考虑了焦耳热和反应热，其中 $I_L (E_0 - U_L)$ 表示焦耳热，$I_L T (\mathrm{d}E_0 / \mathrm{d}T)$ 表示反应热；反应热中的 $\mathrm{d}E_0 / \mathrm{d}T$ 可以通过分析不同温度下电池单体开路电压的变化情况得到。

式（3-172）计算的是总的电池单体的生热率，对于内外层需要分别确定生热率。假设电池单体内部均匀一致，各处的单位体积生热率都相等，因此只要确定内外层的体积，就能分别确定内外层总的生热率。设电池单体体积为 v_z，内层体积为 v_n，外层体积为 v_w，因此有

$$q_{sn} = q_B (v_n / v_z) \qquad (3\text{-}173)$$

$$q_{sw} = q_B (v_w / v_z) \qquad (3\text{-}174)$$

式中，q_{sn} 为内层生热率；q_{sw} 为外层生热率。

针对式（3-171）中传热率的计算，需分别对内外层的传热情况进行分析，由于不考虑轴向上内外层与外界的热量交换，对于内层，径向方向上只有与外层通过热传导方式进行的热量交换，因此在内外层的接触面上可以按照傅里叶导热公式计算传热的热流密度：

$$q = -\lambda (\mathrm{d}t / \mathrm{d}x) \qquad (3\text{-}175)$$

式中，q 为热流密度（W/m²）；λ 为导热系数 [W/（m·K）]；$(\mathrm{d}t/\mathrm{d}x)$ 为 x 轴一维

方向上的温度变化率；负号表示热流密度总是从高温处流向低温处。

对式（3-175）进行简化，可得内外层接触面处的传热率：

$$q_{nw} = -\lambda S_{nw} \frac{(T_n - T_w)}{\frac{1}{2} r_n + \frac{1}{2}(r - r_n)} \tag{3-176}$$

式中，q_{nw} 为内外层接触面处的传热率（W）；S_{nw} 为内外层接触面的面积（m²）；T_n 为内层平均温度（K）；T_w 为外层平均温度（K）；r_n 为内层半径（m）。

式（3-176）中 S_{nw} 可以通过内层的半径求得，设电池长度为 l，有

$$S_{nw} = 2\pi rnl \tag{3-177}$$

对于外层，除了内外层接触面处的热传导之外，还在外侧面与空气进行对流换热，按照传热学原理，对流换热的公式为

$$q = h(T - T_a) \tag{3-178}$$

式中，q 为对流换热的热流密度（W/m²）；h 为表面传热系数 [W/（m²·K）]；T 为电池单体进行对流换热的表面处的温度（K）；T_a 为进行对流换热的流体的温度（K），一般可设为环境温度。

根据式（3-178）可得外层外侧面处的传热率为

$$q_w = hS_w(T_w - T_a) \tag{3-179}$$

式中，q_w 为外层外侧面的传热率（W）；S_w 为外层外侧面的面积（m²）；T_w 为外层平均温度（K）。该式是将外层的平均温度近似当作外层外侧面表面的平均温度。

根据以上推导，可得内外层在 Δt 时间内的温升为

$$\Delta T_n = \frac{(q_{sn} + q_{nv})\Delta t}{c\rho v_n} \tag{3-180}$$

$$\Delta T_w = \frac{(q_{sw} - q_{nv} - q_w)\Delta t}{c\rho v_w} \tag{3-181}$$

式中，ΔT_n 和 ΔT_w 分别为内层温度和外层温度在 Δt 时间内的温升；ρ 为密度，内外层都取电池单体的平均密度值。

有了上述电池内外层在 Δt 时间内的温升公式，便可开始迭代计算，在迭代开始前需要设置初始值：

$$T_w(1) = T_a \tag{3-182}$$

$$T_n(1) = T_a \qquad (3\text{-}183)$$

$$T_{nw}(1) = [T_n(1) + T_w(1)] / 2 \qquad (3\text{-}184)$$

式中，T_{nw} 为电池内外层的平均温度（K）。

式（3-182）~ 式（3-184）是对电池的内外层温度和平均温度赋初值，将这些温度的初始值都设置为环境温度。

设置完初始值之后便可开始迭代计算，首先计算电池的生热量，根据式（3-172）进行计算：

$$Q_B(i) = \frac{1}{g_s}\left\{ I(i)\left[E_0 - E(i)\right] - I(i)T_{nw}(i)\left(dE_0 / dT\right) \right\}\Delta t \qquad (3\text{-}185)$$

式中，i 为第 i 次迭代时各个参数的具体取值；g_s 为电池单体个数，视电池组中电池单体的数量而定；$I(i)$ 为第 i 个 Δt 时刻的电流取值，如果是恒流放电，则可直接设置为一个确定且恒定的值；E_0 为电池开路电压，即充放电未开始前电池的电压；$E(i)$ 为第 i 个 Δt 时刻的电池工作电压；dE_0 / dT 为开路电压随温度的变化率。

由于内外层体积不同，因此内外层的生热量也不同，按照式（3-178）和式（3-179）的原理有

$$Q_{sn}(i) = Q_B(i)(v_n / v_z) \qquad (3\text{-}186)$$

$$Q_{sw}(i) = Q_B(i)(v_w / v_z) \qquad (3\text{-}187)$$

计算完生热率之后，便可开始计算内外层接触面处的传热量：

$$Q_{nw}(i) = -\lambda S_{nw} \frac{T_n(i) - T_w(i)}{\frac{1}{2}r_n + \frac{1}{2}(r - r_n)} \Delta t \qquad (3\text{-}188)$$

式（3-188）基于式（3-176），并乘以 Δt，以计算出 Δt 时间内经过内外层接触面的传热量，在这之后便能计算内层在 Δt 时间内的温升：

$$\Delta T_n(i) = \frac{Q_{sn}(i) + Q_{nw}(i)}{c\rho v_n} \qquad (3\text{-}189)$$

再根据式（3-189），便可求出下一时刻的内层温度平均值：

$$T_n(i+1) = T_n(i) + \Delta T_n(i) \qquad (3\text{-}190)$$

求完了内层温度后，便可以计算外层的温度。首先需考虑外层与环境之间的对流换热，根据式（3-179）有

$$Q_{w}(i) = hS_{w}[T_{w}(i) - T_{a}]\Delta t \qquad (3\text{-}191)$$

式（3-191）用于计算电池外层与环境之间的传热量，有了该式之后便能计算外层在 Δt 时间内的温升：

$$\Delta T_{w}(i) = \frac{Q_{sw}(i) - Q_{nw}(i) - Q_{w}(i)}{c\rho v_{w}} \qquad (3\text{-}192)$$

根据式（3-192），便可计算出下一时刻的外层温度平均值：

$$T_{w}(i+1) = T_{w}(i) + \Delta T_{w}(i) \qquad (3\text{-}193)$$

结合式（3-190）求出下一时刻的内外层温度平均值：

$$T_{nw}(i+1) = [T_{n}(i+1) + T_{w}(i+1)]/2 \qquad (3\text{-}194)$$

这样便完成了一次迭代过程，只要不断重复上述过程，便能计算出电池内外层在充放电过程中任意时刻的温度。

通过上述建模分析可知，双层模型中内层的热量来源有两个方面：一是内层自身产热；二是内外层接触面的热传导。

而外层的热量来源有三个方面：一是外层自身产热；二是内外层接触面的热传导；三是外层外侧面的对流换热。

在双层模型的基础上可以建立九层模型，九层模型的最内层和最外层的热量来源与双层模型相同，中间 7 层的热量来源有三个方面：一是自身产热；二是与前一层接触面的热传导；三是与后一层接触面的热传导。

在建立双层模型时没有确定内层的半径，而是将内层半径当作一个模型自定义参数进行参数寻优，这是为了使计算结果更好地逼近实验结果。对于九层模型，由于层数太多，如果也对每层半径进行参数寻优，那么过多的参数也将影响计算结果的正确性。为此，九层模型中每层的半径应事先确定下来。

以圆柱形 18650 电池为例，径向方向上的半径为 9mm，因此九层模型的第一层为电池中心半径为 1mm 的圆柱，第二层为电池中心半径为 2mm 的圆柱除去第一层后剩余的部分，第三层为半径为 3mm 的圆柱除去第一层和第二层后剩余的部分。依此类推，第九层即为整个圆柱形电池单体除去前面八层后剩余的部分。九层中只有第一层（即最里层）是一个圆柱，其余八层都为圆环状的柱体。

3.5.2　基于遗传算法的电池热物性参数辨识

在建立电池热模型时需要确定模型中相关参数，主要以电池的热物性参数为主，也包括模型中自定义参数。以圆柱形电池双层模型为例，包括：

① 比热容 c。

② 对流换热表面传热系数 h。

③ 导热系数 λ。

④ 内层半径 r_n。

为了辨识出上述参数，以下将对遗传算法进行简单的介绍。

遗传算法的概念是由 Michigan 大学的 J.Holland 教授在 1975 年提出的，其算法的基本原理基于生物学的进化理论。在辨识最佳参数的过程中，可以先随机产生一组参数，这一组参数即为进化中的第一代种群。将这组参数代入适应度函数中进行计算，根据计算结果，适应度低的参数有较大的概率被淘汰，剩下的参数通过"交配""基因突变"等方式"繁衍"出第二代种群，然后再代入适应度函数进行计算，不断重复上述过程，当迭代次数不断增多时，获得最佳参数的概率也将越来越大。遗传算法流程图如图 3-26 所示。

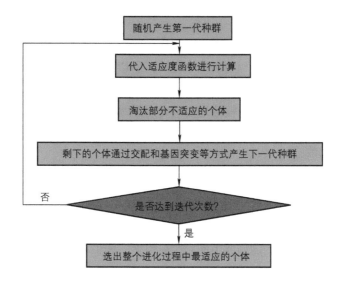

图 3-26　遗传算法流程图

遗传算法是一种随机的全范围搜索的算法，由于在寻找最佳参数的过程中采用了"交配"和"基因突变"等方式，具有很大的随机性，因此全范围内的所有个体都有可能参与这一进化过程，从而保证了寻找出来的参数一定是全局范围内的最优解或近似最优解。

应用遗传算法进行参数辨识按如下步骤进行：

① 确定适应度函数。

② 对参数进行编码。

③ 实现种群的"交配""基因突变"和"繁衍"。

（1）确定适应度函数

遗传算法中的适应度函数是指导进化的风向标，所有的参数需通过适应度函数的检验，不适应的参数将有很大的概率被淘汰。

对于电池生热模型的参数辨识，考虑到仿真的温度需与实验求得的温度尽量接近，可按照最小二乘法原理，即二次方和最小原理，建立圆柱形电池双层模型适应度函数：

$$F = \min \left\{ \sum_{i=1}^{n} [T_{\mathrm{w}}(i) - T_{\mathrm{s}}(i)]^2 \right\} \tag{3-195}$$

式中，T_{w} 为仿真计算出来的电池外层平均温度；T_{s} 为实验测得的电池表面温度；n 为时间间隔的总数。

设实验开始时间为 t_0，实验结束时间为 t_1，又已知时间间隔为 Δt，则有

$$n = \frac{t_1 - t_0}{\Delta t} \tag{3-196}$$

由于时间间隔 Δt 较小，且持续时间长，所以 n 的取值往往很大。根据上述适应度函数进行遗传算法参数辨识时，可以确保辨识出的参数代入双层模型计算后得出的表层温度在任意时刻都能较好地反应电池的实际表面温度。

考虑到电池内外层温度的温差不能太大也不能太小，可以针对内外层温度也建立一个适应度函数：

$$G = \min \left\{ \sum_{i=1}^{n} \left[T_{\mathrm{n}}(i) - \left(T_{\mathrm{w}}(i) + \Delta T \right) \right]^2 \right\} \tag{3-197}$$

式中，T_{n} 和 T_{w} 分别为电池内外层温度；ΔT 为内外层的合理温差。

可以将式（3-195）与式（3-197）结合起来，确定一个总的适应度函数：

$$H = \eta_1 F + \eta_2 G \tag{3-198}$$

式中，η_1 和 η_2 为权重值，可根据两者的重要程度和具体的数量级确定相应的权重值。

针对圆柱形九层模型，也可以将电池最外层温度与实际电池表面温度在所有时刻的二次方差之和作为适应度函数。为了使层与层之间的温差不至于太大，也可以对层与层之间设置适应度函数，再对上述适应度函数设置不同的权重值。由于九层模型层数多，在设置各个权重值时容易造成较大的误差，因此最终的仿真结果误差可能也较大，下文中还会进行分析。

对于方形电池，由于没有分层，因此只要直接对方形电池单体的平均温度设置适应度函数即可：

$$J = \min \left\{ \sum_{i=1}^{n} \left[T(i) - T_s(i) \right]^2 \right\}$$ （3-199）

式中，T 为方形电池单体的平均温度；T_s 为实验测到的方形电池表面温度。

（2）参数编码

在遗传算法中，对需要辨识的参数一般采用二进制数串进行编码。以圆柱形电池双层模型为例，可以采用 32 位二进制数串进行编码。

一般在进行编码之前，首先需确定各个参数的取值范围。对于圆柱形电池双层模型，参考文献 24 并考虑实际情况，确定各个参数的取值范围。以某圆柱形 18650 电池为例，按如下设置：

① 比热容 c 的取值范围为 [800，1200]，单位为 J/（kg·K）。

② 导热系数 λ 的取值范围设为 [1，116]，单位为 W/（m·K）。

③ 对流换热表面传热系数 h 的取值范围可定为 [1，100]，单位为 W/（m²·K）。

④ 内外层模型中内层半径 r_n 的取值范围可以设为 [0.005，0.009]，单位为 m。

对于上述四个参数，将采用 32 位二进制数串表示，其中从第 1～10 位表示比热容 c，第 11～18 位表示对流换热表面传热系数 h，第 19～26 位表示导热系数 λ，最后 6 位表示内层半径 r_n。

为了将二进制数转化为十进制的参数进行运算，可按照下述方法进行转化。以比热容 c 为例，取 32 位的二进制数串中的第 1～10 位构成一个 10 位的二进制数，然后将这个二进制数转化为十进制数，设转化后的十进制数为 c_{10}，且 c_{10} 的值不会超过 $2^{10}-1$，于是比热容 c 的最终取值可以用式（3-200）确定：

$$c = 800 + (1200 - 800) \times \frac{c_{10}}{2^{10} - 1}$$ （3-200）

通过式（3-200），可以确保 c 的取值范围在给定的区间内，而且在给定的区间内，c 的取值精度也很高。其他参数也是按照同样的方法将二进制编码转化为十进制的具体参数值代入运算的。

（3）种群的"交配""基因突变"和"繁衍"

交配运算是在确定一个或多个交配位置后，将两个个体在交配位置上互换部分编码，形成两个新的子个体。例如 x_1=0011100001 与 x_2=1011000111 交换后两位后，会形成新的 x_1'=0011100011 和 x_2'=1011000101。突变是为了避免种群在后期过早的收敛，对二进制的编码实行小概率的基因突变，扩大寻优范围。比如将

x_3=1000101101 的第三位突变，会得到新的子代编码 x_3'=1000101001。

对于双层模型中的四个参数，可将这四个参数构成的 32 位二进制数串称为一个个体，通过随机函数生成一定数量的个体，这些个体就构成第一代种群。将种群中每个个体都代入双层模型进行计算，然后根据适应度函数确定每个个体的适应度，适应度高的个体留下来的概率会比较大，适应度低的个体留下来的概率则较小，然后将留下来的个体进行"交配"和"基因突变"以"繁衍"出第二代种群。

由于每个个体中都含有四个参数，通过交配可以在不改变参数值的前提下将不同参数进行重新组合。针对四个参数在 32 位中的位数分配情况，可以将交配的位数固定在第 10 位、第 18 位和第 26 位三者之中，具体为何者可以随机确定，参与交配的个体也随机确定。一般来说，并非所有个体都参与交配，以确保新种群中仍有上一代的优秀个体。

在交配完之后，参数的取值并不发生改变，只是将不同参数进行了重新组合。为了避免将参数取值局限在上一代种群的参数值范围内，还需对参数进行"基因突变"。由于每个个体都是 32 位二进制数串，因此"基因突变"可以通过改变 32 位中任意几位的值。比如某个个体的某位为 1，那么就把这一位改为 0 即可。"基因突变"是对整个种群进行的，可以随机确定多个个体进行基因突变，通过基因突变，参数的取值将发生改变，从而避免了参数取值局限在上一代种群的参数值范围内。

通过上述分析，可知上一代种群经历了适应度函数的"优胜劣汰"之后，又经过了"交配"和"基因突变"，因此新一代的种群中既有上一代的优秀个体，也有不同个体拼接而成的新的参数组合，还有通过"基因突变"产生的新的参数值。将新种群接着代入运算，通过多次循环，最终将能找到最优的或近似最优的参数。

由于遗传算法带有一定的随机性，因此取值范围内的所有值都有可能在运算过程中出现，可以在全范围内搜索最优值。但是遗传算法又不同于"大海捞针"式的随机搜索的算法，因为遗传算法中新种群的产生总是基于上一代种群中的优秀个体，对于一般的参数寻优过程，最优解总是在近似最优解的附近，所以遗传算法中新种群产生的方法是符合这一原理的。

通过上述遗传算法，并结合电池实验过程中的具体温升情况，可以辨识出电池的热物性参数和模型自定义参数。

3.5.3　径向分层模型验证

通过在软件中编写程序，并利用遗传算法对圆柱形电池径向分层生热模型进行参数寻优。对于双层模型，以 18650 电池模块 0℃时 1C 放电为例，辨识结果求出的四个参数值分别为：

① 比热容为 995.50J/（kg·K）。
② 对流换热表面传热系数为 76.70W/（m²·K）。
③ 内层半径为 1.26×10^{-3}m。
④ 在内层半径处的平均径向导热系数为 27.27W/（m·K）。

由于在 0℃时进行 1C 放电的过程中，温箱内的鼓风机总是开启的，因此对流换热表面传热系数 h 的取值偏大，可知辨识出的 h 的取值是合理的；而导热系数的取值并不代表整个电池单体的平均导热系数，该取值只能代表内层半径处的侧面平均径向导热系数，因此该取值也是合理的。

将上述参数代入双层模型进行计算，并结合 18650 电池模块 Thevenin 模型仿真得出的电压随时间变化的数据，分别求得内外层的平均温度，如图 3-27 所示。

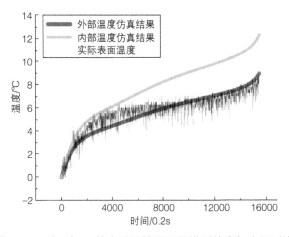

图 3-27　0℃时 1C 放电升温情况双层模型仿真与实际对比

从图 3-27 可以看出，在双层模型中，仿真后的外层温度与实际表面温度的拟合度较高，最高温差为 2.49℃，平均温差为 0.56℃；仿真后的内层温度会比实际表面温度高，最大温差为 5.64℃，平均温差为 2.07℃；总体来看，上述的双层模型仿真结果很好地反映了实际情况。

按照同样的道理，利用遗传算法原理对九层模型的参数进行辨识，还是以 18650 电池模块 0℃时 1C 放电为例，辨识出的三个参数的值分别为：

① 比热容为 816.03J/（kg·K）。

② 对流换热表面传热系数为 76.19W/（m²·K）。

③ 九层模型内各侧面总的平均径向导热系数为 95.25W/（m·K）。

将上述参数代入九层模型进行计算，并结合电池 Thevenin 模型仿真得出的电压随时间变化的数据，最终计算出的结果如图 3-28 所示。

从图 3-28 可以看出，当采用九层模型时，虽然最外层的温度与实际表面温度较为接近，但是九层的平均仿真温度以及第五层和最里层的仿真温度都比实际表面温度高很多，这主要是由于仿真过程中只考虑径向方向的热量传递，内部层只能依靠与外部层的接触进行散热，因此热量积聚造成内部层以及总平均温度的升高。与双层模型相比，九层模型内部层的温度过高。与实际情况可能不符。

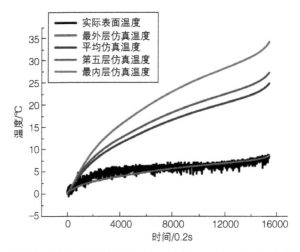

图 3-28　0℃时 1C 放电升温情况九层模型仿真与实际对比

　　虽然从理论上讲，九层模型由于划分的层数多，可以更好地反映出电池单体内部的温度分布情况。但是由于对电池内部的组成材料以及材料的热物理性质和材料分布不了解，如果简单地认为各层都是均匀的，那么经过九层的层层迭代计算之后，容易造成较大的误差。因此九层模型不适用于对电池内部材料组成和分布不了解的情况。

　　相比之下，双层模型则有较大的灵活度，由于只有两层，计算起来的迭代误差较小。另外，双层模型中的内层半径是一个可调参数，在参数辨识的过程中，内层半径的不断调整可以保证电池外层温度与实际表面温度接近的同时，内外层的温度不至于相差太大。这种情况比较符合实际情况，因此双层模型有较强的实用性。

　　按照双层模型的原理，通过遗传算法参数寻优，可以确定不同温度下 18650 电池模块恒流放电时的最优参数，见表 3-9。

表 3-9　不同温度下 18650 电池模块恒流放电时双层模型的最优参数

	比热容 c/[J/（kg·K）]	表面传热系数 h/[W/（m²·K）]	内层半径 r_n/m	导热系数 λ/[W/（m·K）]
常温 1C 放电	992.67	47.98	6.3×10^{-4}	26.16
常温 2C 放电	965.34	46.42	1.26×10^{-3}	23.06
常温时平均值	979.01	47.2	9.45×10^{-4}	24.61
0℃时 1C 放电	995.50	76.70	1.26×10^{-3}	27.27
−10℃时 1C 放电	976.93	73.6	1.01×10^{-3}	29.96
−20℃时 1C 放电	995.41	75.93	1.01×10^{-3}	27.22
低温时平均值	989.28	75.41	1.09×10^{-3}	28.15

从表 3-9 可以看出，电池单体的比热容在 950 ~ 1000J/（kg·K）之间，在电池单体半径为 1mm 左右处的侧面的平均径向导热系数在 20 ~ 30W/（m·K）之间。在常温时，由于温箱内没有开启鼓风机，所以表面传热系数较低，而在低温时，为了加快电池的降温速度，在实验过程中全程开启鼓风机，所以表面传热系数较高。将表 3-9 中常温时平均值所在行对应的参数代入双层模型进行计算，可以获得常温下放电实验过程中的内外层温升曲线，如图 3-29 和图 3-30 所示。将低温平均值参数代入双层模型进行计算，可以获得低温下放电实验过程中的内外层温升曲线，如图 3-31 和图 3-32 所示。

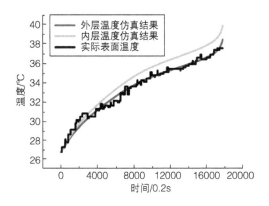

图 3-29　18650 电池模块常温 1C 恒流放电升温情况仿真与实际对比

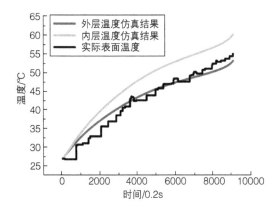

图 3-30　18650 电池模块常温 2C 恒流放电升温情况与实际对比

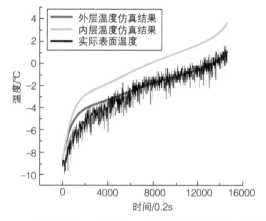

图 3-31　18650 电池模块 −10℃时 1C 恒流放电升温情况仿真与实际对比

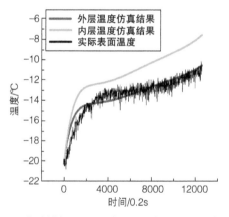

图 3-32　18650 电池模块 −10℃时 2C 恒流放电升温情况与实际对比

　　从图 3-29 ~ 图 3-32 可以看出，仿真结果很好地反映了实际情况，外层温度曲线基本上与实际表面温度曲线重合，内层温度相应地会比外层温度稍高一点。将常温时的实际表面温度曲线与低温时的实际表面温度曲线进行对比，可以发现低温时实际测量温度的跳动比较大，原因可能是低温时外界温度太低，从内部传来热量时，测到的温度会升高一点，但是热量很快就会散发到外界环境中去，因此测到的温度又会降下来，上述过程不断在进行，温度就会忽高忽低地跳动。但是从整体上看，电池表面温度在放电过程中的升温趋势是很明显的。

　　针对上述仿真结果，记录下每次仿真后的内外层平均温度与实际表面温度的温差，见表 3-10。

表 3-10　双层模型中内外层与 18650 电池实际表面温度的温差

	内层与实际的最大温差 /℃	内层与实际的平均温差 /℃	外层与实际的最大温差 /℃	外层与实际的平均温差 /℃
常温 1C 放电	2.36	0.96	1.05	0.26
常温 2C 放电	7.00	4.98	4.66	1.54
0℃时 1C 放电	5.64	2.07	2.49	0.56
−10℃时 1C 放电	4.52	2.16	3.25	0.63
−20℃时 1C 放电	4.68	2.29	2.78	0.55

　　根据表 3-10，将常温 1C 放电与常温 2C 放电的情况进行对比可以发现，当放电倍率较大时，内外层平均温度与实际表面温度的温差都较大，这是因为大倍率放电时电池组自身生热较快，短时间内难以散发出去，所以电池表面温度与内部温度会有较大的偏差。

　　将常温 1C 放电与低温时 1C 放电的情况对比可以发现，低温时内外层与实际表面的平均温差比常温时要大，这也是由低温放电时生热较快导致的。由于低温下电池内阻大，以同样倍率放电时，电池内部升温更快，短时间内热量难以散发出去，因此电池内部与表面温度会有较大偏差。

　　本章详细介绍了锂离子电池产热建模的方法，从锂离子电池的热物性参数获取方法出发，介绍了基于 Bernardi 生热率的电池生热模型、基于电化学模型的电热耦合模型和圆柱形电池径向分层生热模型，主要结论如下：

　　1）介绍了电池建模中需要的热物性参数以及参数的获取方法。基于方形电池的分层结构得出电池各向的导热系数、电池密度以及电池的比热容。

　　2）基于 Bernardi 生热率和引入电流密度的 Bernardi 生热率建立锂离子电池充放电的电热耦合模型。

　　3）介绍了基于多孔电极理论和浓溶液理论的 P2D 电化学模型建模理论，在此基础上，将整个活性电极视为单个活性物质颗粒，介绍了扩展单粒子模型。进一步结合三维传热模型，对基于电化学理论的电热耦合建模方法进行了阐述。

　　4）针对圆柱形电池进行径向分层生热特性建模，以双层模型为例，分别对内层和外层建立热平衡方程式，并发展了一种迭代计算方法用于计算每一层的温升，同时也对九层模型的建模方法和计算方法进行简单阐述。

参考文献

[1]　陶文铨. 传热学 [M]. 西安：西北工业大学出版社，2006.

[2]　杨世铭，陶文铨. 传热学 [M]. 4 版. 北京：高等教育出版社，2006.

[3]　赵镇南. 传热学 [M]. 北京：高等教育出版社，2008.

[4]　陈科. 电动车辆动力电池电场理论与热特性分析 [D]. 北京：北京理工大学，2010.

[5]　CHRISTOPHER D，WANG C Y. Battery systems engineering（RA·hn/battery）[J]. Battery management systems，2013，10：191-229.

[6]　VERBRUGGE MARK W. Lithium intercalation of carbon-fiber microelectrodes[J]. Journal of the electrochemical society，1996，143（1）：24.

[7]　FORMAN J C，BASHASH S，STEIN J，et al. Reduction of an electrochemistry-based Li-ion battery model via quasi-linearization and pade approximation[J]. Journal of the electrochemical society，2011，158（2）：A93.

[8]　XIA YY，KUMADA N，YOSHIO M. Enhancing the elevated temperature performance of Li/LiMn$_2$O$_4$ cells by reducing LiMn$_2$O$_4$ surface area[J]. Journal of power sources，2000，90（2）：135-138.

[9]　NEWMAN J，TIEDEMANN W. Porous-electrode theory with battery applications[J]. Aiche journal，21（1）：25-41.

[10]　NEWMAN J，BENNION D，TOBIAS CHARLES W. Mass transfer in concentrated binary electrolytes[J]. Berichte der Bunsengesellschaft für physikalische Chemie，1965，69（7）：608-612.

[11]　EIDE P，MAYBECK P. An MMAE failure detection system for the F-16[J]. IEEE transactions on aerospace and electronic systems，1996，32（3）：1125-1136.

[12]　朱耀麟，杨志海，陈西豪. 模型降阶方法研究 [J]. 微计算机信息，2011，27（6）：22-25.

[13]　胡寿松，林道垣. 经典模型降阶方法述评 [J]. 南京航空学院学报，1989（4）：106-110.

[14]　KIM GI HEON，SMITH KANDLER，LEE KYU-JIN et al. Multi-domain modeling of lithium-ion batteries encompassing multi-physics in varied length scales[J]. Journal of the electrochemical society，2011，158（8）：A955.

[15]　GUO M，WHITE RALPH E. A distributed thermal model for a Li-ion electrode plate pair[J]. Journal of power sources，2013，221：334-344.

[16]　XU M，ZHANG Z Q，WANG X et al. Two-dimensional electrochemical–thermal coupled modeling of cylindrical LiFePO$_4$ batteries[J]. Journal of power sources，2014，256：233-243.

[17]　NEWMAN，BERNARDI，PAWLIKOWSKI. A general energy-balance for battery systems[J]. Journal of the electrochemical society，1985，132（1）：5.

[18]　GU W B，WANG C Y. Thermal-electrochemical modeling of battery systems[J]. Journal of the electrochemical society，2000，147（8）：2910.

[19]　REN D S，Feng X N，LU L G et al. An electrochemical-thermal coupled overcharge-to-thermal-runaway model for lithium ion battery[J]. Journal of power sources，2017，364：328-340.

[20] BERNARDI D，PAWIIKOWSKI E，NEWMAN J. A general energy balance for battery system[J]. Journal of electrochemical society，1985（5）: 132.

[21] 卓金武，等 . MATLAB 在数学建模中的应用 [M]. 北京：北京航空航天大学出版社，2014.

[22] 刘国华，包宏，李文超，等 . 用 MATLAB 实现遗传算法程序 [J]. 计算机应用研究，2001，18（8）: 80-82.

[23] 汪秉文，范衡，康小海，等 . 遗传算法在 MATLAB 环境中的实现 [J]. 武汉汽车工业大学学报，1999，21（6）: 25-28.

[24] 史男 . 电动汽车圆柱型锂离子电池热模型研究 [D]. 北京：北京理工大学，2015.

第 **4** 章

锂离子电池组风冷散热建模与优化

本章以电池组为研究对象，基于流体力学和传热学理论，建立电池组热场 - 流场耦合模型，对散热铝板和电池箱结构进行优化设计，解决锂离子电池组的散热问题，为锂离子电池组散热系统设计提供理论基础和有效的研究方法。

4.1 锂离子电池组风冷散热分类

空气冷却依据冷却系统的风道结构不同，分为串行式和并行式；按照是否使用风扇，分为自然冷却和强制冷却。

1. 串行式和并行式冷却方式

1999 年，美国国家可再生能源实验室的 Ahmad A.Pesaran 等提出了串行式和并行式冷却方式，如图 4-1 所示。图 4-1a 是串行式冷却，空气从电池组的一侧吹入，从另一侧将热量带离电池箱，由于空气先经过左侧，容易造成电池组散热不均匀，使右侧电池的温度比左侧高；图 4-1b 是并行式冷却，空气从电池组底部吹入，从上部吹出，几乎相同的空气量流过各块电池单体的表面，能够使电池组散热均匀。文献 1 建立二维模型模拟了串行式和并行式的冷却效果，如图 4-2 所示。在其他条件相同的情况下，并行冷却比较均匀，电池组中最大温度差为 8℃，而采用串行冷却时，虽然电池组的最低温度有所下降，但是电池组中温度差高达 18℃，因此并行冷却方式在降低最高温度和减少电池组温差方面有明显的优势。

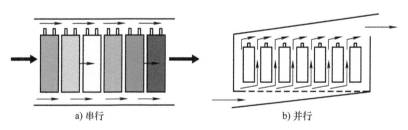

a) 串行　　　　　　　　　　　b) 并行

图 4-1　串行和并行通风方式

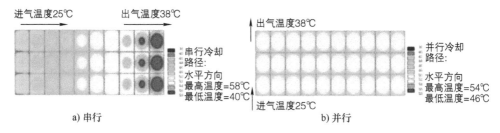

图 4-2　串行和并行冷却效果的二维模拟

2. 自然和强制冷却方式

自然冷却是指没有采用冷却风扇进行冷却，其冷却效果比较差，而且对电池箱的安放位置有较高要求。对于串联混合动力汽车和纯电动汽车，自然冷却方式已无法满足电池组的散热要求。强制冷却是指采用冷却风扇进行冷却，目前大部分采用风冷的电动汽车均使用这种冷却方式，如丰田普锐斯和本田 Insight。

2002 年，美国国家可再生能源实验室的 Kenneth J. Kelly 等对 2001 年款普锐斯和 2000 年款 Insight 的锂离子电池组热管理系统进行测试。测试结果表明这两款 HEV 对电池组的温度控制均能达到比较好的效果。研究人员还对普锐斯的冷却风扇进行测试，普锐斯采用的冷却风扇有四种工作模式：停止、低速、中速和高速。风扇处于不同工作模式时，能耗不同，低速时能耗为 4 ~ 5W，中速时能耗为 17W。热管理系统根据电池组温度的不同使风扇以不同的模式进行工作，以降低散热系统的能耗。

文献 3 对强制冷却效果进行了实验和仿真计算。实验采用 18650 型锂离子电池，电池组由 68 块电池单体组成。通过对不同环境温度和不同放电倍率的实验和仿真计算，得出以下结论：当环境温度为 45℃、放电倍率为 6.67C 时，无论空气的流速有多高，均无法将电池组的温度控制在设定的 55℃以下；当空气流速增加时，电池单体表面温度差也会随之增大，造成电池组温度分布不均匀。

强制冷却是目前锂离子电池组热管理系统中比较成熟、应用比较广泛的冷却方式。但是，当环境温度高时，强制冷却无法将电池组最高温度控制在安全范围内。为解决这一问题，可采用文献 4 提出的主动热管理系统，在空气充入电池箱之前，通过冷却装置对空气进行冷却，冷却后的空气能够有效控制电池组的最高温度。

4.2　电池组散热流场理论

导热、热对流和热辐射是热量传递的三种基本方式，电池箱的散热模型主要涉及导热和热对流两方面。物体各部分之间不发生相对位移，依靠分子、原子及自由电子等微观粒子的热运动而产生的热量传递属于导热。由于流体的宏观运动，流体各部分之间发生相对位移、冷热流体相互掺混所引起的热量传递属于热对流（即对流换热）。对于锂离子电池组而言，电池单体内部以及电池单体之间的热量传递属于导热，电池单体与箱内空气之间热量传递属于热对流。

流场分析主要有理论流体力学和计算流体力学。理论流体力学在 18 世纪就已创立，其发展早于计算流体力学。由于流体流动呈现非线性，很多问题无法得到精确的解析解，所以一般采用计算流体力学（CFD）。

流体的基本控制方程式是数值分析的核心，由质量守恒定律、动量守恒定律和能量守恒定律可推导出流体的连续性方程、动量方程以及能量方程。

1. 质量守恒方程

任何流动问题均须满足质量守恒方程，即连续性方程，其积分形式为

$$\frac{\partial}{\partial t}\iiint_{\mathrm{Vol}}\rho \mathrm{d}x\mathrm{d}y\mathrm{d}z + \oiint \rho v \mathrm{d}A = 0 \tag{4-1}$$

式中，Vol 表示控制体；v 为流体速度；A 为控制面；第一项表示控制体内部质量的增量；第二项表示通过控制面的净通量。

式（4-1）在直角坐标系中的微分式为

$$\frac{\partial \rho}{\partial t} + \frac{\partial(\rho u)}{\partial x} + \frac{\partial(\rho v)}{\partial y} + \frac{\partial(\rho w)}{\partial z} = 0 \tag{4-2}$$

式中，u、v、w 为流体速度的分量；ρ 为流体密度。

式（4-2）为连续性方程；适用于可压缩或不可压缩流体、黏性或无黏性流体、定常或非定常流动流体。

当研究对象为定常流体且密度 ρ 不随时间的变化而变化时，式（4-2）可化为

$$\frac{\partial(\rho u)}{\partial x} + \frac{\partial(\rho v)}{\partial y} + \frac{\partial(\rho w)}{\partial z} = 0 \tag{4-3}$$

当研究对象为定常不可压缩流体且密度为常数时，式（4-2）可化为

$$\frac{\partial u}{\partial x} + \frac{\partial v}{\partial y} + \frac{\partial w}{\partial z} = 0 \tag{4-4}$$

2. 动量守恒方程

动量守恒定律可表述为任何控制微元中流体动量对时间的变化率等于外界作用。

微元上各个力之和，可用式（4-5）表示

$$\delta_{\mathrm{F}} = \delta_{\mathrm{m}}\frac{\mathrm{d}v}{\mathrm{d}t} \tag{4-5}$$

当研究对象为不可压缩、常物性黏性流体时，动量方程如下：

$$
\begin{cases}
\rho\left(\dfrac{\partial u}{\partial t}+u\dfrac{\partial u}{\partial x}+v\dfrac{\partial u}{\partial y}+w\dfrac{\partial u}{\partial z}\right)=\rho F_x-\dfrac{\partial \rho}{\partial x}+\mu\left(\dfrac{\partial^2 u}{\partial x^2}+\dfrac{\partial^2 u}{\partial y^2}+\dfrac{\partial^2 u}{\partial z^2}\right) \\[3mm]
\rho\left(\dfrac{\partial v}{\partial t}+u\dfrac{\partial v}{\partial x}+v\dfrac{\partial v}{\partial y}+w\dfrac{\partial v}{\partial z}\right)=\rho F_y-\dfrac{\partial \rho}{\partial y}+\mu\left(\dfrac{\partial^2 v}{\partial x^2}+\dfrac{\partial^2 v}{\partial y^2}+\dfrac{\partial^2 v}{\partial z^2}\right) \\[3mm]
\rho\left(\dfrac{\partial w}{\partial t}+u\dfrac{\partial w}{\partial x}+v\dfrac{\partial w}{\partial y}+w\dfrac{\partial w}{\partial z}\right)=\rho F_z-\dfrac{\partial \rho}{\partial z}+\mu\left(\dfrac{\partial^2 w}{\partial x^2}+\dfrac{\partial^2 w}{\partial y^2}+\dfrac{\partial^2 w}{\partial z^2}\right)
\end{cases}
\tag{4-6}
$$

式中，F_x、F_y、F_z 为体积力在 x、y、z 方向的分量；μ 为流体黏性系数。

3. 能量守恒方程

能量方程可由式（4-7）表示：

$$
\frac{\partial(\rho H)}{\partial t}+\frac{\partial(\rho u H)}{\partial x}+\frac{\partial(\rho v H)}{\partial y}+\frac{\partial(\rho w H)}{\partial z}=-P\,\mathrm{div}(U)+\mathrm{div}[\lambda\cdot\mathrm{grad}(T)]+\Phi+\dot{q}
\tag{4-7}
$$

式中，λ 为流体的导热系数；H 为流体的焓；$\dot{q}$ 为流体的内热源；Φ 为耗散能函数，表示由于黏性作用机械能转换为热能的部分，可由式（4-8）计算：

$$
\Phi=\eta\left\{\left[\left(\frac{\partial u}{\partial x}\right)^2+\left(\frac{\partial v}{\partial y}\right)^2+\left(\frac{\partial w}{\partial z}\right)^2\right]+\left(\frac{\partial u}{\partial y}+\frac{\partial v}{\partial x}\right)^2+\left(\frac{\partial u}{\partial z}+\frac{\partial w}{\partial x}\right)^2+\left(\frac{\partial v}{\partial z}+\frac{\partial w}{\partial y}\right)^2\right\}+\lambda\,\mathrm{div}(U)
$$

$$
\tag{4-8}
$$

对于不可压缩流体，能量方程可简化为

$$
\frac{\partial T}{\partial t}+\mathrm{div}(UT)=\mathrm{div}\left[\frac{\lambda}{\rho C_{\mathrm{p}}}\cdot\mathrm{grad}(T)\right]+\frac{\dot{q}+\Phi}{\rho}
\tag{4-9}
$$

对于固体介质，流体速度分量 $u=v=w=0$，能量方程即为求解固体内部温度场的导热方程。

对于空气而言，当流动速度小于 1/3 声速时，可认为是不可压缩气体。本文中，冷却空气的流速远小于此值，因此冷却空气可考虑为不可压缩气体。

4.3 锂离子电池组风冷散热有限元仿真建模

4.3.1 有限元仿真流程

电池热模型描述电池生热、传热、散热的规律，能够实时计算电池的温度变化；基于电池热模型计算的电池温度场，不仅能够为电池组热管理系统的设计与优化提供指导，还能为电池散热性能的优化提供量化依据。

基于传热学原理，电池传热模型可简化为在不同边界条件下，单体电池本体、铜、铝极柱以不同的生热速率生热；热量一部分经由电池外壳传到周围空气中，传导至空气中的热量表现为单体电池表面传热系数；另一部分用来给单体电池自身加热升温。研究方法如图 4-3 所示。

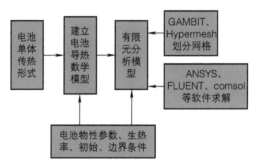

图 4-3 电池热模型研究方法

在电池散热方面，利用 FLUENT 或者 ANSYS 软件，进行流体流动与传热的模拟计算；利用 GAMBIT 或者 Hypermesh 等软件，进行流动区域几何形状的构建、边界类型以及网格的生成，并输出用于上述软件求解器计算的格式；利用求解器对流动区进行求解计算，并进行计算结果的后处理，求解的步骤如下：

1）确定几何形状，生成计算网格（GAMBIT 或者 Hypermesh）；

2）输入并检查网格、选择求解器和求解的方程：层流或湍流（或无黏流），化学组分或化学反应，传热模型等；

3）确定流体的材料物性、边界类型及边界条件；

4）流场初始化、求解计算；

5）保存结果，进行后处理等。

4.3.2 电池组几何模型

本节以电池组为研究对象。由于对象电池组整合有宽线金属膜的加热功能，在结构上要求电池单体叠压排列，因此提出在电池单体间加装开槽铝板的方式改善电池组的散热效果。电池箱简化几何模型如图 4-4 所示，整个电池箱包括 48 块电池单体，分为两列，每列有 24 块电池单体，电池组与四周箱壁的间隔为 15mm，两列电池之间间隔 30mm；电池箱有四个进风口，分别位于箱体左右两侧，电池箱顶部两个圆形开口为出风口，出风口安装离心式排气扇，排气扇的功率为 12W。由于电池箱具有对称性，故为了减少模型的计算量，在建立电池组散热模型时，采用四分之一电池箱建模，如图 4-5 所示。四分之一模型包括 12 块电池单体、1 个进风口和 1/2 个出风口。图 4-6 所示为开槽铝板，铝板厚度为 5mm，槽宽 15mm，槽数为 5，槽深为 4mm。电池箱的进出风口位置以及开槽铝板的相关参数在此只是初定，后续将进行优化。

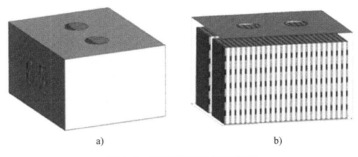

图 4-4　电池箱简化几何模型

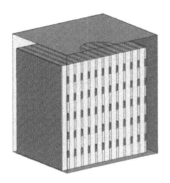

图 4-5　四分之一电池箱模型

图 4-6　开槽铝板

4.3.3　电池组流场选择

电池箱采用离心式排气扇，从入口吸入冷却空气对电池组进行强制散热。强制对流分为层流和湍流两种，其区别在于惯性输送与黏性输送的比值，可采用雷诺数（Re）进行判别。Re 是描述流体惯性力和黏性力之比的无量纲参数，即

$$Re = \frac{\rho L V_0}{\mu} \quad\quad (4\text{-}10)$$

式中，μ 为流体的动力黏度；ρ 为流体密度；L 为特征尺度；V_0 为流体流动速度。

如果 $Re < 2000$，则流体为层流状态；如果 $Re > 4000$，则流体为湍流状态；如果 $2000 < Re < 4000$，则流体为过渡状态。在其他条件确定时，Re 越大，换热性能越好。在 20℃时，空气的黏度为 $1.808 \times 10^{-5} \text{Pa} \cdot \text{s}$，密度为 1.17kg/m^3，风速为 1m/s，电池箱中散热空气的 Re 远大于 4000，所以散热模型的对流类型为湍流。本文将采用湍流标准两方程 $k - \varepsilon$ 模型，k 表示湍流运动能量，ε 表示湍流运动能量扩散的速度。

湍流黏度可通过式（4-11）计算：

$$\mu_t = C_\mu \frac{k^2}{\varepsilon} \tag{4-11}$$

湍流动能 k 方程：

$$\frac{\partial(\rho k)}{\partial t} + \frac{\partial(\rho U_i k)}{\partial x_i} - \frac{\partial}{\partial x_i}\left[\left(\mu + \frac{\mu_t}{\sigma_k}\right)\frac{\partial k}{\partial x_i}\right] = G_k - \rho\varepsilon \tag{4-12}$$

湍流动能耗散率 ε 方程：

$$\frac{\partial(\rho\varepsilon)}{\partial t} + \frac{\partial(\rho U_i \varepsilon)}{\partial x_i} - \frac{\partial}{\partial x_i}\left[\left(\mu + \frac{\mu_t}{\sigma_\varepsilon}\right)\frac{\partial \varepsilon}{\partial x_i}\right] = \frac{C_{1\varepsilon}\varepsilon}{k}G_k - C_{2\varepsilon}\rho\frac{\varepsilon^2}{k} \tag{4-13}$$

式中，U_i 的 i 为 1、2、3，分别表示 x、y、z 三个方向的速度 u、v、z；x_i 代表 x、y、z 三个坐标方向；σ_k 和 σ_ε 分别表示湍流动能和动能耗散率的有效 Prandtl 数，常取 1 和 1.3；C_μ、$C_{1\varepsilon}$ 和 $C_{2\varepsilon}$ 均为经验常数，分别取 0.09、1.44 和 1.92。

4.3.4 电池组稳态散热仿真计算

电池组稳态散热仿真是指在初始条件和边界条件一定的情况下，电池组持续放电，求解电池组生热与冷却空气散热达到平衡之后的稳态温度。该仿真结果能够反映电池组内部温度分布的最终趋势，能够为电池箱结构的优化提供依据。

1. 初始条件与边界条件确定

（1）初始条件

进行稳态散热计算时，假定电池组的初始温度为 20℃，环境温度保持为 20℃，入口冷却空气温度为 20℃。

（2）边界条件

对于流场，电池箱有四个 100mm×60mm 的进风口和两个直径为 90mm 的出风口，出风口安装 DC 12W 离心式排气扇，电压为 12V，工作电流为 1.2A，风量为 25.43CFM[⊖]。模型将入口边界条件设置为速度入口，出口边界条件为压力出口。

2. 计算结果及分析

图 4-7 所示为电池箱散热模型稳态仿真计算给出的电池组以 2C 倍率放电最终形成的温度分布，整个电池箱的温度范围为 294～320K（21～47℃），锂离子电池组的温度范围为 304～320K（31～47℃）。虽然，锂离子电池在此温度下能够安全工作，但是从图中可以看出，电池组温度分布不均匀。正对进风口位置的电池温度较低，远离进风口位置的电池温度较高。电池组切面温度分布如图 4-8 所示，从图中可以明显看出电池组中部位置温度偏高。电池箱内部散热空气流速的剖面图如图 4-9 所示。

⊖　CFM，英制风量单位，即立方英尺/分钟，1CFM ≈ 1.7m³/h。

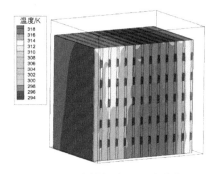

图 4-7　电池组表面温度分布

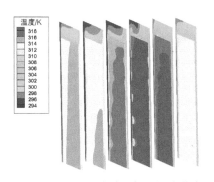

图 4-8　电池组切面温度分布

12 块电池单体的平均温度、最低温度和最高温度曲线如图 4-10 所示。电池编号顺序按照从电池箱壁开始至对称面，分别为 1～12 号电池，即从图 4-7 右侧开始排列，后续电池编号也按此方式排列。5 号电池的最高温度和平均温度最大，分别为 320.02K 和 319.02K，1 号、11 号和 12 号电池的最高温度和平均温度最小，主要是因为这几块电池分别位于进风口和风道位置。各电池单体平均温度的最大温差为 5.6K，整个电池组的最大温差为 16.23K。

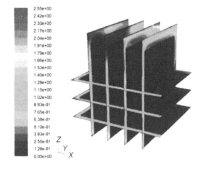

图 4-9　电池箱内部流场剖面

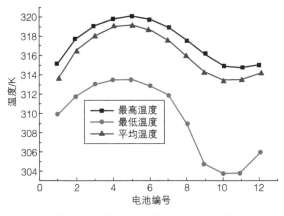

图 4-10　各电池单体温度分析曲线

4.4　锂离子电池组风冷散热方案仿真优化

通过对电池组散热的稳态计算结果可知，散热过程中容易造成电池组温度分布不均匀，因此需要对电池组散热系统进行优化。以下从散热铝板、进风口、出风口、电池箱高度以及风速四个方面对电池组散热系统进行优化。

4.4.1 导热铝板结构优化

未安装散热铝板的电池组以 2C 倍率放电过程中稳态计算的温度分布如图 4-11 所示。未安装散热铝板的电池单体平均温度和最高温度曲线如图 4-12 所示。从图中可以看出，没有安装散热铝板时，电池组温度大幅上升，最高温度升高至 369K；电池单体平均温度的最大值达到 347K，电池组的最大温差为 67K。因此，散热铝板对电池组散热起到了重要作用。为进一步研究散热铝板对电池组散热性能的影响，本节将研究散热铝板槽宽和槽数对散热性能的影响。

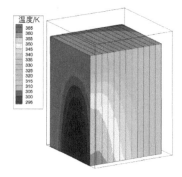

图 4-11　无散热铝板电池组表面温度分布与最高温度

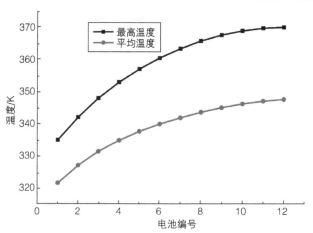

图 4-12　无散热铝板各电池单体的平均温度与最高温度

1. 散热铝板槽宽 30mm，槽数为 4

将散热铝板的槽宽由原来的 15mm 增加至 30mm，槽数改为 4。图 4-13 所示是散热模型稳态仿真计算出的电池组表面温度分布图。与图 4-7 相比，靠近进风口位置的电池单体温度分布均匀，而且温度显著下降，但是远离进风口的电池温度并未降低，局部位置甚至更高。散热铝板槽宽为 15mm 和 30mm 的电池单体的平均温度比较曲线如图 4-14 所示。从图中可以看出，槽宽增加后，

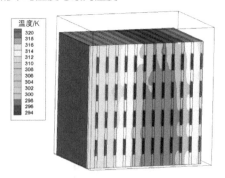

图 4-13　散热铝板槽宽 30mm 的电池表面温度分布

7 ~ 12 号电池的平均温度降低，尤其是 10 ~ 12 号三块电池，但是 2 ~ 5 号电池平均温度有小幅增加。

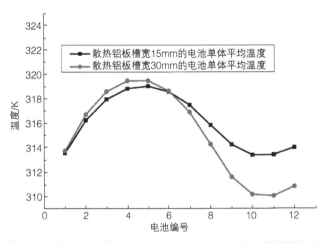

图 4-14　散热铝板槽宽 15mm 和 30mm 电池单体的平均温度

2. 散热铝板槽宽 40mm，槽数为 4

将铝板槽宽从 30mm 增加至 40mm，槽数仍为 4，其他条件不变，由稳态仿真计算得到的电池组温度分布如图 4-15 所示。从图中可以看出，靠近进风口的电池温度进一步下降，但远离进风口的电池温度并未下降，电池组温度分布不均的情况并未得到改善。这主要是因为散热铝板槽宽增大后，大量冷却空气通过靠近进风口的铝板槽排出电池箱，通过后部的冷却空气减少，造成部分电池温度增加。虽然增大槽宽无法解决电池组温度分布不均的问题，但能够使靠近进风口位置

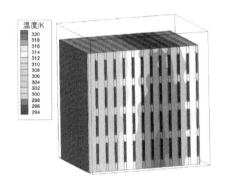

图 4-15　铝板槽宽 40mm 电池组表面温度分布

的电池单体温度下降，而且这些电池单体的温度分布比较均匀。因此，如果增加冷却空气的进气量或是改变进风口位置，采用宽槽散热铝板都有助于提高电池组的散热性能。

4.4.2　进出风口优化

通过对散热铝板优化可知，改变铝板槽宽，虽然能够降低部分电池的温度，但是无法解决电池组温度分布不均匀的问题。本节将研究进出风口对电池箱散热性能的影响。

1. 进风口位置优化

电池箱一共有 4 个进风口，分别位于电池箱左右两边中间位置，同一侧两进风口间隔 60mm。通过仿真计算可以看出，进风口位于电池箱的中间位置，减弱了两侧电池的散热效果。现将四分之一模型中进风口位置移至 12 块电池单体中间，散热铝板槽宽为 40mm，槽数为 4，初始条件和边界条件不变。由稳态仿真计算得到的电池组温度分布如图 4-16 所示。改变进风口位置后电池平均温度和最高温度与初始模型的比较曲线如图 4-17 所示。从图中可以看出，改变进风口位置后，大部分电池单体的平均温度和最高温度均有

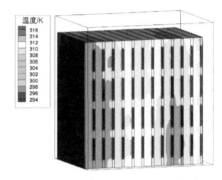

图 4-16　改变进风口位置后电池组表面温度分布

大幅下降，只有 11 号、12 号电池的温度略有上升，电池组的温差虽有降低，但仍高达 15.17K。这主要是因为通过移动进风口位置虽然大幅减低外侧电池单体的温度，但是却导致了中间位置电池单体的温度上升。

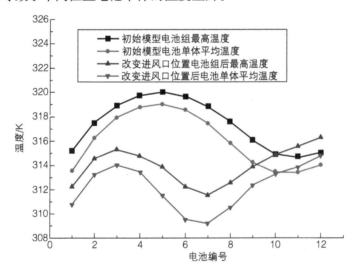

图 4-17　两种模型电池的平均温度和最高温度

2. 增加 1 个进风口

将四分之一模型的进风口增加至 2 个，出风口数量和排气扇保持不变，因此进风口的风速将变为 0.5m/s，其他条件不变。稳态仿真计算得到的电池组温度分布如图 4-18 所示。如图 4-19 所示，将采用 2 个进风口的电池平均温度和最高温度与 1 个进风口的模型进行比较。从图中可以看出，在 12 块电池单体中，两端电池单体的最高温度和平均温度均大幅下降，但中间位置电池单体的最高温度降幅较小，平

均温度略有增加。这主要是因为进风口虽然增加了 1 个，但由于出风口和风扇保持不变，进风口速度降为原来的 1/2，靠近两进风口的电池单体温度下降，中间电池单体离两进风口位置均较远，所以温度降幅不大。但总体上电池组温度分布更均匀，电池组的温差已缩小为 11.21℃。

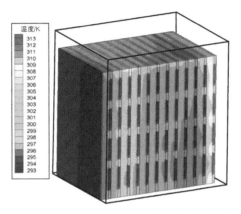

图 4-18   增加 1 个进风口后电池组表面温度分布

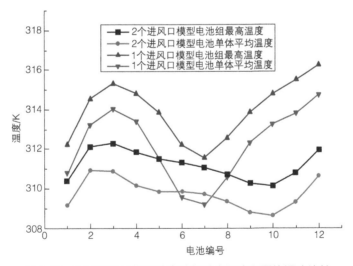

图 4-19   不同进风口模型的电池组最高温度和平均温度比较

3. 增加 1 个出风口

在 2 个进风口和 1 个出风口的基础上增加 1 个出风口，采用 2 个进口和 2 个出风口。稳态仿真计算的电池组温度分布如图 4-20 所示。如图 4-21 所示，将采用 2 个进风口 2 个出风口与采用 2 个进风口 1 个出风口的电池平均温度和最高温度进行比较。从图中可以看出，采用 2 个进风口 2 个出风口后，电池组的最高温度和平均温度均有大幅下降，最大降幅达到 6.71K，电池组的最大温差降至 9.3K。

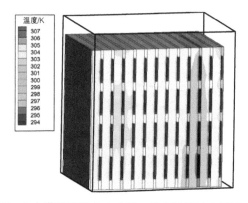

图 4-20　2 个进风口和 2 个出风口的电池组的表面温度分布

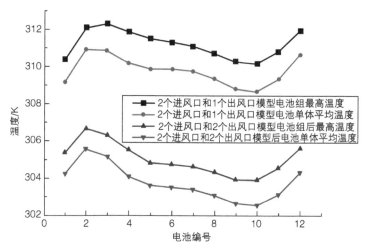

图 4-21　不同出风口模型的电池组最高温度和平均温度比较

4.4.3　电池箱高度优化

　　本节将研究电池箱高度对电池组散热的影响。在前述模型中，电池组顶面与电池箱顶面有 30mm 的间隙，现将间隙降至 10mm，采用 2 个进风口和 2 个出风口，其他条件不变。电池箱高度降低后稳态仿真计算的电池组温度分布如图 4-22 所示，不同电池箱高度的电池组最高温度和平均温度比较曲线如图 4-23 所示。从图中可以看出，电池组顶面与电池箱顶面的间隙缩小后，电池组的最高温度与平均温度均降低，降幅在 2K 左右。这主要是因为间隙缩小后，冷却空气从进风口至出风口的路径缩短，在相同时间内有更多冷却空气通过散热铝板，增强了散热效果。虽然缩小间隙可以提高散热效果，但是受到电池箱内部布线和结构的限制，调整的空间有限。

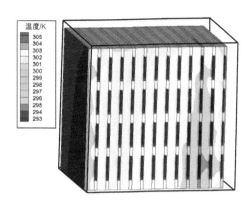

图 4-22　降低电池箱高度的电池组表面温度分布

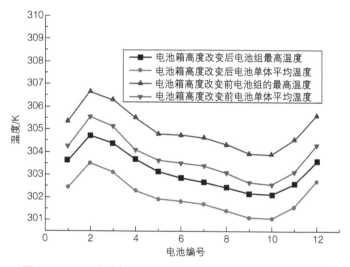

图 4-23　不同电池箱高度的电池组最高温度和平均温度比较

4.4.4　进风速度影响

为了将电池组的温度差保持在合理的范围内，在降低电池箱高度和增加进出风口的基础上，将进风速度提高到 2m/s，其他条件不变。仿真计算的电池组表面温度分布如图 4-24 所示，不同进风速度下电池组最高温度和平均温度的比较曲线如图 4-25 所示。从图中可以看出，电池组的温度进一步下降，而且温度分布比较均匀，最大温差已降至 5.73K。

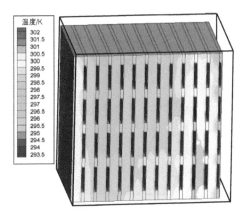

图 4-24   提高进口速度的电池组表面温度分布

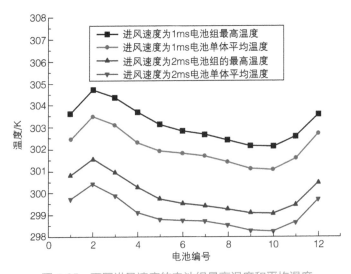

图 4-25   不同进风速度的电池组最高温度和平均温度

通过对散热系统进行优化,电池组的温度得到了大幅降低,温度分布不均匀性得到了较大改善。如图 4-26 所示,将最初散热模型与优化后最终散热模型的电池组最高温度与平均温度进行比较,优化后电池组最高温度和电池单体平均温度的最大降幅均达到 20K,散热系统的优化效果显著,这为后续电池组散热系统设计提供了理论依据。

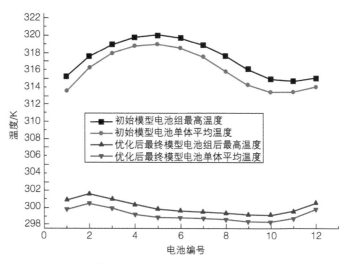

图 4-26　最初模型与优化模型的电池组最高温度与平均温度

4.4.5　电池组散热温度一致性仿真分析

本节将采用优化后的散热系统进行电池组的非稳态仿真分析。非稳态仿真将研究散热系统在有限时间内对电池组的散热效果，重点分析电池温度一致性。在非稳态研究中，电池组仍以 2C 倍率恒流进行放电，仿真时间为 1800s。

1.电池组初始温度与环境温度相同

电池组在不同的温度下进行工作，假设在开始进行散热时，电池组的温度与环境温度相同，分别对 303K（30℃）、313K（40℃）和 323K（50℃）环境温度下电池组的散热进行非稳态仿真分析。随着放电时间的增加，电池组的最高温度也在逐渐提高。在三种温度下，电池组在放电末期的最大温差均小于 4K，当环境温度为 323K 时，放电末期电池组的最高温度较环境仅升高 5.64K。在 323K 温度下，放电末期各电池单体的平均温度如图 4-27 所示。从图中可以看出，电池各单体的平均温度比较一致，最大温差仅为 0.67K。

2.电池组初始温度与环境温度不同

假设环境温度保持 293K 不变，即进风口的温度为 293K，而电池组开始进行散热的初始温度不同。本节分别选取 303K（30℃）、313K（40℃）和 323K（50℃）作为电池组开始散热的初始温度，对电池组的散热进行非稳态仿真分析。在三种温度下，不同时刻电池组的最高温度见表 4-1。对比电池组温度与环境温度相同的情况，电池组的最高温度大幅降低，这是因为进风口的温度保持 293K 不变，增强了散热效果。

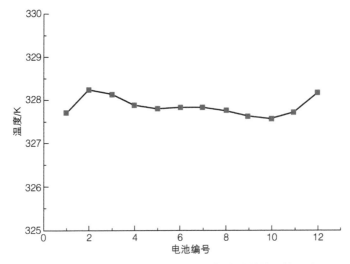

图 4-27　在 323K 下散热 30min 后各电池单体平均温度

表 4-1　三种不同初始温度、不同时刻电池组的最高温度

仿真时间 /s	电池组初始温度 /K		
	303	313	323
300	304.05	313.86	323.62
900	304.72	313.04	321.38
1200	304.82	312.35	319.90
1500	304.86	311.64	318.42
1800	304.87	310.96	317.03

　　环境温度保持 293K、电池组初始温度为 323K 时，不同时刻的最大温差曲线如图 4-28 所示。从图中可以看出，电池组的最大温差值已高达 18℃，相比环境温度与电池组初始温度相同的情况，最大温差值提高 400%。由此可知，采用低温冷却空气虽然能够有效降低电池组的温度，但是易造成电池组温差增大，对电池组的一致性和寿命产生不利影响。因此，散热系统应合理控制冷却空气与电池组的温差，不宜将开始散热的电池温度设置过高，也不宜充入温度过低的冷却空气进行散热。

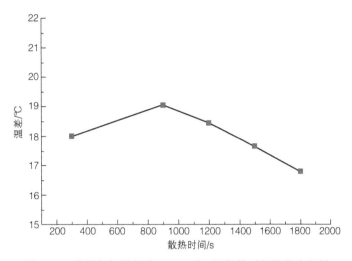

图 4-28　电池组初始温度 323K 时不同散热时间的最大温差

4.5　风冷散热电池组实例分析

4.5.1　电池组散热方案

电池箱由 3 个电池模组组成，每个模组电池采用 2P15S[⊖]，整个电池箱为 2P45S，共 90 个电池单体；电池箱有 3 个散热排气风扇和 8 个进风口；风进入电池箱后由隔板中的栅格进入 3 个电池模组侧面，与模组中的矩形薄片导热体进行热交换；在每 2 电池单体之间嵌入一个导热铝板，厚度为 0.4mm，伸出电池侧面构成了上述的矩形薄片导热体；矩形导热体中有许多孔便于形成风道；电池加热采用 PTC 电阻带，卷绕于矩形薄片导热体上。电池热管理方案如图 4-29 所示。

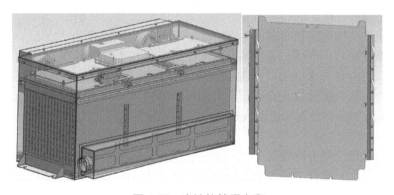

图 4-29　电池热管理方案

⊖　P 表示并联，S 表示串联。

4.5.2 电池组散热仿真分析

1. 电池箱几何模型

每个模组电池采用2P15S，整个电池箱为2P45S，共90个电池单体，电池箱有3个散热排气风扇和8个进风口。为了简化计算，对电池箱模型进行简化，将一些对热分析影响不大的部件略去。而且电池箱是一个几何对称模型，所以建立一半的电池箱模型即可。由于在进出风口面与电池之间有一块带栅格的隔板，所以为了测试隔板对电池散热的影响，将模型简化成两种情况。简化后的模型如图4-30所示。

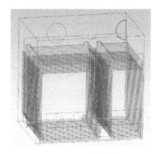 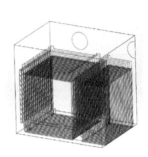

a) 带隔板1/2电池箱模型   b) 不带隔板1/2电池箱模型

图4-30 平台单位电池箱几何模型

2. 电池箱散热模型

电池箱采用离心式排气扇，从入口吸入冷却空气对电池组进行强制散热。在20℃时，空气的黏度为$1.808 \times 10^{-5} Pa \cdot s$，密度为$1.17kg/m^3$，风速为0.7m/s，电池箱中散热空气的$Re$远大于4000，所以散热模型的对流类型为湍流。本案例采用湍流标准两方程k-ε模型，k表示湍流运动能量，ε表示湍流运动能量扩散的速度。

3. 初始条件与边界条件确定

初始条件：电池组初始温度为20℃，入口冷却空气温度为20℃。

边界条件：对于流场，电池箱共有8个进风口和3个出风口，出风口安装离心式排气扇。因为有3个出风口，所以总出风量为76.29CFM，即为0.0361CMS，进风口有8个，每个面积为$0.0064m^2$，由此可计算进风口的风速为0.705m/s。在模型中，将入口边界条件设置为速度入口，出口边界条件为压力出口。

4. 电池组稳态散热仿真计算

电池组散热模型为热场与流场的耦合模型。热场为有内热源模型，内热源为电池组的生热率，大部分工况下电池组的放电倍率在2C以下。因此进行散热模型计算时，电池组的生热率以1C和2C放电倍率进行计算。

利用Fluent软件进行散热模型建模，首先建立电池箱的简化模型；然后将几何模型导入Gambit软件，进行网格划分，由于散热铝板的结构比较复杂，所以网格主要由四面体网格构成，但是在适当的位置可以包含六面体、锥形和楔形网格单元；最后将 Gambit 处理后的模型导入 Fluent 软件中进行计算。

（1）不带隔板的电池箱

通过电池组散热模型稳态仿真计算得到电池组以 2C 倍率放电最终形成的温度分布（见图 4-31），整个锂离子电池组的温度范围从 302 ~ 339K。电池组高度方向的切面温度分布如图 4-31b 所示。从图中可以看出，电池组的高温部分位于远离进风口位置，而且电池组温度分布不均匀。稳态散热后各个电池单体的平均温度如图 4-31c 所示。从图中可以看出电池温度分布不均匀。电池的编号按照外侧和中间两排进行区分，每排都有 1 ~ 30 号，从出口端开始为 1 号，到进口段为 30 号，后续的电池也按此方法编号。电池组以 1C 倍率放电的电池组温度分布情况如图 4-32 所示。从稳态分析可以看出，电池箱的结构并不合理，电池组长时间工作容易造成温度分布不均匀。

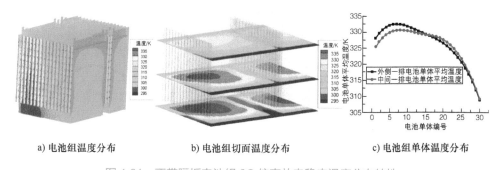

a) 电池组温度分布　　　　b) 电池组切面温度分布　　　　c) 电池组单体温度分布

图 4-31　不带隔板电池组 2C 倍率放电稳态温度分布特性

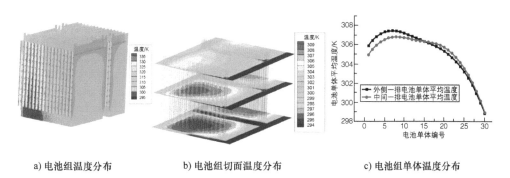

a) 电池组温度分布　　　　b) 电池组切面温度分布　　　　c) 电池组单体温度分布

图 4-32　不带隔板电池组以 1C 倍率放电的稳态温度分布特性

（2）带隔板的电池箱

除了电池箱增加两块带栅格的隔板外，模型的其他条件相同，计算结果如图 4-33 和图 4-34 所示。从图中可以明显看出，增加隔板后，电池组的温度显著上升，温度分布不均匀性增大。因此，隔板增加了电池箱的结构不合理性。后续电池箱优化可针对隔板中栅格的位置和大小、进出风口面积、风扇功率以及在之前分析的仿真模型中温度较高处增加间隙等。

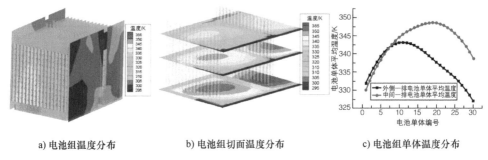

a) 电池组温度分布   b) 电池组切面温度分布   c) 电池组单体温度分布

图 4-33 带隔板电池组以 2C 倍率放电的稳态温度分布特性

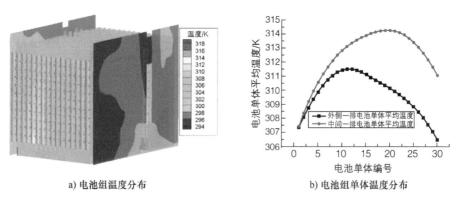

a) 电池组温度分布   b) 电池组单体温度分布

图 4-34 带隔板电池组以 1C 倍率放电的稳态温度分布特性

5. 电池组非稳态散热仿真计算

非稳态仿真将研究散热系统在有限时间内对电池组的散热效果。在非稳态研究中，假设在开始进行散热时，电池组的温度与环境温度相同，为293K（20℃）。

（1）不带隔板的电池箱

电池组以 2C 倍率恒流进行放电，仿真时间为 1800s，电池组的温度分布和各个单体的平均温度分布如图 4-35 所示。电池单体最大平均温度为 304K，最低平均温度为 299K，温差为 5K。电池组以 1C 倍率放电、仿真时间为 3600s 的计算结果如图 4-36 所示。

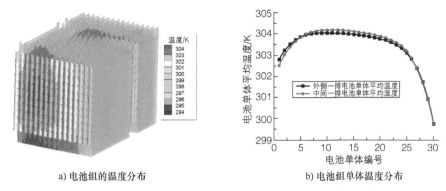

a) 电池组的温度分布

b) 电池组单体温度分布

图 4-35　不带隔板电池组以 2C 倍率放电的非稳态温度分布特性

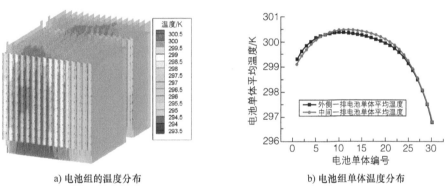

a) 电池组的温度分布

b) 电池组单体温度分布

图 4-36　不带隔板电池组 1C 倍率放电非稳态温度分布特性

（2）带隔板的电池箱

与不带隔板的仿真条件相同，分别进行电池组 2C 和 1C 倍率放电的仿真，计算结果如图 4-37 和图 4-38 所示。与稳态情况类似，中间一排电池的温度比外侧电池的温度高。

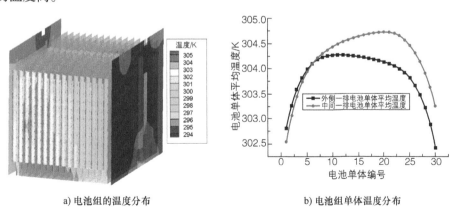

a) 电池组的温度分布

b) 电池组单体温度分布

图 4-37　带隔板电池组以 2C 倍率放电的非稳态温度分布特性

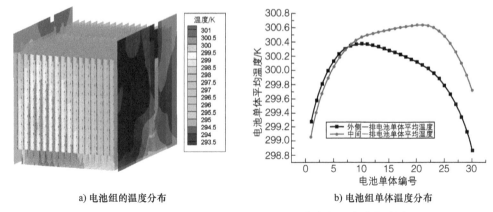

a) 电池组的温度分布 b) 电池组单体温度分布

图 4-38 带隔板电池组以 1C 倍率放电的非稳态温度分布特性

6. 电池箱优化设计

为了降低电池组的工作温度，改善电池组温度分布的不均匀性，对电池箱散热系统进行风速和增大隔板栅格面积两方面的优化设计，为后续电池箱结构优化的进一步研究提供参考。

（1）增大进风口风速

电池组在 20℃环境下，以 2C 倍率进行放电，进风口风速从原来的 0.705m/s 增加至 2m/s，其他条件与之前的模型相同。

不带隔板的电池箱，进风口风速增加至 2m/s，电池组以 2C 倍率放电的稳态散热的温度分布情况如图 4-39 所示。从图中可以看出，在靠近出风口位置的电池中部仍是高温的集中区域，风速提高后，电池组温度有显著降低，但是温度分布不均匀性的改善并不理想。

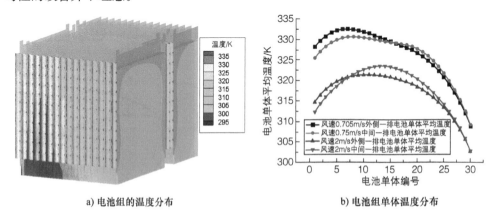

a) 电池组的温度分布 b) 电池组单体温度分布

图 4-39 不带隔板、2m/s 风速电池组以 2C 倍率放电的稳态温度分布特性

带隔板的电池箱，进风口风速增加至 2m/s，电池组以 2C 倍率放电的稳态散热的温度分布情况如图 4-40 所示，对两种风速下电池组的平均温度进行比较。从图

中可以看出，风速提高后，电池组温度有显著降低，靠近出风口位置，两排电池的温度虽有降低，但效果也不理想。

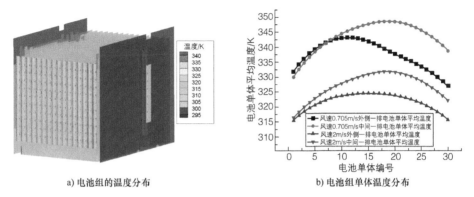

a) 电池组的温度分布　　　　b) 电池组单体温度分布

图 4-40　带隔板、2m/s 风速电池组以 2C 倍率放电的稳态温度分布特性

（2）增大隔板栅格面积

电池箱隔板的中部有两个面积为 $23 \times 147.5mm^2$ 的栅格，现将每个栅格的面积增加至 $233 \times 227.5mm^2$，增加后的面积是原面积的 15 倍多。栅格面积增加后，电池组以 2C 倍率进行放电，进风口风速为 0.705m/s。如图 4-41 所示，对两种不同隔板电池箱电池组稳态散热的平均温度进行了比较，从图中可以看出，栅格面积增大后，越靠近进风口，电池的平均温度下降幅度越大。但是在靠近出风口位置，电池单体的平均温度未降反而有小幅上升；虽然两排电池的温差有大幅降低，但电池组整体的温度不均性加大。

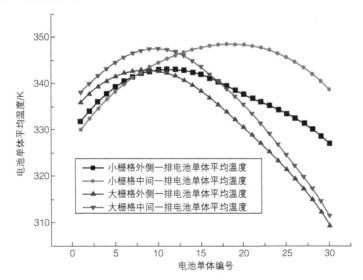

图 4-41　隔板两种规格格栅的电池组稳态散热平均温度比较

通过上述仿真分析可知，简单地通过提高进风口风速或是增大栅格面积无法解决电池箱的散热问题，应从调整进风口位置、栅格位置和大小、电池排列等方面进一步对电池箱进行优化。

本章以电池组为研究对象，采用带槽散热铝板＋风扇的方式对电池组进行散热，建立了电池组四分之一热场-流场耦合散热模型，通过散热模型对电池组散热进行了稳态和瞬态仿真分析，并对散热铝板和电池箱结构进行优化，提高了散热效果，主要得出以下结论：

1）在电池单体间增加散热铝板可显著降低电池组的温度，增大散热铝板槽宽可降低部分电池的温度，但是仅通过增加散热铝板槽宽无法有效降低电池组的温差。

2）仅调整进风口位置能够改变电池组的温度分布，但无法减小电池组的温差；在其他条件不变的情况下，调整进风口位置并增大进风口面积，能够减小电池组的温差，但是出风口面积没有进行相应变化，因此效果有限；同时增大进风口和出风口面积，并提高散热风扇的风速，能有效降低电池组的最高温度和电池组温差。

3）降低电池箱高度，缩小电池组顶部的间隙可以提高散热效果。因此，在电池箱内部布线和结构允许的情况下，应尽可能减小电池组与电池箱顶部的间隙。

4）通过对电池组散热的瞬态仿真分析可知，随着冷却空气与电池组温差增大，电池组温度分布的均匀性变差。因此，在设计电池组散热系统时，设定电池组开始散热的温度时应避免冷却空气与电池组的温差过大。

5）对一个由3个电池模组组成的电池箱的风冷散热进行实例分析，基于几何尺寸与边界条件建立了三维有限元模型，并开展了风冷散热仿真分析。从稳态分析结果可以看出，无论电池箱是否带隔板，其结构设计都不合理，电池组长时间工作容易造成温度分布不均匀，非稳态仿真进一步验证了这个结论。进一步，通过仿真分析了进风口风速与栅格面积对其散热的影响，发现都无法有效解决温度分布不均匀的问题。

参考文献

[1] AHMAD A P, BURCH S, KEYSER M. An approach for designing thermal management systems forelectric and hybrid vehicle battery packs[Z].Proceeding of the 4th vehicle thermal management systems conference and exhibition, London, UK, 1999: 1-16.

[2] KENNETH J K, MARK M, MATTHEW Z. Battery usage and thermal performance of the Toyota Prius and Honda Insight during chassis dynamometer testing[Z].The seventeenth annual battery conference on applications and advances, Long Beach, California, 2002:247-252.

[3]　RAMI S，KIZILEL R，SELMAN J R，et al Active (air-cooled) vs. passive (phase change material) thermal management of high power lithium-ion packs: Limitation of temperature rise and of temperature distribution[J].Journal of Power Sources，2008，182:630-638.

[4]　AHMAD A Pesaran. Battery thermal management in EVs and HEVs: issues and solutions[EB/OL]. http://www.nrel.gov/vehiclesandfuels/energystorage.

[5]　陶文铨 . 传热学 [M]. 西安：西北工业大学出版社，2006.

[6]　刘鉴民 . 传热传质原理及其在电力科技中的应用分析 [M]. 北京：中国电力出版社，2005: 46-51.

[7]　李进良，李承曦，胡仁喜 . 精通 Fluent6.3 流场分析 [M]. 北京：化学工业出版社 .

[8]　KAYS W. 对流传热与传质 [M]. 赵镇南，译 . 北京：高等教育出版社，2007.

第 5 章

锂离子电池组液冷散热建模与优化

液冷散热相较于风冷散热，由于采用了对流换热系数更高的液体介质，能实现更好的散热效果。本章基于第 4 章中的流场理论，建立了电池组液冷散热模型，针对环境温度、电池组充放电倍率等因素开展电池组液冷散热仿真研究。

5.1 锂离子电池组液冷散热方案

液冷散热按照液体介质是否与电池直接接触分为接触式与非接触式两种，其中接触式冷却液直接接触电池单体并带走热量，非接触式冷却液流经流道带走从电池传导到流道上的热量，结构示意图如图 5-1 所示。

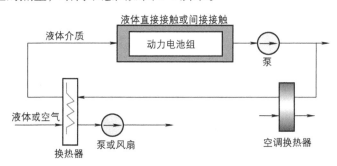

图 5-1　液体冷却机构示意图

图 5-2 展示了空气冷却、散热片冷却、非接触式液冷和接触式液冷四种散热方式。可以看出，这四种方式都是从电池的最大表面进行散热。图 5-2a 显示了直接空气冷却的结构，空气流过两个电池之间的间隙并直接接触电池侧表面。这种方式不会给锂离子电池系统带来额外重量，并且空气循环系统的设计较为简单。图 5-2b 展示了散热片冷却结构，两个电池单体之间夹着一块导热片，电池的侧边有一块冷却板，导热片可以将电池表面的热量传导至冷却板，最后由冷却板将热量带走。这种方式设计简单但由于加入了导热片和冷却板会使电池系统的重量大大增加。图 5-2c 显示了非接触式冷却（翅片冷却）的结构，在充放电期间产生的热量通过最

大的侧表面传导到翅片，然后热量从翅片传导到液冷流道，由冷却液将热量带出电池系统。但这种翅片的制造比较复杂，成本较高。图 5-2d 展示了接触式液冷结构，类似于图 5-2a 的方式，流体直接从电池单体之间流过带走热量。冷却液一般是电解质矿物油，且由于液体介质通常有较高黏度，导致液体流速低，热交换效果受限。这种设计的难度过大，需要考虑冷却液泄漏等问题，还会增加电池系统的重量。

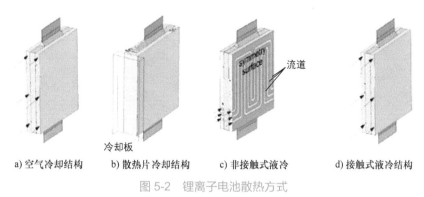

a) 空气冷却结构　　b) 散热片冷却结构　　c) 非接触式液冷　　d) 接触式液冷结构

图 5-2　锂离子电池散热方式

5.2　锂离子电池组液冷散热有限元仿真建模

为了更好地分析电池组的散热情况，本节利用流场理论建立了带液冷的电池模组热模型。其中，流场理论基于第 4 章中介绍的质量守恒方程、动量守恒方程以及能量守恒方程建立，对流类型采用湍流标准两方程 $k\text{-}\varepsilon$ 模型。

5.2.1　几何模型

针对 4P33S 的电池组，液冷的流道设置在电池组的侧面，模型选取近 1/8 的模组，即 17 个单体建立带液冷的电池模组，几何模型如图 5-3 所示。图 5-3 中蓝色的部分就是模型建立的流道，流道位于冷却板中，且两端分别与进水口、出水口相连。各个电池单体之间设计有导热片，电池多余的热量先通过导热片传导，最后通过冷却板与冷却液的对流换热带出电池系统。为了方便描述，将电池单体从左至右依次命名为单体 1~17。

5.2.2　模型设置

在建立液冷散热有限元模型时，液冷模组需要考虑传热与湍流这两个物理场，并将两个物理场进行耦合。固体和流体传热物理场用于模拟传导传热、对流传热和辐射传热。除了固体模型，接口中添加了流体模型，因变量为温度 T。湍流物理场用于计算层流流态下单相流体流动的速度场和压力场，因变量为速度场 u 和压力 p。当流体温度发生变化时，其材料属性（例如密度和黏度）也会相应地改变。

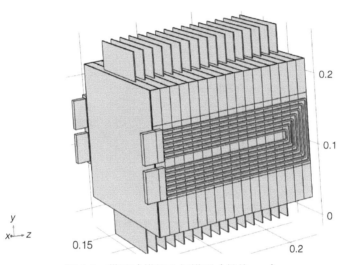

图 5-3　带液冷模组几何模型（单位：m）

模型中电池被 1mm 厚的导热板包裹，流道位于 10mm 厚的铝板中间。电池箱单箱流量设置为 12L/min，因为仿真选用的是 1/8 个箱体，故计算得出入口的流速为 0.05m/s。

5.2.3　仿真分析

液冷模组在两种工况下的仿真结果如图 5-4~ 图 5-9 所示。如图 5-4 所示，在 1C 充电过程中，锂离子电池组从 20℃升高到 24.5℃。如图 5-6 所示，锂离子电池组表面温差较大，温差接近 5℃。这是由于冷却板在其体内有冷却液流过时，整体基本无温升，这就导致了电池模组在与冷却板接触的部分散热能力远大于电池模组的中心，所以电池模组会出现较大的温差。流道内液体温度在充电完成时的分布如图 5-7 所示，可以看出最外侧的流道温升最大，最内侧的最小。这是由于最外侧的流道最长，在流速一致的情况下和冷却板的换热时间也就越长，因此吸收的热量就越多。整体来看，液体的温升为 2℃，低于电池的温升。

对液冷模型也进行了循环工况的仿真（见图 5-5），电池组在循环工况下温度在 21.5 ~ 24.5℃之间形成动态平衡。因此在最高温度时电池温度分布图和液冷流道分布图和在 1C 倍率充电下的分布几乎一致，流道室内液体的最高温度相比于电池的最高温度低了 3℃。

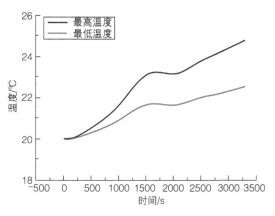

图 5-4 液冷电池模组 1C 倍率充电温升图

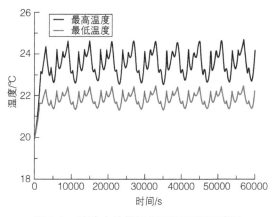

图 5-5 液冷电池模组循环工况下温升图

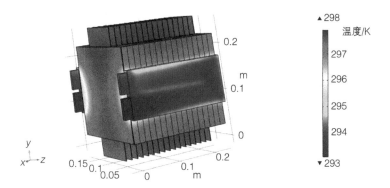

图 5-6 液冷电池模组 1C 倍率充电温度分布

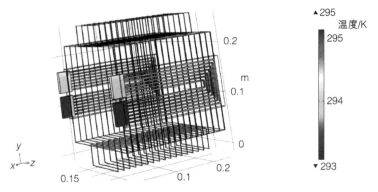

图 5-7　液冷电池模组 1C 倍率充电流道温度分布

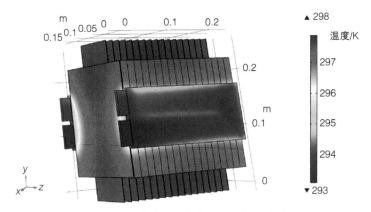

图 5-8　液冷电池模组循环工况温度分布

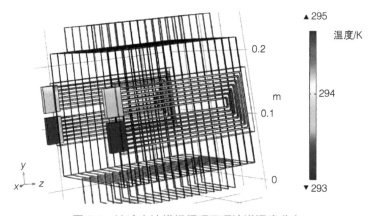

图 5-9　液冷电池模组循环工况流道温度分布

锂离子电池组液冷散热方案仿真分析

基于 5.2 节中建立的电池组液冷散热模型，本节从环境温度、电池充放电倍率、冷却液流速以及冷却液种类多个角度展开仿真分析。从 5.2.3 节的仿真循环工况中可以看出，电池在循环充放电的工况下，电池组的温度最终会形成一个动态平衡，因此考虑到仿真的计算成本，仿真工况均为 4 个充放电循环。

5.3.1 环境温度对电池组液冷散热的影响

为了探究环境温度对电池组液冷散热效果的影响，本节从改变环境温度的角度出发，在电池组以 1C 倍率充放电、冷却液入口流速为 0.05m/s、冷却液介质为水的条件下，针对电池组环境温度进行了仿真分析。仿真中，冷却液的初始温度均设置为 20℃，环境温度设置为 20℃、30℃、40℃和 50℃，电池组的初始温度与环境温度一致。本节首先针对各个环境温度下的仿真结果进行分析，最后针对不同环境温度下电池组的温升与最大温差进行综合分析。

1. 环境温度 20℃下电池组仿真结果分析

电池组在 20℃环境温度下的仿真结果如图 5-10 所示。随着电池组充放电循环的进行，电池组的温度逐渐上升并达到动态平衡，此时电池组的最高温度达到 24.97℃，最低温度为 20.88℃，电池组的平均温度在 22 ~ 24.35℃之间；电池组的最大温升为 4.35℃，内部最大温差为 3.07℃。结合图 5-10，选取在动态平衡中电池组内部温差较大的时刻，绘制电池组与流道温度分布云图，如图 5-11 所示。从图中可以看出，电池组中除了与流道接触的部分，其余部分温度分布较为均匀；冷却流道中上半部分的出口温度明显高于下半部分进口的温度，可以看出冷却液带走了电池组的热量，但同时也造成了电池组温度分布的不均匀性。

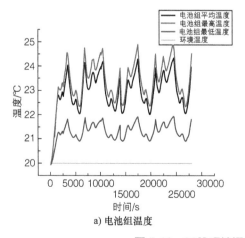

a) 电池组温度

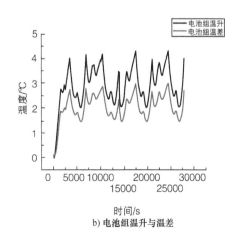

b) 电池组温升与温差

图 5-10　20℃环境温度下电池组的温度曲线

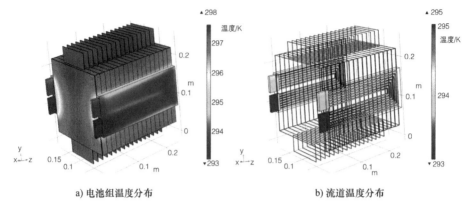

a) 电池组温度分布　　　　　　　　b) 流道温度分布

图 5-11　20℃环境温度下仿真工况 17500s 时的温度分布云图

2. 环境温度 30℃下电池组仿真结果分析

电池组在 30℃环境温度下的仿真结果如图 5-12 所示，仿真工况 17500s 时温度分布如图 5-13 所示。随着电池组充放电循环的进行，电池组的温度逐渐上升并达到动态平衡，此时电池组的最高温度达到 26.75℃，最低温度为 21.64℃，电池组的平均温度在 23.38 ~ 25.86℃之间；电池组的最大温升为 −4.14℃（降温），最大温差为 3.98℃。此时，由于液冷系统的存在，电池组的整体温度在环境温度以下。相较于 20℃的环境温度，此时电池组内部的温差升高，电池组内部温度分布的均匀性变差。

3. 环境温度 40℃下电池组仿真结果分析

电池组在 40℃环境温度下的仿真结果如图 5-14 所示，仿真工况 17500s 时的温度分布如图 5-15 所示。随着电池组充电循环的进行，电池组的温度逐渐上升并达到动态平衡，此时电池组的最高温度达到 28.65℃，最低温度为 22.37℃，电池组的平均温度为 24.8 ~ 27.25℃；电池组的最大温升为 −12.75℃（降温），内部最大温差为 5.12℃。此时，由于液冷系统的存在，电池组的整体温度在环境温度以下。相较

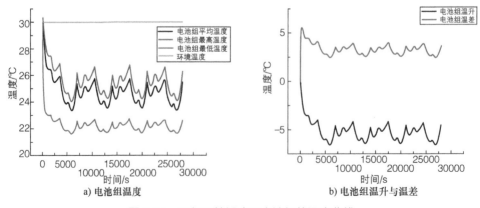

a) 电池组温度　　　　　　　　b) 电池组温升与温差

图 5-12　30℃环境温度下电池组的温度曲线

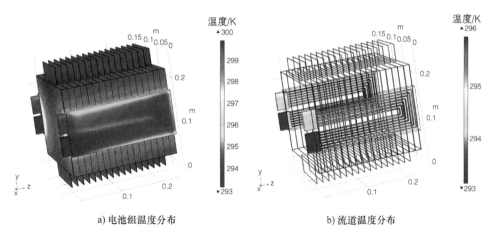

a) 电池组温度分布　　　　　　　　b) 流道温度分布

图 5-13　30℃环境温度下仿真工况 17500s 时的温度分布

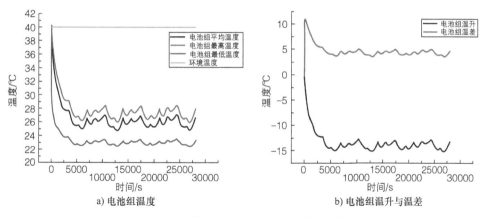

a) 电池组温度　　　　　　　　b) 电池组温升与温差

图 5-14　40℃环境温度下电池组的温度曲线

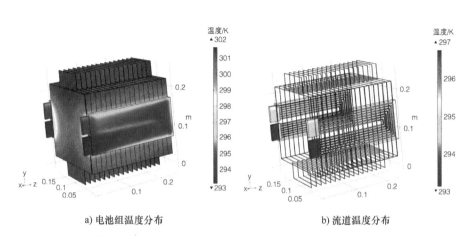

a) 电池组温度分布　　　　　　　　b) 流道温度分布

图 5-15　40℃环境温度下仿真工况 17500s 时的温度分布

于 30℃的环境温度，此时电池组内部的温差变大，电池组内部温度分布的均匀性
进一步变差。

4. 环境温度 50℃下电池组仿真结果分析

电池组在 50℃环境温度下的仿真结果如图 5-16 所示，仿真工况 17500s 时的温度分布如图 5-17 所示。随着电池组充放电循环的进行，电池组的温度逐渐上升并达到动态平衡，此时电池组的最高温度达到 30.58℃，最低温度为 23.04℃，电池组的平均温度在 26.22℃ ~ 28.69℃之间；电池组的最大温升为 −21.3℃（降温），内部最大温差为 6.3℃。此时，由于液冷系统的存在，电池组的整体温度在环境温度以下。相较于 40℃的环境温度，此时电池组内部的温差升高，电池组内部温度分布的均匀性变差。

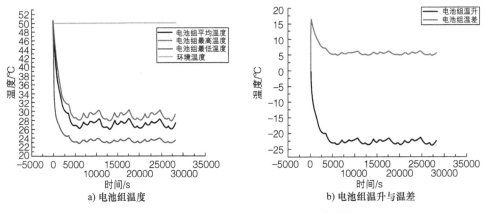

a) 电池组温度　　　　　　　　b) 电池组温升与温差

图 5-16　50℃环境温度下电池组的温度曲线

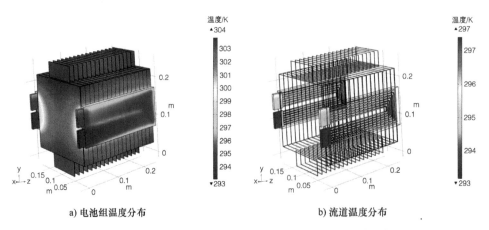

a) 电池组温度分布　　　　　　　　b) 流道温度分布

图 5-17　50℃环境温度下仿真工况 17500s 时的温度分布

5. 不同环境温度下电池组仿真结果对比分析

在动态平衡状态下，不同环境温度下电池组的温差与温升对比如图 5-18 所示。电池组内的温差越大，对电池一致性的影响越大，会导致电池组的性能下降。在电池组运行温度的合理范围内，热管理系统希望能尽可能散去多余的热量。图 5-18 显示了随着环境温度的升高，在液冷散热条件下，电池组内的温差随着环境温度与冷却液的温差的增加而增加，且基本呈线性增长，这对电池热管理系统而言是不利的；同时电池组的温升随着环境温度与冷却液温差的增加而降低，这是有利于热管理系统的。因此，从不同环境温度下电池组仿真结果对比分析来看，为了平衡温差与温升对电池系统的影响，环境温度与冷却液温度的差值不宜过低或过高，需要根据实际情况去平衡电池组内部温差与温升的影响。

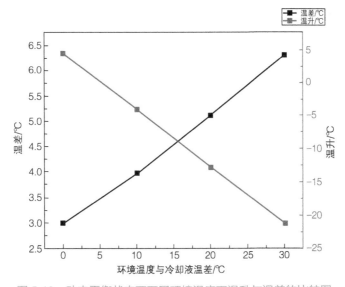

图 5-18　动态平衡状态下不同环境温度下温升与温差的比较图

5.3.2　充放电倍率对电池组液冷散热的影响

为了探究电池组充放电倍率对电池组液冷散热效果的影响，本节从改变电池组充放电倍率的角度出发，分别针对 20℃和 50℃的环境温度进行仿真分析。仿真中，冷却液入口流速为 0.05m/s，冷却液介质为水，冷却液的初始温度均设置为 20℃，电池组的初始温度与环境温度一致，电池的充放电倍率考虑 0.5C、1C、1.5C 和 2C，其中 1C 的工况在 5.3.1 中已经进行了分析。本节首先针对各个倍率下的仿真结果进行分析，最后针对不同倍率下电池组的温升与最大温差进行综合分析。

1. 环境温度 20℃时不同充放电倍率下电池组仿真结果分析

（1）电池组 0.5C 充放电倍率下仿真工况

电池组在 0.5C 倍率工况下的仿真结果如图 5-19 所示，仿真工况 42500s 时的

温度分布如图 5-20 所示。随着电池组充电循环的进行，电池组的温度逐渐上升并
达到动态平衡，此时电池组的最高温度达到 23.5℃，最低温度为 20.61℃，电池
组的平均温度为 21.38 ~ 23.7℃；电池组的最大温升为 3.07℃，内部最大温差为
2.12℃。

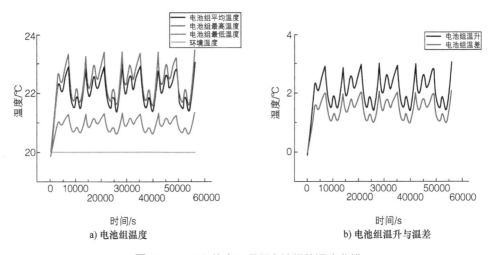

a) 电池组温度   b) 电池组温升与温差

图 5-19　0.5C 倍率工况下电池组的温度曲线

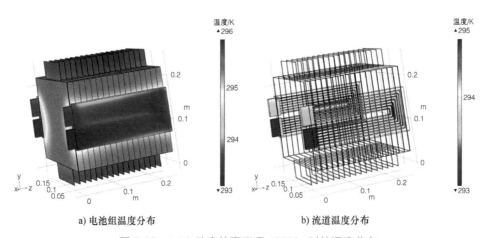

a) 电池组温度分布   b) 流道温度分布

图 5-20　0.5C 倍率仿真工况 42500s 时的温度分布

（2）电池组 1.5C 充放电倍率下仿真工况

电池组在 1.5C 倍率工况下的仿真结果如图 5-21 所示，仿真工况 12500s 时的
温度分布如图 5-22 所示。随着电池组充电循环的进行，电池组的温度逐渐上升并
达到动态平衡，此时电池组的最高温度达到 27.17℃，最低温度为 21.56℃，电池
组的平均温度为 23.51 ~ 26.29℃；电池组的最大温升为 6.29℃，内部最大温差为
4.33℃。

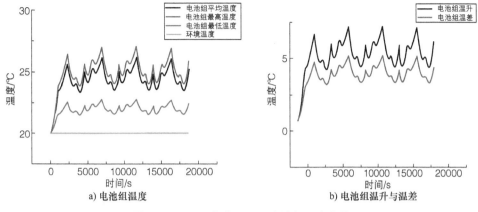

a) 电池组温度

b) 电池组温升与温差

图 5-21　1.5C 倍率工况下电池组温度曲线

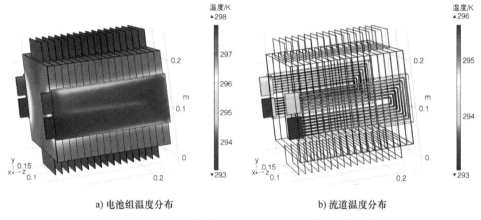

a) 电池组温度分布

b) 流道温度分布

图 5-22　1.5C 倍率仿真工况 12500s 时的温度分布

（3）电池组 2C 充放电倍率下仿真工况

电池组在 2C 工况下的仿真结果如图 5-23 所示，仿真工况 8750s 时的温度分布如图 5-24 所示。随着电池组充电循环的进行，电池组的温度逐渐上升并达到动态平衡，此时电池组的最高温度达到 29.9℃，最低温度为 22.4℃，电池组的平均温度为 25.42～28.68℃；电池组的最大温升为 8.68℃，内部最大温差为 5.98℃。

（4）不同倍率下电池组仿真对比分析

电池组在 0.5C、1C、1.5C 和 2C 充放电倍率下，达到动态平衡后电池组的内部温差以及温升如图 5-25 所示。随着电池充放电倍率的增大，电池自身的产热会增大，因此在相同的散热条件下，电池组在充放电倍率高的时候的温升较高。由于电池组靠近冷却板入口的部分温度与冷却液温度相近，所以随着电池组温升的提高，电池组内部的温差也会进一步加大，从 0.5C 时的 2.12℃到 2C 的 5.98℃。因此，针对需要大倍率充放电使用的电池组而言，电池的热管理系统需要更强大的散热能力。

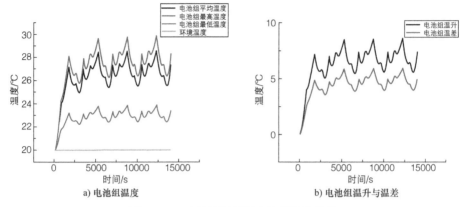

a) 电池组温度　　　　　　　　b) 电池组温升与温差

图 5-23　2C 倍率工况下电池组温度曲线

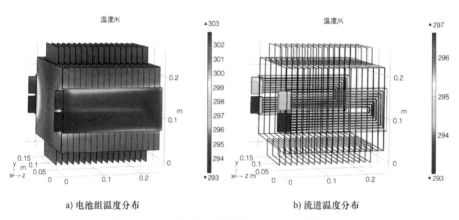

a) 电池组温度分布　　　　　　　b) 流道温度分布

图 5-24　2C 倍率仿真工况 8750s 时的温度分布

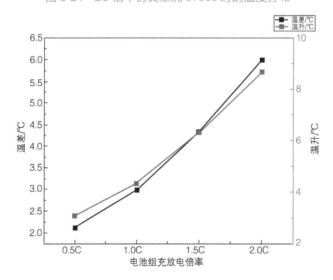

图 5-25　动态平衡状态下不同充放电倍率下温升与温差比较图

2. 环境温度 50℃ 时不同充放电倍率下电池组仿真结果分析

（1）电池组 0.5C 充放电倍率下仿真工况

电池组在 0.5C 倍率工况下的仿真结果如图 5-26 所示，仿真工况 42500s 时的温度分布如图 5-27 所示。随着电池组充电循环的进行，电池组的温度逐渐下降并达到动态平衡，此时电池组的最高温度达到 29.1℃，最低温度为 22.85℃，电池组的平均温度为 25.66 ~ 27.31℃；电池组的最大温升为 −22.69℃（降温），内部最大温差为 5.46℃。

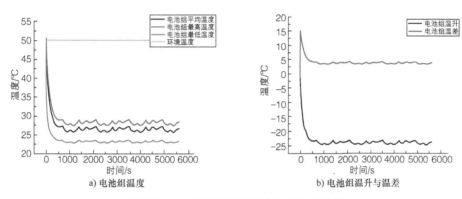

a) 电池组温度 　　　　　　　　 b) 电池组温升与温差

图 5-26　0.5C 倍率工况下电池组温度曲线

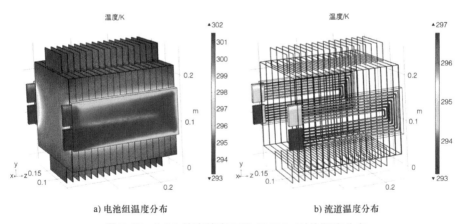

a) 电池组温度分布 　　　　　　　　 b) 流道温度分布

图 5-27　0.5C 倍率仿真工况 42500s 时的温度分布

（2）电池组 1.5C 充放电倍率下仿真工况

电池组在 1.5C 倍率工况下的仿真结果如图 5-28 所示，仿真工况 12500s 时温度分布如图 5-29 所示。随着电池组充电循环的进行，电池组的温度逐渐下降并达到动态平衡，此时电池组的最高温度达到 32.61℃，最低温度为 23.75℃，电池组的平均温度在 27.62 ～ 30.55℃之间；电池组的最大温升为 –19.46℃（降温），内部最大温差为 7.46℃。

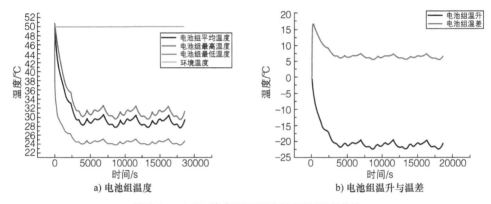

图 5-28　1.5C 倍率工况下电池组的温度曲线

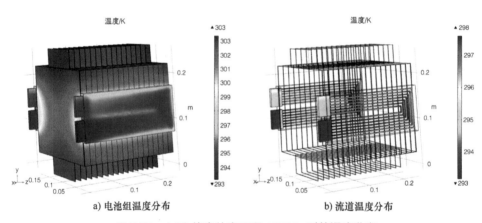

图 5-29　1.5C 倍率仿真工况 12500s 时的温度分布

（3）电池组 2C 充放电倍率下仿真工况

电池组在 2C 倍率工况下的仿真结果如图 5-30 所示，仿真工况 8750s 时的温度分布如图 5-31 所示。随着电池组充电循环的进行，电池组的温度逐渐下降并达到动态平衡，此时电池组的最高温度达到 35.05℃，最低温度为 24.65℃，电池组的平均温度为 29.56 ～ 32.81℃；电池组的最大温升为 –17.19℃（降温），内部最大温差为 8.87℃。

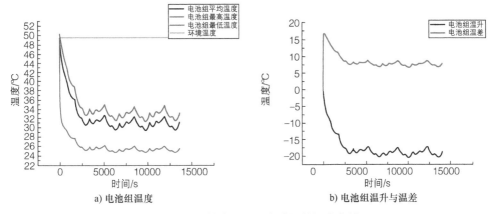

a) 电池组温度
b) 电池组温升与温差

图 5-30　2C 倍率工况下电池组的温度曲线

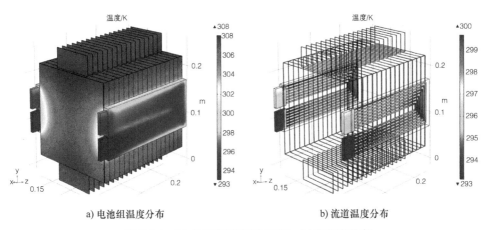

a) 电池组温度分布
b) 流道温度分布

图 5-31　2C 倍率仿真工况 8750s 时的温度分布

（4）不同倍率下电池组仿真对比分析

环境温度 50℃条件下，电池组在 0.5C、1C、1.5C 和 2C 充放电倍率下，达到动态平衡后电池组的内部温差以及温升如图 5-32 所示。50℃下的电池组温升与温差随电池组充放电倍率的变化趋势与环境温度在 20℃下的变化趋势一致。相较于低环境温度，在高环境温度下，电池组的内部温差更大，在不同倍率下都高了 3.5℃左右。

5.3.3　流速对电池组液冷散热的影响

为了探究冷却液流速对电池组液冷散热效果的影响，本节从改变冷却液流速的角度出发，分别针对 20℃和 50℃的环境温度进行仿真分析。仿真中，电池充放电倍率为 1C，冷却液介质为水，冷却液的初始温度均设置为 20℃，电池组的初始温度与环境温度一致，电池的流速考虑 0.03m/s、0.05m/s 和 0.07m/s，其中 0.05m/s 的工况在 5.3.1 节中已经进行了分析。本节首先针对各个流速下的仿真结果进行分析，最后针对不同流速下电池组的温升与最大温差进行综合分析。

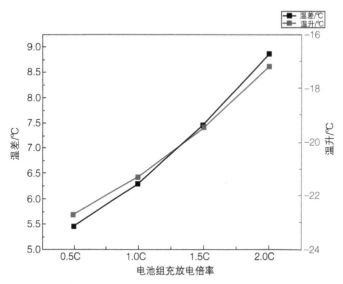

图 5-32　动态平衡状态下不同充放电倍率下温升与温差比较图

1. 环境温度 20℃时不同流速下电池组仿真结果分析

（1）冷却液流速 0.03m/s 下仿真工况

电池组在冷却液流速为 0.03m/s 下的仿真结果如图 5-33 所示，仿真工况 17500s 时的温度分布如图 5-34 所示。随着电池组充电循环的进行，电池组的温度逐渐上升并达到动态平衡，此时电池组的最高温度达到 25.38℃，最低温度为 21.08℃，电池组的平均温度为 22.27 ~ 24.74℃；电池组的最大温升为 4.74℃，内部最大温差为 3.09℃。

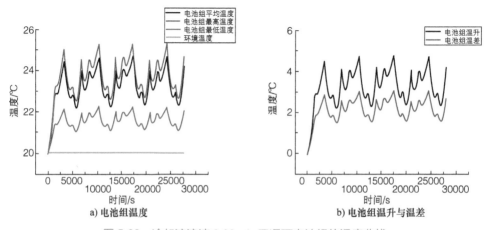

a) 电池组温度　　　　　　　　　　b) 电池组温升与温差

图 5-33　冷却液流速 0.03m/s 工况下电池组的温度曲线

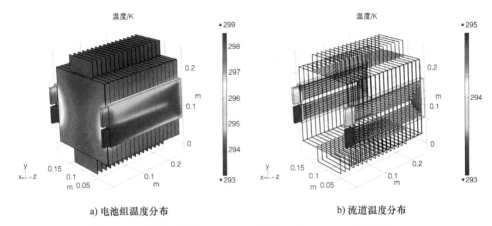

a) 电池组温度分布　　　　　　　　　　b) 流道温度分布

图 5-34　冷却液流速 0.03m/s、仿真工况 17500s 时的温度分布

（2）冷却液流速 0.07m/s 下仿真工况

电池组在冷却液流速为 0.07m/s 下的仿真结果如图 5-35 所示，仿真工况 17500s 时的温度分布如图 5-36 所示。随着电池组充电循环的进行，电池组的温度逐渐上升并达到动态平衡，此时电池组的最高温度达到 24.56℃，最低温度为 20.80℃，电池组的平均温度为 21.89 ~ 24.24℃；电池组的最大温升为 4.24℃，内部最大温差为 3.04℃。

（3）不同流速下电池组仿真对比分析

电池组在冷却液流速为 0.03m/s、0.05m/s 和 0.07m/s 下，达到动态平衡后电池组的内部温差以及温升如图 5-37 所示，对应的电池箱单箱流量分别为 7.2L/min、12L/min 和 16.8L/min。从图中的仿真结果看，在当前状态下，流速对液冷系统的影响很小，流速从 0.03m/s 增加到 0.07m/s 时，电池的温升下降了 0.6℃左右，温差基本接近。

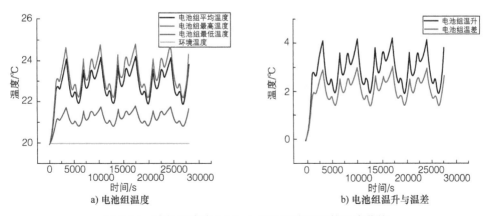

a) 电池组温度　　　　　　　　　　b) 电池组温升与温差

图 5-35　冷却液流速 0.07m/s 工况下电池组的温度曲线

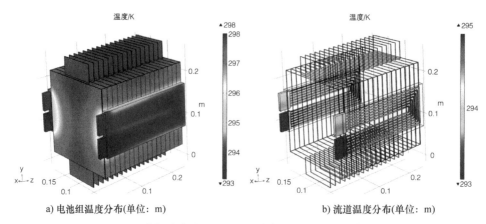

a) 电池组温度分布(单位：m)　　　　　　　　b) 流道温度分布(单位：m)

图 5-36　冷却液流速 0.07m/s、仿真工况 17500s 时温度分布

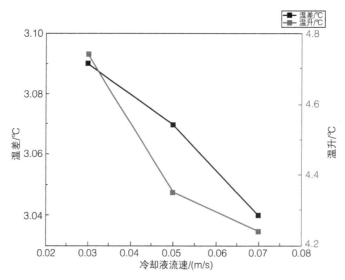

图 5-37　动态平衡状态、不同冷却液流速下温升与温差比较图

2. 环境温度 50℃时不同流速下电池组仿真结果分析

（1）冷却液流速 0.03m/s 下的仿真工况

电池组在冷却液流速为 0.03m/s 时的仿真结果如图 5-38 所示，仿真工况 17500s 时的温度分布如图 5-39 所示。随着电池组充电循环的进行，电池组的温度逐渐下降并达到动态平衡，此时电池组的最高温度达到 31.35℃，最低温度为 23.67℃，电池组的平均温度为 26.96 ～ 29.44℃；电池组的最大温升为 −20.56℃（降温），内部最大温差为 6.43℃。

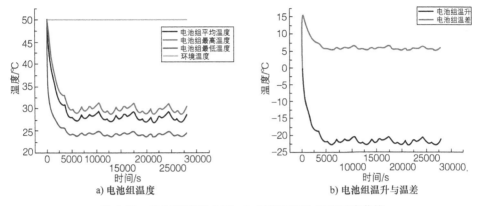

a) 电池组温度

b) 电池组温升与温差

图 5-38　冷却液流速 0.03m/s 工况下电池组的温度曲线

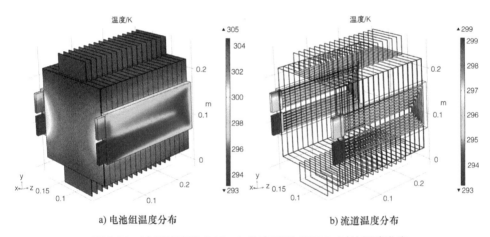

a) 电池组温度分布

b) 流道温度分布

图 5-39　冷却液流速 0.03m/s 仿真工况 17500s 时的温度分布

（2）冷却液流速 0.07m/s 下仿真工况

电池组在冷却液流速为 0.07m/s 下的仿真结果如图 5-40 所示，仿真工况 17500s 时的温度分布如图 5-41 所示。随着电池组充电循环的进行，电池组的温度逐渐下降并达到动态平衡，此时电池组的最高温度达到 30.19℃，最低温度为 22.88℃，电池组的平均温度为 25.98 ~ 28.29℃；电池组的最大温升为 -21.71℃（降温），内部最大温差为 6.26℃。

（3）不同流速下电池组仿真对比分析

电池组在冷却液流速为 0.03m/s、0.05m/s 和 0.07m/s 下，在环境温度为 50℃时，达到动态平衡后电池组的内部温差以及温升如图 5-42 所示。对比环境温度为 20℃的仿真结果，对比各个流速，电池内部温差总体上升了 3℃左右，温升变化更为明显。在环境温度为 50℃的仿真工况下，冷却液流速对电池温升与内部温差的影响也较小。

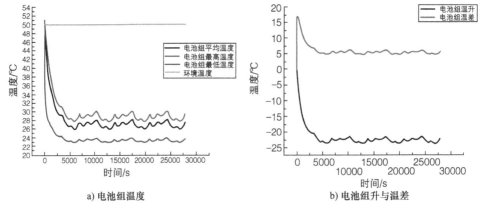

a) 电池组温度

b) 电池组温升与温差

图 5-40　冷却液流速 0.07m/s 工况下电池组的温度曲线

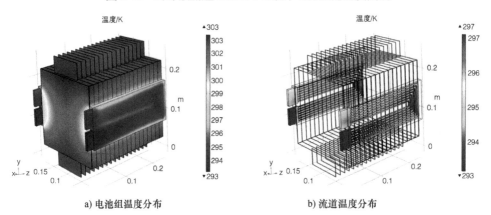

a) 电池组温度分布

b) 流道温度分布

图 5-41　冷却液流速 0.07m/s 仿真工况 17500s 时的温度分布

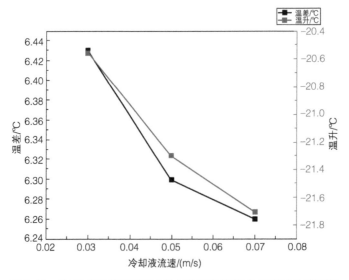

图 5-42　动态平衡状态下不同冷却液流速下温升与温差的比较图

5.3.4 介质对电池组液冷散热的影响

为了探究冷却液介质对电池组液冷散热效果的影响，本节从改变冷却液介质的角度出发，分别针对 20℃和 50℃的环境温度下进行仿真分析。仿真中，电池充放电倍率为 2C，冷却液流速为 0.03m/s，冷却液的初始温度均设置为 20℃，电池组的初始温度与环境温度一致，冷却液的介质考虑水和 50% 乙二醇溶液，其中介质为水的工况在 5.3.2 节中已经进行了分析。本节针对 50% 乙二醇溶液的仿真结果进行分析，最后针对不同介质下电池组的温升与最大温差进行综合分析。

1. 环境温度 20℃时不同冷却液介质电池组仿真结果分析

（1）50% 乙二醇溶液冷却液介质下电池组仿真分析

电池组在 2C 倍率工况下的仿真结果如图 5-43 所示，仿真工况 8750s 时的温度分布如图 5-44 所示。随着电池组充电循环的进行，电池组的温度逐渐上升并达到动态平衡，此时电池组的最高温度达到 30.33℃，最低温度为 22.83℃，电池组的平均温度为 25.96 ~ 29.11℃；电池组的最大温升为 9.12℃，内部最大温差为 5.93℃。

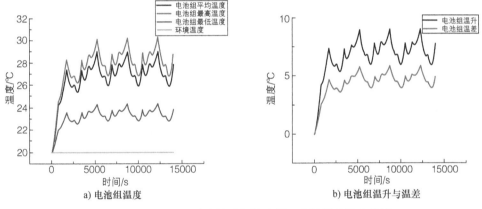

a) 电池组温度　　　　　　　　　　　　b) 电池组温升与温差

图 5-43　50% 乙二醇溶液冷却液介质下电池组的温度曲线

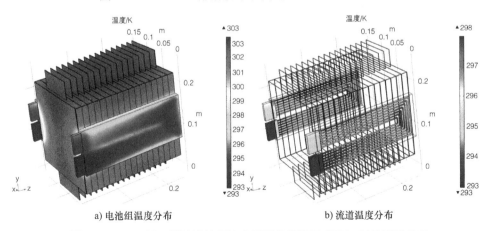

a) 电池组温度分布　　　　　　　　　　b) 流道温度分布

图 5-44　50% 乙二醇溶液冷却液介质下仿真工况 8750s 时的温度分布

（2）不同冷却液介质下电池组仿真对比分析

电池组在冷却液介质分别为水和50%乙二醇溶液，达到动态平衡后电池组的内部温差以及温升如图5-45所示。两种介质的相关物性参数见表5-1。两种仿真状态下，电池内部温差差别在0.1℃以内，电池温升差别在0.5℃以内，因此水和50%乙二醇溶液在液冷散热效果上相近。但考虑到50%乙二醇溶液的沸点高、闪点高、冰点低等特性，50%乙二醇溶液更适用于电池组液冷系统。

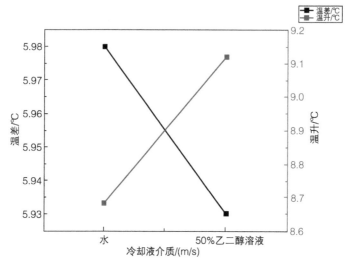

图5-45　动态平衡状态下不同冷却液介质下温升与温差比较图

表5-1　冷却液物性参数

冷却液	密度 / (kg/m³)	比热容 /[J/ (kg·K)]	导热系数 /[W/ (m·K)]	动力黏度 / (mPa·s)
水	998.2054	4186.9	0.5942	1.0093
50% 乙二醇溶液	1073.4	3281	0.38	3.94

2.环境温度50℃时不同冷却液介质电池组仿真结果分析

（1）50%乙二醇溶液冷却液介质下电池组仿真分析

电池组在2C倍率工况下的仿真结果如图5-46所示，仿真工况8750s时的温度分布如图5-47所示。随着电池组充电循环的进行，电池组的温度逐渐下降并达到动态平衡，此时电池组的最高温度达到35.79℃，最低温度为25.28℃，电池组的平均温度为30.33～33.57℃；电池组的最大温升为－16.42℃（降温），内部最大温差为8.85℃。

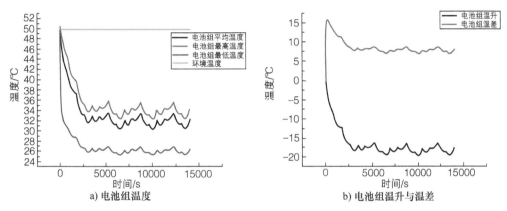

图 5-46　50% 乙二醇溶液冷却液介质下电池组的温度曲线

a) 电池组温度　　　　　　　　　　　b) 电池组温升与温差

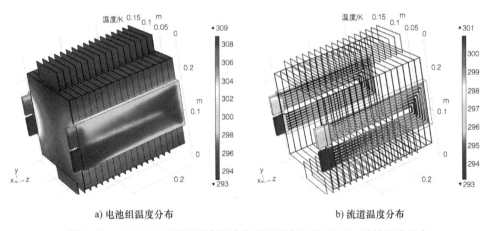

a) 电池组温度分布　　　　　　　　　　b) 流道温度分布

图 5-47　50% 乙二醇溶液冷却液介质下仿真工况 8750s 时的温度分布

（2）不同冷却液介质下电池组仿真对比分析

电池组在冷却液介质分别为水和 50% 乙二醇溶液，在环境温度为 50℃时，达到动态平衡后电池组的内部温差以及温升如图 5-48 所示。与 20℃下的结果类似，水和 50% 乙二醇溶液在液冷散热效果上相近。

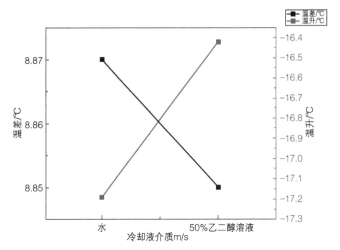

图 5-48　动态平衡状态下不同冷却液介质下温升与温差比较图

　　本章以电池组为研究对象，针对液冷对电池组进行散热，建立了电池组八分之一热场 - 流场耦合散热模型。通过散热模型对电池组散热进行了仿真分析，主要得出以下结论：

　　1）从不同环境温度下电池组仿真结果的对比分析来看，对电池热管理系统而言，电池的温差与温升是矛盾的，因此需要根据实际情况去平衡电池组内部温差与温升的影响。

　　2）随着电池充放电倍率的增大，环境温度无论高低，电池组的温升与内部温差都会增大。因此，针对需要大倍率充放电使用的电池组，需要更强散热能力的热管理系统。

　　3）在当前的仿真工况下，冷却液的流速对电池系统散热的影响较小。

　　4）在冷却液介质的选择上，水和 50% 乙二醇溶液在液冷散热效果上相近，但考虑到沸点、闪点、冰点等特性，50% 乙二醇溶液更适用于电池组液冷系统。

参考文献

[1]　何晓帆 . 基于相变材料与液冷结合的锂离子电池热管理技术研究 [D]. 浙江 : 浙江大学，2020.

[2]　陈大分 . 动力锂离子电池系统热管理研究 [D]. 北京 : 北京交通大学，2017.

第 **6** 章

锂离子电池外部加热技术

随着电动汽车的逐步推广，锂离子电池低温性能越来越引起人们的重视，电池组在低温下充电难、放电容量衰减、续驶里程缩短等问题逐渐暴露出来，因此锂离子电池组的低温加热研究十分必要。

对锂离子电池组进行加热，必须考虑两个问题：首先，需确定是从外部对电池进行加热还是直接从内部进行加热。采用外部加热的优点是安全，不需要对电池本身进行改动，缺点是加热时间长、加热能量损耗大以及加热不均匀等；直接从内部对电池进行加热能够缩短加热时间、充分利用加热能量并使电池受热均匀，但是存在加热装置安装困难和电池安全等问题。其次，需要考虑加热所需能量的问题。如果没有外部加热源可用，那么必须考虑将锂离子电池自身作为加热源，为加热装置供电进行自加热，恢复充放电性能，这对于电传动车辆是非常重要的。本章介绍了PTC 热敏电阻（简称 PTC）与宽线金属膜两种外部加热方法。

6.1 基于 PTC 加热电池特性研究

6.1.1 PTC 加热原理

PTC（正温度系数热敏电阻）的加热材料具有恒温发热特性，其原理是 PTC 加电后自热升温使阻值进入跃变区，阻值变化很大，进入跃变区后其表面温度将保持恒定值，即电阻保持不变。利用 PTC 材料阻值大且温度超过居里温度时上升慢的特性来进行电池的生热。PTC 材料的电阻 - 温度特性是其最大的特点，这种材料在温度上升到材料居里温度点（正温度特性的起点称为居里点）时，其阻值会以指数形式陡然增加，从而对电路短路电流进行限制和保护。其典型的电阻 - 温度特性曲线如图 6-1 所示。

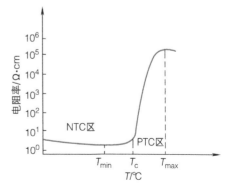

图 6-1 PTC 电阻 - 温度特性曲线

6.1.2　PTC 加热实验方案

为全面分析该加热方式达到的效果，主要进行如下的试验：

1）-40℃、-30℃下电池模块预加热实验。

2）-40℃下预加热后电池不同放电倍率温升及放电性能。

3）-30℃下预加热后电池不同放电倍率温升及放电性能。

其中，电池模块之间的加热铝板以恒定功率（35W）加热电池模块，实验中 PTC 材料两端直接加 220V 交流电压。

采用电池测试系统 Digatron EVT500-500，能够实时测量电池电压、电流以及温度等参数。主控计算机通过 CAN 接口与 EVT500-500 连接，安装在主控计算机中的测试软件"BTS-600"可以编写电池测试程序和采集数据，如测试时间、电池电压、电流、功率、温度、充 / 放电能量（W·h）以及充 / 放电容量（A·h）等；同时设定系统采样时间，最高采样频率为 10kHz，参数指标见表 6-1。

表 6-1　Digatron EVT500-500 技术参数

技术参数	数值
最大放电电流	500A
最大充电电流	500A
最高电压	500V
电压测量误差	5‰
电流测量误差	5‰
温度测量误差	±0.5℃

电池模块电压和表面温度的采集使用 NI 数据采集系统实现。NI 数据采集系统与计算机相连，再通过用 LabVIEW 开发的虚拟仪器软件将数据实时记录、处理和保存，从而完成实验的信息处理任务；由于 LabVIEW 软件具有良好的人机交互界面，因此该系统还具备一定的监控功能。被测电池模块放置在恒温箱中，在环境温度 -40 ~ 55℃范围内对电池模块进行测试试验。

实验中采用的电池模块加热方式是在电池单体两端增加开有槽的铝板，铝板槽嵌入加热元件（PTC 加热材料），通过 PTC 加热材料的生热，对铝板进行加热，从而达到给电池模块加热的目的。

实验用电池模块如图 6-2 所示，由 3 块单体电池和 4 块铝板及 6 根 PTC 加热材料等组成，3 块单体电池串联联结，电池模块总的额定电压为 11.1V，容量为 35A·h。铝板分布在单体电池两侧，PTC 加热材料嵌在开有槽的铝板中。将电池模块放入电池箱进行低温环境下的测试试验，外界温度由恒温箱控制，恒温箱中实验用电池箱如图 6-3 所示。温度测试、充放电和加热元件（PTC 加热材料）的线缆通过恒温箱与充放电机、温度采集系统等连接，在低温环境（分别为 -40℃和

−30℃）下进行铝板加热实验。

图 6-2　实验用电池模块

图 6-3　恒温箱中实验用电池箱

实验采用的传热用铝板如图 6-4 所示。铝板尺寸长度和电池电芯相同，并与单体电池紧密接触，保证了大部分热量都能传递到电池上；铝板一侧开有数槽，用于嵌入部分 PTC 加热材料，保证了装配的方便；铝板开有数槽，同样为电池模块在较高温度下工作时进行散热提供了方便。

实验中，PTC 加热材料嵌入在铝板的槽中，在 PTC 加热材料两端加 220V 电压后，PTC 材料电阻急剧增大，经过很短时间电阻维持不变，则 PTC 加热材料维持在恒定功率下，完成电池模块的加热。PTC 加热材料嵌入铝板槽中，可以使得电池模块在加热过程中温度分布均匀，加热效果更好。

进行实验的 3 块单体电池侧面分别贴有温度传感器，以实时监测电池温度变化，各温度传感器布置示意图如图 6-5 所示。

图 6-4　传热用铝板

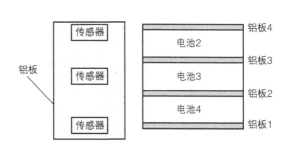

图 6-5　电池模块温度传感器分布示意图

实验将 14 个温度传感器分别布置在铝板和电池的各个位置，传感器 2 布置在电池 4 和电池 3 正负极耳连接处，传感器 3 布置在电池 3 负极和电池 2 正极极耳连接处，传感器 4 布置在电池 2 的负极处（即 3 块串联电池的负极），传感器 5 布置在电池 4 的正极处（即 3 块串联电池的正极）。最外端铝板的中心位置布置传感器 1 和 6；中间两块铝板分别布置其余 8 个传感器，布置位置为一面 3 个（靠近电池正极和负极、位于电池的中心位置），另一个布置在中心位置。

电池模块预加热过程中，通过温度传感器监测并记录各电池单体表面的温度，以分析加热过程中电池模块温度情况和加热均匀性；在加热结束开始放电时，监测电池模块的总电压变化和各位置温度，以分析比较不同倍率下电池放电情况和温升特性，进而评价该种加热方式的加热效果。

6.1.3　PTC 加热电池温度特性分析

1. −40℃加热电池特性

（1）电池加热表面的温度特性

当环境温度为 0℃时，电池各性能指标都处于正常状态，电池充放电性能较好。为研究铝板加热方式的加热时间及在较短时间内的加热效果，在实验中以 0℃作为电池模块加热终止温度。实验中采用交流 220V 电源给嵌入铝板中的 PTC 加热电阻供电，加热 25min 的电流变化曲线如图 6-6 所示。

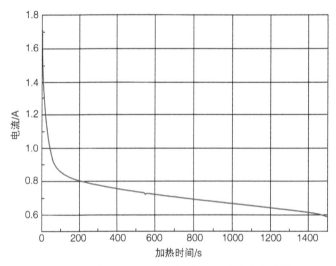

图 6-6　加热 25min PTC 加热电阻电流变化曲线

PTC 初始时电阻小，短时产生大的加热功率。随加热时间变长，其阻值变大，加热功率变小至温度上升到其恒定温度后加热功率保持不变。实验中利用 PTC 加热电阻在较长时间内功率保持不变的特性给电池模块进行加热，加热 25min 后，电池各部位的温度变化如图 6-7 ~ 图 6-9 所示。

如图 6-7 所示，单体电池间正负极连接处（传感器 2 和传感器 3）温度由 −38℃升高到 −7℃，电池模块正负极处（传感器 4 传感器 5）温度由 −38℃上升到 −15℃。电池模块正负极处温升比单体电池间连接处的要低，主要是因为单体电池连接处的热量来自两块电池上的热量，温度上升的幅度大。

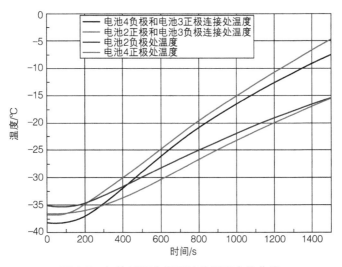

图 6-7　加热过程中极耳处的温度变化曲线

如图 6-8 所示，4 块加热铝板中心位置处的温升情况基本一致，温度由 -38℃上升到 1℃左右，表明在加热 25min 后不同铝板温度的分布比较均匀。

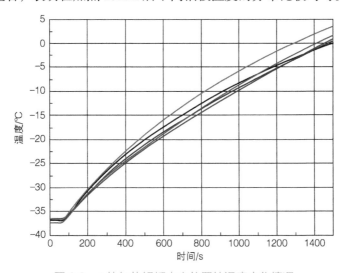

图 6-8　4 块加热铝板中心位置处温度变化情况

同一铝板的温度变化情况如图 6-9 所示（以铝板 3 为例）。铝板靠近两端的位置处温度基本一致，由初始时的 -36℃升高到 0℃左右。中心位置处温度加热结束后在 1℃左右。同一铝板上最高温度与最低温度温差不超过 2℃，说明加热均匀性较好。

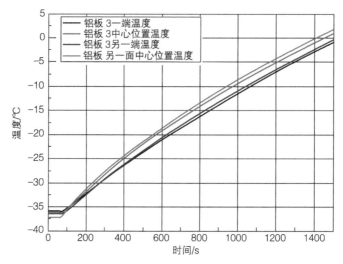

图 6-9　同一铝板加热后各典型位置温度变化曲线

综上，4 块铝板在加热 25min 后，其加热均匀性很好，且温度在 0℃左右，能够保证电池模块工作在适宜温度。

（2）加热后不同倍率充放电特性

在 -40℃下搁置 10h，以恒定功率 140W 给电池包加热 25min 后，以一定放电倍率放电，放电情况和温度变化情况如下。

对加热后的电池分别以 0.3C、0.5C、1C、2C 倍率进行放电，放电情况如图 6-10 和图 6-11 所示。

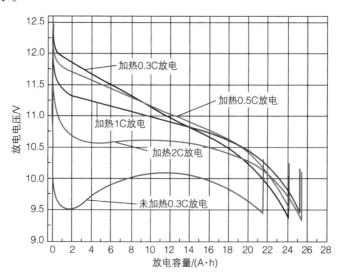

图 6-10　不同放电倍率下的放电曲线

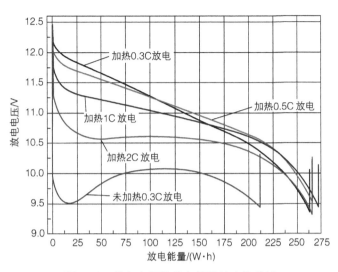

图 6-11　放电电压随放电能量的变化曲线

由图 6-10 和图 6-11 可知，放电初期电压下降较快。随着放电过程的进行，电压趋于平稳。这主要因为低温电池内阻大，瞬时压降大，使得放电电压下降较多；随着放电过程的进行，电池自发热使温度上升，内阻随之降低，使放电电压回升。

大倍率放电时，电池的电压平台低。例如，2C 倍率放电时电压平台约为 10.6V，1C 倍率放电时电压平台约为 11V；提高电压平台有助于在输出恒定功率时减小放电电流，降低由电池内阻引起的能量消耗，提高电池的放电效率。

随放电倍率的增大，放电过程越平稳，且放电容量越大，结果见表 6-2。

表 6-2　不同放电倍率下放电容量和放电能量

放电倍率	0.3C	0.5C	1C	2C
放电容量 /A·h	24.11	24.2126	25.2784	25.449
放电能量 /W·h	263.58	265.71	272.65	265.47

低温环境下，电池温度升高有利于电池放电效率的提高。大电流放电，电池生热量增大，使电池在放电过程中温度较高，利于放电。虽然大电流放电会使电池用于生热的能量增多，但在低温环境条件下，电池温度升高对放电容量的影响更大，即大电流放电使电池温度升高，从而使放电容量增多。

由图 6-10 和图 6-11 可知，未加热时以 0.3C 倍率放电，放电电压变化剧烈，且放电容量低，放电不平稳且电压平台很低。主要因为 −40℃ 环境中未进行加热，电池内阻很大，放电初期电压下降很快；在放电过程中电池温度始终很低，电池放电性能变差。相比较加热 25min 后 0.3C 倍率放电，放电容量为 21.9A·h，加热 25min 后放电容量提高到 24.11A·h，说明通过对电池模块进行加热，有利于提高电池模块的放电效率。

（3）加热后电池充放电温度特性

电池正极位置不同放电倍率下温度的变化情况见表6-3。

表6-3　电池正极部位不同放电倍率下温度变化

放电倍率	0.3C	0.5C	1C	2C
放电初始温度 /℃	−15.6	−15.5	−15.4	−15.2
最高温度 /℃	−12	−11	−8	6.4
放电结束温度 /℃	−23.6	−16.2	−8	6.4

加热25min以0.3C倍率放电时，正极温度随放电过程的进行先升高，然后下降到−23.6℃。因为加热刚结束，电池箱中热量来不及散发出去，使得温度在加热结束即开始放电时温度继续升高；升高到−12℃时，由于处于−40℃环境中，电池温度会下降，但在放电过程中由于电池放电生热使得电池正极温度处于−25℃之上。0.5C倍率放电时的情况如同0.3C，由于放电电流比0.3C大，因此放电结束温度较高。1C和2C倍率放电时，由于放电电流较大，电池生热量大，使得结束后温度较高，分别为−8℃和6.4℃。

不同放电倍率下，电池负极位置的温度变化情况见表6-4。各放电倍率下的温度变化趋势及原因与正极处温度变化相同。

表6-4　电池负极部位不同放电倍率下的温度变化

放电倍率	0.3C	0.5C	1C	2C
放电初始温度 /℃	−16.8	−16.5	−16.3	−15.2
最高温度 /℃	−15	−13	−15.3	−10
放电结束时温度 /℃	−25.8	−16.2	−15.3	−10

电池中心位置温度变化情况（以电池3为例）如图6-12所示。

放电刚开始时，各放电倍率下的温度基本相同，约为1℃。随着放电过程的进行，0.3C倍率放电时温度呈现下降趋势，放电结束温度约为−16℃；0.5C倍率下温度趋势同0.3C，放电结束温度约为−6.7℃；1C、2C倍率放电时温度呈上升趋势，放电结束后温度为4℃和15℃。主要因为：小电流放电时，电池生热量较小，使得处于低温环境中的电池温度呈现下降趋势，大电流则相反。

放电时不同位置的铝板（中心位置）的温度变化曲线如图6-13所示（以2C倍率放电时的铝板3和4为例）。

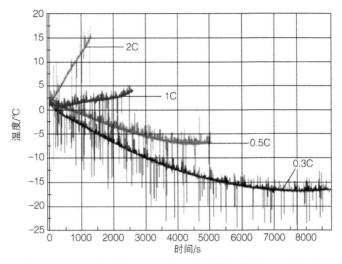

图 6-12　不同放电倍率下电池中心位置处的温度变化曲线

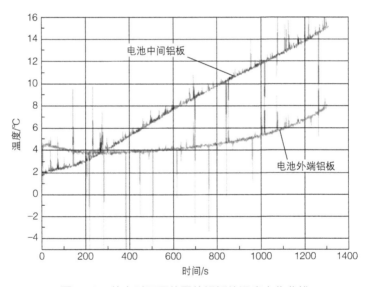

图 6-13　放电时不同位置的铝板的温度变化曲线

在放电初期，两块铝板的温度分别为 2℃和 4℃，相差不大，由于是大电流放电，温度呈上升趋势；随着放电过程的进行，可以看出外端铝板温度比中间铝板的要低，放电结束时中间铝板温度和外端铝板温度分别为 15.2℃和 7.9℃。主要是因为外端铝板散热量比中间的要大，使得温度较低。

2. −30℃加热电池特性

（1）电池加热表面的温度特性

传感器布置位置不变，采用交流 220V 电源给 PTC 供电，加热 20min 后 PTC

电流随时间的变化曲线如图 6-14 所示。

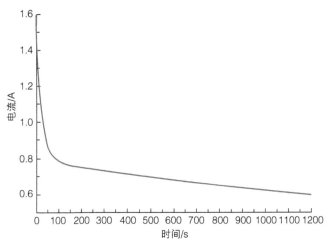

图 6-14　PTC 电流随时间的变化曲线

为保证放电开始时电池温度在 0℃左右，当外界环境温度为 -30℃时，给电池加热 20min，PTC 在加热过程中阻值随温度的升高而增大，当达到特定温度时阻值不变，即 PTC 发热功率保持不变。加热 20min 过程中电池各部位的温度变化情况如图 6-15～图 6-17 所示。

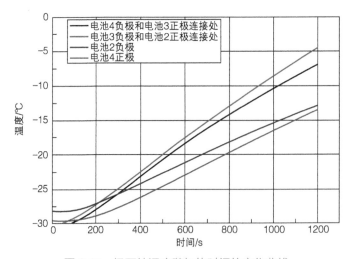

图 6-15　极耳处温度随加热时间的变化曲线

-30℃加热 20min 后，电池极耳处的温度变化趋势与 -40℃时的相同，单体电池正负极连接处的温度由 -30℃升高到 -7℃左右，电池模块正负极处的温度由 -30℃上升到 -12℃，温升比连接处的要低。主要是因为单体电池正负极连接处的热量来自两块电池上的热量，温度上升的幅度要大。

　　不同位置铝板加热 20min，其中心位置温度变化情况如图 6-16 所示。其中铝板 1、4 仅有一面贴有传感器，铝板 2、3 两面贴有传感器。

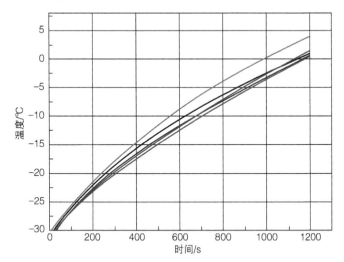

图 6-16　4 块加热铝板中心位置处温度变化情况

　　由图可知，4 块铝板加热 20min 后温升基本一致，温度由 -30℃ 上升到 2℃ 左右，说明该加热方式下电池模块的温度分布均匀。

　　同一铝板的温度变化情况如图 6-17 所示（以铝板 3 为例）。

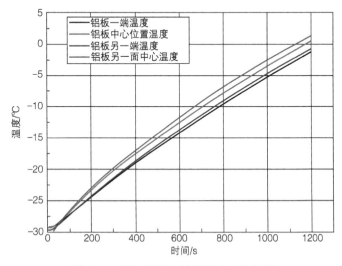

图 6-17　同一铝板加热后温度变化曲线

　　铝板靠近两端的位置处的温度基本一致，由加热开始时的 -30℃ 升高到 0℃

左右。中心位置处温度加热 20min 结束后温度在 1℃左右。同一铝板上最高温度
（1℃）与最低温度（0℃）温差不超过 2℃，说明加热均匀性较好。

因此，4 块铝板在加热结束后，其加热均匀性很好，且温度在 0℃左右，能够
满足电池的工作要求。

（2）加热后电池不同倍率充放电特性

−30℃下，搁置 10h，以恒定功率 140W 给电池包加热 20min 后，以一定放电
倍率放电，放电情况如下。

对加热后的电池分别以 0.5C、1C、2C 倍率进行放电，放电情况如图 6-18 和
图 6-19 所示。

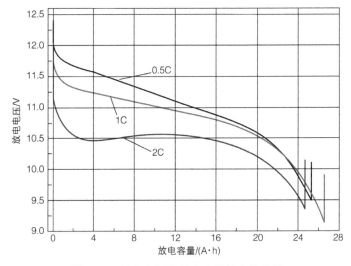

图 6-18　放电电压随放电容量的变化曲线

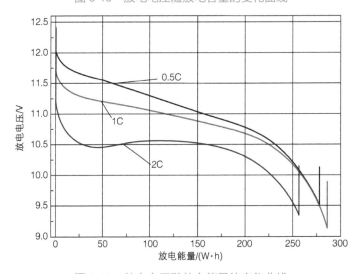

图 6-19　放电电压随放电能量的变化曲线

由图 6-18 和图 6-19 可知，放电初期电压下降较快，随放电过程的进行，电压趋于平稳。主要是因为放电初期电池内阻较大，使得放电电压下降较多，随放电过程的进行，电池自发热使温度上升，内阻随之降低，使放电电压趋于稳定。

大倍率放电时，电池的电压平台低。2C 倍率放电时电压平台约为 10.6V，1C 倍率放电时的放电电压平台约为 11V；提高电压平台有助于在输出恒定功率时减小放电电流，降低由电池内阻引起的能量消耗，提高电池的放电效率。

随放电倍率的增大放电过程越平稳，主要是因为大电流放电产生的热量较多，电池能够在较适宜的环境中放电，使得放电过程中电压变化较平稳。

−30℃下各放电倍率工作时的放电容量和放电能量见表 6-5。

表 6-5　−30℃下不同放电倍率时的放电容量和放电能量

放电倍率	0.5C	1C	2C
放电容量 /A·h	25.29	26.55	24.66
放电能量 /W·h	278.02	285.79	256.61

（3）加热后电池充放电温度特性

不同放电倍率下电池正极处温度随放电过程的变化曲线如图 6-20 所示。0.5C 倍率放电时，正极温度随放电过程的进行先升高，然后下降到 −11℃，因为加热刚结束，PTC 发热丝在低温环境中仍散发热量，使得电池在加热结束即开始放电时温度继续升高，升高到 −9℃时，由于处于 −40℃ 环境中电池温度会下降，但在放电过程中由于电池放电生热使得电池正极温度处于 −15℃之上。1C 和 2C 倍率放电时由于放电电流较大，电池生热量大，使得温度在整个放电过程都是升高的，放电结束时温度较高，分别是 −2℃和 13℃。

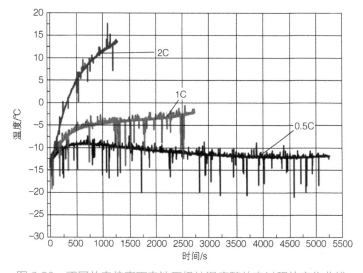

图 6-20　不同放电倍率下电池正极处温度随放电过程的变化曲线

不同放电倍率下电池负极处温度随放电过程的变化曲线如图 6-21 所示。由图可知，负极处温度变化情况与正极变化趋势一致。由图 6-20 和图 6-21 可得，正极处温度比负极处温度要高。

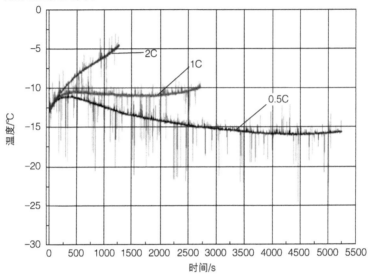

图 6-21　不同放电倍率下电池负极处温度随放电过程的变化曲线

不同放电倍率下电池中心位置处温度变化曲线（以电池 3 为例）如图 6-22 所示。放电初始，各放电倍率下的温度基本相同，约为 1℃；随放电过程的进行，0.5C 倍率放电时的温度呈现下降趋势，放电结束温度约为 −4℃；1C、2C 倍率放电时的温度呈上升趋势，放电结束时温度为 6℃和 16℃。小电流放电时，因为电池生热量较小，所以处于低温环境中的电池温度呈现下降趋势，大电流时则相反。

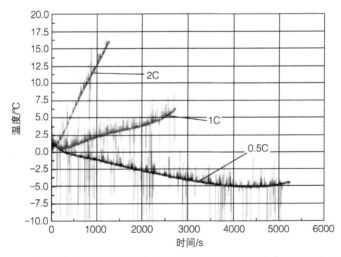

图 6-22　不同放电倍率下电池中心位置处温度变化曲线（以电池 3 为例）

　　不同位置铝板放电时的温度变化曲线如图 6-23 所示（以铝板 3、4 为例），在放电初期，两块铝板的温度分别为 2℃和 4℃，相差不大，因为是大电流放电故温度呈上升趋势；随放电过程的进行，可以看出外端铝板温度比中间铝板要低，放电结束时中间铝板温度和外端铝板的温度分别为 16.2℃和 10.5℃，这主要是因为外端铝板散热量比中间铝板大，使得温度较低。

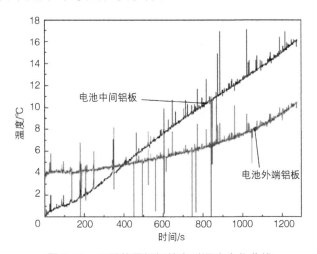

图 6-23　不同位置铝板放电时温度变化曲线

6.2 基于 PTC 加热电池有限元仿真分析

　　在实验过程中，温度传感器无法完全布满整个电池箱，而且传感器也无法埋入电池单体内部，因此测量到的温度只能大体上反映电池组的温度场变化，无法反映电池单体内部的温度变化。而且实验耗时耗力，且测量到的数据只能代表某种实验条件下的结果，因此很有必要建立电池组的三维模型，通过 Fluent 软件或者其他计算流体动力学（CFD）软件对电池组的温度场进行仿真。仿真必须以实验为基准，根据实验结果不断调整仿真参数，直到仿真能较好的反映实验结果，然后再将仿真的模型推广，通过仿真来获取实验中无法采集到的数据或者仿真其他非实验条件下的结果。将仿真与实验紧密结合，有助于最终了解整个电池组在 PTC 加热材料自加热过程中的温度场的变化。

　　本节采用方形铝塑膜电池组成的电池模块进行仿真建模，主要分析低温环境下电池模块的生热特性；采用铝板加热方式，从加热功率、加热时间和加热均匀性等方面分析这种加热方式对电池模块温度场及充放电性能的影响，为实际应用时电池组预加热提供参数依据。

　　通过建立正确的电池模块模型，可以仿真出车辆实际运行中的各类工况，更为全面地研究电动车辆用电池组的工作特性，对电池组热管理系统的设计提供参考，为实际装车提供帮助。在分析单体电池在不同工况下温度场分布情况的基础上,进一步分析电池模块在不同工况下的温度场分布。

6.2.1 模型简化

在分析采用铝板加热方式的电池模块温度场分布之前,对电池模块进行一定的简化,忽略电池单体间的导线和用以绝缘的塑料绝缘片。建立图 6-24 所示的电池模块三维模型,电池模块包括 3 块单体电池,布置在单体电池之间和最外端的 4 块加热铝板,铝板外形尺寸为 170mm×5mm×198mm,沿 x 轴布置在单体电池两边,加热铝板与单体电池紧密接触,起到低温环境对电池进行加热、高温环境对电池散热的作用。电池模块沿 x 轴为 64.1mm,沿 y 轴为 170mm,沿 z 轴为 198mm。在保证计算机精度的前提下,采用六面体结构化网格,对单体电池和加热铝板进行网格划分。划分网格单元共有 16742 个和 24825 个自由度数量,划分后的网格模型如图 6-25 所示。3 块单体电池的材料属性和生热速率同前述单体电池。电池模块由 3 块单体电池串联而成,电池模块容量为 35A·h,电压等级为 11.1V。3 块单体电池组成电池模块后,电池表面的边界条件有所改变。单体电池与铝板的接触面属于内部边界,电池模块的外部与空气接触。

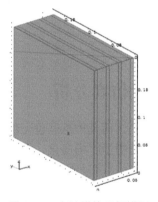

图 6-24 电池模块几何模型

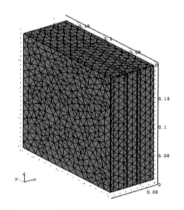

图 6-25 电池模块的有限元网格图

6.2.2 初始条件和边界条件

1)选取电池模块初始温度分别为 −40℃、−30℃、−20℃和 −10℃。

2)电池模块外表面与空气接触,属于第三类边界条件,即对流换热边界条件为

$$-\lambda\left(\frac{\partial t}{\partial \boldsymbol{n}}\right)_{\mathrm{w}} = h(t_{\mathrm{w}} - t_{\mathrm{f}}) \qquad (6\text{-}1)$$

式中,λ 为热传导系数 [W/(m·K)];h 为表面换热系数 [W/(m²·K)];t_{w} 为电

池模块壁面温度（K）；t_f 为环境温度（K）；n 为换热表面的外法线。

3）电池模块中单体电池与加热铝板的边界条件为第二类边界条件，即热流密度边界条件为

$$-\lambda\left(\frac{\partial t}{\partial \boldsymbol{n}}\right)_w = q_w \qquad (6\text{-}2)$$

式中，λ 为热传导系数 [W/（m·K）]；q_w 为热流密度（W/m²）；n 为边界面某处的外法线方向。

6.2.3 模型验证及仿真结果分析

1. 电池模块仿真模型验证

通过分析电池模块在加热过程中各部位温度的变化情况，对电池模块仿真模型进行试验验证。实验中，电池模块分别进行了 −40℃温度下 25min 的预加热，与相同条件下电池模块的仿真结果进行比较分析，典型位置铝板 4 中心位置的仿真数据、实验数据对比结果如图 6-26 所示。

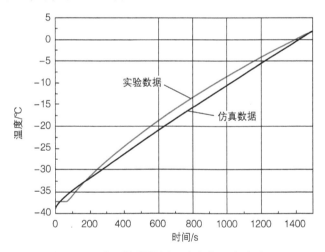

图 6-26 典型位置铝板 4 中心位置实验验证

由图 6-26 可知，−40℃温度下加热 25min，电池模块的仿真数据与实验数据基本吻合，在加热结束时（$t = 1500s$）电池模块温度都达到 0℃左右。在整个加热过程中，仿真温度出现略低于实验温度的情形，但误差不超过 2℃。本节采用的电池模块仿真模型精度可以满足需要。因此，该加热方式中加热功率、加热时间及加热终止温度之间的关系可以通过建立的电池模块仿真模型进行模拟仿真，以研究不同加热工况下电池模块的温度场分布和各类加热方式的加热效果。

2. 低温环境下恒功率加热

低温环境（−40℃、−30℃ 和 −20℃）下，电池模块中加热铝板以恒定功率

（35W）进行加热时电池模块温度场分布情况如图 6-27 ~ 图 6-29 所示。加热时间
为 25min（-40℃）、20min（-30℃）和 30min（-20℃），步长为 1s，步数分别为
1500、1200 和 1800。

由图 6-27 可知，-40℃温度下采用加热铝板的方式对电池模块进行加热时，最
低温度为 -5.819℃，最高温度为 0.501℃，在一定情况下不能达到改善电池包工作
环境的目的，可以通过延长加热时间或是提高加热功率的方式使电池模块达到理想
的工作温度。

由图 6-27 ~ 图 6-29 可知，在 -40℃、-30℃和 -20℃环境温度下，加热铝板以
功率 35W 加热 30min 后，电池模块最低温度分别是 -5.819℃、4.092℃和 14.1℃，
相对于初始环境温度，分别上升了 34.181℃、34.092℃和 34.1℃。说明采用加热铝
板给电池模块进行加热，能够使电池模块温度在较短的时间内上升到较高温度，降
低了低温环境电池包的预加热时间。

由图 6-27 ~ 图 6-29 还可知，电池模块在加热结束时，温度较高的区域集中
在中间两块铝板上，在各环境下（-40℃、-30℃和 -20℃）最高温度分别达到
0.501℃、9.55℃和 19.52℃，相比较最低温度高出了 6.32℃、5.458℃和 5.42℃，

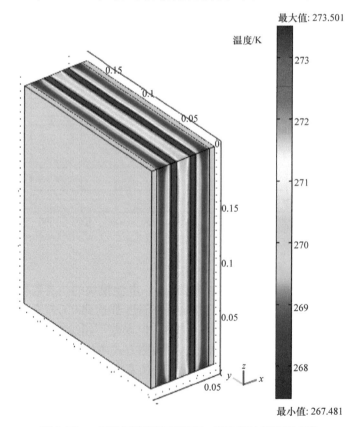

图 6-27　-40℃初始环境温度下，电池模块温度场分布

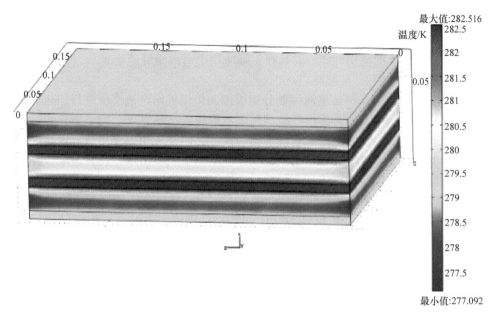

图 6-28 −30℃初始环境温度下，电池模块温度场分布

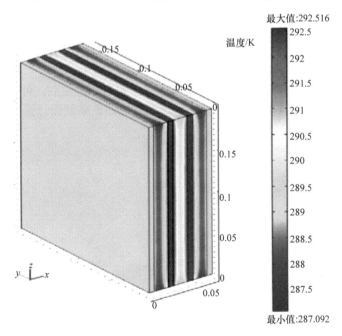

图 6-29 −20℃初始环境温度下，电池模块温度场分布

主要是因为：处于中间的加热铝板的散热量比两边的铝板要少，表现为两边铝板温度较低。相比较其他一些加热方式如电池包底部加热等，在单体电池两侧增添加热铝板的加热方式在加热均匀性、加热时间等方面有了很大的改进。

采用加热铝板加热方式可以很好地改善电池模块的工作环境。低温环境下，通过该类加热方案可以在较短的时间内使电池模块温度上升到理想的温度，提高了电池包在低温环境下的使用性能，并且在实际应用中可以很好地实现。

3. 低温环境下 PTC 铝板加热策略

通过以上分析，在单体电池两侧分别增加加热铝板给电池模块进行加热，在加热功率、加热时间等方面都能很好地满足电池模块的加热需求。为了指导实际应用中加热方式的选取以及电池组热管理系统的设计，研究采用铝板加热方式时如何根据外界环境确定加热时间和加热功率，以保证电池组能够工作在适宜温度，充放电性能得到良好的发挥。通过仿真不同低温环境下电池模块的加热工况，可以得出外界环境温度、加热功率和加热时间之间的关系，用以指导合适加热方式的选取。

锂离子电池在外界环境温度为 0℃、以 0.3C 倍率放电时，可用能量比可达到 95.2%，大倍率放电时可用能量比也可达到 90% 以上，说明在 0℃ 时，电池的放电性能可满足电池正常工作的需求。因此仿真电池模块加热时，选取 0℃ 作为电池模块加热终止温度，来研究外界环境温度、加热功率和加热时间的关系。

以 0℃ 作为加热终止温度，借助数值仿真方法，分析电池模块在不同外界环境下加热功率与加热时间的变化关系，得到图 6-30 所示的三维变化曲线。温度较低时，若要在短时间内完成加热目标，需要大幅度提高加热功率，−40℃ 下，加热功率为 20W 时需要的加热时间为 78min，加热功率为 70W 时加热时间仅为 17min，因此在实际的加热过程中可以适当地提高加热功率，以缩短加热时间，提高电动车用锂离子电池的利用效率。

通过分析外界温度、加热时间和加热功率之间的变化关系，可以为实际应用中如何选择加热方式提供参考，为电池热管理系统控制策略的设计提供支持。

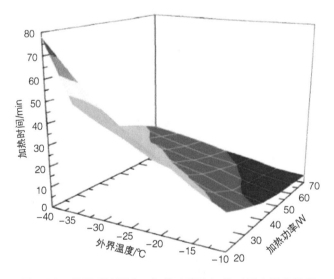

图 6-30　外界环境温度、加热功率和加热时间之间的关系

6.3 基于 PTC 电池自加热特性研究

在进行电动汽车锂离子电池组加热系统设计时，加热的能量来源是不可回避的问题。正常情况下可以通过外部获得，比如在电动汽车充电时通过充电桩获得，但是如果没有外部电源，那么就只能由电动汽车自身提供。对于混合动力汽车，可以采用发动机冷却液给电池组加热；而对于纯电动汽车，则必须依靠电池组自身提供能量进行加热。基于此，6.3 与 6.4 节主要研究用电池组自身供电给 PTC 进行加热，这项研究将有助于实现电动汽车依靠电池组自身的能量实现电池组的预加热。

6.3.1 自加热方案与实验设计

该方案如图 6-31 所示，可采用外部供电和电池组自身供电两种供电模式，PTC 电阻带嵌入开槽铝板内，然后将铝板放置在电池单体侧面之间，将 PTC 产生的热量通过铝板迅速传递给电池，铝板多余的槽形成风道，用于高温散热，这种方案可实现电池组低温加热和高温散热的集成。

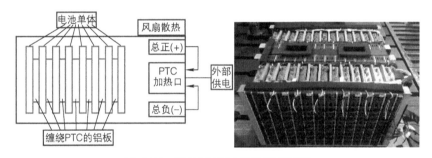

图 6-31 电池组 PTC 自加热示意图

实验包括三个部分：

① 第一部分为电池组从外部取电进行加热的实验，与自身取电加热的实验进行对比。

② 第二部分为电池组满电（SOC=100%）时自身取电加热实验。

③ 第三部分为电池组在非满电（SOC 约为 60%）时自身取电加热实验。

外部取电加热实验包括两次加热，第一次加热使电池组的平均温度从 $-40 \sim -30\,℃$ 升高到 $-20\,℃$；第二次加热使电池组的平均温度再升高至 $0\,℃$。每次加热之后都进行不同倍率的脉冲充放电实验，用于研究电池充放电性能的恢复情况。最后在第二次加热之后，进行 1C 恒倍率放电实验，研究电池在加热后能够放出多少容量，可按照以下步骤进行：

① 将电池组放入 $-40\,℃$ 的温箱中静置 5h，使电池组温度降至 $-30 \sim -40\,℃$ 之间。

② 将 PTC 材料接入 220V 交流电进行加热。

③ 当电池箱内平均温度升高到 $-20\,℃$ 时，加热暂时停止。

④ 采用不同倍率对电池组进行脉冲充放电实验。

⑤ 重复第②步。

⑥ 当电池平均温度升高到 0℃时，加热停止。

⑦ 重复第④步。

⑧ 对电池组 1C 恒倍率放电实验，直至放电截止电压。

第二部分与第三部分电池自身取电的实验过程与外部取电的实验过程大体相似，唯一的不同是加热过程中的能量来源于电池本身而非外部 220V 交流电，因此 PTC 材料中通过的是直流电而非交流电。

6.3.2 自加热方案温度特性分析

1. 外部供电加热与自加热过程升温情况

从 6.3.1 节的描述可知，加热实验进行了两次，第一次使电池组的平均温度从 −40 ~ −30℃升至 −20℃左右，第二次使电池组的平均温度从 −20℃左右再升至 0℃左右。两次加热的实验结果见表 6-6 和表 6-7。

表 6-6　第一次加热情况

加热条件	加热时间 /min	升温情况	升温率 /（℃ /min）
外部取电加热	31	−39.8℃升到 −20.3℃	0.629
自身取电加热（SOC = 100%）	34.2	−39.4℃升到 −20.7℃	0.459
自身取电加热（SOC = 60%）	43.33	−32℃升到 −20.3℃	0.270

表 6-7　第二次加热情况

加热条件	加热时间 /min	升温情况	升温率 /（℃ /min）
外部取电加热	45	−23.2℃升到 −0.5℃	0.504
自身取电加热（SOC=100%）	48	−19.3℃升到 −2.4℃	0.352
自身取电加热（SOC=60%）	52	−19.7℃升到 −2.7℃	0.327

从表 6-6 和表 6-7 可以看出：

1）尽管低温下电池组的放电能力较差，但是供电给 PTC 进行自加热的能力不容忽视，当 SOC 为 100% 时，表中电池组自加热的升温率约为外部取电加热升温率的 73%，加热效果也很明显。

2）电池组 SOC 也会对自加热产生影响，电池组 SOC 越高，总电压就越高，加热时的升温率就越高。

不过表 6-6 和表 6-7 中的数据仅代表电池表面温度，而电池内部温度则由于无法埋入传感器而无法获得。另外，由于电池组内部铝板附在电池单体侧面上，因此测量到的温度很可能是铝板表面的温度。

对于外部取电，由于电压大而且稳定，PTC 生热快，整个电池组的平均温度升得很快，但是实际上热量从 PTC 传到铝板、再从铝板传到电池表面、最后从电池表面逐渐向电池内部传递的过程需要一段时间，因此电池内部的温度要比实际测到的电池组平均温度要低。

而对于电池组自加热，除了外部 PTC 材料在产生热量，电池内部也会由于电池对 PTC 材料进行放电而产生热量，因此电池内部的温度不会与外部取电加热的情况相差太多。

2. 自加热过程中电池组电压与温度变化

在电池组自加热的过程中，电池组的温度会慢慢升高。随着温度的升高，电池组的电压也在不断升高。当电池组 SOC = 100% 时，两次加热过程中电池组电压与温度的变化情况分别如图 6-32 和图 6-33 所示。

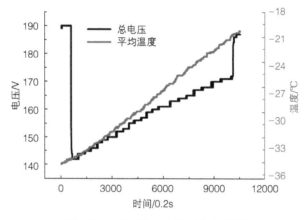

图 6-32　满电第一次自加热曲线图

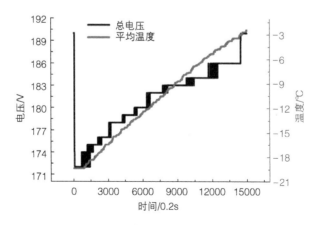

图 6-33　满电第二次自加热曲线图

如图 6-32 所示，电池组初始总电压为 190V，初始平均温度为 −36.4℃。接通 PTC 材料后，总电压迅速降到 142V，内阻分压为 48V。经过 34.2 min 之后，加热结束，平均温度从 −36.4℃升高到 −20.7℃，升高了 15.7℃，总电压也从 142V 升高到 172V，升高了 30V，说明内阻分压减少了 30V。

同样原理，如图 6-33 所示，这次自加热的初始总电压为 190V，初始平均温度为 −19.3℃。在电池组正负极接入 PTC 材料的同时，总电压降为 172V，内阻分压为 18V。加热时间为 48min，平均温度从 −19.3℃升高到 −2.4℃，升高了 16.9℃；总电压从 172V 升高到 186V，此时将电池组的正负极与 PTC 材料断开，总电压又升高到 190V，电压只上升了 4V，说明内阻分压只有 4V。由于温度的上升，内阻明显减小。

当电池组 SOC = 60% 时，两次加热过程中的电池组电压与温度变化情况如图 6-34 和图 6-35 所示。

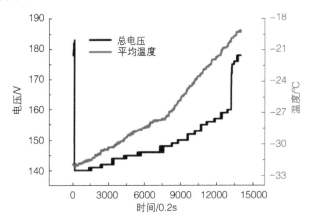

图 6-34　非满电第一次自加热（SOC=60%）

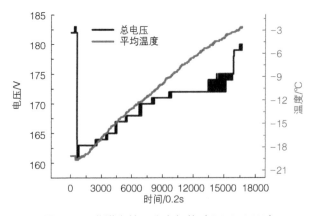

图 6-35　非满电第二次自加热（SOC=60%）

如图 6-34 所示，从电池组上取电给 PTC 材料，然后通过 PTC 材料加热电池。在电池组接入 PTC 材料的同时，电池组总电压从 183V 迅速降到 140V，说明加载到 PTC 材料上的电压为 140V，而 183V 与 140V 的差值 43V 是被内阻分压了。

由于 PTC 材料的加热作用，电池组温度慢慢升高（见图 6-34 中平均温度曲线），温度升高使电池组内阻减小，从而分压作用减小，电池组加载到 PTC 材料上的总电压也慢慢升高（见图 6-34 中总电压曲线）。加热时间为 43.33min。加热结束时，平均温度从未加热时的 −32℃ 升高到 −20.3℃，升高了 11.7℃。总电压从加热初始的 140V 升高到 160V，升高了 20V。

同样的道理，如图 6-35 所示，在电池组接入 PTC 材料的同时，电池组总电压从 182V 迅速降到 161V，说明加载到 PTC 材料上的电压为 161V，而 182V 与 161V 的差值 21V 显然是被内阻分压了。

由于 PTC 材料的加热作用，电池组温度慢慢升高（见图 6-35 中平均温度曲线），温度升高使电池组内阻减小，从而分压作用减小，电池组加载到 PTC 材料上的总电压也慢慢升高（见图 6-35 中总电压曲线）。加热时间为 52min。加热结束时，平均温度从 −19.7℃ 升高到 −2.7℃，升高了 17℃。总电压从加热初始的 161V 升高到 175V，升高了 14V。

3. 自加热后电池脉冲充放电性能

在每次加热结束后，可以对电池组采用不同倍率进行脉冲充放电实验，通过该实验可以对电池组加热后的放电能力有初步的了解。外部取电第一次加热后和第二次加热后的脉冲充放电曲线如图 6-36 和图 6-37 所示，其中第一次加热时电池组平均温度从 −39.8℃ 升至 −20.3℃，第二次加热时电池组平均温度从 −23.2℃ 升到 0.5℃。

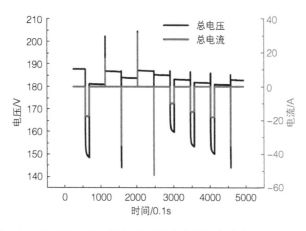

图 6-36　外部取电第一次加热后脉冲充放电实验（SOC=100%）

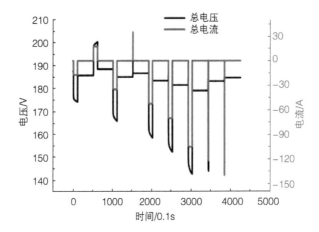

图 6-37　外部取电第二次加热后脉冲充放电实验（SOC=100%）

　　如图 6-36 所示，外部取电第一次加热后，电池组可以 0.5C 倍率放电 10s，但是无法以 1C 倍率放电，也无法以 0.5C 倍率充电；如图 6-37 所示，外部取电第二次加热后，电池组可以 3C 倍率放电 10s，但是无法以 3.5C 倍率放电。对于充电性能，电池组能以 0.5C 倍率充电 10s，但是无法以 1C 倍率充电。说明第一次加热后，电池组的放电能力并没有较大的恢复，而经过第二次加热，电池能以 3C 倍率放电 10s，说明电池组的放电性能已经有了较大的恢复；对于充电性能，由于电池组 SOC 为 100%，所以很难再进行充电了。

　　在满电自加热后同样也进行了脉冲充放电实验，满电第一次自加热后和第二次自加热后的脉冲充放电曲线如图 6-38 和图 6-39 所示，其中第一次加热时电池组平均温度从 -39.4℃升到 -20.7℃，第二次加热时从 -19.3℃升到 -2.4℃。

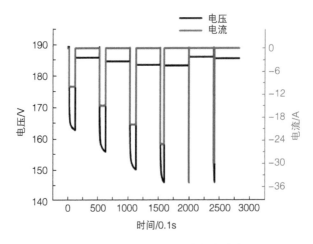

图 6-38　满电第一次自加热后脉冲充放电实验（SOC = 100%）

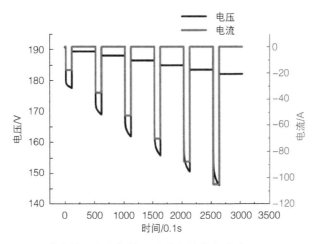

图 6-39　满电第二次自加热后脉冲充放电实验（SOC = 100%）

从图 6-38 和图 6-39 可以看出，当电池 SOC = 100% 时，第一次自加热后，电池组能以 0.57C 倍率放电 10s，但是无法以 1C 倍率放电，经过第二次加热后，电池组能以 3C 倍率放电。将满电自加热后的动态充放电性能与外部取电加热后的动态充放电性能进行对比，可知加热后两者的充放电能力相差不大。

在非满电自加热后同样也进行了脉冲充放电实验，非满电第一次自加热后和第二次自加热后的脉冲充放电曲线如图 6-40 和图 6-41 所示。其中第一次加热时电池组的平均温度从 −32℃升到 −20.3℃，第二次从 −19.7℃升到 −2.7℃。

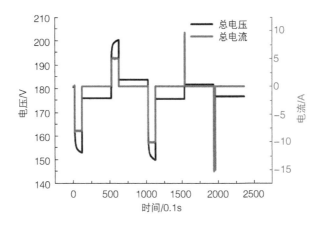

图 6-40　非满电第一次自加热后动态放电实验（SOC = 60%）

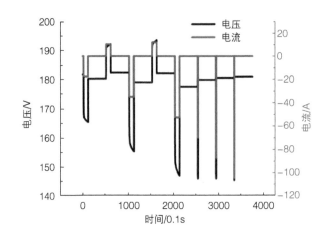

图 6-41　非满电第二次自加热后动态放电实验（SOC = 60%）

从图 6-40 和图 6-41 可以看出，当 SOC = 60% 时，第一次自加热后，电池组能以 0.29C 倍率放电 10s，但是无法以 0.43C 倍率放电 10s；第二次加热后，电池组能以 1.5C 倍率放电 10s，但是无法以 2C 倍率放电 10s；对于充电能力，第一次加热后电池组能以 0.14C 倍率放电 10s，但是无法以 0.29C 倍率放电，第二次加热后，电池组能以 0.34C 倍率放电 10s。

综上，可以总结出：

1）电池组第二次加热后的充放电性能会优于第一次加热后的性能，说明加热时间越长，电池组的充放电性能就恢复得越好。

2）当 SOC = 100% 时，外部取电加热后的放电能力与自加热后的放电能力并没有明显的差别。

3）同为自加热，SOC = 100% 时加热后的放电能力要高于 SOC = 60% 时加热后的放电能力，其原因可能有两点：其一为 SOC 直接导致的原因，因为 SOC 越大，放电持续时间就越长，放电能力就越好；其二为 SOC 间接导致的原因，因为 SOC 越大，对 PTC 供电加热时的电压平台就越高，加热效果就越好，从而使得加热后的放电能力有较大的提升。

4. 自加热及外部供电加热电池放电性能对比分析

将电池组加热后 1C 倍率放电曲线与电池单体在低温时未加热的 1C 倍率放电曲线进行对比，结果如图 6-42 所示。将电池组的电压也转化为平均单体电压，以便于比较。

从图 6-42 可以看出以下几点：

1）满电时自加热后的 1C 倍率放电容量为 19.834A·h，而满电时外部取电加热后 1C 倍率放电容量为 12.853A·h，前者明显大于后者。这是因为满电自加热时，电池组在自加热的过程中需要对 PTC 材料进行放电，因此在自加热的过程中除了外部 PTC 材料生热外，电池内部也会生热。相比外部取电时单纯依靠 PTC 通过铝板再通过电池外壳的导热过程，电池自加热时更能有效的提升电池内部温度。因此在同等 SOC 的条件下，电池自加热要比外部取电加热的效果更好，故此加热后的 1C 倍率放电的容量也更大。

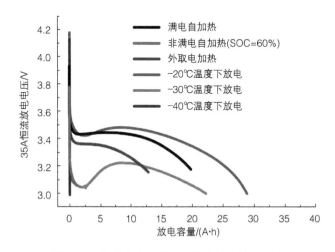

图 6-42　加热与未加热 1C 倍率放电情况对比

2）将"外取电加热"的曲线与"−30℃温度下放电"的曲线进行对比，可以发现前者的放电容量小于后者，分析其原因，主要有两点：

① 前者作为电池组，在设置截止电压时会偏高，平均单体电压达到 3.1V 时就已截止，如果后者也在 3.1V 时截止，则后者几乎也放不出电。

② 后者放电过程中的电压是按照先降后升然后再降的规律变化的，说明放电过程中电池内部会快速产生大量热量从而使电池电压先上升，然后随着放电的进行，电池电压再逐步下降，这些热量由电池内部产生，因此电池的升温效果更好，故放电容量也会有明显的增加。

3）将"满电自加热"的曲线与"−30℃温度下放电"的曲线进行对比，可以发现前者的放电电压平台明显高于后者，而且放电容量只比后者略低一点。考虑到前者在自加热时也要消耗掉部分容量，而且前者的放电截止电压也更高，因此总体来说，前者的放电性能比后者提升了很多。

4）通过"非满电自加热（SOC = 60%）"实验，这种情况下几乎无法放电，分析其原因，主要有三点：

① 电池本身的 SOC 只有 60%，在自加热的过程中又会消耗掉电池的一部分容量，因此电池的 SOC 将会更小。

②-40℃的温度过低，短暂的加热无法使电池内部温度有较大的提升。

③设置的截止电压偏高，并且 1C 的放电倍率也太大。

综合上述分析，总结以下两点：

1）电池在加热过程中的内部实际升温是非常重要的，由于无法在电池内部埋入传感器进行测温，而且电池的导热系数也较小，因此表面测量到的温度很难反映内部实际温度。如果以表面温度作为电池内部温度来对电池的放电能力进行预估，则容易产生较大的误差。

2）电池自加热不仅是一种在没有外部电源时应急方法，也能通过放电时电池自身发热的热量使电池内部升温，因此自加热后短时间内的放电容量甚至超过了单纯依靠外部取电加热时的放电容量。

6.3.3　电池组 PTC 自加热生热特性

为了研究 PTC 材料自加热生热率变化过程，在电池组 PTC 材料自加热实验过程中平均每隔 1～2min 用电流表监测加热电流，并结合电池管理系统测量到电池组电压，将电流与电压相乘可以计算出电池组提供给 PTC 材料的功率大小，假定所有功率都用于生热，便能计算出 PTC 材料的生热率。

对于电池组自加热，除了需要考虑 PTC 材料的生热率之外，还需考虑电池组自身放电过程的产热率。计算电池放电过程的生热率可以使用本文第 2 章中的 Bernardi 电池生热率模型，结合监测到的电压、电流和温度等数据计算出电池的内部生热率。

满电第一次和第二次以及非满电第一次和第二次的加热功率和加热电流曲线如图 6-43～图 6-46 所示。

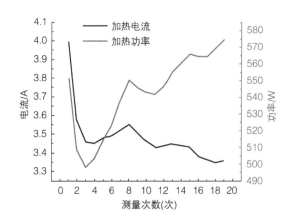

图 6-43　满电第一次自加热时的加热电流和加热功率

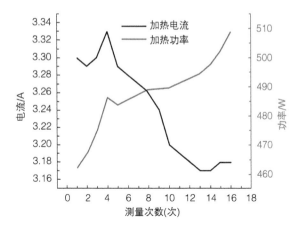

图 6-44 非满电第一次自加热时的加热电流和加热功率（SOC = 60%）

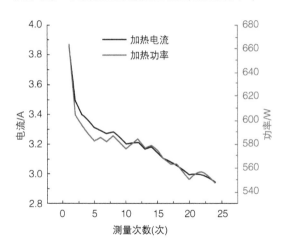

图 6-45 满电第二次自加热时的加热电流和加热功率

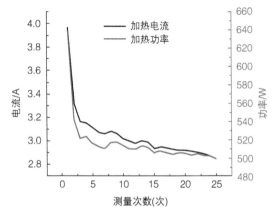

图 6-46 非满电第二次自加热时的加热电流和加热功率（SOC = 60%）

从图 6-43 ~ 图 6-46 可以看出:

1) 在第一次自加热时,加热电流呈减小趋势,这是因为随着温度的升高,PTC 材料电阻增大导致加热电流减小。不过在第一次自加热时,虽然加热电流在减小,但是加热功率却在提升,这是因为电池组在加热升温后,电池组的总电压也在提高。相比于第二次自加热的情形,第一次自加热过程的曲线看起来较为复杂。

2) 在第二次自加热时,由于电池组的温度有了较大的提高,电池组的总电压虽然也在增大,但是已经基本上稳定下来,不过此时 PTC 材料的电阻仍在增大,因此加热电流在减小,加热功率也在减小。

以满电第一次自加热(见图 6-43)为例,在整个加热过程中测量了 19 次电流,并记录下相应的电池组总电压,通过将每次的电流与电压相乘可以得到每次的加热功率。由于每次测量的间隔时间都相同,因此可以先求出平均电流与平均电压,然后便能求出平均功率,之后再乘以全过程持续时间;假定所有功率都用于生热,便可以求出总的加热量。根据实际测量到的数据,19 次的平均电流为 3.48A,平均电压为 156.37V,因此平均加热功率为 544.17W,持续时间为 34.2min,即 2052s,因此满电第一次自加热时通过外部 PTC 材料的产热量为

$$Q_{PTC} = 544.17W \times 2052s \approx 1.116637 \times 10^6 J \qquad (6-3)$$

式中,Q_{PTC} 为满电自加热时 PTC 材料的产热量。

由于自加热时电池组在对 PTC 材料放电,因此也需要求满电第一次自加热时的内部生热率。由于已知 19 次的平均电流为 3.48A,按照 Bernardi 生热率公式有

$$q_B = I_L (E_0 - U_L) - I_L T (dE_0 / dT) \qquad (6-4)$$

式中,I_L 为 19 次的平均电流,为 3.48A;E_0 为电池组未对 PTC 材料放电前的初始电压,取值为 190V;U_L 为电池对 PTC 材料放电时的电压,可取 19 次测量的平均值,为 156.37V;T 为电池对 PTC 材料放电过程中的平均温度,按开氏温度计算,满电第一次自加热时,电池组温度从 −39.4℃升至 −20.7℃,可取平均温度,约为 −30℃,即 243.15K;dE_0/dT 为开路电压随温度的变化率,通过查阅文献,可知对于方形铝塑膜电池,其取值为 2.79×10^{-4}V/K。

式(6-4)计算的是仅仅生热率,为了计算生热量,需乘以时间,时间取值仍为 2052s,因此有

$$Q_B = \left[3.48 \times (190 - 156.37) - 3.48 \times 243.15 \times 2.79 \times 10^{-4} \right] \times 2052J$$

$$= 2.39666 \times 10^5 J$$

$$(6-5)$$

由式(6-5)可知电池组在对 PTC 材料放电过程中内部生热量的大小,可将式(6-5)中 Q_B 与式(6-3)的 Q_{PTC} 进行比较,可知 Q_B 约为 Q_{PTC} 的 21.5%,可见满电

第一次自加热时内部生热量约为外部生热量的 1/5。但是考虑到外部生热量需通过
PTC 材料传到铝板，铝板传到电池表面，再从电池表面传到电池内部各处，而内部
生热量直接在电池内部产生，因此虽然内部生热量仅为外部生热量的 1/5，但是内
部生热量对电池升温效果的提升不容忽视。下文将通过 Fluent 热仿真软件对外部及
内部生热量的升温效果进行仿真分析。

6.4 基于 PTC 电池自加热仿真分析

本小节将采用基于 Fluent 的电池组热仿真技术，通过在 Gambit 软件中建立电
池箱的 1/4 模型，然后导入 Fluent 中进行热仿真计算，最后可以通过温度云图展示
电池箱内部温度场的分布。在仿真的过程中，将记录每一步算出来的温度值，从而
可以描述电池组加热过程中每一时刻任意一点的温度变化。

6.4.1 模型简化

为进行热仿真，必须要先建立电池组的几何模型，一般可以在 Gambit 软件中
建立电池组的几何模型。在建立几何模型时，对模型进行简化：

1）将电池单体看作由单一材料组成的各向同性的物体，导热系数和比热容等
热物性参数在电池单体内部处处相等，并且不随加热过程中温度的变化而变化。该
假设主要是基于仿真对象为整个电池组，如果只是针对一块电池单体进行热仿真，
则不能做出上述假设。

2）忽略电池箱体内部连接件、导线和绝缘片等物体。该假设主要是为了简化
模型从而加快计算速度，同时这些物体对电池加热升温过程的影响相对较小。

3）忽略 PTC 材料，将 PTC 材料的生热率直接当作铝板的生热率；该假设主
要是由于铝板的导热系数大，并且 PTC 材料是嵌入铝板槽内，因此 PTC 材料产生
的热量可以迅速传递给铝板。

4）忽略铝板槽，将铝板视为一块两面都平整的平板。该假设主要是由于电池
组加热时未开风扇，因此不需要铝板槽作为风道，而且实际电池组中铝板槽内也嵌
入了 PTC 材料，如果将 PTC 材料看作铝板的一部分，那么铝板槽由于被 PTC 材料
填充，可以忽略。

5）由于 PTC 材料加热及自加热过程并未开启风扇，因此在模型中忽略风机和
相应的进出气口的设计，假定电池组热仿真过程中内部是封闭的。

6）由 12 块单体组成的电池组的 1/4 模型，通过设置两个对称面，可以实现对
整个电池组的温度场仿真。

7）忽略电池箱外壳的具体结构，将电池箱外壳视为规则的长方体外壳。该假
设可以简化模型加快计算速度，外壳与电池单体之间为空气，所以外壳的形状会影
响气流场分布，但是由于气体对流换热相对于铝板的直接接触传热可以忽略，因此
电池箱外壳的具体形状不会对整个电池组的温度场分布产生较大影响。

6.4.2　几何模型建立

依照上一小节模型简化的原理，最终确定的 1/4 模型主要由四部分组成：

① 12 块电池单体。

② 11 块铝板和对称面旁边的半块铝板。

③ 电池箱体外壳。

④ 外壳与铝板和电池单体之间的空气。

建模时相关的规格参数见表 6-8。

表 6-8　几何建模相关参数（1/4 模型）

结构	尺寸（$\dfrac{长}{mm} \times \dfrac{宽}{mm} \times \dfrac{高}{mm}$）
电池单体	$180 \times 14.7 \times 246$
铝板	$170 \times 5 \times 198$
电池外壳	$220 \times 262.5 \times 296$

在建立几何模型时，铝板放置在两电池单体之间，所有铝板和电池单体都放置在电池壳体内部，电池壳体与铝板和电池单体之间设置为空气层，在整个模型的右侧和后侧分别设置为对称面。Gambit 软件中完成的几何模型如图 6-47 所示。

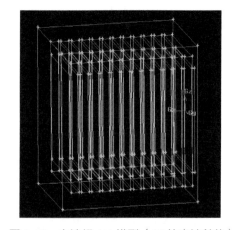

图 6-47　电池组 1/4 模型（12 块电池单体）

6.4.3　仿真结果分析

以满电第一次加热为例，按照计算生热量的原理，可以计算出生热率，然后导入 Fluent 中进行计算。由于满电第一次自加热过程中测量了 19 次电流，相应有 19 次外部生热和内部生热的生热率，满电第一次自加热持续时间为 2052s，分为 19 次，每次持续 108s，因此每 108s 改变一次电池的内外部生热率的值，通过编写 UDF 程序导入 Fluent 中进行计算。

在具体计算生热率时，需要考虑铝板和电池单体的体积。计算外部生热率时，由于将 PTC 材料忽略，将外部生热量直接看作由铝板自行产生，因此需要将外部加热功率除以所有铝板的总体积。由于电池箱内有 48 块电池，分为前后两列布置，每列 24 块单体，在 24 块单体之间每两块单体间布置一块铝板，共有 23 块铝板，两列就有 46 块铝板，每块铝板的规格为 170mm × 5mm × 198mm，因此每块铝板的体积为 $1.683 \times 10^{-4} m^3$，46 块的总体积为 $7.7418 \times 10^{-3} m^3$。

同样的道理，计算内部生热率时也要考虑所有单体的总体积。由于电池单体规格为 180mm × 14.7mm × 246mm，因此一块电池的体积为 $6.5092 \times 10^{-4} m^3$，48 块电池单体的总体积为 $3.1244 \times 10^{-2} m^3$。

将 19 次每次的外部加热功率和内部生热率除以相应的体积，便能求出外部铝板和电池单体内部单位体积的生热率。写入 UDF 程序并导入 Fluent 进行计算，每次计算的步长为 1s，总步数为 2052s，首先计算内外部共同生热的情形，然后计算只有外部加热、没有内部生热的情形，以便于对比分析。

本节所使用的方形铝塑膜电池相关热物性参数有：
① 电池的平均密度为 $2182.7 kg/m^3$。
② 电池的比热容为 $1100J/（K \cdot kg）$。
③ 电池平均导热系数为 $0.895W/（m \cdot K）$。

由于实验是在温箱的密闭环境下进行的，而且温箱内部并未开启鼓风机，因此电池箱外壳与外界环境间的对流换热表面传热系数的取值按照工程经验可确定为 $5W/（m^2 \cdot K）$。

实验结果如图 6-48 所示，该图的三条曲线分别为：
① 仿真得出的自加热时仅有外部 PTC 材料生热时的所有电池单体的平均温度。
② 仿真得出的自加热时内外部共同生热时所有电池单体的平均温度。
③ 实验测得的电池组平均温度。

由于实验时无法将传感器埋入电池单体内部，因此测到的主要是电池单体外部的温度。

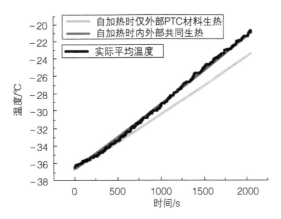

图 6-48   满电第一次自加热升温情况仿真与实际对比

从图 6-48 可以看出，内外部共同生热时所有单体的平均温度与实验中测得的电池组平均温度的拟合程度很高。但是在实际实验过程中，测得的温度仅是电池单体外部的温度。由于外部有 PTC 生热材料和高导热系数的铝板，因此在电池单体外部测得的温度肯定比电池单体内部的温度要高，但是仿真结果显示所有电池单体的平均温度和实际测到的电池单体外部的平均温度一样高，这是由仿真误差导致的。仿真时将生热率直接看作是由铝板产生的，忽略了 PTC 材料到铝板的传热过程，并且将铝板到电池单体侧面的接触看成是完全无缝的接触，而实际上铝板到电池单体侧面之间存在一个接触热阻，会使传热效果降低。虽然仿真得出的内外部共同生热时所有电池单体的平均温度与实际测到的电池组内单体外部的平均温度拟合程度较高，但事实上这仅仅是一种巧合，实际电池单体内部温度无法达到与实际测得的外部温度一样高。

从图 6-48 还可以看出一点，即内部生热的重要性。如果不考虑电池组自加热过程中对 PTC 材料放电过程中产生的热量，那么仿真得到的温度将比考虑电池组内部生热的情况低 2.44℃。上述仿真结果也表明，电池组自加热过程中对 PTC 材料放电过程中内部产生的热量不容忽视。

利用 Fluent 软件的功能，得到电池内部各单体的温度分布云图，如图 6-49 所示。

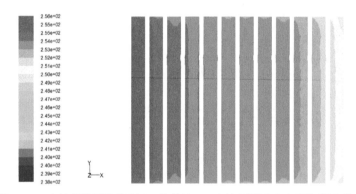

图 6-49　内外部共同生热时 12 块单体 $z = 0$ 处剖面（中心面）温度分布

图 6-49 中，最左侧单体为靠近对称面的单体，因此温度偏高，最右侧为最靠近外侧的单体，因此温度偏低。由于上述建模时考虑了空气和外壳，因此仿真出来的电池单体的最外层温度会比初始温度提高。如果不考虑空气和外壳，则在设置对流换热条件时需直接将电池单体的最外层温度设为外部环境温度，那么仿真之后电池单体的最外层温度仍为环境温度，与实际情况不符，因此在仿真时考虑空气和外壳是很有必要的。

通过比较仿真结果可发现，图 6-49 中最左侧单体在仿真结束后平均温度升至 −18.8℃，最右侧的单体在仿真结束后平均温度升至 −23.47℃，两者相差 4.67℃，表明满电第一次自加热时电池单体间的温差可控制在 5℃范围内。这是由于最外侧的电池单体靠外一面没有加装镶嵌 PTC 材料的铝板。如果加装铝板，那么任意电池单体的两侧各有一块铝板，温差将能更小。考虑到加装铝板后最外侧的铝板仅与一块电池单体的侧面相接触，因此可以在最外侧加装一块较小的铝板，或者在铝板中镶嵌较少的 PTC 生热材料。

6.5 基于金属膜加热电池充放电性能

宽线金属膜加热法是在每块电池单体面积最大的两个侧面上加装宽线金属膜进行加热。宽线金属膜与电池表面直接接触，并通过两电池单体夹紧宽线金属膜，不需要对电池和电池箱进行改装。宽线金属膜采用 1mm 厚的 FR4 板材，在板材两面覆上铜膜，一面铜膜为完整矩形平面，另一面由一条连续的、具有一定宽度的铜线组成。电源从铜线的两端引入，由于铜线具有电阻，电流通过铜线时铜线会发热，产生的热量通过铜膜平面均匀地传给电池，从而达到对电池进行加热的目的。考虑到散热需要，FR4 可由铝基材料替代，两电池单体之间插入具有一定厚度的开槽散热铝板，这样，电池可以通过开槽铝板进行散热。宽线金属膜加热法主要有以下优点：

1）加热装置简单，易于安装，容易实现，工作可靠，工作温度范围广。

2）可灵活调节加热装置的加热功率，满足不同情况下的加热要求。

3）与电池单体直接接触，且由电池单体夹紧，加热功率损失小。

4）由于每块电池单体两侧面均有宽线金属膜，因此整个电池组受热均匀，避免了加热不均匀对电池组一致性造成影响。

5）在电池单体间加入散热铝板，可实现对电池组的散热。

为了分析加热效果，采用宽线金属膜对方形铝塑膜电池单体进行加热。宽线金属膜采用外部直流电源供电。将 3 块方形铝塑膜电池单体串联组成锂离子电池组，每块电池单体面积最大的两侧面贴上宽线金属膜，3 块电池叠压在一起，如图 6-50所示。为了使加热实验与车辆锂离子电池组的实际情况相符，将三块安装了宽线金属膜的电池组装入电池箱，如图 6-51 所示，电池箱被放置在温箱中。

图 6-50　3 块电池单体串联的实物图

图 6-51　锂离子电池组电池箱实物图

为研究宽线金属膜在低温下对锂离子电池组的加热效果，将电池组放置在

−40℃的温箱中。由于电池箱具有一定的保温效果，所以静置时间由 5h 延长至 8h，静置结束后，将宽线金属膜接通电源对电池组进行加热。宽线金属膜的供电方式分为外部电源供电和电池组自身作为加热源供电两种，本节分别对两种供电方式进行了加热实验。

6.5.1 低温外部供电加热后恒流充放电性能

1. 不同加热功率加热 15min 后电池组以 1C 倍率恒流放电

环境温度为 −40℃，采用 240W、120W 和 90W 功率加热 15min 后，电池组以 1C 倍率恒流放电的曲线如图 6-52 所示。从图中可以看出，随着加热功率的增大，初期和中期放电电压有较大差异，240W 功率加热后电池组放电电压比 90W 加热后平均高出 0.53V，最大压差 1.38V。值得注意的是，加热功率的大小对电池放电容量的影响较小，90W 功率加热后电池的放电容量为 30.547A·h，240W 功率加热后电池的放电容量为 30.997A·h，只相差 0.45A·h。这说明加热时间相同时，增大加热功率，能够提高电池组的放电电压，增大电池组的放电功率，但是对电池放电容量的提升较小。

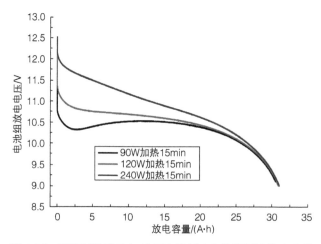

图 6-52　不同加热功率加热后电池组 1C 倍率恒流放电曲线

用 3 种功率加热 15min 后电池组以 1C 倍率恒流放电的曲线如图 6-53 所示，图中同时给出在低温下电池单体未加热的 1C 倍率恒流放电曲线。电池组由 3 块电池单体组成，放电过程中，3 块电池单体的放电电压并不完全相同。为了与电池单体进行比较，电池组的放电电压取 3 块电池电压的平均值。采用 90W 功率加热 15min 后，在放电初期，电池组的平均放电电压与电池单体在 −20℃时接近；在放电中后期，电池组的平均放电电压比电池单体在 −20℃时高，与 −10℃时接近，电池组的放电容量与 −10℃时基本相等。这说明虽然外部加热停止，电池组放电所产生的热量中，除了一部分与 −40℃环境热交换外，还有一部分剩余热量继续对电池进行加热，使电池组的温度从 −20℃继续升高。采用 120W 功率加热 15min 后，在放电初期，电池组的平均放电电压比电池单体在 −10℃时略低；在放电中后期，电池组的曲线与电池单体在 −10℃时的放电曲线逐渐重合，但是并未出现 90W 功率加热后的电池组放电电压大幅度超过 −20℃时电池单体放电电压的情形。这是因为加热后，电池组的温度已接近 −10℃。虽然电池组在放电过程中产生大量热量，但是在外部 −40℃环境温度作用下，这部分热量只能将电池组的温度维持在 −10℃附近，而无法继续提高电池温度，所以整个放电过程与 −10℃时接近。采用 240W 功率加热 15min 后，在放电初期，电池组的平均放电电压比电池单体在 0℃时略高，说明通过加热，电池组的温度已提升至 0℃以上；但是在放电中后期，电池组的平均放电电压比电池单体在 0℃时低，最终的放电容量也低于电池单体在 0℃时的放电容量。其原因也是由于停止加热后，电池组放电所产生的热量不足以使电池温度维持在 0℃。

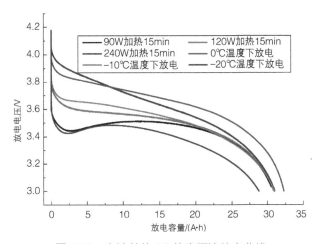

图 6-53　电池单体 1C 倍率恒流放电曲线

2. 不同加热功率、加热时间下电池组 1C 倍率恒流放电性能

通过上述分析可知，加热时间相同时，增大加热功率，可以提高电池放电电压。本节将分析采用不同的加热功率和加热时间时电池组放电性能的恢复情况。在环境温度 −40℃条件下，采用不同加热功率和加热时间，电池组 1C 倍率恒流放电曲线如图 6-54 所示。采用 60W 加热功率、加热时间延长至 30min、电池组 1C 倍率恒流放电电压在初期比采用 90W 加热功率、加热 15min 的放电电压高，但放电容量差异较小。加热功率增大至 180W、加热时间缩短为 10min、电池组 1C 倍率恒流放电电压在初期比采用 90W 加热功率、加热 15min 的放电电压高，同样放电容量差异较小。因此，可以根据实际情况选择不同的加热功率和加热时间，使电池组加热系统达到较好加热效果。

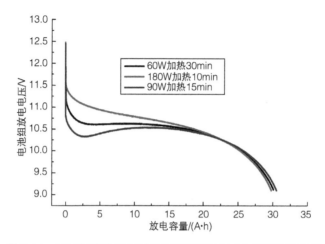

图 6-54　不同加热功率和时间加热后电池组 1C 倍率恒流放电

3. 极端低温下加热后电池组 1C 恒流充电性能

在 −40℃环境下，采用 240W 加热 15min 后电池组 1C 倍率恒流充电曲线与电池单体未加热在不同温度下 1C 倍率恒流充电曲线如图 6-55 所示。通过加热，电池组的充电性能大幅提升，电池组的温度提升至 0 ~ 10℃之间，由于电池组充电加热可以利用外部电源进行，因此应考虑加热时间和电池受热均匀性问题。

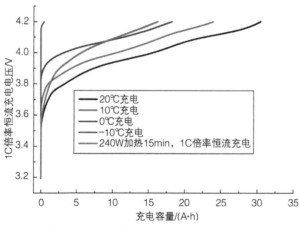

图 6-55　电池单体 1C 倍率恒流充电曲线

6.5.2　低温外部供电加热后脉冲充放电性能

通过上述电池组低温加热实验研究可知，加热后电池组的充放电性能均有大幅提升。由于均采用 1C 倍率恒流对加热后的电池组进行充放电实验，无法获知电池在极低温度环境下加热后能够达到的最大充放电功率，因此本节对加热后的电池组进行脉冲充放电池实验研究。

1. −40℃下电池组加热后脉冲充放电实验

在常温下，电池组以 1/3C 倍率恒流恒压充满电后，在 −40℃的温箱中静置 8h 后，采用 120W 功率对电池组加热 15min。加热结束后，电池组进行脉冲充放电，放电电流最大为 280A，充电电流最大为 210A，结果如图 6-56 所示。从图中可以看出，加热后电池组的放电性能显著提高，在初期，放电电流最大可达 210A，随着脉冲充放电的进行，电池组能够以 280A 的电流进行放电。相对而言，电池的充电性能较差，在 SOC 大于 50% 时，充电电流最大无法超过 50A，随着容量的减小，充电电流逐渐增大，最终充电电流可达到 210A。

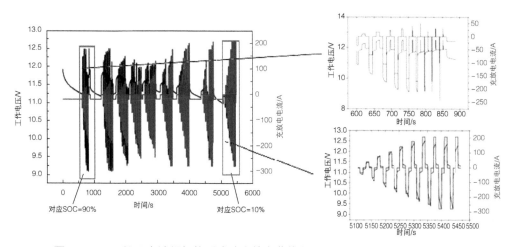

图 6-56　−40℃下电池组加热后脉冲充放电曲线和 SOC = 90%、SOC = 10% 的
脉冲局部放大曲线

2. 在 −20℃下电池组有无加热的脉冲实验比较

在 −20℃下，对电池组进行有无加热的脉冲比较实验，结果如图 6-57 和图 6-58 所示。图 6-57 为未预加热电池组脉冲曲线，图 6-58 为采用 120W 功率进行 15min 预热后电池组的脉冲充放电曲线。从图中可以看出，进行预加热后，电池组的放电性能显著提升，放电电压大幅提高。有无预加热电池组 SOC 为 90% 的脉冲充放电曲线分别如图 6-59 和图 6-60 所示。经过预热后，电池组可进行 8C 倍率放电；而未预加热时只能勉强进行 2C 倍率左右的放电，且放电电压已接近截止电压。由此可见，预热能够显著提高电池组的低温性能。

6.5.3　低温自加热电池充放电特性

在低温环境下，电池组自身能否作为加热源给宽线金属膜供电进行自加热恢复放电性能，这对于电动车辆特定应用场合具有重要意义。

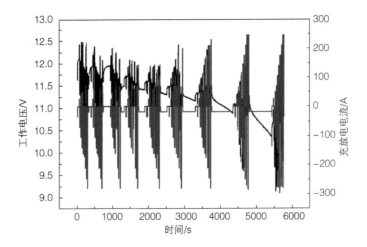

图 6-57　-20℃下电池组未加热的脉冲充放电曲线

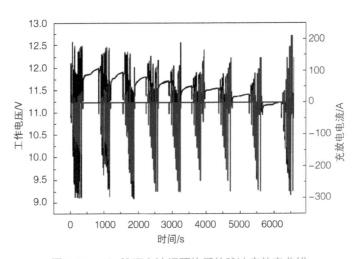

图 6-58　-20℃下电池组预热后的脉冲充放电曲线

　　在常温下，电池组以 1/3C 倍率恒流恒压充满电后，在 -40℃的温箱中静置 8h。静置结束后，将电池组的正负极与宽线金属膜接通，电池组给宽线金属膜供电，持续 15min。加热过程中，电池组的放电电压和电流均呈上升趋势，如图 6-61 所示。加热结束后，电池组进行 1C 倍率恒流放电，放电曲线如图 6-62 所示。从图中可以看出，加热后的电池组可进行 1C 倍率恒流放电，可释放 75% 左右的容量，整个加热过程中电池组消耗容量 3.37A·h，占总容量的 9.63%。虽然自加热 15min 后电池组放电性能得到显著提升，但是放电曲线呈现较大的非线性特性。电池组在 -40℃自加热 25min 后 1C 倍率恒流放电曲线如图 6-63 所示。为便于比较，将电池组自加热 15min 后 1C 倍率恒流放电曲线重复绘制。从图中可以看出，自加热时间延

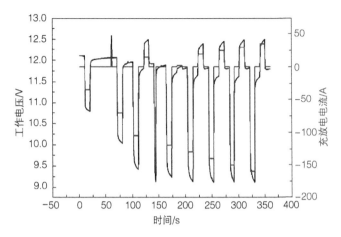

图 6-59　−20℃电池组未加热 SOC = 90% 的脉冲曲线

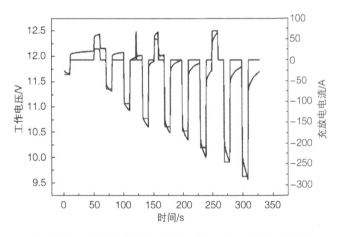

图 6-60　−20℃电池组加热后 SOC = 90% 的脉冲曲线

长后，电池组的放电电压显著提高，放电初期和中期，电压变化比较平缓，放电电压最大提高 0.82V，平均提高为 0.34V，换算至整车电池组，瞬时最大功率提高 3903W，平均功率提高 1618W。由于自加热时间延长，加热消耗的电池容量增加，电池组释放的容量减少了 3.37%。因此延长自加热时间，有利于提高电池组放电功率和大电流放电能力，但增加了能量损耗。由此可知，在 −40℃环境下，电池组可通过自身能量加热并恢复放电性能。

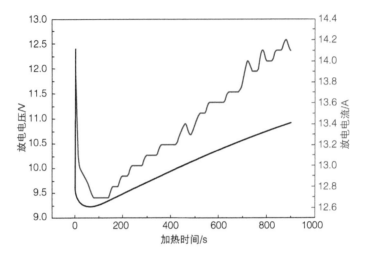

图 6-61 自加热过程中电池组电压和电流变化曲线

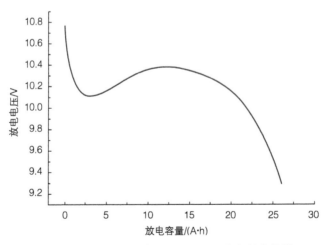

图 6-62 电池组自加热 15min 后 1C 倍率放电曲线

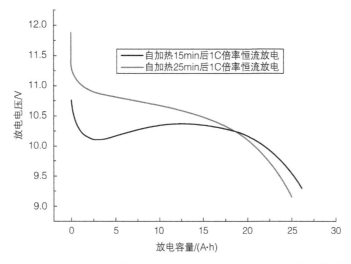

图 6-63　电池组自加热 15min 和 25min 后 1C 倍率恒流放电曲线

6.6　基于金属膜加热电池有限元仿真分析

通过加热方法的研究可知，采用宽线金属膜加热法能够有效提高电池的低温性能。为分析加热过程中电池温度的变化情况，本节将基于传热学原理，针对宽线金属加热法建立锂离子电池低温加热模型。

6.6.1　锂离子电池三维几何模型简化

锂离子电池单体是由若干个电池单元组成，单元的结构如图 6-64 所示，由正极材料、负极材料、铜箔、铝箔和隔膜组成。电池单元各组成部分的厚度非常薄，电池单元各组成部分的材料和厚度见表 6-9。表 6-8 中给出了电池单体的长度和宽度值，电池单体各组成部分的厚度与长度和宽度值相差 4 个数量级。以正极材料为例，厚度与长度的比值为 2.67×10^{-4}，厚度与宽度的比值为 4.76×10^{-4}，而且正极材料是电池单元各组成部分中最厚的。由此可见，电池单元各组成部分的厚度与长度和宽度的比值非常小，如果严格按照电池单体的结构进行三维建模，即使是一块电池单体的模拟计算量也相当巨大。为了降低模型的计算量，使加热模型的计算具有可行性，本节建立电池模型时，将电池单体看成一个整体，忽略电池单体的内部结构。由于电池的正负极耳分别是铝片和铜片，厚度为 0.15mm，非常薄，而且建立的电池加热模型更为关注的是电池整体温度和内部温度场分布情况，所以模型中去除了正、负极耳和一些不影响电池整体温度和内部温度场分布的细节。电池单体几何模型如图 6-65 所示。

图 6-64　锂离子电池单元结构

图 6-65　电池单体几何模型

表 6-9　电池单元各组成部分材料和厚度

单元组成	材料	厚度/μm
正极材料	LiMn$_2$O$_4$	80
铝箔	Al	20
负极材料	天然石墨	55
铜箔	Cu	10
隔膜	PVDF	40
外壳	铝塑膜	145

6.6.2　锂离子电池比热容实验获取方法

　　电池比热的获取主要有理论计算和实验测量两种途经，其中实验测量法是基于式（6-6），将电池放置于绝热环境中对电池进行加热。通过测量电池的温升和加热所用的能量即可算出电池的比热：

$$c_{\mathrm{p}} = \frac{\Delta Q}{\Delta T m} \tag{6-6}$$

式中，c_{p} 为电池的比热容 [J/（kg·K）]；ΔQ 为加热所用能量（J）；ΔT 为电池温升（K）；m 为电池质量（kg）。

　　采用加速绝热量热仪（ARC）对电池单体的比热进行测量。量热仪采用加热→监测→跟随的方式测量物质的比热。在带有加热源的绝热舱内，采用固定功率的加热装置对电池单体进行加热，如图 6-66 所示。将安装好加热片和温度传感器的电池单体放入绝热舱内，通过贴在电池表面的温度传感器测量温度变化，如图 6-67 所示，然后由加热源对绝热舱内的环境温度进行跟踪。

图 6-66　电池单体上安装加热片

图 6-67　电池单体上安装加热片

在此过程中，由于加热装置功率恒定，所以通过式（6-7）可计算出一定时间内产生的热量 Q_{gen} 为

$$Q_{\text{gen}} = P\Delta t \qquad (6\text{-}7)$$

通过式（6-6）可得电池吸收的热量 ΔQ_{ab} 为

$$\Delta Q_{\text{ab}} = c_{\text{p}} m \Delta T \qquad (6\text{-}8)$$

由于实验舱绝热，所以产生的热量与吸收的热量相等，即

$$c_{\text{p}} m \Delta T = P\Delta t \Rightarrow c_{\text{p}} = \frac{P\Delta t}{m\Delta T} \qquad (6\text{-}9)$$

通过式（6-9）可得到不同温度下电池的比热。通过实验可得电池单体加热过程中温度随时间的变化曲线，从而求得各点的温度梯度，对实验数据进行拟合可得不同温度下电池单体的比热值，具体如图 6-68 和图 6-69 所示。

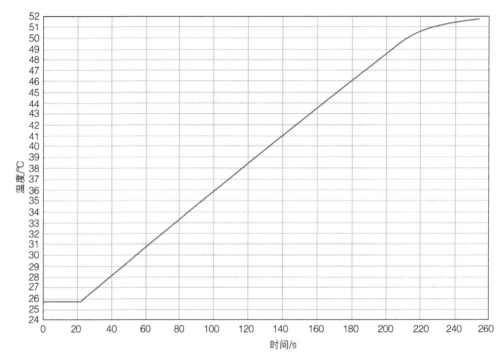

图 6-68　电池单体温度随加热时间变化曲线

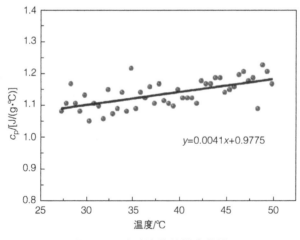

图 6-69　电池比热的拟合曲线

6.6.3　仿真结果分析

　　利用建立的加热模型对电池单体进行加热模拟。在 −40℃下，采用 60W 功率对电池单体加热 15min 后电池的温度分布如图 6-70 所示，电池温度分布的切面图

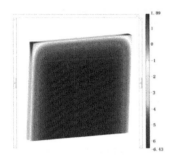

如图 6-71 所示，加热过程中电池中心点温度变化曲线如图 6-72 所示。加热 15min
后，中心温度已达到 0℃。

图 6-70　加热后电池温度分布　　　　图 6-71　加热后电池温度剖面图

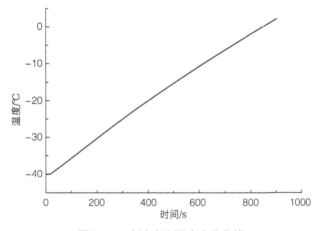

图 6-72　电池中心温度变化曲线

　　采用加热模型对 3 块电池单体串联组成的电池组进行低温加热过程仿真计算。
电池组和箱体的实物分别如图 6-50 和图 6-51 所示，整个电池箱的简化三维模型如
图 6-73 所示。模型中将一些对计算结果不产生影响的细节进行简化，3 块电池单体

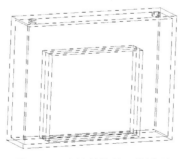

图 6-73　电池箱简化三维模型

紧贴排列放置在电池箱内。与电池单体加热有所不同，电池组加热过程中，电池箱内的空气虽然没有外力作用发生强制对流，但是加热过程中空气受热将产生浮力，在浮力的驱动作用下，电池箱内的空气会有微弱的流动。由于此处主要关注的是电池温度，因此不考虑电池箱内因加热引起的空气流动。

在 -40℃ 下采用 120W 功率加热 15min 后，电池组的温度分布切面图如图 6-74 所示。从图中可以看出，加热后电池组的温度显著上升。在 -40℃ 下采用 180W 功率加热 10min 后，电池组的温度分布切面图如图 6-75 所示。采用 180W 功率加热 10min 的过程中，电池箱中间电池单体的平均温度与采用 120W 功率加热 15min 的中间电池单体平均温度进行比较，如图 6-76 所示。从图中可以看出，采用 180W 加热，电池温度快速上升。由于只加热 10min，加热结束后电池的温度与采用 120W 加热 15min 的温度接近。

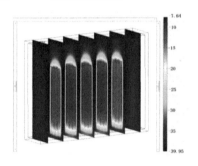 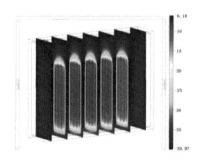

图 6-74 120W 加热 15min 后电池组　　　图 6-75 180W 加热 10min 后电池组
温度分布图　　　　　　　　　　　　　　　温度分布图

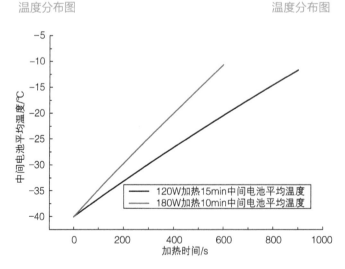

图 6-76 不同加热功率电池平均温度变化曲线

通过电池低温加热模型，能够对加热过程中的电池温度场进行计算，模拟电池的温度分布。

本章针对 PTC 电阻带对锂离子电池组低温状态下的加热从外部与自加热两个方面进行了详细的实验与仿真分析，针对宽线金属膜加热方法也结合实验与仿真进行了详细分析，主要结论如下：

1）针对 PTC 电阻带外部加热，加热结束后电池以不同倍率放电时，放电性能提高显著；通过对比未加热 0.3C 倍率放电的结果，经过加热后，电池放电容量和放电能量增大很多，−40℃未加热 0.3C 倍率放电容量和放电能量分别为 21.9A·h 和 212.13W·h，加热 25min 后放电容量和放电能量增大到 24.11A·h 和 263.58W·h，说明低温环境对电池进行预加热是十分必要的。

2）针对 PTC 电阻带外部加热，通过分析加热后大倍率电流放电的情况，可以看到大倍率放电有利于提高电池的放电性能。电池低温放电时，小倍率放电时电池模块温升较小，且电池模块温差较小，大倍率放电时，电池模块在放电结束后温度上升幅度明显，且温差较大。

3）针对 PTC 电阻带自加热，仿真分析了低温环境（−40℃、−30℃和−20℃）下，电池模块中加热铝板以恒定功率（35W）进行加热时的温度场分布，得到结论：在加热时间为 30min 时，电池模块温度能够上升到较高温度，满足电池工作需要的适宜温度，并且加热结束电池模块温差较小，即加热均匀性较好。

4）针对 PTC 电阻带自加热，仿真分析了不同环境温度不同放电倍率下电池模块温升的情况。可以看到，低温大倍率下电池模块的温升较大，小倍率放电时电池模块温升较小。因此在实际运行时，应尽量保持电池环境温度适宜。

5）针对宽线金属膜加热法，对低温环境下的锂离子电池组进行了一系列（采用不同的加热时间和加热功率）加热实验，并对加热后的电池组进行静态和动态充放电实验。结果表明：宽线金属膜加热法能够显著提高电池组的低温充放电性能。

6）针对宽线金属膜加热法，在 −40℃下，实现了电池组自身作为加热源给宽线金属膜供电进行自加热，并对加热后的电池组进行 1C 倍率恒流放电。结果表明：锂离子电池组在 −40℃下，利用宽线金属膜加热法能够实现自加热恢复放电性能。

参考文献

[1]　范广冲. 车用锂离子电池低温热管理建模与实验研究 [D]. 北京：北京理工大学，2013.

第 7 章

基于正弦交流电的锂离子电池内部加热

目前在电池加热方法的研究方面，主要采用的是外部加热法，即通过外部生热装置产生的热量来给电池加热。这种方法简单易行，但是由于热量需要从外部慢慢传递到电池内部，因此耗时长，而且很可能只是加热了电池的表层，对于电池的内部则无法确定是否在短时间内实现了加热。为了提升电池的加热效率，弥补外部加热的不足，可以通过电池内部加热的方法来实现电池的快速加热。本章从锂离子电池正弦交流电加热原理出发，结合电池正弦交流加热的实验与仿真分析，提出了电池正弦交流加热的控制策略并进行了验证。

7.1 锂离子电池正弦交流电加热原理

电池内部加热可采取如下三种途径：

1）将加热装置直接埋入电池内部，但这会影响到电池内部结构，可行性较差。

2）电池自身充放电产生热量，但加热时间较长。

3）对电池正负极施加交流电，这在电池寿命和加热效率方面具有优势。

对电池正负极施加周期性交流电，电池电压在电动势平台附近周期性升高和降低，电池处于充放电交替变化状态。在这过程中，电池交流阻抗实部产生焦耳热，从而实现电池内部加热。设正弦交流电的电流按照式（7-1）变化：

$$i(t)=A\sin(2\pi ft+\phi) \tag{7-1}$$

式中，A 为正弦交流电的电流幅值；f 为正弦交流电频率；ϕ 为初相位。

电池正弦交流电加热时，其内部生热率为

$$q=\left(\frac{A}{\sqrt{2}}\right)^2 Z_{Re} \tag{7-2}$$

式中，Z_{Re} 为电池交流阻抗实部值，q 与电流幅值二次方及电池内部阻抗实部成正比，而电池内部阻抗与电池温度和交流电频率相关，一般来讲，温度越低，电池交流阻抗实部就越大。

7.2 电池正弦交流电加热电热耦合模型

在进行锂离子电池正弦交流电热特性建模时，首先需要建立电池等效电路模型。模型应能够反映电池内部阻抗变化，并可通过参数辨识获取模型参数，是正弦交流电电热耦合建模的首要步骤。

7.2.1 交流电加热的等效电路模型

车用锂离子电池主要有磷酸铁锂、三元 NCM（镍钴锰酸锂）、锰酸锂等，不同种类与型号的电池的 EIS 图谱会存在差异。为了对电池内部的电极反应特性进行准确的描述，需要选择不同的等效电路模型进行建模。几种常用的等效电路模型如图 7-1 所示。

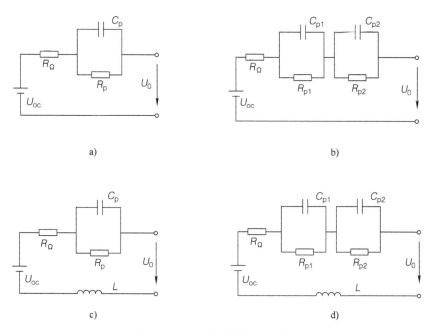

a)   b)

c)   d)

图 7-1 几种常用等效电路模型

R_{Ω}—欧姆电阻　R_p—极化阻抗　C_p—极化容抗　L—高频响应的感抗　R_{p1}—电荷转移阻抗
C_{p1}—双电层电容　R_{p2}—Warburg 扩散阻抗　C_{p2}—扩散容抗。

（1）等效电阻 R

电化学反应过程中的等效电阻 R 是一个有符号的量，正值代表电阻，负值代表电抗。其值与电极面积相关，单位是 $\Omega \cdot cm^2$。相关公式如下：

$$Z = R = Z_{Re}, Z_{Im} = 0 \tag{7-3}$$

式中，Z 为阻抗；R 为等效电阻；Z_{Re} 为阻抗实部；Z_{Im} 为阻抗虚部。

$$Y = \frac{1}{R} = Y_{Re}, Y_{Im} = 0 \tag{7-4}$$

式中，Y 为导纳；Y_{Re} 为导纳实部；Y_{Im} 为导纳虚部。

在阻抗或导纳的复平面上，等效电阻的虚部为 0，仅有实部值，对应于横轴上的一个点；在波特图上，其绝对值的对数表现为一条垂直于竖轴的直线。正值的等效电阻的相位为零，负值的相位为 π，均不受频率的影响。

（2）等效电容 C

在电极过程定态稳定的前提下，EIS 测量得到的等效电容均为正值，单位为 F/cm^2。相关公式如下：

$$Z = -j\frac{1}{\omega C}, Z_{Re} = 0, Z_{Im} = -\frac{1}{\omega C} \tag{7-5}$$

$$Y = j\omega C, Y_{Re} = 0, Y_{Im} = \omega C \tag{7-6}$$

式中，ω 为角频率。

在阻抗或导纳的复平面上，等效电容的实部为 0，仅有虚部值，对应于重合于虚轴的一条直线。

（3）等效电感 L

在电极过程定态稳定的前提下，EIS 测得的等效电感均为正值，单位为 $H \cdot cm^2$。相关公式如下：

$$Z = j\omega L, Z_{Re} = 0, Z_{Im} = \omega L \tag{7-7}$$

$$Y = -\frac{j}{\omega L}, Y_{Re} = 0, Y_{Im} = -\frac{1}{\omega L} \tag{7-8}$$

在阻抗或导纳的复平面上，等效电感表现为重合于虚轴负半轴的一条直线。

（4）常相位角元件 CPE

由于电极反应极其复杂，加之电极表面的多孔、粗糙特性，且有吸附现象，等效电路中的纯电容部分会发生偏离，即出现"弥散效应"。所以用常相位角元件 CPE 来表示电容的部分，以便于得到更好的拟合效果，公式为

$$Z_{CPE} = \frac{1}{Y_0}(j\omega)^{-n} \tag{7-9}$$

$$Z_{Re} = \frac{\omega^{-n}}{Y_0}\cos\frac{n\pi}{2}, Z_{Im} = -\frac{\omega^{-n}}{Y_0}\sin\frac{n\pi}{2} \tag{7-10}$$

式中，CPE 元件包含 Y_0 与 n 两个参数。Y_0 代表广义电容，单位为 $1/(\Omega \cdot cm^2 \cdot s^n)$，由于其代表等效电容偏离时的效果，因此也始终取正值。其相位的关系如下：

$$\tan\varphi = \tan\frac{n\pi}{2}, \varphi = \frac{n\pi}{2} \tag{7-11}$$

式中，n 为"弥散指数"，当 $n = 0$，CPE 为电阻；$n = 1$ 时，CPE 为电容；$n = -1$ 时，CPE 为电感；特别地，当 $n = 0.5$ 时，CPE 为 Warburg 阻抗。当电极表面存在弥散效应时，n 值总在 $0.5 \sim 1$ 范围内。

各种复杂等效电路均可由上述几种基本的等效元件采用串并联的方式组成。各等效元件反映了电池在电化学反应过程中的不同特性，通过 EIS 测试可得到电池阻抗的各个部分对应的频率响应。

为了在保证模型高精度的同时减小计算量，建立了图 7-2 所示的基于频域的等效电路模型。该模型描述电池在低温下的电压 - 电流特性，其中，R_Ω 为欧姆电阻；R_{ct} 为极化电阻；C_{dl} 为极化电容，也称双电层电容；R_{SEI} 为 SEI 膜的电阻；C_{SEI} 为 SEI 膜的电容；L 为电感，它反映了电池的高频激励响应。Warburg 扩散电阻在本文所研究的频率范围（$f > 0.1Hz$）内非常小，可忽略不计。在正弦交流电加热过程中，总阻抗及其阻抗实部都是计算生热率的重要组成部分。

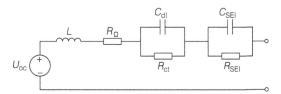

图 7-2　交流电加热的等效电路模型

根据上述等效电路模型，阻抗实部可以表达为

$$Z_{Re}(T,f) = R_\Omega(T) + \frac{R_{ct}(T)}{1+(2\pi f)^2 R_{ct}^2(T)C_{dl}^2(T)} + \frac{R_{SEI}(T)}{1+(2\pi f)^2 R_{SEI}^2(T)C_{SEI}^2(T)} \tag{7-12}$$

总阻抗表达为

$$Z(T,f) = \left[R_\Omega + \frac{R_{ct}}{1+(2\pi f)^2 R_{ct}^2 C_{dl}^2} + \frac{R_{SEI}}{1+(2\pi f)^2 R_{SEI}^2 C_{SEI}^2} \right] +$$
$$\mathrm{j}\left[2\pi fL - \frac{2\pi f R_{ct}^2 C_{dl}}{1+(2\pi f)^2 R_{ct}^2 C_{dl}^2} - \frac{2\pi f R_{SEI}^2 C_{SEI}}{1+(2\pi f)^2 R_{SEI}^2 C_{SEI}^2} \right] \tag{7-13}$$

式中，f 为电流频率；R_Ω、R_{ct}、R_{SEI}、C_{dl}、C_{SEI} 和 L 都与温度和电流频率紧密相关。

7.2.2　交流电加热锂离子电池热模型

选用由 3 节 18650/2.15A·h 三元电池并联构成的电池模组作为研究对象。由于该类电池的各组件层都导热良好，卷绕层中的热通量在径向与轴向均连续。当给电池施加大倍率电流激励时，其内部与表面的温差也并不大。在进行电池交流电加热锂离子电池建模时，忽略电池几何体内部热传导，将电池视为一个整体。根据能量守恒原理，电池内部的能量平衡方程可以表示为

$$mC\frac{\partial T}{\partial t} = q - q_t \qquad (7\text{-}14)$$

式中，m 为电池质量；C 为比热容；t 为时间；T 为电池温度；q_t 为电池与周围环境的传热量；q 为电池的生热率。

采用牛顿冷却定律计算电池和环境间的热对流：

$$q_t = hS(T - T_a) \qquad (7\text{-}15)$$

式中，h 为等效传热系数；S 为电池表面积；T_a 为环境温度。

电池在交流电加热过程中的总生热率可以表示为如下两大部分：

$$q_q = q_{rev} + q_{irr} \qquad (7\text{-}16)$$

式中，q_{rev} 为可逆生热；q_{irr} 为不可逆生热。

其中，不可逆生热包括欧姆生热与极化生热，可逆生热指的是电化学反应生热。根据 Bernardi 电池生热率公式，可逆的电化学反应生热可以表示为

$$q_{rev} = -I_L T\frac{dE_0}{dT} \qquad (7\text{-}17)$$

式中，I_L 为电流；E_0 为开路电压（Open-Circuit Voltage，OCV）。

在交流电加热的一个周期内，电化学反应产生的可逆生热的代数和为零，因此可忽略不计。

当施加于电池正负极上的电流按如下正弦规律变化时：

$$i(t) = A\sin(2\pi f t + \phi) \qquad (7\text{-}18)$$

电池内部的生热率可用如下公式计算：

$$q = q_{irr} = \left(\frac{A}{\sqrt{2}}\right)^2 Z_{Re}(T, f) \qquad (7\text{-}19)$$

考虑到电池安全工作电压的约束，许用的电流幅值的最大值可以表示为

$$A_{\max} = \min\left(\frac{U_{\max} - U_{oc}}{|Z|}, \frac{U_{oc} - U_{\min}}{|Z|}\right) \qquad (7\text{-}20)$$

式中，$U_{\max}$ 为电压上限，取 4.2V；$U_{\min}$ 为电压下限，取 2.8V；$|Z|$ 为总阻抗的模，可以表示为

$$|Z(T, f)| = \sqrt{Z_{Re}^2(T, f) + Z_{Im}^2(T, f)} \qquad (7\text{-}21)$$

7.2.3　交流电加热电池电热耦合机制

基于电化学反应原理建立了用于描述锂离子电池电压 - 电流特性的等效电路模型，基于能量守恒原理建立了锂离子电池的热模型来描述其生热特性。之后，将等效电路模型与热模型相结合，建立了电 - 热耦合模型来综合的描述锂离子电池在正弦交流电加热过程中的电 - 热性能，如图 7-3 所示。

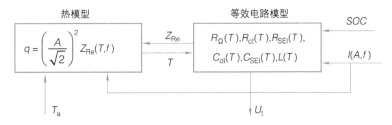

图 7-3　电 - 热耦合模型的耦合机制

根据等效电路模型以及电池的 SOC 与电流等参数，可以计算得出电池等效电路模型的各组成部分，如电阻、电容、电感等的参数，进而可以求出电池的端电压、总阻抗及其阻抗实部，然后将它们代入到热模型中计算正弦交流电加热过程中的生热率。另一方面，热模型中的温度又会影响等效电路模型中的各个参数，进而影响电池的端电压。

7.3 锂离子电池正弦交流电加热实验与模型验证

7.3.1　实验平台搭建

所选用圆柱形 18650 三元锂离子电池单体及其 3 块单体并联后构成的模组的相关技术参数见表 7-1。

表 7-1　电池单体与电池模组参数

参数	值
电池类型	18650 圆柱形
正极材料	Li（NiCoMn）O_2
负极材料	石墨
单体额定容量	2.15A·h
额定电压	3.6V
充 / 放电截止电压	4.2/2.8V
单体质量	45.0g
电池表面积	$4.26 \times 10^{-3}m^2$
模组额定容量	6.45A·h
SOC（荷电状态）	20%，50%，80%

搭建的低温下正弦交流电加热的实验平台与实验设备如图 7-4 ～ 图 7-6 所示。其中，双极性电源用于提供正弦交流电，输出电压范围为 ±20V，输出电流范围为 ±40A；温箱用于给电池提供低温的环境条件，其量程为 −55 ～ 150℃；电化学工作站用于测量电池在不同条件下的电化学阻抗谱；数据采集仪可以采集到电池的电压、电流和温度等数据；示波器用来观测电池的电压波形，以便于将其控制在安全范围内；采用 A 级的 Pt100 贴片式温度传感器测量电池的表面温度。

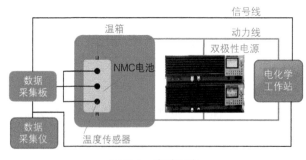

图 7-4　实验平台

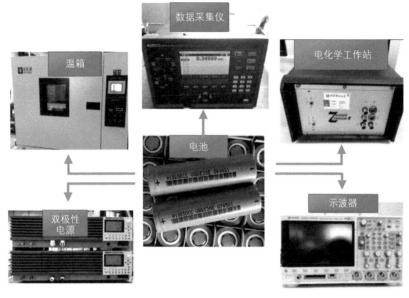

图 7-5　实验设备

7.3.2　不同温度及 SOC 下电池阻抗特性

阻抗测试仪对电池组正负极施加幅值为 5mV、频率在 0.001 ~ 10000Hz 内的按正弦规律变化的电压扰动信号，测试电池组接收扰动信号后的反馈信号，可确定在不同频率下电池组的交流阻抗的实部和虚部的值。为了防止阻抗测试与正弦交流电加热两者互相干扰，在实验的过程中应交替进行，尽量减少阻抗测试仪的扫频范围以缩短测试时间，从而减少测试过程对加热过程的影响。

图 7-6　实验现场

在交流阻抗测试实验中，以 3 块并联在一起的 18650 电池模块作为测试对象，具体实验中选取了 0℃、-20℃和 -40℃三个温度进行测量，每个温度下又对 SOC 为 80% 和 50% 的情况进行测量，总共进行 6 轮测试。

在阻抗测试实验过程中，电池同时进行交流电加热，每次加热持续 30min；加热开始前先进行一次阻抗测试，在加热开始后每加热 5min 测试一次阻抗，因此在一次加热过程中测试 7 次阻抗。为了缩短每次测量的时间，可将阻抗测试仪的扫频最小值设为 1Hz，这样测量一次只需要 3min。在 0℃和 -20℃时，交流电加热的幅值和频率分别为 2C 和 8Hz，在 -40℃时考虑到采用 2C 的幅值会使电池模块电压超出正常范围，因此采用 1C/8Hz 的正弦交流电进行加热。

所有 6 轮测试实验完成之后，针对每一轮每一次的测试都提取出 100Hz 以内的采样点，在 100Hz 以内，阻抗测试仪选取了 64 个频率对电池的交流阻抗进行测量，最小频率为 1Hz，最大频率为 97.217Hz。将这 64 个采样点得到的交流阻抗实部值连成一条曲线，便能观察交流阻抗实部在 100Hz 以内随频率的变化情况。按照此作图方法，便能做出 6 轮实验每轮 7 次测量时电池交流阻抗实部在 100Hz 以内随频率变化的曲线图，如图 7-7 ~ 图 7-12 所示。

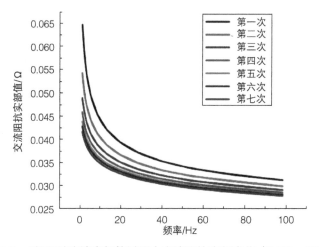

图 7-7　0℃正弦交流电加热过程中交流阻抗实部变化（SOC = 80%）

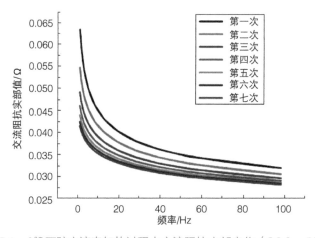

图 7-8　0℃正弦交流电加热过程中交流阻抗实部变化（SOC = 50%）

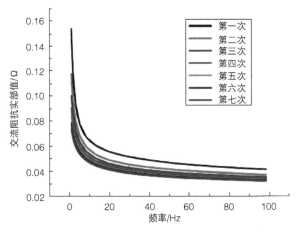

图 7-9　−20℃正弦交流电加热过程中交流阻抗实部变化（SOC = 80%）

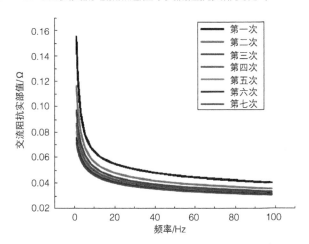

图 7-10　−20℃正弦交流电加热过程中交流阻抗实部变化（SOC = 50%）

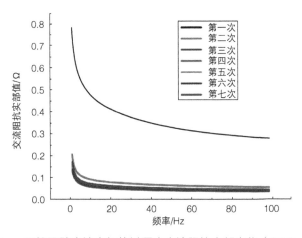

图 7-11　−40℃正弦交流电加热过程中交流阻抗实部变化（SOC = 80%）

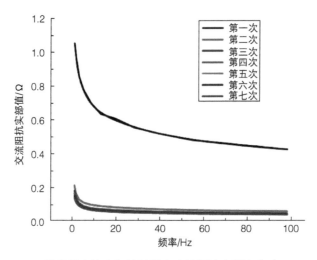

图 7-12　−40℃正弦交流电加热过程中交流阻抗实部变化（SOC=50%）

从图 7-7 ~ 图 7-12 中可以总结出以下几点：

1）在频率和电池 SOC 都相同的情况下，温度越低，交流阻抗实部值越高。

2）在温度和电池 SOC 都相同的情况下，在 0 ~ 100Hz 内，频率越低，交流阻抗实部值越高。

3）在 −40℃时，加热后阻抗实部值的变化很明显。

7.3.3　正弦交流电加热的等效电路模型验证

1. 模型参数 EIS 测试原理

电化学阻抗法（EIS）是通过测量电极系统在受到一个正弦量扰动时的阻抗谱的方法。这种方法将电极过程抽象成由电阻、电容与电感等电学元件以串并联等方式构成的等效电路，根据阻抗图谱求解各电路元件参数，来研究电极系统的原理。

给线性稳定的电化学系统输入一个角频率为 ω 的正弦量 U，系统的输出为正弦响应 Y。若响应与输入之比为函数 G，则有

$$Y = G(\omega)U \tag{7-22}$$

若 U 为正弦电流激励、Y 为电压响应，则 G 就为系统的阻抗，符号为 Z。若 U 为正弦电压激励、Y 为电流响应，则 G 为系统的导纳，符号为 Y。Z 与 Y 统称为阻纳，且 $Y = 1/Z$。EIS 图多以 Z_{Re}、Z_{Im} 为横坐标和纵坐标。

$$Z(\omega) = Z_{Re} - jZ_{Im} \tag{7-23}$$

电化学反应的模型如图 7-13 所示。其中，双电层电容 C_d 是由电解液的非活

性离子产生的，不发生化学反应，只改变电荷分布；内阻 R_Ω 指电极与电解液的内阻；法拉第阻抗 Z_f 是由电解液的活性离子产生的，发生氧化还原反应，存在电荷的转移。

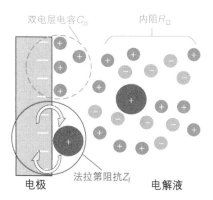

图 7-13　电化学反应模型

对应的电路模型如图 7-14a 所示。法拉第过程可细分为物质转移与电荷转移过程，分别对应于 Warburg 阻抗与电荷转移阻抗，如图 7-14b 所示。由图 7-14 可得阻抗实部与虚部的表达式如下：

$$Z_{Re} = R_\Omega + \frac{R_{ct} + \sigma\omega^{-1/2}}{\left(C_d\sigma\omega^{-1/2} + 1\right)^2 + \omega^2 C_d^{~2}\left(R_{ct} + \sigma\omega^{-1/2}\right)^2} \tag{7-24}$$

$$Z_{Im} = \frac{\omega C_d\left(R_{ct} + \sigma\omega^{-1/2}\right)^2 + \sigma\omega^{-1/2}(\omega^{1/2}C_d\sigma + 1)}{\left(C_d\sigma\omega^{-1/2} + 1\right)^2 + \omega^2 C_d^{~2}\left(R_{ct} + \sigma\omega^{-1/2}\right)^2} \tag{7-25}$$

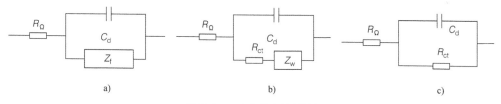

图 7-14　对应的电路模型

式中，σ 为与物质转移相关的系数。

当 ω 趋于零（低频）时，Z_{Re} 与 Z_{Im} 的关系可简化为式（7-26）。EIS 图是一条斜率为 1 的直线。交 Z_{Re} 轴于点 $\left(R_\Omega + R_{ct} - 2\sigma^2 C_d,~0\right)$：

$$Z_{Im} = Z_{Re} - R_\Omega - R_{ct} + 2\sigma^2 C_d \tag{7-26}$$

当 ω 很大（高频）时，信号变化的周期非常短，来不及发生物质转移，此时

Warburg 阻抗的作用效果无法体现，等效电路模型可简化为图 7-14c，由图可得阻抗实部与虚部的关系，见式（7-27），在 EIS 图谱中表现为一个以 $R_\Omega + \dfrac{R_{ct}}{2}$ 为圆心、以 $\dfrac{R_{ct}}{2}$ 为半径的半圆，如图 7-15a 所示：

$$\left(Z_{Re} - R_\Omega - \frac{R_{ct}}{2}\right)^2 + Z_{Im}^2 = \left(\frac{R_{ct}}{2}\right)^2 \qquad (7\text{-}27)$$

根据上述分析可知，在低频区域，以物质转移为主，在高频区域，以电荷转移为主，如图 7-15b 所示。此外，对于某一个 EIS 图谱，存在多个等效电路可以对其进行拟合分析。

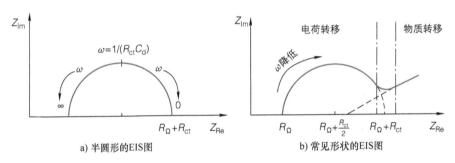

a) 半圆形的EIS图　　　　　　　　b) 常见形状的EIS图

图 7-15　两种 EIS 图

2. 锂离子电池不同温度和 SOC 下 EIS 测试结果

为了研究锂离子电池在低温下的电化学反应过程中的阻抗特性，采用电化学阻抗谱法（EIS）获取电池在不同温度、不同 SOC 状态下的交流阻抗，为 7.2 节建立的等效电路模型的参数辨识以及正弦交流电加热过程的生热率的计算提供依据。

3 节并联 18650 NCM 锂离子电池在 −20℃ 下的 EIS 图谱如图 7-16 所示，在图示的 Nyquist 图中，从左侧至右侧分别对应于从高频至低频的阻抗值。从图中可以看出，EIS 曲线包括一条近似直线、一个近似的半圆弧和一条近似的斜线。其中，直线部分表明电池中存在电感，这种由于感抗的影响产生的滞后电流与感应电流不同，它与电极的固有属性，如多孔性、表面粗糙度等因素有关，也说明电池是一个黏性系统。于是可推断出等效电路模型中串有电感，且在高频区域的作用比较明显。在图中高频和中频区域相接处是欧姆电阻的体现，该点的阻抗虚部为零，与实轴的交点横坐标即为近似欧姆电阻的值。该值与锂离子在正负极活性材料、隔膜、电解液中的运输有关。

EIS 图的中频区域的形状呈现为一个近似的半圆，它与电荷转移过程有关，在等效电路模型中对应于极化电阻与极化电容的并联部分。极化电阻也称为电荷转移电阻，极化电容即上述的双电层电容。从半圆的形状略扁可以推断出，极化电容不是理想的纯电容。低频区域的形状呈现为一条近似的斜线，这是 Warburg 扩散阻抗的体现。低频区域对应于锂离子在正负极活性材料中的固相扩散过程，它是由浓度差引起的，Warburg 阻抗在频率很低时比较明显。

从图 7-16 还可以发现，中频区域的扁圆弧与低频区域的斜线的交点不够明晰，这表明电池内部既发生了电化学极化，又发生了浓差极化，总阻抗是两者共同作用的效果。特别地，在低频区域以浓差极化为主，体现为 Warburg 阻抗的斜线；而在高频区域以电化学极化为主，体现为双电层电容的扁圆弧。因此，在电极反应过程中，先发生电荷转移反应，产生电化学极化，随后发生锂离子扩散反应，产生浓差极化。

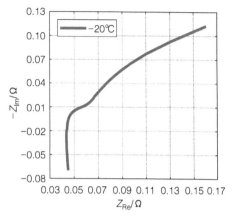

图 7-16　3 节并联电池模组在 −20℃下的 EIS 图谱

由于锂离子电池在电动汽车上应用时均以串联或者并联形成的模组为基本单位，因此本章选用 3 节 NCM18650 电池并联组成的电池模组为研究对象，进行 EIS 测试与正弦交流电加热实验。挑选一致性较好的 9 节电池单体并编号为 1～9 号。在进行 EIS 测试前，为了激活新电池内部的活性物质，提高电池的工作性能，首先使用 KIKUSUI PBZ20-40 双极性电源将电池按照额定倍率循环充放电 3 次并定容，之后将 1～3 号电池的 SOC 调整至 80% 并并联组成模组 1，将 4～6 号电池的 SOC 调整至 50% 并并联组成模组 2，将 7～9 号电池的 SOC 调整至 20% 并并联组成模组 3。在每节电池的表面中间位置布置 1 个温度测量点，将 Pt100 贴片式温度传感器粘贴于温度测量点来测量电池的表面温度。

使用图 7-5 所示的 Zahner Zennium 电化学工作站来进行电池模组的 EIS 测试，选用电压控制模式，激励电压设置为 5mV，扫频的频率范围设置为 $10^{-1} \sim 10^{4}$ Hz，采样点数为 147 个。测量的温度范围为 −25～25℃，每间隔 5℃进行 1 次 EIS 测试，且每次测量前先将电池模组放入 Ykytech 温箱中，在设定温度下保温 4h 以上使得电池组的温度得到均衡。每一温度、每一 SOC 下进行 6 次测试，以减小误差，提高数据的可靠性。

以 SOC = 20% 的电池模组为例，其在不同温度下的 EIS 图如图 7-17 所示。由图可知，随着温度的不断降低，电池模组的电化学阻抗谱的形状发生了比较明显的变化，电池阻抗的实部与虚部均相应地变大。与常温（25℃）下的阻抗谱不同的是，低温下的阻抗谱的圆弧与斜线的形状发生了改变，比如，低温下扩散反应过程与电荷转移过程对应的特征频率均逐渐降低，同时电荷转移阻抗逐渐变大，使得其对应的半圆变扁。

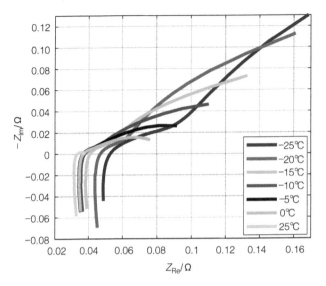

图 7-17　不同温度下的 EIS 图

　　从各个频率段来看，高频部分的变化程度相较于低频部分来说小一些，这是由于低频部分主要表征的是锂离子在正负极活性材料中的扩散过程，即锂离子在活性材料中的固相扩散系数比较低是低温下阻抗变大的主要原因。此外，低温也会影响电解液的离子电导率与 SEI 膜阻抗。−15℃、−10℃ 与 −5℃ 下不同 SOC 时的 EIS 图如图 7-18 所示，由图可知，同一温度与频率下，随着电池 SOC 的增大，阻抗谱的值略有增大，但整体来说阻抗受 SOC 的影响较小，可以忽略不计。

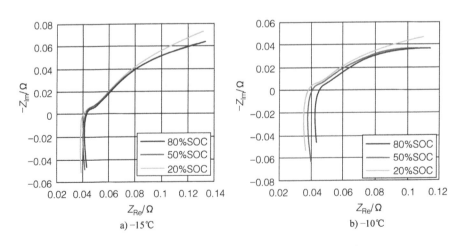

图 7-18　不同温度下不同 SOC 时的 EIS 图

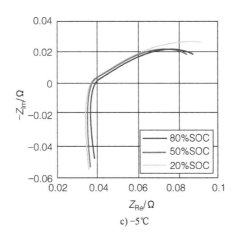

c) -5℃

图 7-18　不同温度下不同 SOC 时的 EIS 图（续）

3. 等效电路模型验证

从电化学阻抗谱中可以抽象出电池的等效电路模型，EIS 曲线中的不同频段的

形状对应于等效电路中的不同元件或者多种元件的串并联组合。所以，获得了 EIS 数据后就能够建立出相应的等效电路模型，再借助拟合工具或者一些优化算法来拟合或者辨识各个电路元件的具体参数。常用的拟合工具如 ZView 软件，常用的算法如最小二乘法、遗传算法、人工神经网络算法等。

根据测量的 EIS 图谱与上述理论，可以建立二阶 RLC 等效电路模型，采用遗传算法对等效电路模型中的各个元件参数进行辨识，模型参数辨识的结果如图 7-19 所示。

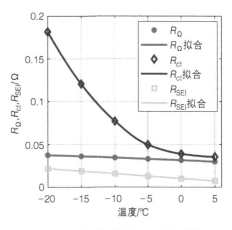

图 7-19　模型参数随温度变化曲线

从图中可看出，R_Ω、R_{ct}、R_{SEI} 均随温度的升高而减小，R_{ct} 随温度减小的速度远远快于 R_Ω 与 R_{SEI}，且 R_{ct} 在电池的低温总阻抗中占主导。这是因为低温会导致电解液黏度增大，使得锂离子的运输速度减慢，这一点与文献 6 的研究结果一致。

把参数辨识的结果代入等效电路模型中，对模型进行验证，其中 -20℃ 与 -10℃ 下的阻抗模 - 频率曲线和相位 - 频率曲线如图 7-20 所示，图中的模型仿真与实验测量值之间的误差见表 7-2。

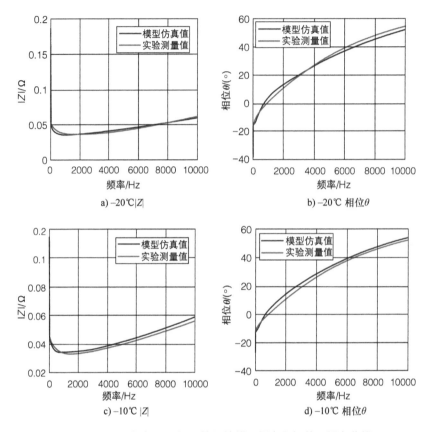

图 7-20　−20℃与−10℃下的阻抗模 - 频率和相位 - 频率曲线

表 7-2　等效电路模型精度评估结果

评估参数	$\|Z\|$（−20℃）	θ（−20℃）	$\|Z\|$（−10℃）	θ（−10℃）
最大误差	0.0116Ω	6.0281°	0.0057Ω	6.6913°
平均误差	0.0020Ω	2.2416°	0.0017Ω	2.1736°
RMSE	0.0017Ω	1.1731°	0.0011Ω	1.0524°

　　从图 7-20 中可以看出，−20℃下阻抗模的模型仿真与实验测量曲线极为接近且变化规律基本相同，最大误差为 0.0116Ω，平均误差为 0.0020Ω，方均根误差（RMSE）为 0.0017Ω；−20℃下相位的仿真与实验曲线的重合程度也较好，最大误差为 6.0281°，平均误差为 2.2416°，RMSE 为 1.1731°；−10℃下阻抗模与相位的RMSE 较 −20℃均减小，分别为 0.0011Ω 与 1.0524°。总体来看，等效电路模型参数辨识的精度较高，误差在可接受的范围内。

7.3.4 电 - 热耦合模型实验验证与分析

根据电 - 热耦合模型的理论，基于遗传算法编写 MATLAB 程序，对电池的热物性参数进行辨识，得到电池的对流换热表面传热系数 h 为 9.93W/（$m^2 \cdot K$）；电池的比热容 c 为 996.65J/（$kg \cdot K$），一般空气自然对流时 h 的取值为 10～20 W/（$m^2 \cdot K$）。本文的电池模组先封装入被泡沫板填充严实的泡沫保温箱中，后放入温箱中，因此对电池模组的保温效果较好，使得 h 的值略小，因此可以判断 h 的辨识结果是合理的。比热容 c 的值随电池温度变化，但是变化幅度不大。文献 7 实验测量的电池比热容见表 7-3，由表 7-3 可知本文辨识的低温下的 c 值与实验测量值很接近，在合理范围内。

表 7-3　电池在不同温度下的比热容

温度	−20℃	−10℃	0℃	10℃	20℃
比热容 /[J/（$kg \cdot K$）]	990.5	1007.1	1035.7	1051.3	1067.9

将辨识出的电路参数与热物性参数代入电 - 热耦合模型进行计算，可以对电池的生热率与温升特性进行仿真。实验时，将温箱温度设置为 −20℃，把 3 组电池模组放入温箱中保温 5h，使得电池内部温度与周围环境温度相同。将双极性电源的参数设置为给定幅值与频率的正弦交流电流输出模式，按下 output 键给电池模组进行加热，使用数据采集仪对各个电池单体的表面温度与电压的变化情况进行观测并采集。在施加不同参数的正弦交流电流时，重复以上过程即可。本文选取了 1C（6.45A）/1000Hz 与 2C（12.9A）/ 1500Hz 的正弦交流电流进行加热研究，实验与仿真结果如图 7-21 所示。

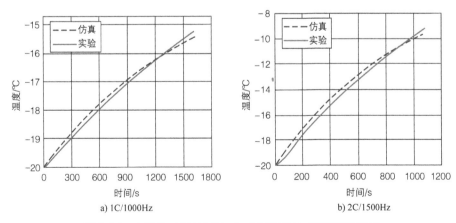

a) 1C/1000Hz　　　　b) 2C/1500Hz

图 7-21　电池在 1C/1000Hz 与 2C/1500Hz 下的温升曲线

从图 7-21 可以看出，当施加的正弦交流电流的频率为 1000Hz、幅值为 1C 时，电池在 1600s 内从 −20℃ 升温至 −15.39℃（实验）与 −15.45℃（仿真）；当施加的正弦交流电流的频率为 1500Hz、幅值为 2C 时，电池在 1000s 内从 −20℃ 升温至 −9.84℃（实验）与 −9.93℃（仿真）。仿真得到的温升曲线与实验测量得到的温升曲线非常接近并且变化趋势比较一致。模型仿真计算的电池温度很好地反映了实际电池表面温度的情况，最大温差为 0.55℃，平均温差为 0.36℃。仿真结果与实际温度的方均根误差（RMSE）见表 7-4。1.5C/1500Hz 的正弦交流电流的方均根误差为 0.1730℃，1C/1000Hz 的正弦交流电流将这个误差减小为 0.1367℃。特别地，两者的方均根误差均低于 0.2℃，结果非常令人满意。因此，电 - 热耦合模型是准确的。

表 7-4　电 - 热耦合模型精度评估结果

参数	1C /1000Hz	1.5C/1500Hz
最大误差 /℃	0.2891	0.5499
平均误差 /℃	0.1951	0.3574
RMSE/℃	0.1367	0.1730

7.4 交流电频率和幅值对电池的加热效果分析

影响生热率的因素主要是施加的正弦交流电的幅值 A 与频率 f，所以接下来采用控制变量法分别探究这两个变量对电池加热效果的影响。

首先，为了探究电流幅值 A 对生热率的影响，选用恒定的电流频率，比如 1500Hz，不同的电流幅值，比如 1C（6.45A）、1.5C（9.675A）与 2C（12.9A）进行加热。同样的，加热前先将电池放入 −20℃ 的温箱中保温 5h，使得电池的内外部温度均衡。对 3 个电池模组分别进行加热，以 SOC = 20% 的电池模组的温升情况为例，绘制的温升曲线如图 7-22a 所示。

从图中可以发现，当采用 1C 倍率加热时，电池的温升曲线比较平缓，至 1080s（18min）时电池升温至 −16.5℃，电池生热较慢；当电流倍率为 1.5C 时，电池的温升曲线较 1C 时变陡，至 1080s 时温度达到 −13.8℃，电池的升温速度变快了一些；当继续加大电流倍率为 2C 时，温升曲线进一步变陡，到 1080s 时可以加热到 −9.2℃，即温度升高了 10.8℃，温升效果明显变好。对比三条曲线不难发现，在同一频率下，所施加正弦交流电流的幅值越大，生热效果越好。

同时，在进行正弦交流电加热的过程中，用示波器对电池的端电压信号进行测量，以 2C/1500Hz 的正弦交流电加热过程为例，电池的端电压波形如图 7-22c 所示，电压的峰峰值为 1.09V，峰值为 545mV。此时电池的 OCV 为 3.57V，可以计算出电池的端电压为 3.57V + 0.545V = 4.115V<4.2V，即在安全电压范围内，是可以接受的。

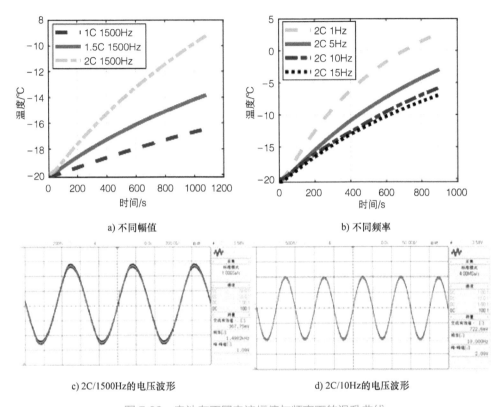

a) 不同幅值　　　　　　　　　　　b) 不同频率

c) 2C/1500Hz的电压波形　　　　　　　d) 2C/10Hz的电压波形

图 7-22　电池在不同电流幅值与频率下的温升曲线

　　然而电流幅值也不是越大越好，因为过大的电流幅值会导致电池的电压超过安全阈值，也就是说产生过电压或者欠电压现象。正如我们所知，电池过电压或者欠电压是非常危险的，因为会触发电池内部的副反应，导致 SEI 膜分解、负极与电解液反应、正极与电解液反应以及电解液自身的分解反应等，使得电池内部热量迅速积累，并且伴随大量气体的生成，严重的话甚至会引发热失控。

　　然后，探究电流频率 f 对电池生热效果的影响，选用恒定的电流幅值，比如 2C（12.9A），不同的电流频率，比如 1Hz、5Hz、10Hz 与 15Hz，对电池进行正弦交流电加热。同样，加热前先将电池放入 −20℃ 的温箱中保温 5h，使电池的内外部温度均衡。对 3 个电池模组分别进行加热，仍然以 SOC = 20% 的电池模组的温升情况为例，绘制的温升曲线如图 7-22b 所示。从图中可以发现，当采用 15Hz 频率加热时，电池的温升曲线比较平缓，至 900s（15min）时电池升温至 −6.9℃，生热较慢；当电流频率为 10Hz 时，电池的温升曲线较 15Hz 时略微变陡，但总体来说变化不大，至 900s 时温度达到 −5.8℃，电池的升温速度变快了一些；当电流频率为 5Hz 时，电池的温升曲线明显变陡，至 900s 时温度升高到 −3℃，生热效果有了明显改善；当继续降低电流频率为 1Hz 时，温升曲线更加变陡，到 900s 时可以加热到 +2.7℃，即温度升高了 22.7℃，温升速度有了大幅度提升。对比四条曲线可以得出结论：在同一幅值下，所施加的正弦交流电流的频率越低，电池生热效果越好。

值得注意的是，当加热的电流频率较低，如 1Hz、5Hz、10Hz，同时电流幅值又较大时，比如 2C（12.9A），电池的端电压会明显超出安全电压范围。用示波器测量上述各组加热过程中的电池的端电压信号，以 2C/10Hz 的正弦交流电加热过程为例，电池的端电压波形如图 7-22d 所示，电压的峰峰值为 2.09V，峰值为 1.045V。此时，电池的 OCV 为 3.57V，可以计算得出电池的端电压 3.57V + 1.045V = 4.615V > 4.2V，显著超过了安全电压范围，是非常危险的。

而且，在同一电流幅值条件下，电流的频率越低，超出安全电压的程度越大，即过电压现象越严重。中低频的总阻抗随频率的减小而变大，根据欧姆定律可知，过电压现象随频率的降低而越发严重。所以，虽然低频大幅值的电流加热效果较好但是会对电池的结构和安全造成不利影响，严重的话会引发热失控等安全事故，这一点对于在电动汽车上的应用来说是不能接受的。因此在选择正弦交流电流的参数时，需要考虑到电池安全工作电压的限值。

对比图 7-22a 与图 7-22b 可以看出，电流幅值对加热效果的影响明显大于电流频率的影响，这是因为电池的生热率 q 与频率 f 成正比，而与电流幅值 A 的二次方成正比。因此对于改善生热效果而言，增大电流幅值对增大生热率的贡献程度要远远高于降低电流频率对增大生热率的贡献程度。

7.5 交流电加热对电池寿命影响的机理分析

7.5.1 低温极化电压与低温锂离子沉积的影响

低温加热时，电池极化电压的值较常温要大一些，对电流倍率的选择要满足极化电压稳定且电池的端电压不超过安全工作电压的上下限，防止因极化导致锂离子沉积，以减少对电池容量与寿命的不良影响。

当给电池施加一个正弦交流激励时，锂离子的电极反应过程满足 Butler-Volmer 方程的关系：

$$j^{\text{Li}} = i_0 \left[\exp\left(\frac{\alpha_a F}{RT} \eta \right) - \exp\left(\frac{\alpha_c F}{RT} \eta \right) \right] \tag{7-28}$$

为了防止阳极表面有锂离子沉积，有

$$\phi_s - \phi_1 > E_{\text{Li+/Li}} \tag{7-29}$$

电极反应的过电势可以定义如下：

$$\eta = \phi_s - \phi_1 - U_e \tag{7-30}$$

式中，U_e 为电极的开路电压（V）；ϕ_s 为固相电位（V）；ϕ_1 为液相电位（V）；$E_{Li+/Li}$ 为锂离子的分解电位，一般取 0V。

固液相的电压受到周围环境温度与 SOC 的影响，关系式如下：

$$U = f(\text{SOC}) + \frac{\partial U_{eq}}{\partial T}(T - T_{ref}) \tag{7-31}$$

式中，U_{eq} 为电池平衡状态的电压（V）；T_{ref} 为参考温度（K）。

低温下锂离子在电解液中的运动速度变慢，在正负极处嵌入与脱出的阻力明显增大，使得电化学阻抗比常温下大得多。温度越低，锂离子在电极活性材料与电解液中的运动速度越慢，且负极的嵌锂阻抗较正极的脱锂阻抗来说偏大，使得浓差极化更加严重。因此，低温下易于产生锂离子沉积现象。Christian 等发现在 −2℃用大于 0.5C 的电流充电时，锂离子沉积量会明显变多，比如 0.5C 时沉积量约为容量的 5.5%，而 1C 时增加至 9%。

Veronika Zinth 等对 NCM18650 锂离子电池在 −20℃低温下的锂离子沉积情况进行了研究，发现电池在低温下充电时，动力学条件变差，会造成充电容量减少，石墨负极的嵌锂速度变慢，使得锂离子在负极表面沉积。尽管搁置一段时间后，一部分沉积的金属锂仍能再嵌入石墨中，但实际应用时的搁置时间较短，无法使得全部的金属锂重新嵌入石墨中，所以负极表面会有锂离子沉积。

低温下给电池施加低频的正弦交流电流时，在负极附近会产生析锂现象。锂离子沉积后不断积累会形成锂枝晶，锂枝晶变长后会刺破隔膜，引发电池内部短路，甚至造成热失控等事故。而中频与高频的正弦交流电流不会产生锂沉积，适用于给电池进行正弦交流电加热。

7.5.2 低温交流电加热电极反应原理

正弦交流电加热法为改善锂离子电池的低温性能提供了一种新的选择，它可以实现电池迅速均匀的升温。正弦交流电加热使得锂离子在正负极材料内部的脱锂与嵌锂交替进行，每个周期内从正极脱出的锂离子会嵌入负极中，不易产生锂沉积。但电化学反应是一个复杂的过程，同一周期内会存在嵌锂与脱锂的不匹配的情况。

低温下给电池施加不同电流激励时的电极反应原理如图 7-23 所示。其中，图 7-23a 展示了低温直流充电时电池负极的析锂过程，锂离子在阳极活性材料内部的固相扩散缓慢，在阳极处的嵌锂速度明显慢于阴极处的脱锂速度，每个周期内都有剩余的锂离子来不及嵌入阳极，而以金属锂的形式在阳极表面析出。

图 7-23b 展示了低温下给电池施加一个低频大倍率的交流电流的过程。在这种情况下，即便是阳极与阴极的脱锂与嵌锂在一个周期内交替发生，但是也因为交流电流的频率过低，电池内部的电极反应特性比较复杂，使得析出的一部分金属锂在与电解液的副反应过程中被反应掉，从而造成锂离子总量的损失，进而使得电池的容量发生衰减。另一方面，大倍率的电流会在阳极活性材料表面粗糙的地方产生一个强电场，使锂离子在电场的作用下大量沉积，沉积的金属锂来不及发生反应变成锂离子，使得整个系统的锂离子浓度降低，进而损伤电池的容量，缩短其使用寿命。

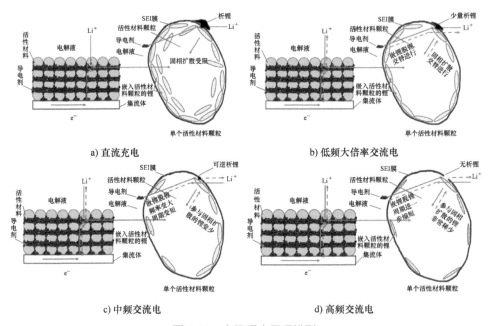

图 7-23　电极反应原理模型

图 7-23c 展示了施加中频交流电流时的电极反应过程，与低频相比，中频下电极反应的周期随频率的升高而缩短。在同一反应速率时，可逆反应的正向与逆向反应过程中的反应物的减少与生成物的增加过程都会随反应周期的缩短而减弱，使得脱出的锂离子能够完全嵌入或者析出的金属锂能够重新还原为锂离子，因此不会造成系统中的锂离子总量的损失。

图 7-23d 展示了施加高频交流电流时的电极反应原理。随着交流电流频率的进一步升高，电极反应周期进一步缩短，使得阳极表面的嵌锂过程中剩余的锂离子较少，未发生沉积就参与到下一次的脱锂过程。总体来看，在施加高频交流激励的过程中不会发生析锂现象，不会造成电池容量与寿命的衰减。

7.6 锂离子电池正弦交流电加热控制策略

7.6.1 正弦交流电加热优化

由于在内部加热过程中周围环境温度和散热条件的变化非常小，因此加速电池温升最有效的方法是在施加正弦交流电流时增加电池内部的生热率。基于上述提出的电池的电 - 热耦合模型，电池的生热率主要受到正弦交流电流的幅值和频率的影响。正弦交流电流的幅值直接影响电池的生热率且影响较大，而频率则通过改变电池阻抗的方式对电池的生热率产生间接的影响。因此，这些关键参数的选择决定了加热策略的性能。目前，已有的一些加热策略是采用在一个合适的固定频率下，通过调节电流幅值来实现电池的较好的生热效果。然而，这些方法忽略了电池温度对合适的加热频率的影响，仅仅通过单独调节电流幅值的方法，使电池的温升速度不是那么令人满意。为了进一步改善正弦交流电加热的效果，在提出的优化策略中，以正弦交流电流的幅值与频率作为变量，随着电池温度的升高，对这两个变量进行优化和更新。

为了在最短的时间内将电池加热到一定的温度，需要及时调整正弦交流电流的幅值和频率，以使电池的生热最大化。同时，为了避免损坏电池结构并减少对电池容量与寿命的负面影响，必须要确保在加热过程中电池的端电压在安全工作范围内。因此，电流幅值与频率的选择可以等效为约束非线性优化问题。

基于电池的电 - 热耦合模型，给定一定的电池温度后，可以通过插值的方法获得等效电路模型的参数。然后，可以将生热率表达式中的电池阻抗视为当前频率的函数，并且可以根据式（7-32）计算出电池的阻抗。目标函数可以表示如下：

$$J = \max_{A,f}\left[\left(\frac{A}{\sqrt{2}}\right)^2 \cdot Z_{\mathrm{Re}}(T,f)\right] \tag{7-32}$$

正弦交流电流的幅值与频率作为优化变量，在加热过程中不断进行优化和更新。给定 SOC，可得到 OCV。另外，可以根据式（7-33）计算在某一温度下施加正弦交流电流时的电池阻抗上的最大电压：

$$U_{Z,\max} = A\left|Z(T,f)\right| \tag{7-33}$$

式中，$\left|Z(T,f)\right|$ 为总阻抗的模，可以通过式（7-34）来计算；$U_{Z,\max}$ 为阻抗上的最大电压的绝对值。

$$\left|Z(T,f)\right| = \sqrt{Z_{\mathrm{Re}}^2(T,f) + Z_{\mathrm{Im}}^2(T,f)} \tag{7-34}$$

因此，电池的端电压是开路电压与阻抗两端电压的叠加，它在整个加热过程中都需要保持在一定范围内。那么优化问题的约束条件可以表示如下：

$$\begin{cases} C_1 : U_{\mathrm{oc}} + U_{Z,\max} = U_{\mathrm{oc}} + A\left|Z(T,f)\right| \leqslant U_{\max} \\ C_2 : U_{\mathrm{oc}} - U_{Z,\max} = U_{\mathrm{oc}} - A\left|Z(T,f)\right| \geqslant U_{\min} \end{cases} \tag{7-35}$$

式中，U_{max} 与 U_{min} 分别为端电压的上下限值。

在加热过程中忽略电池 SOC 的变化，因此可以将开路电压视为恒定值。另外，随着加热过程中电池温度的升高，电池可以接受的正弦交流电流的幅值或者生热率将逐渐增加。因此，在每次优化中仅需要满足当前时刻的端电压约束，这使得优化问题得到了简化。采用 SQP 算法通过 MATALB 对优化的加热策略进行求解。

优化问题的求解往往是比较费时的，实时优化会受到设备计算功率的限制，实际应用中难以实现。因此，加热策略优化应该包含两个步骤，即离线仿真中优化策略的建立与优化策略的在线执行。

1. 离线仿真中优化策略的建立

离线仿真中优化策略建立的具体框架如图 7-24 所示。首先需获得周围环境温度、电池的初始温度、电 - 热耦合模型的参数以及电池的端电压约束等信息。给定电池的初始温度后，通过查表获取相应的模型参数，然后判断加热策略（即电流的幅值与频率）是否需要进行优化与更新。考虑到设备的调节能力与精度，不需要每个时间步长都进行策略的优化与更新。正弦交流电流的幅值与频率可以在一定的时间间隔（例如 30s，60s）或者温度增量（例如 0.5℃，1℃）后进行优化与更新。接下来，基于电池的电 - 热耦合模型，根据正弦交流电流的幅值与频率，可以计算出电池的生热率与温度。之后判断电池的温度是否达到了加热的终止温度，若未达到，则根据更新后的电池温度通过插值的方法对模型参数进行更新，并且重复上述步骤直到电池温度达到加热终止温度；否则停止施加正弦交流电流激励以结束预热过程。

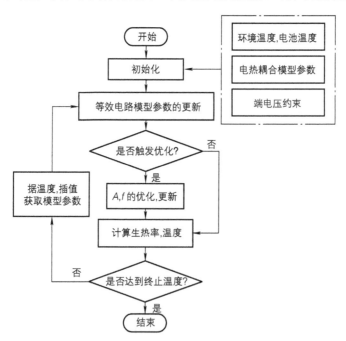

图 7-24　离线仿真中优化策略的建立的具体框架

离线仿真过程建立了电池在不同温度下的优化加热控制策略，从而为优化策略的在线执行过程的应用提供了数据支撑。

2. 优化策略的在线执行

优化策略在线执行的具体框架如图 7-25 所示。首先需要先对周围环境温度、电池温度与电压约束进行初始化。然后根据设定条件判断加热策略是否需要进行优化与更新。当需要更新时，可以根据电池当前温度，基于离线仿真过程中得到的结果，获取相应的优化的电流幅值与频率；否则电流的幅值与频率保持不变。接下来，加热后需要测量电池的温度，并且判断电池的温度是否达到了加热终止温度，若未达到，则重复上述步骤直到电池温度达到加热终止温度；否则停止加热。

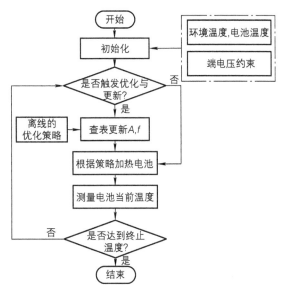

图 7-25　优化策略在线执行的具体框架

7.6.2　SQP 优化算法基本理论

简单来讲，求解最优化问题就是求解一个函数在某个给定集合内的极值，基本上全部最优化问题的数学模型均可以表示为如下形式：

$$\min f(x)$$
$$\text{s.t.} x \in K$$

(7-36)

式中，x 为决策变量；K 为可行域；$f(x)$ 为定义在集合 K 上的实值函数。

迭代法是求解最优化算法的常用工具。其步骤为：第一个点 $x_0 \in R^n$，根据某种方法得到点列 $\{x_k\}$，若 $\{x_k\}$ 为有穷的，最后一个点即为所求。若 $\{x_k\}$ 是无穷的，其极限点为所求的非线性规划问题的最优解。一般而言，迭代点 x_k 可以稳定地接近局部极小点 x^* 的领域，并且迅速收敛于 x^*，这是好的算法所具有的共同特点。当达到设置的终止条件时，停止迭代。最优化算法的步骤如下：

给定初始解 x_0。

步骤 1：确定搜索方向 d_k，即目标函数 $f(x)$ 在 x_k 处的下降方向。

步骤 2：确定搜索步长 α_k，令 $f(x)$ 的值产生下降。

步骤 3：令 $x_{k+1} = x_k + \alpha_k d_k$，当 x_{k+1} 达到终止准则时，就终止迭代过程，此时 x_{k+1} 即为所求得的近似最优解；否则返回步骤 1。其流程图如图 7-26 所示。

序列二次规划（SQP）算法作为一种求解非线性规划问题的有效方法，在工程实际中得到了较为广泛的应用。它既可实现全局收敛，又兼具超线性收敛速度的优点。基本思路为：把待求解的非线性规划问题转化为求解一个近似二次规划子问题，在每一步迭代时借助对子问题的求解来确定搜索方向 d_k，根据减少价值函数的要求来确定搜索步长 α_k，按照迭代方程计算出新的点，然后在这个新点处继续求解子问题的近似解，在不断的迭代过程中用所求得的各个解来逼近所求目标的解。因此，这种优化算法得名序列二次规划算法。SQP 算法的原理阐述如下：

将待求解的非线性规划问题：

$$\min f(x)$$
$$\text{s.t. } h_i(x)=0 \quad (i=1,\cdots,l) \qquad （7-37）$$
$$g_i(x)\geqslant 0 \quad (i=1,\cdots,m)$$

在各个迭代点 x_k 求解转化得到二次规划子问题，其解即为搜索方向（下降方向）d_k，根据迭代方程：

$$x_{k+1}=x_k+\alpha_k d_k \qquad （7-38）$$

确定搜索步长 α_k，计算出新点 x_{k+1}，用各个 x_{k+1} 不断逼近所求非线性规划问题的最优解。

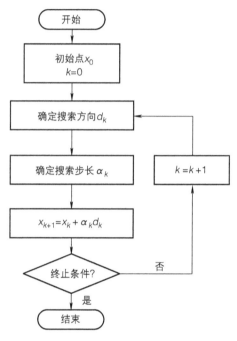

图 7-26　最优化算法流程图

SQP 算法主要包括如下三个部分的内容：

（1）构造与计算二次规划子问题

求解初始点以及各个新点处的目标函数、约束条件与导数，转化为二次规划子问题：

$$\min \left[\frac{1}{2}(d_k)^{\mathrm{T}}H_k d_k+\Delta f(x_k)^{\mathrm{T}}d_k\right]$$
$$\text{s.t.}[\Delta h_i(x_k)]^{\mathrm{T}}d_k+h_i(x_k)=0 \qquad （7-39）$$
$$[\Delta g_i(x_k)]^{\mathrm{T}}d_k+g_i(x_k)\geqslant 0$$

其拉格朗日函数为

$$L(d,\lambda_i^{k+1},\mu_i^{k+1})=\frac{1}{2}(d^k)^{\mathrm{T}}H^k d^k+\Delta f(x_k)^{\mathrm{T}}d^k+\sum_{i=1}^{p}(\lambda_i^{k+1})^{\mathrm{T}}\left[\Delta h_i(x_k)d^k+h_i(x_k)\right]$$
$$+\sum_{j=p+1}^{q}(\mu_i^{k+1})^{\mathrm{T}}\left[\Delta g_i(x_k)d^k+g_i(x_k)\right] \qquad （7-40）$$

转化为无约束问题后，根据无约束优化方法，能够求出式（7-39）的最优解 d_k

的 Lagrange 乘子 λ_i^{k+1}、μ_i^{k+1}。此最优解 d_k 就能够成为待求的优化问题中 x_k 的搜索方向。

（2）确定搜索步长

已经确定了下降方向后，需要进一步确定搜索步长，根据迭代方程：

$$x_{k+1} = x_k + \alpha_k d_k \qquad (7\text{-}41)$$

考虑到计算速度与计算量的要求，可选用试凑法对 α_k 进行求解，且 α_k 需要满足使待求解的有约束问题转换为无约束问题后的 Lagrange 函数值减小，也就是

$$L(x^{k+1}, \lambda_i^{k+1}, \mu_i^{k+1}) \leq L(x^k, \lambda_i^k, \mu_i^k) \qquad (7\text{-}42)$$

先把 $\alpha_k=1$ 代入式（7-41），若成立，那么 $\alpha_k=1$；若不成立，再把 $\alpha_k=0.8$，0.6，0.4，…代入式（7-41），直到不等式成立为止。

根据上述过程可计算出新点 x_{k+1}，接下来代入终止条件中进行判断：

$$\frac{|f(x_{k+1}) - f(x_k)|}{|f(x_k)|} \leq \text{ACC} \qquad (7\text{-}43)$$

式中，ACC 为收敛精度，若是符合上述终止条件，即 x_{k+1} 为最优解，则迭代终止，输出最优解 x_{k+1}；若不满足，就要继续进行如下的近似 Hessian 矩阵修正。

（3）Hessian 矩阵修正

H^k 为待求解的优化问题式（7-37）的 Lagrange 函数式（7-40）的二阶导数阵，即 Hessian 矩阵。由于 Hessian 矩阵较为复杂，所以 SQP 算法以变尺度法来替代对其直接计算的方法，即把 H^k 用一个对称正定矩阵 A^k 来代替，通过在迭代计算过程中对其进行逐步修正来逼近 H^k。校正公式如下：

$$A^{k+1} = A^k + \Delta A^k \qquad (7\text{-}44)$$

式中，ΔA^k 为修正矩阵。

为了令 A^{k+1} 在修正中保持对称且正定，需要令 A^k 与 ΔA^k 对称且正定。因此先令 $A^0=I$，修正矩阵 ΔA^k 可以根据下式计算：

$$\Delta A^k = aa^T - ee^T \qquad (7\text{-}45)$$

式中，$a = q'/\sqrt{\xi}$，$e = A^k t\sqrt{\lambda}$。

令

$$\begin{aligned} q &= \Delta L(x^{k+1}, \lambda^{k+1}, \mu^{k+1}) - \Delta L(x^k, \lambda^k, \mu^k) \\ t &= x^{k+1} - x^k = \alpha^k d^k \\ \xi &= t^T q \\ \lambda &= t^T A^k t \end{aligned} \qquad (7\text{-}46)$$

从式（7-45）可知，ΔA^k 满足对称性与正定性的要求，由于需要 $t^\mathrm{T}q$ 也是正定的，所以为了使得 $t^\mathrm{T}q$ 保持恒正，可以用 q' 来替代 q：

$$q' = \theta q + (1-\theta)A^k t \tag{7-47}$$

式中，θ 定义为

$$\begin{aligned} \theta &= 1 & (\xi \geq 0.2\gamma) \\ \theta &= 0.8\gamma/(\gamma-\xi) & （其他） \end{aligned} \tag{7-48}$$

当 A^k 正定时，修正后的矩阵 A^{k+1} 对称且正定，因此它存在确定解，进而使得 SQP 算法的优化可以得到最优解或近似最优解。

7.6.3 优化加热控制策略仿真结果分析

1. 基于 EIS 测量数据交流加热效果分析

为了研究电池阻抗的变化规律，在 100Hz 的电流频率范围内分别进行 EIS 测试与模型仿真计算，以 −20℃、−15℃、−10℃与 −5℃ 的情况为例，绘制的曲线如图 7-27 中子图所示。从图 7-27a、b 中的子图可以看出，电池的总阻抗与阻抗实部随电流频率的升高而减小，而且温度越低，阻抗的值越大。根据式可以得到在满足安全工作电压的约束下的电池允许施加的最大安全电流幅值，如图 7-27c 中子图所示。在各个温度下，在 100Hz 以内，许用的最大安全电流幅值均随电流频率的升高而增大。然后，可以根据式（7-19）计算出在施加许用的最大电流幅值时电池的生热率，如图 7-27d 中子图所示。与许用的最大安全电流幅值的变化规律相似，电池的生热率在各个温度下也是随着电流频率的升高而增大。

然而，当电流频率超过 100Hz 时，各个曲线的变化趋势出现了明显不同。按照上述方法得到的 10000Hz 以内的各个量，绘制曲线如图 7-27 所示。从图 7-27a 可以观察到，电池的总阻抗 - 频率曲线可以明显地分为两个部分，在左半部分，电流的频率越高，总阻抗越小；而在右半部分，总阻抗随频率的变化规律与左半部分相反。因此，在曲线左右两侧的拐点处存在一个总阻抗的最小值，并且温度越高，这个最小值所对应的电流频率越低，这个最小值用 "*" 标注在图 7-27a 中。

而电池的阻抗实部仍然随着频率的升高而逐渐减小，与 100Hz 以内的变化趋势相同，如图 7-27b 所示。满足安全电压约束的许用的最大电流幅值随着频率的升高先增大后减小，如图 7-27c 所示。相似的，在曲线左右两侧的拐点处存在一个许用的最大电流幅值的最大值，并且温度越高，这个最大值所对应的频率越低。正如我们所预料的，电池生热率曲线的变化趋势几乎与许用的最大电流幅值的变化趋势相同，如图 7-27d 所示。

从图 7-27 还可以看出，随着温度的升高，电池高频区域的总阻抗逐渐增大，特别是在 −5℃，且其高频区域的总阻抗比低温时更大一些。这是由于电池的等效电路模型中存在电感，感抗的效果随着温度的升高而急剧增大，特别是在高频区域。

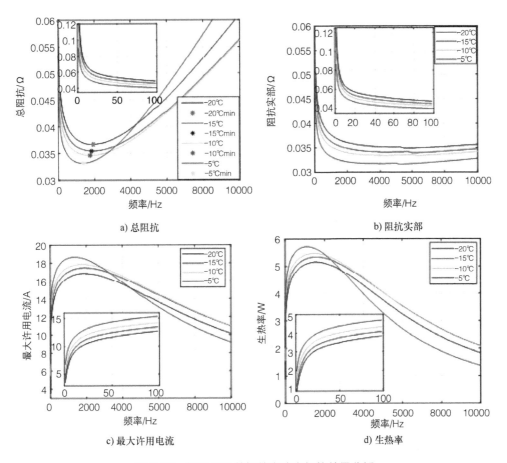

a) 总阻抗

b) 阻抗实部

c) 最大许用电流

d) 生热率

图 7-27　基于 EIS 数据的交流电加热效果分析

2. 温度步长更新对加热效果的影响

在 MATLAB 软件中采用 SQP 优化算法对正弦交流电加热的优化策略进行求解，以建立离线仿真的优化策略。仿真中，周围环境温度与电池的初始温度均设置为 −20℃，电池的电压上限与下限分别取 4.2V 与 2.8V。

以电池 SOC=20% 的情况为例，正弦交流电流的幅值与频率每隔一定的温度步长，比如 0.5℃、1℃ 与 2℃，进行优化与更新。优化后的电流幅值与频率的结果如图 7-28a、b 所示，相应的电池的温升曲线如图 7-28c 所示。从图 7-28a 可以看出，经过不断的迭代与优化，随着电池温度的升高，许用的最大电流幅值逐渐增大，且电流幅值曲线的斜率逐渐增大，表明优化的许用的最大电流幅值的增加率也是逐渐增大的。当优化与更新的温度步长较大时，许用的最大电流幅值呈现阶梯状的上升趋势；而当优化与更新的温度步长足够小时，例如 0.5℃ 时，许用的最大电流幅值可以实现光滑连续的上升，且最大电流幅值随着策略更新的温度步长的变短而增大。

同样的，从图 7-28b 可以观察到，随着电池温度的升高，优化的电流频率逐渐降低，且电流频率曲线的走势由陡变缓，表明优化的电流频率的降低率是逐渐变小的。当优化与更新的温度步长较大时，电流频率呈现阶梯状的下降趋势；而当优化与更新的温度步长足够小，例如 0.5℃ 时，电流频率可以实现光滑连续地下降，且电流频率随着策略更新的温度步长的变短而降低。

对于生热率，0.5℃的温度步长对应的加热策略可以在每一步优化中实现较优的生热率，从而得到最快的温升率，如图 7-28c 所示。随着策略更新的温度步长的变长，电池的温升率逐渐降低。

另外，作为对比，对电池在不同 SOC 下的温升情况进行仿真研究，电池的温升结果如图 7-28d 所示。从图中可以看出，电池 SOC=20% 时的温升曲线最陡，即温升率最大，SOC=50% 的曲线次之，SOC=80% 的曲线最平缓，即温升率最小。这是由于电池的开路电压在不同 SOC 下存在较大的差异，这就使得在相同的电池端电压的约束下求解出的许用的最大电流幅值存在较大的不同，进而导致了生热率的差异，这一点可以在电池的温升曲线中观察到。图 7-28d 表明，正弦交流电加热的效果随电池 SOC 的减小而变好。

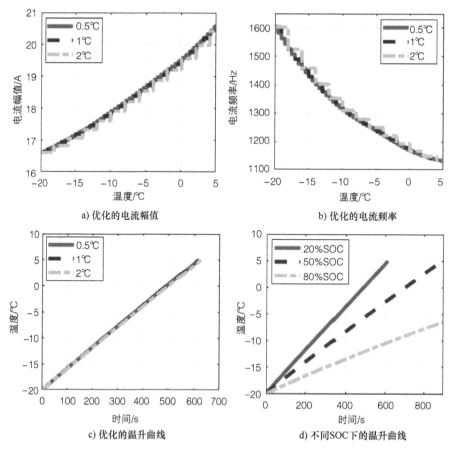

图 7-28　不同温度步长仿真曲线

3.温度自适应更新的加热控制策略仿真

离线仿真过程建立了电池在不同温度下的优化的加热策略，根据在每一时间步
长下进行更新的策略的结果，可以从中提取出相应的优化的加热控制策略以应用于
进一步的在线执行过程中。

从仿真结果中提取出来的优化的正弦交流电加热策略如图 7-29 所示，相应的
电池的 SOC 分别为 20%、50% 与 80%。由于优化后的电流幅值与频率均随着电池
的温度而改变，因此可以将这种参数随温度调节的控制策略称为温度自适应的加热
控制策略。如图 7-29a 所示，当电池的 SOC=20% 时，优化的电流幅值随着电池温
度的升高从 −20℃ 下的 16.6A 逐渐上升至 +5℃ 下的 20.7A，呈现明显增大的趋势；
优化的电流频率随着电池温度的升高从 −20℃ 下的 1602.5Hz 逐渐下降至 +5℃ 下的
1133.4Hz，有较为明显的降低。

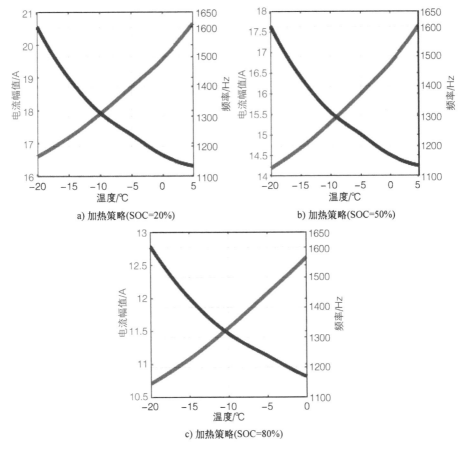

a) 加热策略(SOC=20%)

b) 加热策略(SOC=50%)

c) 加热策略(SOC=80%)

图 7-29   温度自适应的优化的加热策略

如图 7-29b、c 所示，当电池的 SOC=50% 时，优化的电流幅值随着电池温度的
升高从 −20℃ 下的 14.2A 逐渐上升至 +5℃ 下的 17.7A，有较为明显的增大趋势；当
电池的 SOC=80% 时，优化的电流幅值随着电池温度的升高从 −20℃ 下的 10.7A 逐

渐上升至 0℃下的 12.6A，增大的相对缓慢；SOC=50% 与 SOC=80% 时的频率 - 温度曲线的变化趋势与 SOC=20% 时无明显差别。这是由于电池的不同 SOC 主要通过影响开路电压的值进而对满足安全电压约束的许用的最大电流幅值产生影响。

总体来看，在这种温度自适应的加热控制策略中，电池温度越高，优化的最大电流幅值越大，对应的优化的电流频率越低，产生的生热率越大。因此，在给低温下的电池具体施加正弦交流电流的过程中，需要根据这种优化策略，逐渐增大电流幅值的同时逐渐降低电流频率，以达到最佳的生热效果。

在这种优化策略的在线执行过程中，给定电池温度的测量值后，就可以简单地通过查表法获得当前温度对应的优化的电流幅值与频率的值，并且这种基于优化的温度自适应的正弦交流电加热控制策略对实验设备而言是可行的。

7.7 正弦交流电加热电池温度场仿真与实验

在 7.2 节中，为了获取交流电加热的电流幅值和频率，将电池视为整体进行电热耦合建模，未考虑电池内部热传导。而本章建立的电化学 - 热耦合模型，是为了进一步分析电池内部温度场分布，可用于评价加热效果，间接说明前面建模简化的合理性。通过建立了电化学 - 热耦合模型，阐述一维电化学模型与三维热模型的建模方法，用充放电实验验证了其正确性，并对电池在交流电加热时的内部温度场分布进行了仿真分析。

7.7.1 电化学 - 热耦合建模

利用有限元仿真软件建立一个电化学 - 热耦合模型，包括一维电化学模型与三维热模型，建模原理在第 3 章中已经阐明。具体的建模原理如图 7-30 所示，本模型中用到的具体参数见表 7-5。

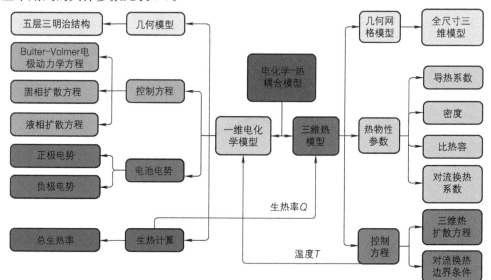

图 7-30 电化学 - 热耦合建模原理

表 7-5　电化学模型相关参数

符号	参数名称	单位	正极	负极
L	长度	m	L_{pos}	L_{neg}
σ_s^{eff}	有效固相电导率	S/m	$\sigma_s \varepsilon_s^{1.5}$	$\sigma_s \varepsilon_s^{1.5}$
σ_s	固相电导率	S/m	$100 \times g(T)$	$100 \times g(T)$
ε_s	固相孔隙率	1	0.297	0.471
σ_e^{eff}	有效液相电导率	S/m	$\sigma_e \varepsilon_e^{1.5}$	$\sigma_e \varepsilon_e^{1.5}$
σ_e	液相电导率	S/m	$\sigma_e = f(C_e)$	$\sigma_e = f(C_e)$
ε_e	液相孔隙率	1	0.444	0.357
R_s	粒子半径	m	2×10^{-6}	4×10^{-6}
A_{cell}	电池极板面积	m²	0.033	0.033
D_s	固相扩散系数	m²/s	$5 \times 10^{-13} \times g(T)$	$5 \times 10^{-13} \times g(T)$
D_e^{eff}	有效液相扩散系数	m²/s	$\varepsilon_s^{1.5} D_e$	$\varepsilon_s^{1.5} D_e$
D_e	液相扩散系数	m²/s	7.5×10^{-11}	7.5×10^{-11}
t_0^+	液相传递系数	1	1	1
R_{film}	SEI 膜电阻	$\Omega \cdot m^2$	0.001	0.001
α_n, α_p	交换电流反应速率系数	1	0.5	0.5
k	交换电流反应常数	m/s	2×10^{-11}	2×10^{-11}
$C_{s, max}$	固相最大锂浓度	mol/m³	29000	31507

一维电化学模型按照五层三明治的结构特点，建立由正负极活性材料、正负极集流体与隔膜组成的几何模型。利用多孔电极相关理论与 Butler-Volmer 电极动力学方程，得到锂离子在电解液与正负极活性材料中的运动速率、浓度等参数。

将施加正弦交流电时的电池生热导入一个基于三维导热微分方程的三维热模型来求解电池内部的温度分布。三维热模型是对有内部热源的电池在第三类边界条件下的传热与温度分布进行的描述，并将热模型中的温度传给电化学模型，然后在电化学模型中求解出电化学生热与正弦交流电加热的生热，实现电池热电耦合仿真。

建模还涉及设置边界条件、划分网格与设置求解器的相关参数等内容。

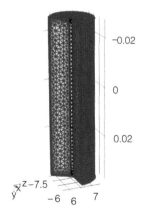

图 7-31　电池三维网格模型

18650 电芯由若干个"三明治"结构单元缠绕或者堆叠而成，每个单元又包含正负极集流体、正负极活性材料与隔膜等部分。考虑到模型求解速度的问题，同时又要满足精度的要求，把电池当作整体进行建模，各层间的差异通过对热物性参数的设置来体现。

根据电池的三维形状参数建立几何模型后，对其划分网格，选用三角网格。考虑到电池的材料种类较多，各层的生热情况较为复杂，因此采用分布较密、数量较多的网格来对其进行离散求解。电池三维网格模型如图 7-31 所示。

电池的正负极活性材料、正负极集流体与隔膜等部分的相关参数见表 7-6，根据表 7-6 可以求得电池整体的热物性参数。

表 7-6 电池所用材料热物性参数

参数	材料	厚度 /μm	密度 /(kg/m³)	比热容 /[J/(kg·K)]	导热系数 /[W/(m·K)]
正极材料	$LiNi_{1/3}Mn_{1/3}Co_{1/3}O_2$	55	2500	1000	3.4
负极材料	Li_xC_6MCMB	55	1347	1437	1.04
隔膜	PVDF	30	940	1046	0.15
正极集流体	Cu	10	2770	875	170
负极集流体	Al	7	8933	385	398

圆柱形电池单体由电池活性材料经过螺旋形缠绕而成，因此三维热模型中的电池的导热系数是各向异性的，沿电池长度方向（轴向）的导热系数比沿电池半径方向（径向）的导热系数更大一些。

电池表面与周围环境之间的对流换热表面的传热系数 h 是通过遗传算法辨识出来的结果，h 取 $9.93W/(m^2·K)$。

7.7.2 基于电化学的电热耦合模型验证

先以电池 1C（2.15A）充放电工况为例，对电化学 - 热耦合模型的正确性进行实验验证。电池在 1C 倍率充电（恒流 - 恒压）时的电压曲线如图 7-32a 所示，电池在 1C 倍率放电时的电压曲线如图 7-32b 所示，电池在 1C 倍率放电时的温升曲线如图 7-32c 所示。根据图 7-32a~c 中的三条曲线求得的有限元模型精度评估结果见表 7-7。

其中，图 7-32a、b 可以对一维电化学模型进行验证。由图可以观察到，在充电曲线中，恒流充电的起始阶段，模型仿真与实验测得的电压曲线均呈现出竖直向上的骤增，重合度较高；在充电电压逐渐上升的阶段，两条电压曲线的斜率都是起初较小，后逐渐增大，仿真曲线的斜率变化率较实验曲线小一些，但是其电压值略大于实验值。两条曲线的恒流充电阶段所经历的时间基本相同。在恒压充电阶段，两条曲线的一致性较好。在放电曲线中，放电的起始阶段与终止阶段，两条电压曲线的骤降部分重合度较好，在放电电压逐渐下降阶段，两条电压曲线的斜率都是起初较大，后逐渐减小，同样的仿真曲线的斜率变化率较实验曲线略小，其电压值稍微大于实验值。

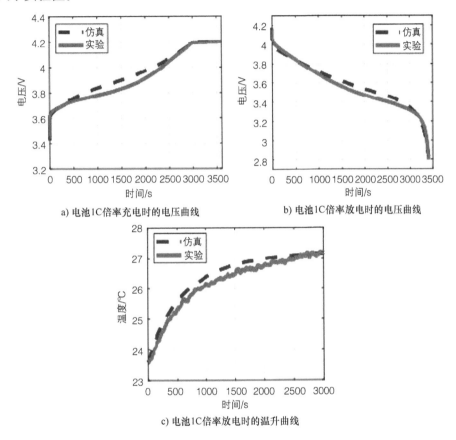

a) 电池1C倍率充电时的电压曲线

b) 电池1C倍率放电时的电压曲线

c) 电池1C倍率放电时的温升曲线

图 7-32　电池在 1C 倍率充放电时的电压与温度曲线

表 7-7　模型精度评估结果

参数	1C 倍率充电电压 /V	1C 倍率放电电压 /V	1C 倍率放电温升 /℃
最大误差	0.1607	0.1658	0.3672
平均误差	0.0360	0.0400	0.2054
RMSE	0.0233	0.0225	0.0955

综合来看，在 1C 倍率充放电过程中，电池端电压的模型仿真曲线与实验测量曲线的走势基本一致，模型预测电压相对于实验值略高一些，最大误差为 0.17V，平均误差为 0.04V，RMSE 小于 0.03，精度是令人满意的。所以，所建立的一维电化学模型较好地模拟了电池在充放电过程中实际的电压变化规律。

如图 7-32c 所示，电池在 1C 倍率放电时的温升曲线可以对三维热模型进行验证。由图可知，电池在放电的前半段时间，模型仿真曲线与实验测得曲线的重合度较好，两条曲线均以较大的温升率上升。在 900~2000s 之间两条曲线的斜率产生了一定的差别，实验曲线以较前半段略小的温升率上升；而仿真曲线则是先以较大的斜率上升至较高温度后以较实验曲线略慢的速率上升。两条曲线的温升率变缓主要是因为电池的温度升高之后电阻变小，进而使得生热率变小，同时与环境间的对流换热增大。

综合来看，在 1C 倍率放电过程中，电池温度的模型仿真曲线与实验测量曲线的变化规律大体相同，模型计算温度稍高于实验值，最大误差为 0.37℃，平均误差为 0.21℃，RMSE 小于 0.1，在可以接受的范围内。因此，所建立的三维热模型较为准确地描述了电池实际的温升情况。

综上所述，图 7-32 分别对组成电化学 - 热耦合模型中的一维电化学模型与三维热模型进行了验证，电化学 - 热耦合模型可准确地刻画电池的端电压与温度的变化情况，从而为接下来正弦交流电加热情况下的仿真提供了依据。

7.7.3   正弦交流电加热的电池温度场仿真

1. 恒定幅值与频率下的加热仿真

首先，对恒定幅值与频率的正弦交流电加热情况进行仿真，周围环境温度设置为 −20℃，电池的初始温度也为 −20℃。以 7.3.4 节中的 2C/1500Hz 的正弦交流电加热为例，仿真时间为 1083s，与实验时间相同。

有限元仿真获得的温升情况如图 7-33a 所示，将图 7-21b 的 MATLAB 仿真结果与实验结果也画在图 7-33a 中以便于对比，从图中可以观察到，电池在 1083s 内从 −20℃升温至 −9.22℃，有限元仿真的温升曲线与 MATLAB 仿真曲线和实验曲线的走势基本相同，重合度较高，表明本章所建立的电化学 - 热耦合模型能够较为准确地描述电池在正弦交流电加热过程中的温度变化情况。电池生热率的变化情况如图 7-33b 所示。生热率从加热初期的 $8.4 \times 10^4 W/m^3$ 逐渐减小至加热终止时的 $7.7 \times 10^4 W/m^3$，这是由于在加热过程中，电流的幅值保持不变，但是电池的阻抗实部随着温度的升高而逐渐减小。

电池在加热过程中其内部的温度场分布如图 7-34 所示。图 7-34 中依次是仿真时间为 0s、200s、400s、600s、800s 与 1083s 时刻的温度场分布图，其中温度单位为 K。从图中可以看出，在正弦交流电加热过程中，电池温度由内而外地逐渐升高，电池活性材料中心的温度最高，表面壳体的温度最低，最大温差在 1K 以内，电池内部的温度场分布较为均匀，表明正弦交流电加热法可以实现电池的均匀加热。

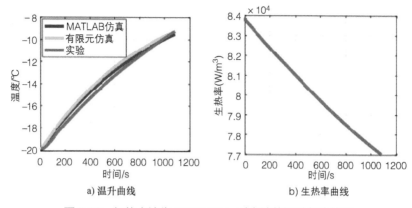

a) 温升曲线　　　　　　　　　b) 生热率曲线

图 7-33　加热电流为 2C/1500Hz 时电池的温升与生热率

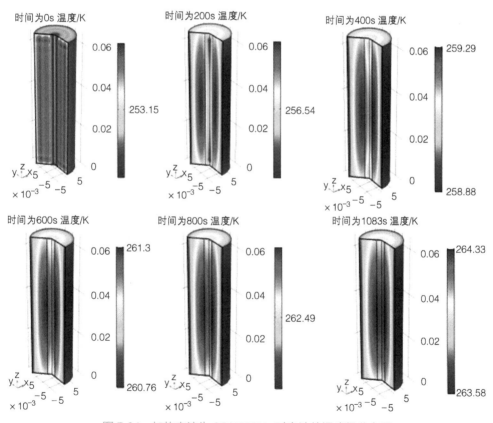

图 7-34　加热电流为 2C/1500Hz 时电池的温度场分布图

2. 基于优化的加热控制策略下的仿真

根据 7.6.1 小节提出的基于优化的温度自适应的加热控制策略，进行电池

的低温加热仿真，其他设置与采用恒定幅值与频率的交流电时相同。以电池的
SOC=20% 的情况为例，仿真时间为 654s，与实验时间相同。

仿真得到的电池的温升曲线如图 7-35a 所示，将图 7-37a 的 MATLAB 仿真结
果与实验结果也画在图 7-35a 中。由图可知，电池在 654s 内从 −20℃升温至 6.75℃，
有限元仿真的温升曲线与另外两条曲线的变化规律大体一致，重合度高，验证了电
化学 - 热耦合模型。

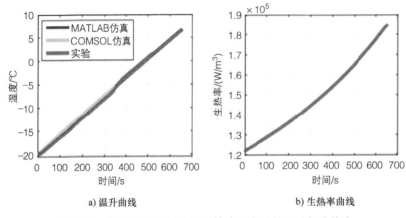

a) 温升曲线   b) 生热率曲线

图 7-35 基于优化的加热控制策略下电池的温升与生热率

从图 7-35b 所示的生热率图中可以观察到，电池的生热率从加热初期的
$1.22 \times 10^5 W/m^3$ 逐渐增大至加热结束时的 $1.85 \times 10^5 W/m^3$，这是由于在加热过程中，
虽然电池的阻抗实部随着温度的升高而逐渐减小，但是电流的幅值逐渐增大，且电
流幅值比阻抗实部对生热率的影响更大的缘故。与图 7-33b 对比可知，这种基于优
化的温度自适应的加热控制策略使得电池的生热率在整个加热过程中均保持在较大
的值，且随着电池温度的升高而不断增大。

仿真时间为 100s、200s、300s、400s、500s 与 654s 时刻的温度场分布如图 7-36
所示。同样，在加热过程中，电池温度由内而外地逐渐升高，电池活性材料中心的
温度最高，表面壳体的温度最低，最大温差在 1K 以内，电池内部的温度场分布较
为均匀。这表明正弦交流电加热法可以实现电池的均匀且快速加热。

7.7.4 基于优化的加热控制策略实验验证

在仿真得到了温度自适应的优化控制策略之后，需要对优化策略进行正弦交流
电加热实验验证。在实验中，温箱温度设置为 −20℃，把 3 组电池模组放入温箱中
保温 5h，使得电池内部温度与周围环境温度相同。将双极性电源的参数设置为正
弦交流电流输出模式，对正弦交流电流的初始幅值与频率进行设置后，按下 output
键给电池模组进行加热，使用数据采集仪对各个电池单体的表面温度与电压的变化
情况进行观测并采集。

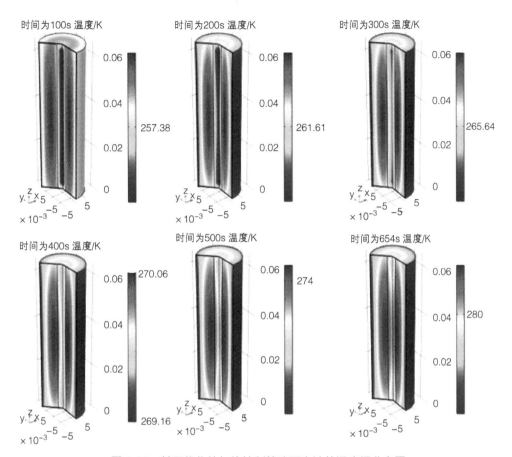

图 7-36　基于优化的加热控制策略下电池的温度场分布图

对于 SOC=20% 的模组 1，正弦交流电流的初始幅值设置为 16.6A（2.57C），初始频率设置为 1602.5Hz；对于 SOC=50% 的模组 2，正弦交流电流的初始幅值设置为 14.2A（2.20C），初始频率设置为 1602.5Hz；对于 SOC=80% 的模组 3，正弦交流电流的初始幅值设置为 10.7A（1.66C），初始频率设置为 1602.5Hz。在加热过程中，根据图 7-29 所示的温度自适应的加热控制策略调节输出的正弦交流电流的幅值与频率，得到各个电池的温升曲线如图 7-37 所示。

总体来看，在加热初期，电池温度上升比较缓慢，这是因为此时的正弦交流电流幅值比较小，而且电池在 -20℃ 的低温环境中静置的时间比较长，电池内部的锂离子运动速度较慢，传质运动与扩散运动的阻力均较大，使得电极反应的速率较慢。然后，大约在 -15℃ 时，尽管电池的阻抗随温度的升高而减小，但是此时的电流幅值已经有所增大，且电池内部电化学反应的活性有所增强，使得电池的温升速度明显加快，体现在实验温升曲线上的斜率逐渐增大。

如图 7-37a 所示，当电池 SOC=20% 时，从 -20.03℃ 升温至 0℃ 仅仅用了 480s

（8min）的时间，平均温升率为 2.50℃/min，并且用时 613s（10.2min）升温至 5℃。模型预测的结果与实验测得的温升曲线几乎一致，仿真与实验结果之间的最大温差为 0.6927℃，平均温差为 0.3848℃，方均根误差（RMSE）仅仅为 0.1887（见表 7-8），结果是令人满意的。

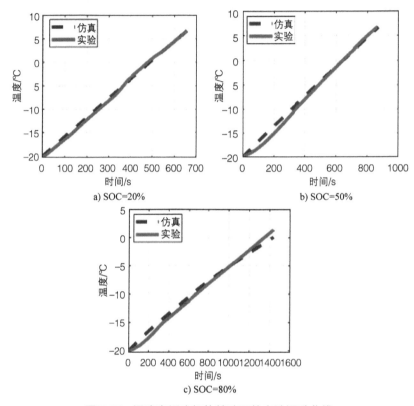

图 7-37　温度自适应加热策略下的电池温升曲线

表 7-8　基于优化的模型预测精度评估结果

评估参数	SOC=20%	SOC=50%	SOC=80%
最大温差 /℃	0.6927	1.5933	1.3524
平均温差 /℃	0.3848	0.6654	0.6429
RMSE	0.1887	0.5071	0.3304

　　当电池的 SOC=50% 时，从 −20.06℃升温至 0℃花费了 640s（10.7min），平均温升率为 1.87℃/min，并且用时 800s（13.3min）升温至 5℃，如图 7-37b 所示。模

型预测的电池温度曲线与实际表面温度曲线基本重合，仿真与实验结果之间的最大温差为 1.5933℃，平均温差为 0.6654℃，方均根误差（RMSE）为 0.5071，结果是可接受的。

如图 7-37c 所示，当电池 SOC=80% 时，从 -20.04℃升温至 0℃需要 1343s（22.38min），平均温升率为 0.90℃ /min，温升速度较 SOC=20% 与 SOC=50% 的情况慢了很多。模型仿真结果与实验测量结果一致度较高，仿真与实验结果之间的最大温差为 1.3524℃，平均温差为 0.6429℃，方均根误差（RMSE）为 0.3304，结果在合理范围内。

综上所述，实验结果充分地证明了所提出的基于优化的温度自适应的加热控制策略的正确性与可行性。仿真与实验结果的误差主要是由模型预测中电池阻抗的拟合误差造成的。

这种温度自适应的加热控制策略可以使电池的生热率在整个正弦交流电加热过程中始终保持在一个比较大的值，并且时刻满足电池的安全工作电压条件。随着电池温度的升高，生热率得以进一步增大以实现高效快速的加热。此外，由于所提出的这种基于优化的加热控制策略的最优频率分布在中高频区域，由第 5 节的分析可知，不会造成锂离子沉积现象，且优化后的许用最大电流幅值也比低频区域的更大一些，可以获得更佳的生热效果。因此所提出的基于优化的温度自适应的正弦交流电加热控制策略是安全高效可行的。

7.8 正弦交流电加热方案实现

7.8.1 电动车辆自加热系统方案

前面的小节对正弦交流电加热法进行了建模、实验与控制策略的优化等方面的研究，本小节将对这种加热方法在电动汽车上的应用方案进行研究，以体现这种加热方法的实用价值。

设计适用于电动汽车上的锂离子电池组的正弦交流电加热系统，必须要考虑到正弦交流电流的来源问题。在前面章节的实验研究中，采用 KIKUSUI PBZ20-40 双极性电源提供正弦交流电流来给低温下的电池模组进行加热，在电动汽车上虽然也可以通过配置一个双极性电源来产生正弦交流电流，但是这种方法需要外部附加装置，成本高、结构复杂，不利于推广普及。

本节提出一种电动汽车用的锂离子电池系统的自加热方法，利用电机控制器中的桥臂与电机电感来产生正弦交流电流以实现自加热，不需要增设外部电源并且成本低廉，通过调节正弦交流电流的幅值与频率，即可实现低温下对锂离子电池组的快速高效加热。

以某车型为例，开展整车层面的正弦交流电加热方案设计，所选车型的参数见表 7-9。

本方案中带有自加热系统的电动汽车结构示意图如图 7-38 所示，主要由锂离子电池系统、电机、电机控制器、动力传递机构以及驱动轮等部分组成。其中，电机控制器并联接于主正母线 MPL 与主负母线 MNL 上，与电机相连，电机控制器把锂离子电池系统提供的驱动电力（直流电力）变换为交流电力，用以驱动电机。另一方面，电机控制器把电机发电模式下产生的再生电力（交流电力）变换为直流电力，输送给锂离子电池系统。电机控制器中的逆变电路是由功率开关管，比如 IGBT、MOSFET 等组成的三相桥式电路。通过控制各个功率开关管的导通与关断，即可实现把锂离子电池系统提供的直流电变换成三相交流电，驱动电机的运转。电机输出的驱动力经由动力传动机构传递给驱动轮来驱动车辆的运动。

表 7-9　某车型动力系统基本参数

参数	值
电池额定电压	400V
电池额定容量	75kW · h
最大续驶里程	469km
电机总功率	386kW
电机总转矩	525N · m
电池充电时间	快充 4.5h/ 慢充 10.5h
0~100km/h 加速时间	4.4s
最高车速	225km/h

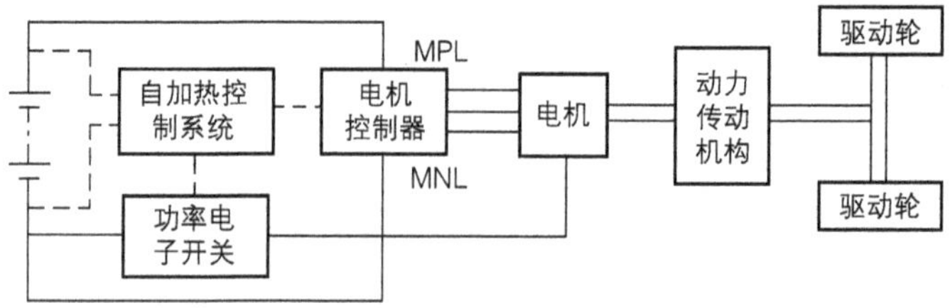

图 7-38　带有自加热系统的电动汽车结构示意图

该自加热系统利用电压传感器采集锂离子电池系统的电压信号，利用电流传感器采集锂离子电池系统的输入输出电流信号，利用温度传感器采集锂离子电池系统的温度信号。同时，锂离子电池系统可以根据这些采集到的电压、电流与温度信息对电池系统的荷电状态（SOC）进行求解，之后把得到的 SOC 结果传递给自加热控制系统。自加热控制系统可以是电池管理系统，根据获取的这些信息可以判断是否需要进行正弦交流电自加热，通过控制功率电子开关来接通或者断开自加热回路，然后按照本章加热策略的框架确定正弦交流电流的幅值与频率即可。

该自加热系统由锂离子电池系统、电机、电机控制器、外部附加的 *LC* 元件以及功率电子开关等部分组成，如图 7-39 所示。其中电机控制器具有三组桥臂，任意一组桥臂均包含上、下功率开关管，且任意一组桥臂的上、下功率开关管交替工作。功率开关管的通断采用高频 PWM 控制。电机绕组有三相阻感负载。自加热系统可以通过电机控制器选择三组桥臂中的任意一组桥臂以及电机三相绕组中的任意一相绕组来构成自加热回路。在停车状态下，低温锂离子电池系统需要自加热的时候，自加热控制系统才会控制功率电子开关闭合，其他情况下均断开。

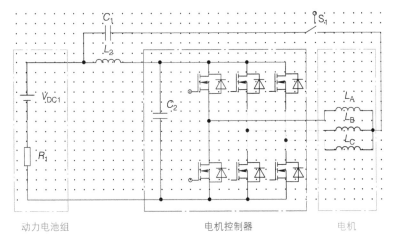

图 7-39　自加热系统电气原理图

7.8.2　电池组参数匹配

由表 7-9 可知，本章研究采用的 18650 三元锂离子电池组，直流电压等级为 400V，容量为 75kW·h。电池单体容量为 2.15A·h，工作电压范围为 2.8~4.2V。构成整车的电池组所需要的电池单体串联数量为

$$N_S = \frac{400V}{4.2V} \approx 95.2 \approx 96 \tag{7-49}$$

并联数量为

$$N_P = \frac{75kW·h}{400V \times 2.15A·h} \approx 87.2 \approx 87 \tag{7-50}$$

因此，电池系统布置方式为 87P96S，即每 87 节单体并联成一组，6 组串联成为一个模块，然后 16 个模块串联成为整车的电池组板，共 8352 节电池单体。

为了简化计算，忽略各个电池单体间的一致性差异，即按各个电池单体参数完全相同处理。前文采用的是由 3 节单体并联而成的小型电池模组，则整车的电池组板的总阻抗实部计算如下：

$$Z_{Res} = Z_{Re}\frac{N_S}{N_P} = 0.037\Omega \times \frac{96}{87/3} = 0.122\Omega \tag{7-51}$$

优化的电流幅值为

$$I_S = \frac{\Delta U_S}{|Z_S|} = \frac{96\Delta U}{\frac{96}{87/3}|Z|} = 29I \tag{7-52}$$

以 SOC=20%、温度为 −17.3℃ 的情况为例，由温度自适应的加热控制策略知，此时优化的电流幅值为 I=16.9A，频率为 f=1500Hz。则整车系统的优化的电流幅值为 I_S= 29I=29 × 16.9A=490.1A，频率为 f=1500Hz。

7.8.3　自加热系统电路设计与仿真

1.电路参数确定

该自加热系统的电路仿真原理图如图 7-40 所示，其中，V_{DC1} 为锂离子电池组电压，值为 400V；R_1 为锂离子电池组的等效总阻抗，值为 0.122Ω；MOS_1 与 MOS_2 为电机控制器中的任意一组桥臂的两个功率开关管 MOSFET；C_2 为电机控制器中并联在 MOSFET 桥臂前端的电容，值为 600μF；L_1 为电机三相绕组中的任意一相绕组的电感，值为 3000μH；C_1 为外接电容，值为 3.75μF；L_2 为外接电感，值为 1876.3μH；电流表 I_1 测量施加在锂离子电池组两端的电流；电压表 V_3 测量电容 C_2 两端的电压。采用 SPWM 控制技术来控制两个功率开关管 MOSFET 的导通与关断，其中 V_{AC} 为正弦交流电压源，作为调制波信号，电压表 V_0 测量其电压值；V_{TRI1} 为三角波交流电压源，作为载波信号，电压表 V_1 测量其电压值；电压表 V_2 测量调制波与载波经比较器后输出的 SPWM 波的电压信号。

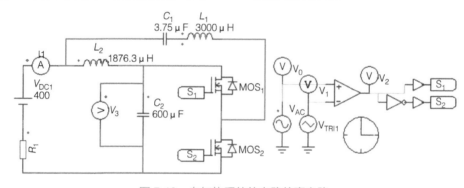

图 7-40　自加热系统的电路仿真电路

对 L_1、C_1 支路，当 $X_L = X_C$ 或 $2\pi f L = \dfrac{1}{2\pi f C}$ 时，有
$\qquad\qquad\qquad\qquad\qquad\qquad\qquad\qquad\qquad$（7-53）

$$\varphi = \arctan \frac{X_L - X_C}{R} = 0 \qquad\qquad\qquad (7\text{-}54)$$

即电压 u 与电流 i 同相。此时电路发生谐振现象，谐振频率为

$$f = f_0 = \frac{1}{2\pi\sqrt{LC}} \qquad\qquad\qquad (7\text{-}55)$$

即当电源频率 f 与电路参数 L 和 C 之间满足式（7-55）时，发生谐振。

利用串联谐振可以对信号进行选择及对干扰进行抑制的特点，可以对外接 LC 元件的参数进行求解。以 SOC=20%、温度为 −17.3℃ 的情况为例，此时锂离子电池组系统的优化的电流频率为 1500Hz，令 $f_{01} = 1500$Hz，由于电机电感是一个定值，约为 3000μH，则可以根据式（7-55）求得需要外接的电容值 $C_1 = 3.75$μF。

L_2、C_2 支路的谐振频率应远低于 L_1、C_1 支路，以使其频率选择性足够强。比

如可以取 $f_{02} = 150\text{Hz}$，由于电机控制器中并联在 MOSFET 桥臂前端的电容 C_2 是一个定值，约为 $600\mu\text{F}$，则可以根据式（7-55）求得需要外接的电感值 $L_2 = 1876.3\mu\text{H}$。

2. 自加热系统工作原理

本方案的逆变电路如图 7-41a 所示，其两个桥臂均包含功率开关管与反并联二极管。直流侧并联两个大电容，其连接点为直流电源的中性点，与两个桥臂的连接点之间接有阻感负载。

给 V_1、V_2 互补且各有半周正偏与反偏的信号，对应的工作波形如图 7-41b 所示。输出电压 u_o 是幅值 $U_m = U_d/2$ 的矩形波，输出电流 i_o 波形因负载的不同而不同。设 t_2 时刻前 V_1 导通，V_2 关断。t_2 时刻分别给 V_1 与 V_2 以关断与开通信号，那么 V_1 关断，然而由于负载为感性，其电流 i_0 无法马上改变方向，因此 VD_2 续流导通。t_3 时刻 i_0 减至 0 时，VD_2 截止，V_2 开通，i_0 反向。t_4 时刻关断 V_2，开通 V_1，V_2 断，VD_1 通，t_5 时刻 V_1 开通。工作过程中各个元器件的导通情况如图 7-41b 下部所示。

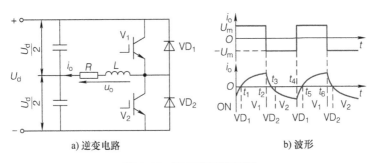

a) 逆变电路　　　　　　　　　b) 波形

图 7-41　逆变电路及波形

当 V_1 或者 V_2 导通时，直流侧向负载传递能量，此时负载中的电流与电压的方向相同；当 VD_1 或者 VD_2 导通时，感性负载给直流侧反馈无功能量，此时负载中的电流与电压的方向相反，这部分反馈能量先储存在直流侧电容器中。

PWM 控制依据面积等效原理。本文采用调制法产生 SPWM 波形，也就是调制信号是正弦波，载波信号是三角波，借助调制获得所希望的 SPWM 波形。

PWM 逆变电路如图 7-42 所示，双极性控制的波形如图 7-43 所示。V_1 与 V_2、V_3 与 V_4 的通断状态互补。调制波 u_r 为正弦信号，u_r 的半个周期内，三角载波 u_c 与 PWM 波均有正有负，u_r 的一个周期内，PWM 波有 $\pm U_d$ 两种电平。在 u_r、u_c 的交点时刻控制开关管的通断。当 $u_r > u_c$ 时，导通 V_1、V_4，关断 V_2、V_3。若 $i_o > 0$，则 V_1、V_4 通；若 $i_o < 0$，则 VD_1、VD_4 通，均有 $u_o = U_d$。当 $u_r < u_c$ 时，导通 V_2、V_3，关断 V_1、V_4。若 $i_o < 0$，则 V_2、V_3 通；若 $i_o > 0$，则 VD_2、VD_3 通，均有 $u_o = -U_d$。这样就可以输出 SPWM 波形 u_o。

该自加热系统的等效电路如图 7-44 所示，在交流回路的分析中可以将直流部分的锂离子电池组等效为一个阻抗 R_1，即 L_2 与 C_2 串联后再与 R_1 并联，之后再与

C_1 和 L_1 的支路串联。

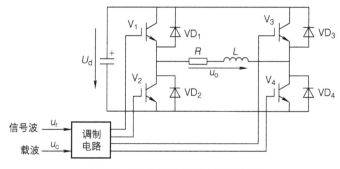

图 7-42　单相桥式 PWM 逆变电路

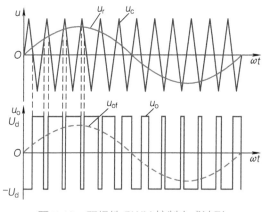

图 7-43　双极性 PWM 控制方式波形

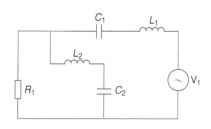

图 7-44　自加热系统的等效电路

总阻抗为

$$Z = \frac{R_1(\omega^2 L_2 C_2 + 1)}{R_1 \omega C_2 + \omega^2 L_2 C_2 + 1} + \omega L_1 + \frac{1}{\omega C_1} \tag{7-56}$$

3. 自加热系统仿真分析

利用电路仿真软件对图 7-40 所示的自加热电路进行仿真得到的各个输出结果如图 7-45 所示。

其中，经过逆变电路得到的施加在锂离子电池组两端的正弦交流电流 I_1 的波形如图 7-45a 所示，从图中可以观察到输出的电流波形基本为正弦形状，波形的畸变程度不大，在可以接受的范围内，且正弦交流电流的幅值与频率均在优化后的取值范围内，表明该自加热方案是可行且有效的。如图 7-45b 所示，与逆变桥臂并联的电容器 C_2 两端的电压 U_3 始终保持在 400V 左右，波动较小，因此该方案对直流侧电压的影响可忽略不计。如图 7-45c 所示，展示了调制波 V_0 的正弦波形、载波 V_1 的三角波形以及调制后的 SPWM 波形，与上述 SPWM 波形调制的相关理论相符合。

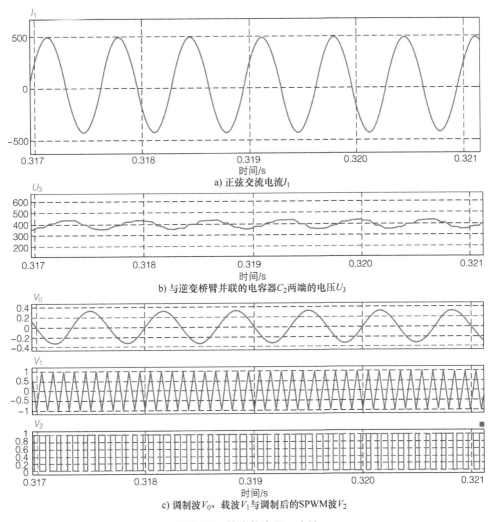

a) 正弦交流电流 I_1

b) 与逆变桥臂并联的电容器 C_2 两端的电压 U_3

c) 调制波 V_0、载波 V_1 与调制后的SPWM波 V_2

图 7-45　仿真的电压、电流

　　考虑到电池的总阻抗在加热过程中随着温度的升高而减小，从而会对输出的电流幅值产生影响。为了研究总阻抗对电流幅值的影响程度，整个加热过程中采用恒定的调制比（调制波与载波的幅值之比），即 −20℃下的初始调制比 $i=0.3215$。对不同温度下模型输出的电流幅值进行仿真，结果整理见表 7-10 中的前三列。根据 7.4.3 节提出的温度自适应的加热策略，由于频率的变化对改善加热效果的影响较小，为了简化处理，在仿真中采用恒定的频率，比如 1500Hz，通过改变调制比来实现输出优化的电流幅值，结果见表 7-10。

表 7-10　不同温度下总阻抗与更新调制比对电流幅值的影响

温度 $T/℃$	电池总阻抗 $Z_{Re}/Ω$	初始 i 的电流幅值 I_1/A	更新调制比 i	优化电流幅值 I_2/A
−20	0.123	481.4	0.3215	481.4
−18	0.122	484.8	0.3230	487.2
−16	0.120	490.4	0.3242	495.9
−14	0.118	497.2	0.3244	501.7
−12	0.116	505.3	0.3246	510.4
−10	0.114	510.6	0.3249	519.1
−8	0.112	517.4	0.3257	527.8
−6	0.110	525.2	0.3286	536.5
−4	0.108	532.7	0.3320	547.1
−2	0.106	537.9	0.3330	556.8
0	0.104	544.8	0.3342	567.4

　　从表 7-10 可以发现,当采用恒定的初始调制比时,电池总阻抗随温度的升高而减小,使得输出的电流幅值随温度的升高而逐渐增大,且电流幅值增大的程度小于更新调制比时幅值的增大程度。这表明仅仅依靠总阻抗随温度的变化使得电流幅值的增大对逐渐增大生热率是有贡献的,但是没有达到最佳的效果。因此,可以根据表 7-10 中更新调制时的结果来控制模型,使其实现在每一温度下均输出最佳的电流幅值,从而获得许用的最大的生热率。其中,温度分别为 −20℃、−12℃ 与 −6℃下的输出电流如图 7-46 所示。此外,对比图 7-45a 与图 7-46 可以观察到,电池的总阻抗会使得输出电流产生一定的偏置,且总阻抗越小时,偏置的程度越小,这是由于总阻抗 R_1 在干路中会受到 LC 支路谐振的影响。考虑到这种影响,本文以每一温度下电流幅值的最大值作为该温度下的输出电流幅值,以保证电池的电压在安全工作电压的范围内。

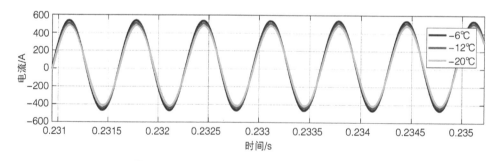

图 7-46　−20℃、−12℃与 −6℃下的输出电流

7.8.4　自加热前后电池组性能仿真

　　为了探究正弦交流电加热法对提升锂离子电池组性能的影响,在加热前

（−20℃）与加热后（0℃）分别进行脉冲充放电能力仿真。仍以上文中 20%SOC 的情况为例，根据上述优化的加热策略对 −20℃低温下电池组进行正弦交流电加热，加热时间为 480s，加热后电池组温度升高至 0℃。为了更加细致地研究锂离子电池组的动态特性，本文对传统的混合脉冲功率特性（HPPC）进行了改进。选用三组不同倍率的充放电电流，即 0.5C（93.525A）、1C（187.05A）、1.5C（280.575A），组成复合脉冲，如图 7-47a 所示，获取电池组的充放电性能。

仿真输出的电压曲线与功率曲线如图 7-47b、c 所示。从图 7-47b 可以看出，在加热前，电池组可以进行 0.5C 倍率放电，但是进行 0.5C 倍率充电时，电池组的电压达到了安全上限，充放电过程终止。加热后，电池组可以进行 0.5C、1C 倍率充放电以及 1.5C 倍率放电，在进行 1.5C 倍率充电时，电池组的电压才达到了安全上限，充放电过程终止。对比可以发现，加热后电池组能承受的充放电电流倍率明显增大，性能有了显著提升。从图 7-47c 可以观察到，在加热前，电池组可以达到的最大放电功率为 2.5911×10^4W，最大充电功率为 3.3903×10^4W；加热后，最大放电功率提升至 7.6025×10^4W，最大充电功率提升至 9.2679×10^4W，表明正弦交流电加热法能够显著提升电池组的性能。

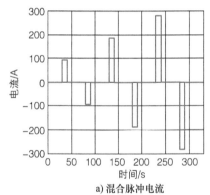

a) 混合脉冲电流

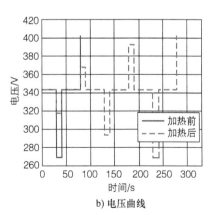

b) 电压曲线

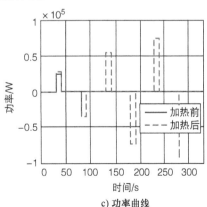

c) 功率曲线

图 7-47   20%SOC 下混合脉冲特性测试曲线

本章从电池内部加热的角度出发，以圆柱形三元锂离子电池为研究对象，提出了一种锂离子电池正弦交流电加热的电-热耦合建模方法，通过实验验证了模型的准确性，分析了交流电幅值和频率对加热效果的影响。进一步，提出了一种基于优化的温度自适应的加热控制策略，引入电池安全工作电压约束，基于序列二次规划（SQP）算法对加热策略进行了优化求解，并通过实验验证了正确性。最终，设计了一种正弦交流电加热法在电动汽车上的应用方案，由锂离子电池组、电机、电机控制器以及外加 LC 元件等构成正弦交流电自加热系统，并用电路仿真软件对该方案电路进行了仿真，验证了设计方案的有效性。主要结论如下：

1）用两种恒定幅值与频率下的正弦交流电加热时的电池温升结果验证了模型的正确性，并且进一步探究了电流幅值 A 与频率 f 对加热效果的影响。研究发现，在同一频率下，电池的生热效果随电流幅值的增大而变好；在同一幅值下，电池的生热效果随电流频率的降低而变好。而且幅值的增大比频率的降低对改善生热效果的作用更明显。但是，幅值过大与频率过低会存在使电池电压超过安全限值的风险，且频率过低会造成析锂现象，进而损伤电池的结构，甚至引发安全事故。因此，选择正弦交流电流的参数需要考虑到电池安全电压的限值，并且尽量选择中高频率以防止锂离子沉积。

2）根据锂离子电池在低温下进行正弦交流电加热过程中的电化学反应原理，建立了电池在频域的等效电路模型，模型中的电阻、电容与电感是温度和交流电流频率的函数，体现了锂离子电池在低温下的电流-电压响应；根据能量守恒原理与对流换热原理，建立了电池的热模型，来计算在正弦交流电加热过程中的电池温度变化；然后，将等效电路模型与热模型相结合，建立了电-热耦合模型，来求解电池在交流电加热过程中的电-热综合性能。

3）为了实现电池低温下的快速安全加热，对正弦交流电加热控制策略进行了研究与优化，建立了优化的加热控制策略的离线仿真与在线实施的具体框架。

4）引入电池的安全工作电压约束，基于 SQP 算法对加热策略进行了优化求解。通过仿真建立了一种基于优化的温度自适应的加热策略，根据这种策略，随着电池温度的升高，优化的电流幅值逐渐增大，优化的电流频率逐渐降低，产生的生热率也逐渐增大。

5）通过在 SOC 分别为 20%、50% 与 80% 情况下的正弦交流电加热实验，验证了所提出的优化的加热策略的正确性与可行性。而且当电池的 SOC=20% 时，从 −20.03℃升温至 0℃仅仅用了 480s（8min），平均温升率为 2.50℃/min，实现了高效快速安全的加热。

6）基于电动汽车的结构，提出了一种正弦交流电加热法在电动汽车上的应用方案，即由锂离子电池组、电机、电机控制器以及外加 LC 元件等构成正弦交流电自加热系统，根据 LC 谐振对优化的电流频率进行选择，利用 SPWM 控制技术来控制逆变电路产生正弦交流电，并且通过电路仿真软件对该方案进行了仿真分析。

参考文献

[1] 李晓宇 . 基于自适应扩展卡尔曼滤波电池组 SOC 估计 [D]. 昆明 : 昆明理工大学 , 2017.

[2] LI J, BARILLAS J K, GUENTHER C, et al. A comparative study of state of charge estimation algorithms for LiFePO₄ batteries used in electric vehicles[J]. Journal of power sources, 2013, 230: 244-250.

[3] SOMASUNDARAM K, BIRGERSSON E, MUJUMDAR A S. Thermal–electrochemical model for passive thermal management of a spiral-wound lithium-ion battery[J]. Journal of power sources, 2012, 203: 84-96.

[4] ZHANG X. Thermal analysis of a cylindrical lithium-ion battery[J]. Electrochimica acta, 2011, 56(3): 1246-1255.

[5] KARIMI G, LI X. Thermal management of lithium-ion batteries for electric vehicles[J]. International journal of energy research, 2013, 37(1): 13-24.

[6] ZHANG S S, XU K, JOW T R. Electrochemical impedance study on the low temperature of Li-ion batteries[J]. Electrochimica acta, 2004, 49(7): 1057-1061.

[7] 樊文韬 . 基于正弦交流电的电动汽车动力电池系统低温加热控制策略研究 [D]. 北京 : 北京理工大学 , 2018.

[8] VON LÜDERS C, ZINTH V, ERHARD S V, et al. Lithium plating in lithium-ion batteries investigated by voltage relaxation and in situ neutron diffraction[J]. Journal of power sources, 2017, 342: 17-23.

[9] ZINTH V, VON LÜDERS C, HOFMANN M, et al. Lithium plating in lithium-ion batteries at sub-ambient temperatures investigated by in situ neutron diffraction[J]. Journal of power sources, 2014, 271: 152-159.

[10] 王发成 , 张俊智 , 王丽芳 . 车载动力电池组用空气电加热装置设计 [J]. 电源技术 , 2013,7:37(7).

[11] ZHU J, SUN Z, WEI X, et al. An alternating current heating method for lithium - ion batteries from subzero temperatures[J]. International journal of energy research, 2016, 40(13): 1869-1883.

[12] 李董辉 , 童小娇 . 数值最优化算法与理论 [M]. 北京 : 科学出版社 , 2005.

[13] 赖炎连 , 贺国平 . 最优化方法与理论 [M]. 北京 : 清华大学出版社 , 2007.

[14] CHEN S C, WANG Y Y, WAN C C. Thermal analysis of spirally wound lithium batteries[J]. Journal of the Electrochemical Society, 2006, 153(4): A637-A648.

[15] 王兆安 , 刘进军 . 电力电子技术 [M]. 北京 : 机械工业出版社 , 2009.

第 8 章

锂离子电池热安全演变特性与管理策略

随着动力系统对能量需求的提升，锂离子电池单体及系统正逐步趋向高能量密度方向不断发展。现阶段的锂离子电池产品在能量密度及高安全性上仍难以做到两全。此外，生产制造的缺陷与严苛的使用环境都将增加电池遭遇故障及热失控的风险，进而造成严重安全事故，威胁生命及财产安全。因此，关于电池热行为及热管理的研究应不仅拘泥于正常运行情况，同时也应当进一步探究电池热安全演变特性并探索相应的管理策略。

8.1 锂离子电池热安全概述

热失控是指电池放热反应引起电池自身温升速率急剧变化的过热、起火、爆炸现象。热失控的防控与抑制是锂离子电池热安全的一个重要方面，因此需要对锂离子电池热失控的诱因与机理进行研究。

热失控的诱因主要有三种：机械滥用、电滥用与热滥用，如图 8-1 所示。机械滥用一般是由车辆的碰撞造成的，主要包括针刺、挤压、冲击等；电滥用一般是由电压管理不当或者电气元件故障造成的，主要包括过充电、过放电、内短路、外短路等；热滥用是由于温度管理不当造成的，电池周围环境过热可能会导致热滥用。这三种触发机理并非是完全独立的，它们之间相互影响，存在一定的内在联系。例如当机械滥用发生时，电池会发生机械变形，机械变形可能会导致电池内部的隔膜破裂，正负极直接接触，发生内短路，即出现了电滥用。另外，在电滥用发生时，电池很可能会产生大量的热，产热量大于散热量，造成热量的积累以及温度的升高，也就导致了热滥用。

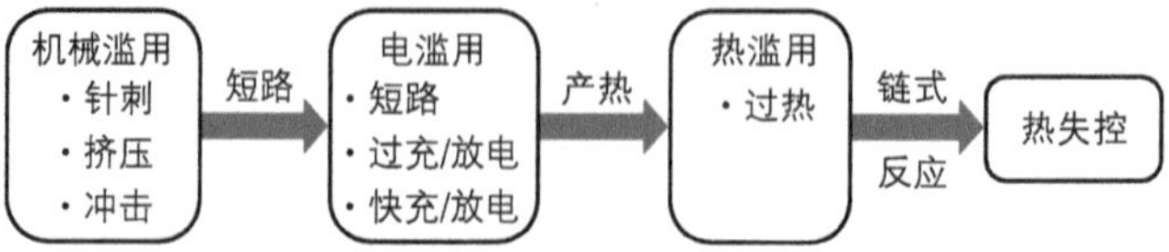

图 8-1 锂离子电池热失控的三种触发方式

当机械滥用、电滥用、热滥用发生时，电池自身会产热，热量的积累带来温

度的上升，温度上升又会引起一系列的产热副反应发生，包括 SEI 膜的分解、负极与电解液反应、正极分解、电解液分解、电解液燃烧等。这些反应相继发生，放出大量的热量，形成链式反应。锂离子电池热失控机理如图 8-2 所示。图中标出了三个特征温度 T_{onset}、T_{TR}、T_{max}。T_{onset} 是电池的自产热起始温度，一般是电池的自产热速率大于 $0.02℃/min$ 时所对应的温度；T_{TR} 是电池的热失控起始温度，一般是自产热速率大于 $1℃/s$ 时所对应的温度；T_{max} 是热失控过程中电池所能达到的最高温度。可以借助这三个特征温度来判断电池的安全性能，一般 T_{onset}、T_{TR} 越高，T_{max} 越低且到达 T_{TR} 的时间越晚的电池，其安全性能越好。

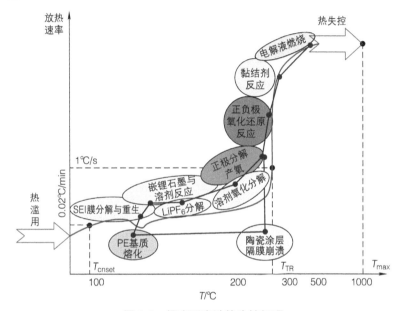

图 8-2　锂离子电池热失控机理

相比机械和热滥用条件下的热失控，过充电是导致锂离子电池热失控的最常见的热失控诱因之一，主要原因是在高能量密度和高功率密度的市场需求下，实际应用到市场上的电池均以串并联的方式组合在一起，而电池组内各单体之间在出厂时就可能存在一致性差异，且一致性差异随着使用时间的增加而增大，这造成了潜在的安全隐患。

后续内容将主要围绕过充电这一典型滥用情况展开，将从过充电实验出发，对过充电外部特征演变特性与内部机理特性进行分析，进一步阐述过充电热失控建模过程，并对过充电安全预警、诊断及防护方法展开讨论。

8.2　锂离子电池过充电实验外部特征参数演变特性

过充电滥用实验是获取电池过充电外部特征参数演变特性的关键手段，本节将对过充电实验以及外部特征参数演变规律进行详细的叙述，并分别探究高温、过放电以及老化对过充电安全性的影响。

8.2.1　锂离子电池过充电实验研究

过充电实验所用仪器包括测量电池阻抗的电化学工作站、电池充放电测试仪、数据采集仪，记录监测电压、温度和电流，实验步骤如下：

1）将充满电的电池贴好温度传感器，连接好电压采集线和电源。

2）开启电源，用1C倍率电流进行过充电。

3）记录电池充电过程中的电压、温度和电池外观的变化。

4）在充电过程中，每过充电10%SOC后，测量一次电池的电化学阻抗。

5）保存并分析实验结果。

6）改变充电电流为0.5C、2C，然后重复以上步骤。

在1C倍率电流下的过充电实验前和实验末期电池外观结构的变化情况如图8-3所示，从图中可以看到电池在过充电末期发生了严重的鼓包现象。电池过充电过程中电压和温度的变化情况如图8-4所示。电池在过充电实验过程中，每过充电10%SOC后就测量一次电池的阻抗谱，图8-5所示为过充电到40%SOC各阶段的阻抗谱。由于过充电至50%SOC后电池的阻抗增大了几十倍，为了更好地展示电池在过充电过程中阻抗的变化，加入了过充电至50%SOC的阻抗谱，如图8-6所示。

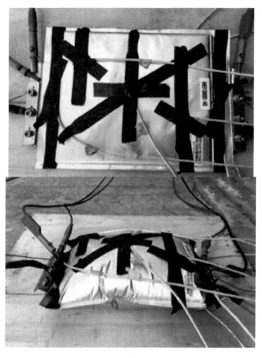

图 8-3　1C 倍率过充电前 / 后电池外观变化

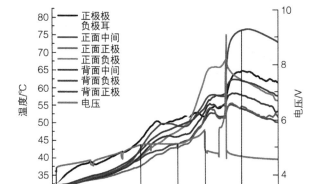

图 8-4　1C 倍率过充电实验电压和温度变化

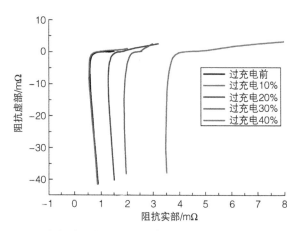

图 8-5　1C 倍率过充电不同阶段（至 40%SOC）的电化学阻抗谱

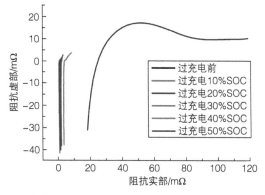

图 8-6　1C 倍率过充电不同阶段（至 50%SOC）的电化学阻抗谱

根据图 8-4 中的电池电压和温度曲线，可以将整个过充电过程分为 4 个阶段。

第一阶段，从过充电开始到 1200s 之前，包含了前两次过充电 10%SOC 和过充电 20%SOC 的阻抗谱测试。在这个阶段电池的电压和温度都缓慢地上升，此时电池没有鼓包，没有气体产生，说明温度的上升主要是欧姆热造成的。如图 8-5 所示，在过充电 10% 后，电池的阻抗与正常电池的阻抗状态基本一样，没有发生变化。这说明电池的正极在充满电后仍然有锂富余，在继续过充电时，正极的锂离子仍然有余量脱嵌，然后嵌入负极石墨中。但是，随着过充电的继续，负极越来越难以嵌入锂，正极锂离子也越来越难以脱嵌，使得电池内阻逐渐增大。过充电 20%SOC 的阻抗谱已经明显向右偏移，阻抗实部明显增大。阻抗增大是造成电池欧姆热和电压增大的主要原因。

当过充电 1200s 后，电池状态进入第二阶段，这个阶段包含了过充电 30% 和过充电 40%SOC 两次阻抗谱测量。这个阶段电池开始发生明显的鼓包现象，此时电池表面温度大约为 50℃。电池在过充电滥用工况下的鼓包和高温时鼓包原因相同，也是由于气体的产生造成的，但是鼓包发生时的温度却不一样。在高温滥用工况下，温度要达到 100℃ 以上电池才会发生明显的鼓包。而在过充电滥用工况下，过高的电压和持续的电流使得 SEI 膜和电解液在 50℃ 左右就会分解并产生气体。文献 7 的研究中也提到在过充电时，当电池温度从 20℃ 提高到 40℃ 时，电池开始肿胀，鼓包是由电解液和 SEI 膜的分解而产生的气体造成的。图 8-5 中的阻抗谱实部相比过充电前增大了很多，此时阻抗谱的增大很可能是由电解液的减少使得锂离子扩散迁移变得更加困难造成的。

随着实验进行到 1650s，电池状态到达第三个阶段，在这个阶段末期进行了第五次过充电 50%SOC 阻抗谱的测量。在这个阶段，电池鼓包程度不断增大，在经历一个大约 400s 的电压平台后，电压和温度都开始急剧上升。电池内部的副反应越发剧烈，正负极电极材料都参与了副反应，使得温度急剧上升。过充电 50%SOC 阻抗谱实部已经显著增大了几十倍（图 8-6），说明电池结构已经彻底损坏。

在 2250s 时，到达第四个阶段，电池电压骤然升高到 9V 后，过充电停止，电压又随即下降到 5V 以下。但是电池内部的副反应仍然继续，使得温度继续升高，电池表面最高温度达到了 75℃。随后电池膨胀到极点后铝塑膜破裂，发生了热失控，不过并没有出现着火（需要指出的是，在本章中，由于所选的各电池单体及其所处状态或环境存在差异，并非所有过充电实验都发生了电池着火燃烧的情况，也因此会出现部分过充电实验所采集的温度在 100℃ 以下）。虽然电池表面温度最高只有 75℃，但是由于气体隔绝了电池的内部电芯和外部铝塑膜的热传导，电池内部温度应该远远高于表面测量的温度。文献 8 也指出，电池在着火前，内部温度高达 235℃，比外部温度高 140℃。

阻抗谱可以用来辨识电池在过充电过程中电池内阻的变化，结合电池外观结构、电压和温度的变化，我们可以准确推测出电池处在哪个阶段，进而在后期的防护措施上进行有针对性的处理。

图 8-7 和图 8-8 所示分别为不同倍率过充电实验电池的电压和温度随时间变化的曲线。随着充电倍率的增加，电池电压峰值和温度峰值不断降低，过充电实验过程所需的时间缩短。电池最终的过充电量随着充电倍率的提高稍有减小，可以认为电池对于过充电的耐受度是由不同充电倍率下的过充电量决定的。由此，可以根据此耐受度与当前充电电流的大小以及电池的温度来估算电池发生热失控的预警时间，为以后电池安全防护管理策略提供一定的实验基础。

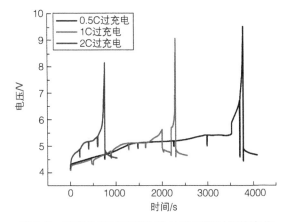

图 8-7　不同倍率过充电电池的电压随时间的变化

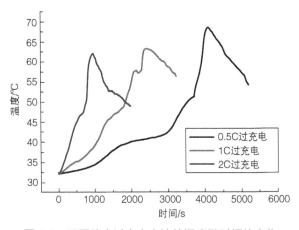

图 8-8　不同倍率过充电电池的温度随时间的变化

8.2.2　锂离子电池高温 - 过充电耦合实验研究

高温 - 过充电耦合实验是将电池放置在高温环境下，然后对其进行过充电。实验所用仪器包括提供高温环境的温箱、测量电池阻抗的电化学工作站，以及记录监测电压、温度和电流数据的数据采集系统，实验步骤如下：

1）将充满电的电池贴好温度传感器，连接好电压采集线和电源。

2）将电池放置在温箱内，设置温箱温度为 60℃ 后开启温箱加热，当温箱内温度达到 60℃ 之后，再静置 2h。充分静置后，使得电池内外温度达到一致，均为 60℃。

3）开启电源，用 0.5C 电流进行过充电。

4）记录电池充电过程中的电压、温度和电池外观的变化。

5）在充电过程中，每过充电 10%SOC 后，测量一次电池的电化学阻抗。

6）保存并分析实验结果。

7）改变充电倍率为 1C、1.5C，重复以上步骤。

与常温下的过充电一样，60℃ 下的电池在过充电之后，也发生了严重的鼓包、漏气的现象。如图 8-9 所示，同样，高温下的过充电过程也按照电压和温度随时间变化的情况，被分为四个阶段。由于每过充电 10%SOC 后要测量电池的电化学阻抗谱，在测量期间要停止充电，所以电压和温度在图中会阶段性地有起伏。图 8-10 和图 8-11 所示分别为在 60℃ 高温下测得的不同阶段的电化学阻抗谱。

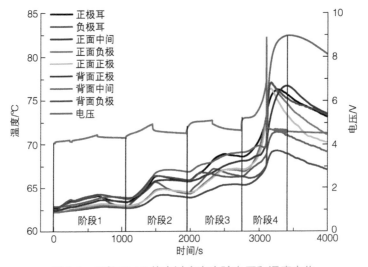

图 8-9　60℃ 下 1C 倍率过充电实验电压和温度变化

第一阶段，实验时间为 0~1000s，阻抗谱测量值为过充电 10%SOC 时。在第一阶段，电池电压和温度都只是缓慢上升，温度上升的原因是欧姆热，电压上升的原因是锂离子从正极向负极的迁移。从图 8-10 中的阻抗谱中也可以发现，第一阶段阻抗谱与过充电前的阻抗谱几乎重合在一起，说明电池的基本结构没有因为短时间的过充电而破坏。

第二阶段，实验时间为 1000~1900s，阻抗谱测量值为过充电 20%SOC 时，此时电池电压和温度都加速上升。由图 8-10 中的阻抗谱可以发现，在第二阶段阻抗实部已经增大了 1 倍，可以推测电压和温度的上升是电池内阻的上升所造成的。通过观察电池表面状态，这个阶段电池开始缓慢鼓包，说明内部有气体产生，可以确定内部已经有少量副反应发生。综合上述分析，可以推测是电池内部的电解液和SEI 膜因为高电势和高温的共同作用发生了分解反应，分解产生气体和热量，并造成电池内阻上升，从而表现为电池电压和温度的上升。

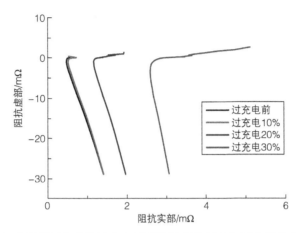

图 8-10　60℃下 1C 倍率过充电不同阶段（至 30%SOC）电化学阻抗谱

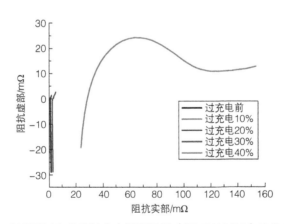

图 8-11　60℃下 1C 倍率过充电不同阶段（至 40%SOC）电化学阻抗谱

第三阶段，实验时间 1900~2800s，阻抗谱测量值为过充电 30%SOC 时。这个阶段电池电压进入一个平台期，温度则继续保持上升态势。产生电压平台的原因可能是正极锂离子已经完全脱出，电势无法继续增大，负极也不能继续嵌入锂离子，锂离子只能沉积在负极表面。图 8-10 中的阻抗谱相比过充电前已经增大了 2 倍，说明副反应程度已经增大了很多。在这个阶段末期，电池已经严重鼓包，副反应已经产生了大量的气体和热。

第四阶段，实验时间 2800~3400s，阻抗谱测量值为过充电 40%SOC 时。这个阶段电池电压和温度急剧上升，整个电池因为严重鼓包后破裂漏气。在发生热失控瞬间温度最高达到了 82.5℃，电压最高上升到了 9V，电压的升高是由隔膜彻底损坏关闭后造成电池阻值突然增加很多造成的。从图 8-11 所示的阻抗谱中也可以看出，失控后的电池阻抗瞬间增大了几十倍，验证了电池在热失控发生时包括隔膜在内的各种结构已经严重损坏。整个过充电过程大约充进了相当于 40%SOC 的电量，比常温下过充电的 53% 小很多。

图 8-12 和图 8-13 所示为在 60℃高温下分别进行 0.5C、1C 和 1.5C 倍率过充电的电压和温度随时间变化的曲线。其中，电池每隔一段时间就要测量一次电化学阻抗，因此其电压曲线呈现出破浪上升形式。随着充电倍率的增加，过充电的平台期越来越短，说明大倍率充电会加速电池在电压平台期的副反应。与常温下表现不同的是，在高温下充电倍率更大，平均温度峰值更高，可能是在接近绝热环境下的温箱中进行实验的缘故。过充电量随着充电倍率增加而略有减小，在 0.5C 倍率下过充进相当于 42.5%SOC 的电量，1C 倍率下是 40%，1.5C 倍率下是 36%。

综合上述分析，从过充电开始到电池完全发生热失控，每一个阶段都有一些电压、温度和阻抗的特征。结合这些测量特征和充电倍率的关系，可以设置出分级预警与防护措施，作为以后电池管理系统设计的参考。

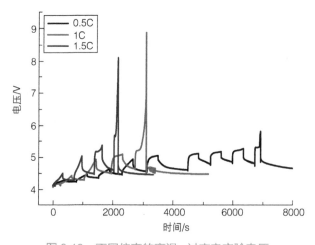

图 8-12　不同倍率的高温 - 过充电实验电压

8.2.3　锂离子电池过放电 - 过充电耦合实验研究

过放电 - 过充电耦合实验是将电池先过放电后再进行过充电的实验，主要研究过放电后的电池再进行过充电时的热安全性，记录电压、温度和电流等数据，实验步骤如下：

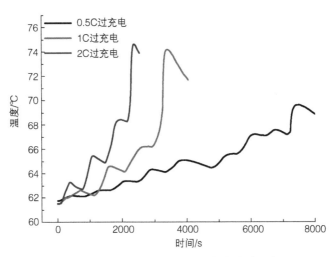

图 8-13　不同倍率的高温 - 过充电实验温度

1）将循环好的电池放电至 3V（即 0%SOC），贴好温度传感器，连接好电压采集线和放电电源。

2）开启 PBZ20-20 双极性电源对电池进行放电，分别放电至 1V、0V 后各进行一次电化学阻抗的测量，继续过放电 18min，每过放电 6min 测量一次电池的电化学阻抗。

3）记录电池在过放电过程中的电压、温度和电池外观的变化。

4）静置 2h 后，将电池充满至 4.2V。

5）静置 24h 后，使用菊水 PWR1600L 型直流电源对电池进行过充电实验。

6）开启电源，用不同倍率的电流进行过充电，直到电池发生热失控损坏。

7）记录电池充电过程中电压、温度和电池外观的变化。

在过放电 - 过充电耦合实验中，电池在不同时刻的外观变化情况如图 8-14 所示，分别为充电前、热失控发生前和热失控后燃烧的图片。与之前常温和高温下的过充电实验不同的是，先过放电再过充电的电池发生了燃烧。这可能是由于过度放电使电池的正负极发生了不可逆的结构变化，生成了燃点比较低的物质，如锂枝晶，并且在后期的充电过程中仍然存在；随着过充电的进行，电池的温度不断升高，气体的产生使得电池内部的压力不断增加，最终电池破裂，电池内的高温气体和锂金属及空气接触发生燃烧。

在过放电实验阶段，电池电压和电流的变化情况如图 8-15 所示。由于实验过程中测量电池阻抗时需要暂停放电，所以电池呈现阶段性变化。从图中可以看到，当电池电压达到正常使用的下截止电压 3V 后，再继续放电时电压会下降得非常快。以 0.5C 倍率放电的话，会在 6min 内快速放电至 0V；继续放电，发现电池测量电压出现负值，说明电池正极材料电势已经开始低于负极材料电势，过高的负极电势会引起铜箔负极集流体分解。分解后的铜离子会在隔膜沉积下来，沉积的金属会刺穿隔膜造成内部短路。电池在过放电阶段没有发生鼓包膨胀，电池虽有生热，但是最高温度没有超过40℃，说明电池在单独的过放电滥用的情况下相对比较安全，不会造成漏气、鼓包等热失控现象。

| a) 第一阶段 | b) 第二阶段 | c) 第三阶段 |

图 8-14　过放电 - 过充电耦合实验不同阶段下电池状态图

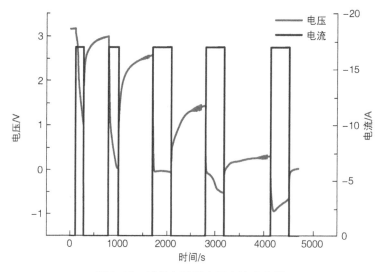

图 8-15　过放电阶段电压电流变化图

图 8-16 所示为过放后的电池再进行过充电的实验过程，反映了电池的电压和温度随充电时间的变化。过放电 - 过充电耦合实验将分为三个阶段。

第一阶段，0~1800s，电池电压缓慢上升，而温度稍有变化，基本保持不变，对应图 8-14a，可以发现在此阶段电池内还没有气体产生，说明大规模的副反应还没有发生，温度上升的热源主要是欧姆热。

第二阶段，1800~3600s，电池电压到达一个平台期，基本没有上升。说明电池内部的锂离子已经无法嵌入负极，电池结构开始破坏，无法维持电压继续上升，而温度则继续上升。图 8-14b 为该阶段末期电池现场图，可以看到电池已经严重鼓包，说明在这个阶段有副反应发生，并产生了大量气体。

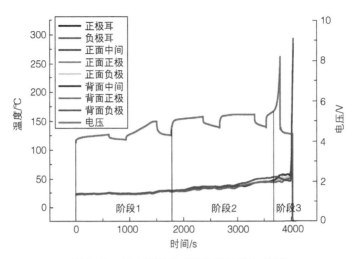

图 8-16　过充电阶段电压和温度变化曲线

第三阶段，3600~4000s，电池经过电压平台期后，电压迅速攀升，可能是电池隔膜损坏造成的。在电压上升至最大值 8.2V 后，充电机被迫停止了充电。在等待约 5min 后，电池发生图 8-14c 所示的燃烧现象。

综上所述，电池在过放电阶段安全性较好，不会出现鼓包、燃烧等热失控现象。但是经历过放电后的电池，再次进行过充电时会比正常的电池过充电更加危险。这可能是由于过放电使得电池内部发生了短路，短路的地方会在充电时不断产热。这种局部短路往往只是一个点，热量无法及时传导出来，当电压升高时产热率会成倍增长；再加上副反应的产热，电池内部的温度会达到一些材料的燃点。因此当电池因鼓包而破裂与空气接触后，就会发生燃烧。

8.2.4　锂离子电池老化 - 过充电耦合实验研究

电池不同 SOH 下的过充电实验是研究电池老化对电池过充电时电池安全性影响的有效手段。实验所用仪器包括提供放电电流的菊水 PBZ20-20 双极性电源，提供充电电流的菊水 PWR1600L 型直流电源，用来记录监测电压、温度和电流数据的 Fluke 数据采集仪，PT100 温度传感器和分流器，测量电池阻抗的电化学工作站，以及测试电池性能的亚科源 BTS-5-30-16 电池测试系统。

实验步骤如下：

（1）性能测试实验

在过充电实验开始之前，用电池的额定充放电倍率对四组电池进行容量测试，即 0.5C 倍率充电、1C 倍率放电。容量测试三次，若三次测试结果相差不大，则取平均值即可。若测试结果相差较大，则继续进行容量测试，直至容量测试结果稳定时停止。

根据上述实验步骤，四组锂离子电池 SOH 的测试结果见表 8-1。

（2）过充电实验

为对比分析不同 SOH 对锂离子电池过充电热失控的影响，实验设定如下：第一组电池为 8 个单体，分别编号 1~8。编号 1~3 分别进行 0.5C、1C 和 2C 倍率的连续过充热失控实验；编号 4~8 分别用于不同过充电 SOC 下的 EIS 阻抗测试和容量增量分析测试，见表 8-2。其余三组电池均为 6 个单体，分别编号 1~6，电池 1 进行 0.5C 倍率连续过充实验；电池 2~6 分别用于不同过充电 SOC 下进行 EIS 阻抗测试以及容量增量分析测试，见表 8-3。具体实验步骤如下：

1）起始温度控制在（25±1.5）℃，单体电池在 0.5C 倍率恒流恒压充电至 100%SOC。

2）静置 120min。

3）放入防爆箱并连接电压、电流、温度等信号采集线和充电机正负电源线，并用高温绝缘胶带在测试电池上粘贴 K 型热电偶。粘贴方式如图 8-17 所示。

4）以 0.5C 倍率（第一组电池有 1C 和 2C 倍率）恒流充电倍率开始过充电实验，用数据采集仪和数码摄像机记录整个过充电过程中的电压、电流、容量、表面温度以及电池外壳的形状变化情况，直至电池热失控发生。

表 8-1 四组锂离子电池 SOH 的测试结果

电池组编号	SOH(%)
1	95
2	90
3	85
4	80

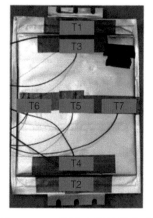

图 8-17 K 型热电偶粘贴方式

表 8-2 第 1 组电池过充实验设定

电池组编号	电池编号	充电倍率	SOC(%)	EIS 测试	IC 测试
1	1	0.5C	无限制	否	否
	2	1C			
	3	2C			
	4	0.5C	110	是	是
	5		120	是	是
	6		130	是	是
	7		140	是	是
	8		150	是	是

表 8-3 第 2~4 组电池过充实验设定

电池组编号	电池编号	充电倍率	SOC(%)	EIS 测试	IC 测试
2~4	1	0.5C	无限制	否	否
	2		110	是	是
	3		120	是	是
	4		130	是	是
	5		140	是	是
	6		150	是	是

（3）电化学阻抗谱测试

在电池过充电前后均进行电化学阻抗谱测试，测试温度为 25℃，测试频率范围为 100kHz~10mHz。综合考虑测量数据点的时间和精度，采用恒压 5mV 的交流扰动，低频（小于 66Hz）和高频（大于 66Hz）的采样点数量分别设置为 4 和 20，采样周期数分别设置为 2 和 10。

不同过充电状态电化学阻抗谱测试的步骤如下（以第 1 组电池中单体 6 为例）：

1）以 0.5C 倍率恒流恒压充电至 100%SOC。

2）静置 120min，使电池温度降至 25℃左右，进行电化学阻抗谱测试并保存所有测试数据。

3）0.5C 倍率恒流过充电至 130%SOC，停止充电。

4）静置 60min。

5）0.5C 倍率恒流放电至 100%SOC。

6）静置 120min，使电池温度降至 25℃左右，进行电化学阻抗谱 EIS 测试并保存所有测试数据。

（4）容量增量分析测试

在电池过充电前后均进行容量增量分析测试，测试温度为（25±1.5）℃。不同过充电状态下的容量增量分析测试步骤如下（以第 1 组电池中单体 6 为例）：

1）以 0.5C 倍率恒流恒压充电至 100%SOC。

2）静置 120min。

3）1/25C 倍率恒流放电至截止电压下限 3.0V。

4）静置 120min。

5）1/25 倍率恒流充电至截止电压上限 4.2V，然后恒压充电直至电流小于 0.01C。

6）静置 120min。

7）0.5C 倍率恒流过充电至 130%SOC，停止充电。

8）静置 60min，使电池温度降至 25℃左右。

9）0.5C 倍率恒流放电至 100%SOC。

10）重复循环步骤 2）～步骤 5）。

四组不同 SOH 电池在 0.5C 倍率恒流连续过充电实验中均发生热失控。热失控过程中的关键参数见表 8-4。

表 8-4　四组循环工况老化电池过充热失控关键参数表

电池组编号	SOH (%)	初始温度 /℃	热失控发生起始温度 /℃	热失控发生起始电压 /V	热失控发生时最大温度 /℃	热失控发生 SOC(%)
1	95	26.2	80	7.1	677.2	152
2	90	26.4	82	7.5	625.7	158
3	85	26.3	85	7.8	624.1	163
4	80	26.5	91.3	8.5	593.6	168

表 8-4 中，随着电池老化程度的增加，热失控发生起始温度升高，电压增大，过充电电池的 SOC 增大，但热失控发生时的最高温度降低。在分析不同 SOH 下锂离子电池过充电热失控过程演变规律之前，有必要对锂离子电池的过充电热失控行为进行分析，以第 1 组的电池单体 1 为例。

对过充电热失控过程中采集到的电压和温度数据进行分析，发现当电池从 125%SOC 过充电至 145%SOC 左右时，电压变化幅度很小，但温度变化明显。因此，为了能更好地分析过充电热失控过程中的热行为，首先对温度变化曲线进行分析。

对 T_1 的温度曲线进行微分处理，得到温升率的变化曲线，如图 8-18a 所示。结果显示在热失控发生之前，温升率可分为 r_Ⅰ、r_Ⅱ 和 r_Ⅲ 三个阶段。温升率随着温度的变化曲线如图 8-18b 所示，这是温升率的另一种表示方法，又称为温度分布相图，可以更好地反映过充电过程中温升率的变化情况。图 8-18b 的结果显示在阶段 Ⅰ 时，温升率小于 1℃/min；当过充电至阶段 Ⅱ 时，温升率快速上升至 3℃/min；而随着过充电的持续进行，温升率飞速上升，在电池热失控发生之前，温升率高达近 800℃/min。结合图 8-18a、b 的结果，根据温升率的变化情况（r_Ⅲ>r_Ⅱ>r_Ⅰ），可将过充电热失控过程分为四个阶段，如图 8-19 所示。

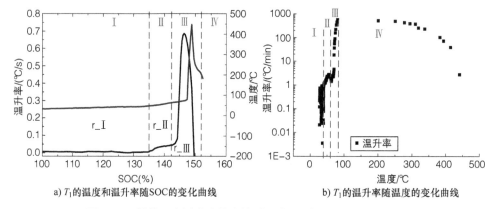

a) T_1 的温度和温升率随SOC的变化曲线　　　b) T_1 的温升率随温度的变化曲线

图 8-18　单体 1 在过充电热失控过程中 T_1 的温升率的变化曲线

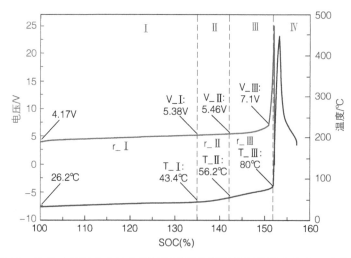

图 8-19　电池 1 在过充电热失控过程中的阶段划分以及温度和电压变化情况

阶段 Ⅰ：温度以 r_Ⅰ 的温升率缓慢上升至 135%SOC 左右。当过充电至大约 118%SOC 时，电压变化较小，这是因为内部正极活性材料上可能储存有多余的锂离子，此时并未发生明显的极化现象和副反应。当过充电至 120%SOC 时，正极上的锂离子已全部被迁移至负极，内部副反应开始发生。在此阶段，电池内部的生热量主要来源于焦耳热，而副反应热几乎可以忽略。参考文献 10、11，在正常充电过程中，正极中的锂离子迁移至负极，并嵌入在石墨层中。在过充电情况下，负极石墨由于不能再嵌入锂，因此石墨表面会出现析锂情况；而正极上的锰离子在高过电势下开始在电解液中溶解。此外，随着电池内部副反应的发生，会产生少量气体，但电池形状并未有明显变化。

阶段 Ⅱ：在此阶段，电压变化缓慢，出现了一个新的电压平台。而温度以 r_Ⅱ 的温升率快速升高，主要原因是内部副反应开始加剧，生热量显著增大，同时伴随着大量的气体释放，电池发生明显鼓包现象。电池内部焦耳热和副反应热均增大，导致内部温度迅速升高，而温度升高又会进一步加速副反应的发生。此外，电解液由于温度升高开始发生氧化反应。当电池电压超过 5V 时，电解液（$LiPF_6$/EC:DEC:DMC = 1:1:1）开始发生氧化反应，伴随着 CH_4 以及其他烷基气体产生。此外，随着温度的进一步上升，SEI 膜开始溶解，负极石墨材料与电解液反应，电池内部气体的生成量增加。

阶段 Ⅲ：在此阶段，电压和温度均急剧增大。随着正极上的过电势进一步增大和电池内部温度的进一步升高，电解液氧化反应加剧，产生大量副反应热。此外，随着温度的升高，导致电池内部一系列放热副反应（例如正极材料与电解液等）的发生。与此同时，由副反应生成的不稳定 SEI 膜发生分解，导致负极石墨材料与电解液发生副反应。文献 [14] 的研究结果表明，在热失控发生前电压会有轻微下降，这是因为锂离子电池在过充电过程中，由于正极的过度脱锂以及电池内部大量气体的产生，导致正极结构坍塌以及活性材料组成成分发生变化。

阶段 Ⅳ：电压先急剧增加后急剧降低，当电压瞬时降为 0V 时，温度开始急剧增加，当隔膜熔化后，电池发生内部短路，随后电池内部的一系列副反应开始加剧，产生大量气体（如 CO_2、CH_4、H_2、C_2H_4 等），电池鼓包十分严重。当电池内部的压力超过外壳的承受压力，电池漏气，热失控发生，甚至着火燃烧。

热失控发生着火燃烧后的残余物质如图 8-20 所示。残余物主要由正极残余物和负极残余物两部分组成。为了更好地分析残余物，用不同颜色的圆圈进行标记。从正极残余物可以看出，集流体表面残留有许多燃烧的灰烬和孔，这可能是熔化的隔膜和铝箔，如图中红色标记；此外，与正极极耳相连接的部分几乎全部熔断，如图中蓝色标记，说明热失控发生时，电池内部的温度超过了铝材料的熔点 660℃。从负极残余物可看出，集流体表面没有孔，只有燃烧后的灰烬，如图中黄色标记；此外，与负极极耳相连接的部分完好，没有发生断裂情况，如图中绿色标记，说明燃烧过程中电池内部温度超过 660℃，但低于铜箔的熔点温度。

正极集流体

负极集流体

图 8-20　热失控发生着火燃烧后的残余物质

为了对比不同倍率对过充电热失控的影响,对相同 SOH 下的电池进行不同倍率的过充电热失控实验。第 1 组电池在不同倍率(0.5C、1C 和 2C)下的过充电热失控实验中均发生了热失控,热失控关键参数见表 8-5。实验过程中的电压和温度曲线如图 8-21 所示,不同倍率下电压、温度和温升率的对比曲线如图 8-22 所示,温升率对比结果见表 8-6。

表 8-5　不同倍率下电池过充电热失控关键参数表

电池组编号	充电倍率	初始温度/℃	热失控发生起始温度 /℃	热失控发生起始电压 /V	热失控发生时间 /s
	0.5C	26.2	80	7.1	3216
1	1C	26.3	78.5	7.36	1736
	2C	26.4	75.2	7.49	707

表 8-6　不同倍率条件下各阶段的温升率

电池组编号	充电倍率	阶段 I 温升率/(℃ /min)	阶段 II 温升率/(℃ /min)	最大温升率(℃ /min)
	0.5C	1	3	约 400
1	1C	2	5	约 600
	2C	6	10	约 1100

表 8-5 中,随着充电倍率的增加,热失控发生时的时间减少,热失控发生前的起始电压升高,但热失控起始温度却降低,说明随着充电倍率的增加,电池内部产生的热量越多,电池越容易发生热失控。过充电热失控过程根据温升率可分为四个阶段,如图 8-22b 所示。具体结果见表 8-6,随着充电倍率的增加,各阶段对应的内部温升率逐渐增加,尤其是 2C 倍率条件下,在阶段 I 末期的温升率约为 6℃ /min,

在阶段 Ⅱ 温升率超过 10℃/min，而当热失控发生时内部温升率高达 1100℃/min，是 0.5C 倍率下发生热失控时的温升率的近 3 倍。

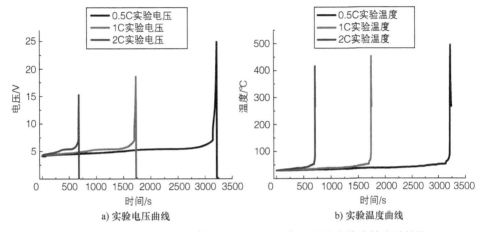

a) 实验电压曲线　　　　　　　　　　b) 实验温度曲线

图 8-21　不同过充电倍率（0.5C、1C 和 2C）下过充电热失控实验结果

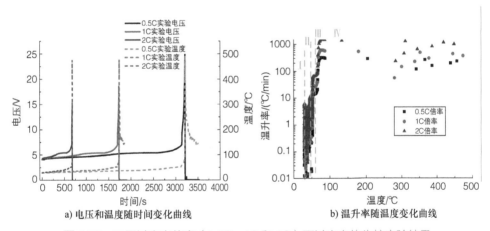

a) 电压和温度随时间变化曲线　　　　　b) 温升率随温度变化曲线

图 8-22　不同过充电倍率（0.5C、1C 和 2C）下过充电热失控实验结果

如图 8-21 所示，随着充电倍率的增加，在发生热失控时电池的最大电压和最高温度稍有降低。这是因为充电倍率越大，电池内部的过充电电量越少。也就是说，随着充电倍率的增加，由于大倍率条件下电池内部的焦耳热和极化热生热量大，温升率更高（见图 8-22），锂离子电池对过充电滥用的耐受度降低。

8.3　锂离子电池过充电内部机理特性分析

在针对电池过充电的研究过程中，获取过充电过程的外部参数演变特性对过充电热失控规律的确定以及安全预警策略的标定有着重要意义。但仅关注电池外在可测量参数（电压、温度等），往往难以对过充电热失控的内部机理作进一步探究。为有效分析电池过充电内部机理，需要借助阻抗及容量增量等分析手段。

8.3.1 锂离子电池过充电阻抗特性分析

1. 弛豫时间分布法

电化学阻抗谱是一种非常实用的电化学表征技术，其工作原理是利用不同频率（频率范围宽泛：毫赫兹～兆赫兹）下的正弦电压或者正弦电流信号（一般为 5~20mV 或者 5~20mA）作为微小激励源输入被测锂离子电池，并计算相应频率下的阻抗谱，从而获取电池内部的物质运输、反应动力学和热动力学等物理、电化学过程。一般情况下，电化学阻抗谱用负奈奎斯特图表述，其中 x 轴为阻抗谱实部，y 轴为阻抗谱虚部，阻抗谱曲线与 x 轴实部交点为电池欧姆电阻。

等效电路模型方法是目前最常用的阻抗谱辨识方法，该方法通过串并联内阻、双电层电容和法拉第阻抗对阻抗谱进行辨识和解析，已广泛应用于科学研究中。然而等效电路方法的主要不足之处是不确定性，主要原因是不同的物理、电化学过程可以表现出相同的阻抗特性，即同一个阻抗谱能够用不同的等效电路模型来拟合，且拟合过程缺乏理论支撑。

弛豫时间分布法（Distribution of Relaxation Time, DRT）是由德国卡尔斯鲁厄理工学院的 Ivers-Tiffee 团队提出的，已成功应用于固体氧化物燃料电池和锂离子电池的 EIS 分析。与奈奎斯特图相比，该方法将锂离子电池内部的一系列电化学反应与相应的弛豫时间一一关联，辨识出电化学阻抗谱在时域区间上的特征分布。

为了简单地描述弛豫时间分布法，系统可简化为两个理想的 RC 单元，如图 8-23a 所示，其表达式如下：

$$
\begin{aligned}
Z_{\text{DRT}} = Z_{\text{RC1}} + Z_{\text{RC2}} &= \frac{R_1}{1+j\omega R_1 C_1} + \frac{R_2}{1+j\omega R_2 C_2} \\
&= \frac{R_1}{1+j\omega\tau_1} + \frac{R_2}{1+j\omega\tau_2}
\end{aligned}
\tag{8-1}
$$

式中，RC 单元的两个参数分别表示系统的物理意义：一个是参数 R，表示相应过程的极化效应；另一个是时间常数 τ，表示系统过程中的弛豫时间或者弛豫频率，$\tau_i = R_i C_i$。

简单的 RC 单元结构通常应用于理想的极化模型，用一个时间常数来代替模型中的极化现象。而对于复杂的电化学系统，上述理想的 RC 模型就不能准确地表述，因此需要用复杂的模型来描述，如图 8-23b 所示。电化学系统中各个极化过程用不同的弛豫频率和频率对应的扇形峰值来表示，其中不同频率对应的扇形区域面积代表各极化阻抗的变化情况。常用阻抗单元 RQ 表示真实复杂的电化学系统，表达式如下：

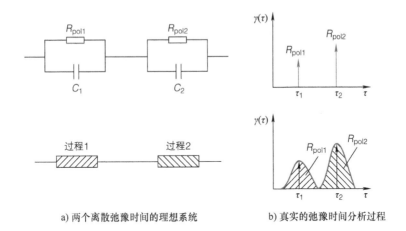

a) 两个离散弛豫时间的理想系统　　　　b) 真实的弛豫时间分析过程

图 8-23　弛豫时间分布法原理图

$$Z_{RQ} = \frac{R}{1+(j\omega RQ)^n} = \frac{R}{1+(j\omega\tau)^n} \tag{8-2}$$

式中，R 为极化效应；τ 为 RQ 单元的时间常数；当 $n=1$ 时，RC 单元模型与 RQ 模型相同。

对于给定频率范围下测得的电化学阻抗谱，弛豫时间分布法通过一系列 RC 单元来表示阻抗谱中高频和中频部分，用广义有限长度扩散元件和一个插层电容来表示低频阻抗，表达式如下：

$$Z_{DRT}(f) = R_\Omega + \int_0^\infty \frac{\gamma(\tau)}{1+i2\pi f\tau}d\tau + Z_{diff}(f) \tag{8-3}$$

$$\int_0^\infty \gamma(\tau)d\tau = 1 \tag{8-4}$$

$$Z_{diff}(f) = Z_W(f) + Z_C(f) = R_W \frac{\tanh\left[(j2\pi f\tau_W)^{P_W}\right]}{(j2\pi f\tau_W)^{P_W}} + \frac{1}{j2\pi fC_{OCV}} \tag{8-5}$$

式中，R_Ω 为欧姆电阻；$\gamma(\tau)$ 为电化学系统中的时间弛豫特性；$\dfrac{\gamma(\tau)}{1+i2\pi f\tau}$ 为时域 τ 和 $d\tau$ 之间的极化阻抗；Z_W 为广义有限长度扩散元件的阻抗；Z_C 为插层电容的阻抗。

由于频率 $f\to 0$ 时，低频的扩散阻抗在实轴上不能收敛，所以在进行弛豫时间分析之前要先进行预处理，即要先用 Z_{diff} 拟合阻抗谱中的低频扩散阻抗，然后用阻抗谱的原始数据减去拟合的低频扩散阻抗数据，剩下的数据则可利用弛豫时间分布法进行分析，如图 8-24 所示。

因此，锂离子电池的电化学阻抗谱的弛豫时间分布法具体分析步骤如下：

1）预处理 1：对低频的扩散阻抗谱用式（8-5）进行拟合、计算。

2）预处理 2：用测量得到的电化学阻抗谱原始数据减去预处理 1 拟合得到的低频扩散阻抗数据。

3）用弛豫时间分布法进行分析，将各频率对应的阻抗转换为各时间常数对应的阻抗。

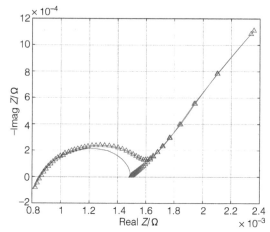

图 8-24　交流阻抗谱与预处理后阻抗谱

2. 阻抗计算与过充电特性分析

锂离子电池内部阻抗可由四部分组成：

（1）欧姆电阻 R_Ω，与电池正负极极耳和集流体的电导率以及电解液和隔膜上的离子传导率有关。

（2）SEI 阻抗 R_{SEI}，取决于 SEI 膜的厚度。

（3）电荷转移阻抗 R_{CT}，与固液相交界面上的电化学反应的活化能有关。

（4）扩散阻抗 R_{Diff}，与离子在固相活性电极和电解液中的扩散系数有关。

其中欧姆电阻 R_Ω 和 SEI 阻抗 R_{SEI} 的大小与固相活性电极中锂离子的浓度无关。而电荷转移阻抗 R_{CT} 和扩散阻抗 R_{Diff} 随 SOC 的变化而变化，与它们对应的极化损失与固相活性电极中的锂离子浓度密切相关。此外，还有一系列与阻抗并联的双电层电容，在此不做重点研究。

这里取 8.2.4 节中的研究对象（电池）进行分析，分组同 8.2.4 节。首先，为了分析电池内各阻抗与 SOC 的关系，在（25 ± 1.5）℃环境温度下，对未过充电电池分别在 10%~100%SOC 下进行 EIS 测试，并利用弛豫时间分布法对 EIS 进行分析，结果如图 8-25a 所示，其中不包括欧姆电阻和扩散阻抗，欧姆电阻结果另外给出，扩散阻抗由式（8-5）进行拟合估算。图 8-25b 所示结果表明，P_1 峰与 SOC 无关，P_2 峰和 P_3 峰随 SOC 的变化而变化。因此，P_1 峰可认为是 SEI 阻抗，P_2 峰和 P_3 峰可认为是电荷转移阻抗。其中 P_2 和 P_3 两个峰值可能对应分别与正、负极相关的电荷转移阻抗，这里不做重点分析。

在估算锂离子电池各内部阻抗时，阻抗实部是本文的关注重点，虚部忽略不计。文献 20 给出了一种简单的估算方法，同时又保证了计算结果的准确性，计算

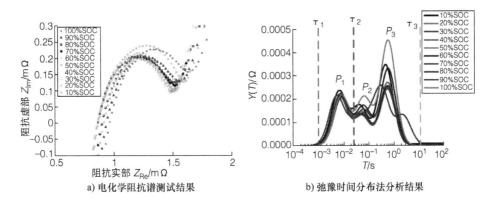

a) 电化学阻抗谱测试结果　　　　b) 弛豫时间分布法分析结果

图 8-25　25℃下研究对象电池在不同 SOC 下电化学阻抗谱测试和弛豫时间分布法分析结果

表达式如下：

$$R_\Omega \approx \text{Real}\big[Z(f_1)\big] \tag{8-6}$$

$$R_{\text{SEI}} \approx \text{Real}\big[Z(f_2)\big] - \text{Real}\big[Z(f_1)\big] \tag{8-7}$$

$$R_{\text{CT}} \approx \text{Real}\big[Z(f_3)\big] - \text{Real}\big[Z(f_2)\big] \tag{8-8}$$

　　各组电池的 EIS 测试结果和对应的基于 DRT 方法的分析结果如图 8-26 所示。基于上述结果，利用式（8-6）～式（8-8）对不同弛豫频率下的电化学阻抗进行估算，结果如图 8-27 所示，参数主要包括欧姆电阻 R_Ω、SEI 阻抗 R_{SEI}、电荷转移阻抗 R_{CT} 和扩散阻抗 R_{Diff}。

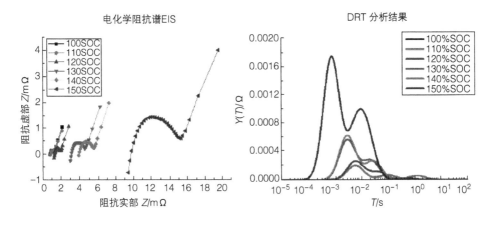

a) 电池组1

图 8-26　不同 SOH 锂离子电池在不同过充电 SOC 下的
EIS 测量数据以及弛豫时间分布法分析结果

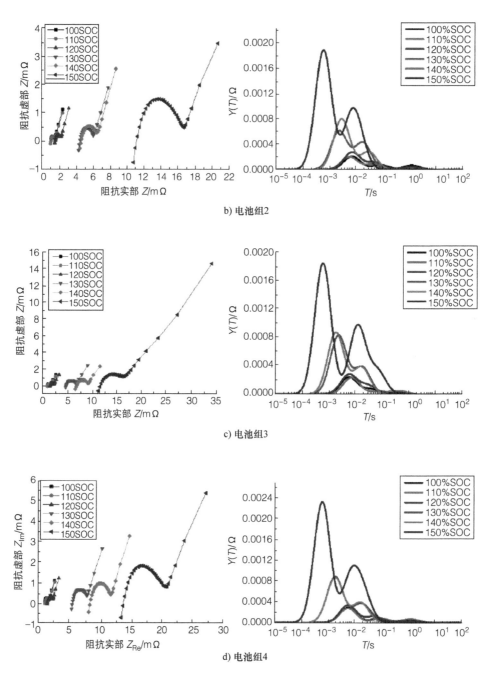

b) 电池组2

c) 电池组3

d) 电池组4

图 8-26　不同 SOH 锂离子电池在不同过充电 SOC 下的
EIS 测量数据以及弛豫时间分布法分析结果（续）

如图 8-27 所示，在过充电至 120%SOC 之前时，电池内部没有明显的副反应发生，所以过充电至 100%、110% 和 120%SOC 时的阻抗计算结果相差不大。

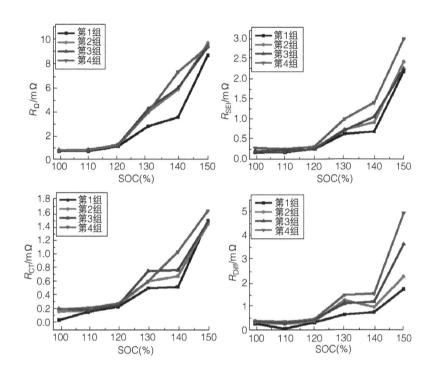

图 8-27　四组不同循环老化电池的各阻抗估算结果

1）当过充电至 130%SOC 时，所有阻抗均明显增加，这是因为随着电池内部温度的升高，内部副反应开始加剧。

2）当过充电至 140%SOC 时，与 130%SOC 时的阻抗相比，尽管电池内部的副反应更加剧烈，温度也进一步升高，但阻抗并未发生明显增加。以 SEI 阻抗为例，主要原因可能是副反应生成的 SEI 膜与正常电化学反应生成的 SEI 膜不同。该膜表面致密性差，热稳定性较差，在温度较高时就容易分解。

3）当电池过充电至 150%SOC 时，内部温度逐渐接近甚至超过隔膜的熔点，此时隔膜发生熔化并出现热收缩，产生闭孔效应，导致电池内部所有内阻均急剧增加，有利于阻碍热失控的发生。此外，如图 8-26 所示，代表电荷转移阻抗的 P_2 峰和 P_3 峰消失，又出现了一个新的峰值，说明此时电池内部结构已被破坏，正负极之间的电化学特性变得模糊。

对比电池内部阻抗的变化情况，当电池过充电至 150%SOC 时，R_Ω 急剧增加，代表电池正负极极耳和集流体的电导率降低；R_{SEI} 增加说明 SEI 膜厚度增加明显，但由副反应生成的 SEI 膜表面粗糙，致密性差，热稳定性很差，容易分解。R_{CT} 和 R_{Diff} 越大，表示固液相交界面上进行电化学反应的阻碍越大。对比四组不同老化程度的电池，电池从 100%SOC 过充电至 120%SOC 时，四组电池的阻抗相差不大。过充电至 130%SOC 时，阻抗开始增加，而且老化程度最严重的第四组电池的阻抗均最大，说明老化程度越高，电池内部产生的极化效应越严重。

8.3.2　锂离子电池过充电容量增量分析

1. 容量增量分析法

容量增量分析法是将一段完整的充放电电压曲线上涉及电池内部活性材料一阶相变的电压平台转换为容量增量曲线，并能明确识别 $\Delta Q/\Delta V$ 峰。由于容量增量分析法比正常充放电曲线具有更高的敏感性，所以通过分析 $\Delta Q/\Delta V$ 峰随环境和工况的变化以及不同老化程度的演变过程，获取电池内部电化学特性变化的关键信息，从而建立起电池外特性和内部化学特性（活性材料损失、可用循环锂损失和电导率损失）的对应关系。

为准确获取锂离子电池的开路电压和 SOC 曲线，许多学者采用恒电位间歇滴定技术和恒电流间歇滴定技术。但是由于上述方法耗时太长，所以目前很多学者通过采用尽可能小的电流对电池进行充放电来近似获取开路电压和 SOC 的关系曲线。这是因为小电流对电池内部产生的极化效应极小，可以忽略。目前一般认为充放电电流小于 1/25C 时，$dQ/dV \approx \Delta Q/\Delta V$。

文献 25 对正极材料为 Li(MnNiCo)$_{1/3}$O$_2$-LiMn$_2$O$_4$、负极材料为石墨的锂离子电池进行容量增量分析，结果发现 LiMn$_2$O$_4$ 正极材料对应的峰值出现在 4.1V 和 3.95V 左右，Li(MnNiCo)$_{1/3}$O$_2$ 正极材料对应的峰值出现在 3.65V。文献 26~28 的研究结果表明 IC 峰值降低时代表正负极有活性材料损失（Loss of Active Material，LAM）；IC 峰值向电压低的方向平移代表内部有电导率损失（Loss of Conductivity，LoC）；当原来 IC 峰消失，新的峰值出现，或者 IC 峰向电压升高或降低的方向平移时，表示内部有可用循环锂损失（Loss of Lithium Inventory，LLI），如图 8-28 和表 8-7 所示。

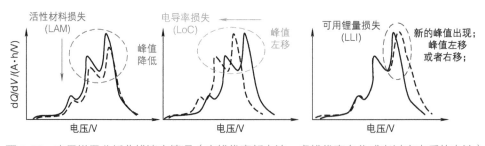

图 8-28　容量增量分析曲线演变情况（实线代表新电池，虚线代表老化或者过充电后的电池）

2. 容量增量与过充电特性分析

在室温条件下，以 1/25C 倍率进行恒流充放电实验，容量增量分析结果如图 8-29 所示。结果显示峰 I 和峰 II 对应的电压分别为 4.1V 和 3.95V。因此，根据前述文献研究结果可知，峰Ⅰ和峰Ⅱ代表该锂离子电池正极材料，峰Ⅲ代表负极材料。

表 8-7　容量增量曲线变化和对应的内部机理

IC 曲线	变化描述	原因	内部机理
IC 曲线对应峰值	IC 峰降低	活性材料损失（LAM）	正负极晶体结构变化，活性材料分解，负极析锂与电解液副反应，过渡金属锂溶解
	新 IC 峰出现，峰左移或者右移	可用循环锂损失（LLI）	SEI 膜分解，SEI 膜变厚，电解液氧化，锂晶枝增长
	IC 峰左移（向低电压移动）	电导率损失（LoC）	集流体破裂，黏结剂裂开，SEI 膜变厚，析锂

　　四组电池在不同过充电 SOC 状态下的 IC 曲线结果如图 8-30 所示，当锂离子电池过充电至 110% 和 120%SOC 时，IC 曲线与过充电前（100%SOC）的曲线几乎重合。当过充电至 130%SOC 时，曲线结果中代表正极材料的 IC 峰Ⅰ和Ⅱ明显降低，参考表 8-7，表明此时正极存在 LAM 以及 LLI。然而，代表负极材料的 IC 峰Ⅲ没有明显变化，只是轻微向左平移，说明此时内部负极电化学动态特性并没有被破坏，但存在 LoC。过充电至 140%SOC 时，IC 曲线中三个峰均发生较大变化，尤其是 IC 峰Ⅲ几乎消失，表明正负极活性材料损失严重，固相电极结构

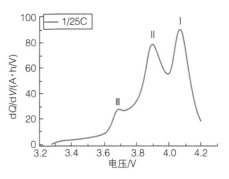

图 8-29　该锂离子电池在 25℃下 1/25C 倍率充电 IC 曲线

和电化学动态特性受到严重损坏。当电池过充电至 150%SOC 时，无法继续进行容量增量实验，说明此时电池内部的阻抗非常大，隔膜在高温下可能开始收缩，产生闭孔效应，而且隔膜随着温度的升高而开始熔化，造成内部短路甚至发生热失控。

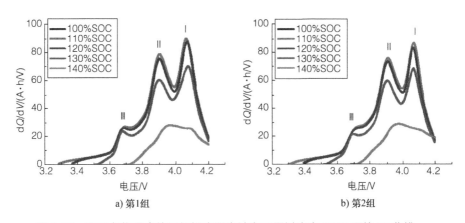

图 8-30　不同老化程度的四组锂离子电池在不同过充电 SOC 下的 IC 曲线

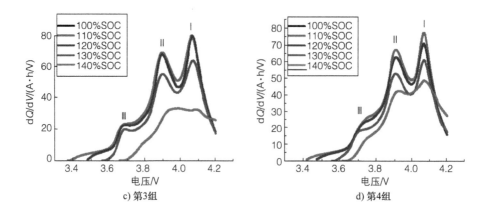

c) 第3组　　　　　　　　　　　d) 第4组

图 8-30　不同老化程度的四组锂离子电池在不同过充电 SOC 下的 IC 曲线（续）

与上节所述的过充电阻抗电化学特性分析结果相比，基于 IC 方法的分析结果表明不同过充电 SOC 状态对应的 IC 曲线结果与对应状态下的阻抗计算结果基本一致，但仍存在一些差别。与锂离子电池过充电至 130%SOC 状态相比，过充电至140%SOC 时，基于 DRT 方法的分析结果显示内部阻抗特性变化不大，主要原因是虽然内部副反应加剧造成了阻抗的增加，例如负极活性电极与电解液的副反应导致SEI 膜增厚，但由副反应生成的 SEI 膜很不稳定，在高温下很容易分解，也就是说SEI 膜在增厚的同时也在分解。而基于 IC 方法的结果显示，过充电至 140%SOC 时，正负极活性材料损失严重，固相电极结构也遭到严重破坏。当过充电至 150%SOC时，由于无法获得 IC 曲线结果，故只能通过阻抗分析锂离子电池内部电化学特性。因此，结合基于 DRT 和 IC 方法的分析结果能从内部过充电阻抗特性和电化学特性方面更全面地分析锂离子电池过充电热失控特性。

8.4　锂离子电池过充电有限元分析建模

8.4.1　电热耦合热失控建模

根据锂离子电池的结构特点、电化学原理、副反应生热原理和传热学理论，以方形铝塑膜电池为对象，使用仿真软件建立一个电热耦合热失控模型。

首先需要建立一个一维的电化学模型，根据电池内部三明治结构单元，建立一个包含正负极集流体、正负极活性材料和隔膜的一维几何模型。根据正负极活性材料多孔极板理论，应用巴特勒 - 伏尔摩（Butler-Volmer）电极动力学方程确定电极锂离子的嵌入 / 脱出运动。热失控的副反应使用 Arrhenius 方程（溶液中化学反应速率随温度的变化关系）计算，进而根据反应速率和物质含量来计算副反应生热。

当计算出反应热后，需要导入三维热模型中进行温度分布的计算。三维热模型基于三维导热微分方程，描述一个有内热源的全尺寸的电池在第三类边界条件下的传热与温度分布。使用三维热模型的平均温度作为反馈给电化学模型的量，从而在电化学模型里计算随温度变化的量。两个模型通过这样的方式互相耦合在一起，完成整个模型计算。

模型整体框架与图 7-30 相似，不同的是副反应生热被引入。模型建好之后需要进行边界条件的设置、三维实体网格划分和求解器的设置。

引起电池温度上升的热量来源主要是欧姆热和副反应热，其中欧姆热在热失控发生前期贡献最多，副反应热主要产生在热失控触发时期，因此需要对这两个阶段的产热进行准确计算。

1. 电池内阻与欧姆热计算

电池在过充电滥用工况下热失控发生前期的生热主要是由欧姆热造成的，因此需要确定电池在过充电过程中内阻的变化。在 8.2.1 节的过充电滥用实验中，使用电化学工作站测出了 1C 倍率过充电实验时电池不同阶段的阻抗谱。内阻的大小可以由电化学阻抗谱辨识出来，然后采用拟合曲线的方法得到内阻随过充电 SOC 的变化。在电化学阻抗谱中，实部阻抗是产生欧姆热的主要原因。当阻抗谱在某一频率下相位为零的时候，此时虚部阻抗为 0，只剩下实部阻抗，在此频率下实部阻抗可以认为是电池的内阻。图 8-31 所示为实部阻抗在不同过充电 SOC 下的变化曲线。

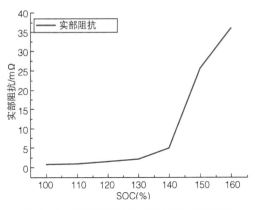

图 8-31　实部阻抗随过充电 SOC 的变化

根据图 8-31 中的实部阻抗变化曲线，拟合出一个实部阻抗（单位：mΩ）与 SOC 的关系表达式，见式（8-9），然后输入过充电滥用模型中。实验测量了过充电至 160%SOC 的各阶段阻抗谱，因此拟合的阻抗值适用于模型仿真范围。

$$R_{\mathrm{re}} = -47.27\mathrm{e}^{\left(-\frac{SOC-1.613}{0.04325}\right)} + 412.3\mathrm{e}^{\left(-\frac{SOC-1.914}{0.2482}\right)} \tag{8-9}$$

则电池欧姆产热率计算公式为

$$Q_{\text{ohm}} = \frac{I^2 R_{\text{re}}}{V} \qquad (8\text{-}10)$$

式中，Q_{ohm} 为单位体积欧姆热产热率（W/m³）；V 为电池体积（m³）。

2. 副反应生热计算

电池之所以发生热失控，根本原因还是在于电池内部活性材料随温度升高后发生的副反应。这些副反应主要包括 SEI 膜的分解反应、正极材料与电解液的反应、负极材料与电解液的反应以及电解液的分解反应。图 8-32 所示为电池副反应发生过程与电池温度的关系（热失控）示意图。

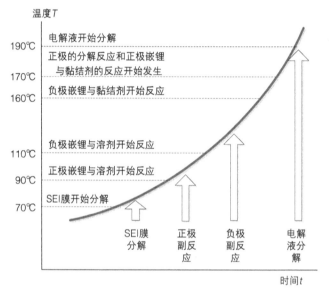

图 8-32　典型锂离子电池发生热失控示意图

根据 Hatchard 等人提出的副反应生热速率与温度的计算关系，锂离子电池发生的四种主要副反应的控制方程如下：

（1）SEI 膜的分解反应

在 SEI 膜的保护下，负极避免了直接与溶剂反应，但是 SEI 膜处于亚稳态，在 90~120℃容易分解放热，分解反应方程为

$$R_{\text{sei}}(T, c_{\text{sei}}) = A_{\text{sei}} \exp\left(-\frac{E_{\text{a,sei}}}{RT}\right) c_{\text{sei}}^{m_{\text{sei}}} \qquad (8\text{-}11)$$

$$Q_{\text{sei}} = H_{\text{sei}} W_{\text{c}} R_{\text{sei}} \qquad (8\text{-}12)$$

$$\frac{\mathrm{d}c_{\text{sei}}}{\mathrm{d}t} = -R_{\text{sei}} \qquad (8\text{-}13)$$

式中，R 为热力学常数，$R=8.3145J/(mol \cdot K)$；c_{sei} 为一个无量纲的包含在 SEI 膜中的亚稳态锂含量；R_{sei} 为 SEI 膜的分解速率；A_{sei} 为反应方程式的频率因子；$E_{a, sei}$ 为 SEI 膜的分解反应活化能；H_{sei} 为 SEI 膜分解反应单位重量生热；W_c 为单位体积含碳量 (g/m^3)；Q_{sei} 为 SEI 膜分解反应生热率；m_{sei} 为反应级数，这里 $m_{sei}=1$。

（2）负极与溶剂的反应

当 $T>120℃$ 时，嵌入负极的锂与溶剂发生反应为

$$R_{ne}(T, c_{ne}, z_{sei}) = A_{ne} \exp\left(-\frac{z_{sei}}{z_{sei,0}}\right) \exp\left(-\frac{E_{a,ne}}{RT}\right) c_{ne}^{m_{ne}} \qquad (8-14)$$

$$R_z(T, c_{ne}, z_{sei}) = A_{ne} \exp\left(-\frac{z_{sei}}{z_{sei,0}}\right) \exp\left(-\frac{E_{a,ne}}{RT}\right) c_{ne}^{m_{ne}} \qquad (8-15)$$

$$Q_{ne} = H_{ne} W_c R_{ne} \qquad (8-16)$$

$$\frac{dc_{ne}}{dt} = -R_{ne} \qquad (8-17)$$

式中，R_{ne} 为负极材料的反应速率；R_z 为 SEI 膜的厚度变化率；c_{ne} 为一个无量纲的包含在负极中的亚稳态锂含量；z_{sei} 为 SEI 膜的厚度；A_{ne} 为反应方程式负极的频率因子；$E_{a,ne}$ 为负极的反应活化能；H_{ne} 为负极反应单位重量生热；W_c 为单位体积含碳量（g/m^3）；Q_{ne} 为负极反应的生热率。

（3）正极与溶剂的反应

反应方程为

$$R_{pe}(T, \alpha, c_e) = A_{pe} \alpha^{m_{pe,p1}} (1-\alpha)^{m_{pe,p2}} \exp\left(-\frac{E_{a,pe}}{RT}\right) \qquad (8-18)$$

$$Q_{pe} = H_{pe} W_p R_{pe} \qquad (8-19)$$

$$\frac{d\alpha}{dt} = R_{pe} \qquad (8-20)$$

式中，R_{ne} 为正极材料的反应速率；α 为正极材料反应转化率；c_e 为一个电解液中锂浓度的无量纲数；A_{pe} 为反应方程式正极的频率因子；$E_{a,pe}$ 为正极的反应活化能；H_{pe} 为正极反应单位重量生热；W_p 为单位体积正极活性材料含量（g/m^3），Q_{pe} 为正极反应的生热率；$m_{pe,p1}$，$m_{pe,p2}$ 为反应级数，这里 $m_{pe,p1}=m_{pe,p2}=1$。

（4）电解液的分解

反应方程为

$$R_e(T, c_e) = A_e \exp\left(-\frac{E_{a,e}}{RT}\right) c_e^{m_e} \qquad (8-21)$$

$$Q_{el} = H_e W_e R_e \qquad (8-22)$$

$$\frac{dc_e}{dt} = -R_e \qquad (8-23)$$

式中，R_e 为电解液材料的分解反应速率；c_e 为一个电解液中锂浓度的无量纲参数；A_e 为反应方程式电解液材料的频率因子；$E_{a,e}$ 为电解液材料的反应活化能；H_e 为电解液材料分解反应单位重量生热率；W_e 为单位体积电解液材料含量（g/m³）；Q_{el} 为电解液材料反应的生热率。

8.4.2 锂离子电池热失控产热模型验证

1. 热失控模型实验验证

以 8.2.4 节的实验数据为例，对过充电热 - 电耦合模型进行实验验证。在实验验证之前，首先要确定该类型锂离子电池在过充电热失控过程中的电化学参数、热物性参数和副反应参数。

（1）电化学参数

由于锂离子电池内部的电化学参数较多，部分参数测量难度大，所以本文所用的参数主要来自参考文献，部分来自于实际测量。该类型锂离子电池的电化学参数见表 8-8。

表 8-8 LiMn$_2$O$_4$ 电池主要电化学参数

电化学参数	单位	符号	数值
集流体有效表面积	m²	A_{rea}	0.33
内阻	Ω	R_c	0.001
正极反应活化能	J/mol	$E_{k,p}$	3×10^4
极反应速率常数	m$^{2.5}$/（mol$^{0.5}$·s）	$k_{p,ref}$	1.9×10^{-9}
正极扩散活化能	J/mol	$E_{D,p}$	2.5×10^4
正极固相扩散系数	m²/s	$D_{p,ref}$	6.5×10^{-15}
正极比容量	A·h/kg	q_p	158
正极最大浓度	mol/m³	$c_{max,p}$	17160
正极粒子半径	m	R_p	2×10^{-6}
正极活性物质体积分数	—	$\varepsilon_{am,p}$	0.5
电解液浓度	mol/m³	c_e	1×10^3
液相扩散系统活化能	J/mol	$E_{D,L}$	1×10^4
电解液活化能系数	—	act_{coeff}	1.75
液相扩散系数	m²/s	$D_{L,0}$	1.53×10^{-10}
液相扩散系数	m²/s	$D_{l,ref}$	3.78×10^{-11}
孔隙率	—	por	0.46
Bruggeman 系数	—	b_{rug}	2.8
电解液锂离子迁移数	—	t_0^+	0.39

（续）

电化学参数	单位	符号	数值
电解液电导率活化能	J/mol	E_{kappa}	2×10^4
电解液电导率	S/m	$kappa_{ref}$	12
负极反应活化能	J/mol	$E_{k,n}$	3×10^4
负极反应速率常数	$m^{2.5}/(mol^{0.5} \cdot s)$	$K_{n,ref}$	3×10^{-8}
负极固相扩散系数活化能	J/mol	$E_{D,n}$	4×10^4
负极固相扩散系数	m^2/s	$D_{n,ref}$	1.7×10^{-14}
负极比容量	$A \cdot h/kg$	q_n	372
负极最大浓度	mol/m^3	$c_{max,n}$	30540
负极粒子半径	m	R_n	3.5×10^{-6}
负极活性物质体积分数	—	$\varepsilon_{am,n}$	0.471

（2）热物性参数

电池的内部材料主要为铝箔、铜箔、活性材料正极、石墨负极和铝塑膜外壳。根据上述材料的特性以及测量得到的电池内部材料对应的几何尺寸，组成材料的热物性参数见表3-1。

在进行热平衡计算时，需进一步计算该电池的热物性参数，例如电池密度、比热容以及对流换热系数。对方形铝塑膜电池来说，相比组成部分的长和宽，厚度较薄，可认为每层物质的密度均匀分布。

根据相关参考文献，空气的自然对流换热系数为5~25W/(m²·K)，在强制对流条件下为 20~100W/(m²·K)。该电池在温箱里关闭和开启鼓风机时的对流换热系数分别为 11.7W/(m²·K) 和 54.7W/(m²·K)。因此，该电池的热物性参数见表8-9。

表8-9　该电池的热物性参数

热物性参数	符号	单位	数值
密度	ρ	kg/m^3	2055.2
比热容	c	$J/(kg \cdot K)$	1399.1
热传导率	k	$W/(m \cdot K)$	0.89724
对流换热系数（鼓风机关闭）	h	$W/(m^2 \cdot K)$	11.7
对流换热系数（鼓风机开启）	h	$W/(m^2 \cdot K)$	54.7
热辐射率	ε	1	0.07326

（3）副反应参数

副反应参数无法进行测量，本文所用的副反应参数（见表8-10）主要来源于参考文献30~34。表中的参数已在文献中的过充电热失控模型中应用，并通过实验验证了模型的准确性。

表 8-10　该类型电池内部副反应参数

副反应参数	参数描述	数值
A_{sei}	SEI 膜分解反应的频率因子	$1.667 \times 10^{15}(\text{s}^{-1})$
A_{ne}	负极活性材料副反应频率因子	$2.5 \times 10^{13}(\text{s}^{-1})$
A_{pe}	正极活性材料副反应频率因子	$2.25 \times 10^{14}(\text{s}^{-1})$
A_e	电解液副反应频率因子	$5.14 \times 10^{25}(\text{s}^{-1})$
$E_{a,sei}$	SEI 膜分解反应活化能	$1.35 \times 10^{5}(\text{J/mol})$
$E_{a,ne}$	负极副反应活化能	$1.35 \times 10^{4}(\text{J/mol})$
$E_{a,pe}$	正极副反应活化能	$1.396 \times 10^{5}(\text{J/mol})$
$E_{a,e}$	电解液分解反应活化能	$2.74 \times 10^{5}(\text{J/mol})$
$c_{sei,0}$	SEI 膜分解反应浓度初始值	0.15
$c_{ne,0}$	负极反应活性材料浓度初始值	0.75
$c_{pe,0}$	正极反应活性材料浓度初始值	0.04
$c_{e,0}$	电解液分解反应浓度初始值	1
$z_{sei,0}$	SEI 膜厚度初始值	0.033
H_{sei}	SEI 膜分解反应单位质量生热	$257(\text{J/g})$
H_{ne}	负极活性材料副反应单位质量生热	$1714(\text{J/g})$
H_{pe}	正极活性材料副反应单位质量生热	$314(\text{J/g})$
H_e	电解液分解反应单位质量生热	$155(\text{J/g})$
W_c	负极活性材料的体积密度	$6.104 \times 10^{5}(\text{g/m}^3)$
W_p	正极活性材料的体积密度	$1.221 \times 10^{6}(\text{g/m}^3)$
W_e	电解液溶剂的体积密度	$4.069 \times 10^{5}(\text{g/m}^3)$

2. 不同倍率下过充电试验热失控模型实验验证

在确定了上述过充电热 - 电耦合模型参数后,对模型进行实验验证。模型仿真初始条件设置为与实验初始条件一致;由于各副反应在不同的温度下发生,因此在模型中以各副反应发生的起始温度作为副反应触发条件。在仿真过程中,模型主要针对热失控发生之前的过程进行仿真分析,对热失控发生后的过程不作重点讨论。

以第 1 组电池中编号 1~3 单体为例,模型分别以 0.5C、1C 和 2C 倍率电流进行过充电热失控仿真,结果如图 8-33 所示。图 8-33a、b 分别为 0.5C 倍率下的电压和温度以及温升率的仿真与实验结果对比,结果显示模型仿真电压曲线与实验结果基本吻合,而温度的仿真曲线与实验结果相比略有差异。在过充电初始阶段,由于电池内部没有明显的副反应发生,温升率较低,因此仿真温度与实验结果相差不大。随着过充电持续进行,电池内部副反应逐渐加剧,温升率逐渐增大,导致内外表面温差逐渐增加,且随着时间的延长,温差逐渐增大,如图 8-33b 所示。图 8-33c、d 分别为不同倍率下的电压和温度的仿真与实验结果对比,结果显示不同倍率下的模型的仿真电压和温度曲线与实验结果基本吻合。对比不同倍率下仿真温度误差结果(见表 8-11),发现随着充电倍率的增加,模型的仿真误差逐渐增大。虽然模型仿真温度有一定的误差，但整体趋势较好，而且预测的热失控发生时间与实验结果几乎一致，当电压急剧升高后瞬间降为 0 时，温度急剧升高，随后热失控发生。综上所述，过充电热 - 电耦合模型可以准确预测不同倍率下的过充电热失控过程。

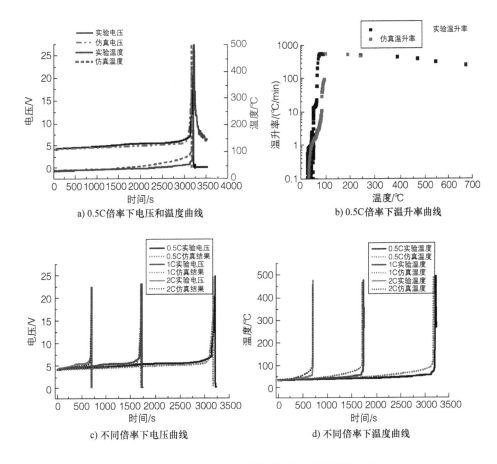

图 8-33　不同过充电倍率模型仿真与实验结果对比

表 8-11　模型在不同倍率下过充电热失控仿真电压、温度和时间的误差

充电倍率	ΔT_I/℃	ΔT_II/℃	ΔT_III/℃	ΔV_I/V	ΔV_II/V	ΔV_III/V	热失控发生时时间误差 /s
0.5C	1.2	7.9	10.3	0.15	0.12	0.2	43
1C	1.4	6.7	10.5	0.14	0.17	0.21	23
2C	3	9.2	12.1	0.17	0.14	0.21	11

3. 不同 SOH 下过充电热失控模型实验验证

根据上文的分析结果可知，过充电热 - 电耦合模型对锂离子电池在不同倍率下

的过充电热失控过程仿真结果精度较高，接下来分析不同 SOH 对模型精度的影响。

针对四组不同 SOH 下锂离子电池，以 0.5C 过充电倍率分别进行仿真，结果包括过充电热失控过程中电池电压、温度以及温升率的仿真与实验结果对比，如图 8-34 所示。图 8-34a、b 为第 1 组电池在 0.5C 倍率下的过充电热失控仿真结果，已在上节作了详细分析，此处不再进行重点分析。图 8-34d、f、h 分别为第 2、3 和 4 组电池的温升率仿真与实验结果对比，结果显示模型仿真结果与实验结果基本一致；随着过充电持续进行，仿真的电池内部温升率逐渐大于实验测得的表面温升率。模型仿真电压和温度与实验结果也相差不大，在电压急剧上升时，电池发生内部短路，温度急剧上升后热失控发生。但是模型预测的热失控发生时间相差很大，随着锂离子电池 SOH 的降低，预测时间误差越来越大，如图 8-34c、e、g 所示。不同 SOH 下的过充电热失控仿真电压、温度和预测热失控发生时间的误差见表 8-12。尤其是模型对第 4 组电池热失控发生时间的预测结果相差 550s，说明模型对老化程度高的电池预测热失控发生时间的精度较差，不能准确地反映不同 SOH 下锂离子电池在过充电热失控过程中内部机理变化情况。主要原因可能是在建立过充电热失控热 - 电耦合模型过程中，未充分考虑模型内部与老化相关的电化学参数的变化情况。综上所述，过充电电热耦合模型在模拟仿真不同 SOH 下锂离子电池热失控过程的误差较大。

表 8-12　模型在不同 SOH 下过充电热失控仿真电压、温度和时间的误差

电池组编号	SOH /%	ΔT_I /℃	ΔT_II /℃	ΔT_III /℃	ΔT_I /V	ΔT_II /V	ΔT_III /V	热失控发生时间误差 /s
1	95	1.2	7.9	10.3	0.15	0.12	0.2	43
2	90	1.6	6.4	11.6	0.11	0.1	0.1	123
3	85	0.8	8.4	10.9	0.12	0.14	0.1	131
4	80	2.2	4	11.2	0.14	0.21	0.2	550

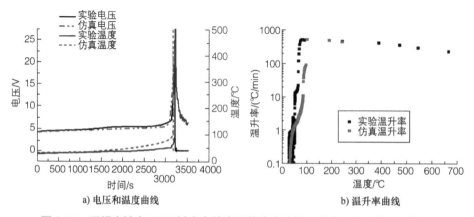

a) 电压和温度曲线　　　　b) 温升率曲线

图 8-34　四组电池在 0.5C 过充电倍率下的热失控模型仿真与实验结果对比

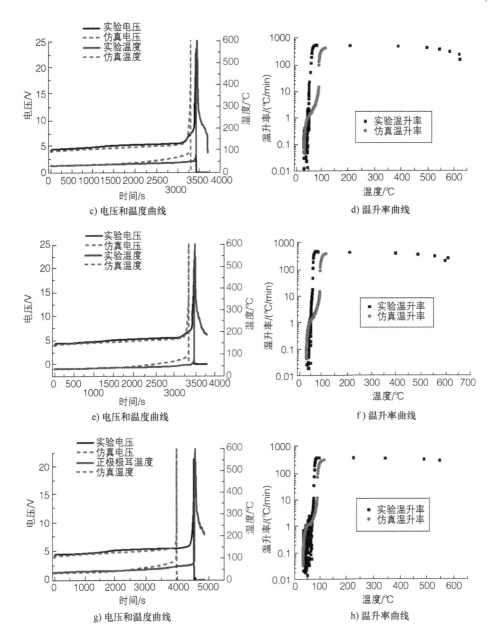

图 8-34　四组电池在 0.5C 过充电倍率下的热失控模型仿真与实验结果对比（续）

8.4.3　高温 - 过充电耦合热失控模型仿真分析

1. 高温 - 过充电耦合热失控模型参数设置

电池工作时可能要同时承受多种滥用工况，为了研究电池在多种滥用条件共同作用下的热稳定性和安全性，需要在模型中同时施加多种滥用工况。在 8.2.2 节高温 - 过充电耦合实验中，先将电池在 60℃ 温箱中放置 2h，等电池充分静置，完全达到 60℃ 后对电池开始过充电。在模型中可以直接设置电池初始温度为 60℃，环境温度恒定为 60℃，然后仿真分析电池的热稳定性。

2. 高温 - 过充电耦合热失控模型仿真结果分析

图 8-35 所示为 60℃ 高温下 1C 倍率过充电电池内部温度、表面温度和电压随时间变化的仿真结果。图 8-36 所示为 60℃ 高温下 1C 倍率过充电电池表面温度和电压随时间变化的实验结果。图 8-37 和图 8-38 所示分别为副反应材料转化系数 / 相对余量和副反应生热率随时间变化的曲线。和常温下的过充电一样，这里分为三个阶段：

第一阶段，仿真时间为 0~800s，实验时间为 0~950s，这个阶段为缓慢发展期。电池电压和温度上升都比较小，内外温差比较小。这个阶段电解液还没开始分解，正负极之间还有锂离子的顺利迁移和扩散，电池内阻较小，欧姆热产热率处于比较低的状态。

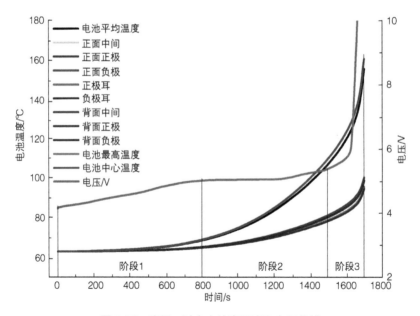

图 8-35　高温 - 过充电仿真温度和电压曲线

第二阶段，仿真时间为 800~1500s，实验时间为 950~1500s，这个阶段为热失控前的潜伏期。电压在这个阶段没有明显的上升趋势，但是电池温度在充电过程中持续上升，同时电池内部与表面温差越来越大。从图 8-37 中发现，SEI 膜由于高温而分解。从图 8-38 中可以看到，SEI 膜的产热率开始有所上升，但与之后的第三阶段相比还处于比较低的水平。

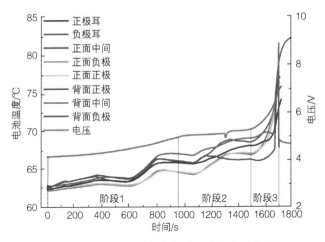

图 8-36　高温 - 过充电实验温度和电压曲线

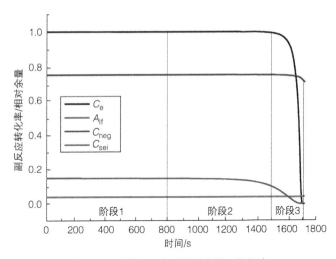

图 8-37　副反应材料相对余量 / 转化率

　　第三阶段，仿真时间为 1500~1750s，实验时间为 1500~1700s，这个阶段为热失控发生期。这个阶段电池内部温度已经达到 110℃以上，电解液和 SEI 膜逐渐分解殆尽，同时电池内部也积累了大量热和气体。电池在鼓包到极点后，铝塑膜最终破裂而泄出气体、压力和热量，使得接触的温度传感器测量的温度迅速上升。从图 8-38 可以看到，电解液分解的生热率从 50000W/m³ 在很短的时间内上升到 1000000W/m³ 的峰值。SEI 膜的生热率在这个阶段先增大，然后随着 SEI 膜的消耗在达到一个峰值后又逐渐降低。负极副反应热在 1600s 后以指数的速度上升，表现在电池宏观状态上就是温度在末期迅速攀升，鼓包更加严重，直到发生热失控后铝塑膜破裂漏气。

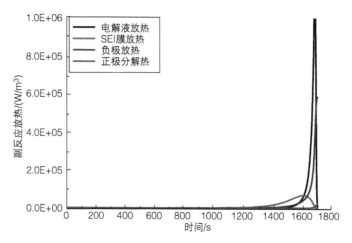

图 8-38　副反应生热率随时间变化曲线

　　以上高温耦合过充电的三个阶段与室温下的过充电整体趋势大致相似，但是高温下从开始过充电到完全热失控的时间更短，大约为 1700s，说明在高温下电池对过充电的忍受能力下降，室温下可以忍受 53%SOC 的过充电，60℃高温下只能承受 40%SOC 的过充电。综合上述分析，该模型可以对高温耦合过充电的滥用工况进行准确的仿真模拟，通过分析电池内部副反应的程度和生热情况，发现在高温和过充电的共同作用下，电解液、SEI 膜和负极材料的副反应是造成电池发生热失控的主要原因。

　　模型仿真和实验数据有着很高的相似度，但是在温度的变化上仍然有一些误差。实验中为了测量电化学阻抗，需要阶段性暂停充电，这使得实验测量的温度出现波动上升趋势，而仿真中不需要暂停充电，所以温度呈平稳上升趋势。另外，由于电池表面散热和内部有气体，所以仿真的内部温度远高于实验测量的表面温度。

3. 不同充电倍率下高温 - 过充电耦合热失控仿真分析

　　在高温环境下，电池可能会经受不同倍率的充电电流。为了研究不同大小的电流对电池热稳定性的影响，我们进行了 0.5C、1C 和 1.5C 倍率过充电流的仿真。图 8-39~ 图 8-41 所示分别是在上述充电倍率下的温度、电压和副反应放热随时间的变化曲线。从三图中可以发现，随着充电倍率的提高，电池热失控发生后达到的温度越高，副反应放热峰值越高，说明副反应在短时间内集中爆发，这提高了电池热失控后的危害程度。从三图也可以发现，电池热失控发生时间随着充电倍率提高而缩短，留给电池预警的时间也相应减少，所以在预防措施的实施中应该考虑充电倍率的影响。另外，热失控发生前的电压平台期也随着充电倍率的提高而大幅度减小，这说明大的充电倍率会加快电池内部结构破坏速度。

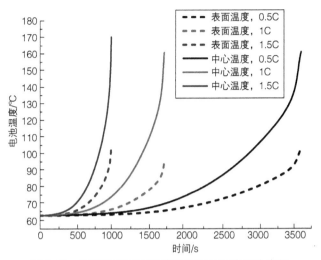

图 8-39　60℃不同充电倍率下的模型仿真温度变化

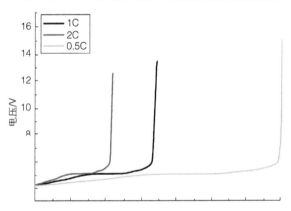

图 8-40　60℃不同充电倍率下模型仿真电压

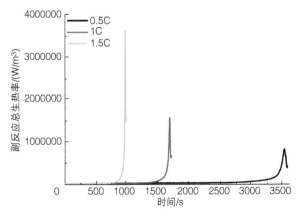

图 8-41　60℃不同充电倍率下模型仿真生热率

8.4.4 过放电 - 过充电耦合热失控模型仿真分析

锂离子电池系统一般都是由大量单体串并联组成的，单体在长时间使用后一致性会变差。不一致性会使电池在使用中发生过充电或过放电的现象，个别容量衰退大的单体会同时出现这两种情况，因此需要对该滥用工况进行实验和模型仿真的分析研究。

1. 模型参数设置

根据 Guo Rui 等的研究，电池在过放电后会有内部短路发生，短路电阻与过放电程度相关，建立的关系式如下：

$$\log(R_{is})=7.94\times10^{7}\times(-SOC)^{-6.9}+2.77\times(-SOC)^{-0.11} \tag{8-24}$$

式中，R_{is} 为短路电阻；SOC 为电池的荷电状态。

2. 过放电 - 过充电耦合热失控模型仿真分析

先过放电后再过充电的电池的内部温度、表面温度和电压随时间变化的仿真结果如图 8-42 所示。实验测得的温度和电压变化曲线如图 8-43 所示。副反应材料相对余量 / 转化率随时间变化如图 8-44 所示，副反应产热率随时间变化曲线如图 8-45 所示。与前面分析类似，分三个阶段来对比分析实验与仿真结果：

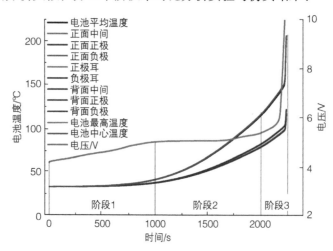

图 8-42 过放电 - 过充电模型仿真电压温度曲线

第一阶段：仿真时间为 0~1000s，实验时间为 0~1000s，这个阶段为缓慢发展期，电压和温度都缓慢上升。从图 8-44 和图 8-45 可以看出，副反应没有发生，电池内部产热主要是欧姆热。随着过充电的进行，电池电压和内阻由于锂离子的扩散难度增加而不断增大，欧姆热产热率也开始增大，因此在仿真末期温度开始有所上升。这个阶段仿真的温度和电压与实验结果重合度较高，模型能够准确反映电池电热特征。

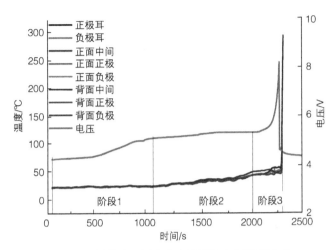

图 8-43　过放电 - 过充电实验测量电压温度曲线

第二阶段：仿真时间为 1000~2000s，实验时间为 1000~2000s，这个阶段为热失控潜伏期，电压变化较慢，温度持续上升，并且电池内外温差逐渐增大。从图 8-44 可以看出，电解液的分解在这个阶段开始发生，开始有气体产生，在这个阶段电池开始鼓包。电解液减少使得锂离子扩散迁移变得困难，电池内阻增大，同时较高的电压使得过放电导致的内部短路生热增加。因此这个阶段温度的上升以电池自身内阻和短路内阻造成的欧姆热为主。

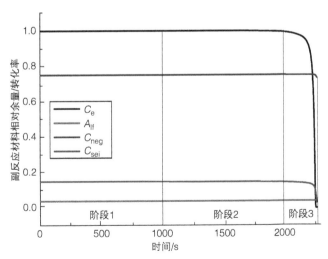

图 8-44　过放电 - 过充电材料相对余量 / 转化率

第三阶段：仿真时间为 2000~2250s，实验时间为 2000~2300s，这个阶段为热失控发生期。电池电压和温度都迅速上升，最终电池中心温度超过 200℃，内外温差接近 100℃。仿真末期电池温度变化和图 8-44 中内部材料副反应程度系数变化均已经接近直线状态，说明副反应非常剧烈，已经接近燃烧瞬间释放的能量，所以可以认为电池已经发生热失控并且燃烧。在第三阶段，电池仿真电压一直上升，而实验中的电压在达到 8.2V 后就停止了充电，然后过了几十秒才发生着火现象。原因是实验中的充电机有自我断电保护功能，当电压上升过快时就会自动停止充电。

通过对过放电 - 过充电的实验与仿真分析，发现经过过放电的电池在后期过充电滥用工况下比其他工况下的电池更加危险，达到的温度最高，副反应生热率最大，所以会发生燃烧。这可能是因为过放电导致电池内部发生短路，在接下来的充电中，短路处增加了产热量，而且在短路内阻不变的情况下，电压越大产热率越高，因此额外的热源引发了电池更加危险的失控状态。

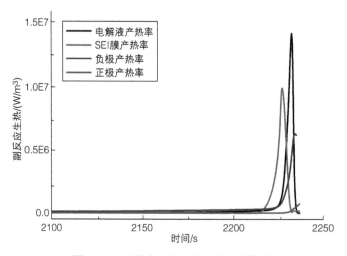

图 8-45　过放电 - 过充电副反应生热率

8.5　锂离子电池过充电安全预警策略

为保障锂离子电池充电安全，切实有效的过充电安全预警策略对于防止过充电情况的发生以及减轻过充电所造成的危害具有重大意义。

本节结合 8.2.4 节中不同 SOH 下过充电热失控实验结果，通过分析不同 SOH 和不同倍率下锂离子电池在过充电热失控过程中不同阶段外部特征参数（电压、温度等）的演变规律，确定并提取了热失控特征参数。在此基础上，制定了一种针对不同 SOH 锂离子电池的过充电安全预警控制策略。

8.5.1　不同 SOH 下过充电热失控特征参数提取

1. 最大表面温差变化分析

在过充电热失控实验过程中，共采集了 7 个表面温度。根据采集的实验温度数据，很容易计算得到过充电热失控过程中表面温度的最大温差变化情况。

$$\text{MTD}(t) = \text{Maximum}\left|T_i(t) - T_j(t)\right| \qquad (i, j = 1, 2, \cdots, 7) \qquad （8-25）$$

式中，t 为时间。

根据过充电热失控实验结果，图 8-46 所示为四组不同 SOH 锂离子电池在过充电热失控实验中最大表面温差与电压的变化曲线，并按照温升率进行阶段划分。不同 SOH 锂离子电池在过充电热失控实验过程中四个阶段对应的特征温度和电压分别为 T_I、T_II、T_III 和 V_I、V_II、V_III，具体信息见表 8-13。

表 8-13　不同循环老化程度的电池在过充电热失控过程的特征参数

电池组编号	SOH (%)	T_I /℃	T_II /℃	T_III /℃	T_max/℃	V_I /V	V_II /V	V_III /V
1	95	43.4	56.2	80	677.2	5.38	5.46	7.1
2	90	42.8	58.6	82	625.7	5.26	5.51	7.5
3	85	46.2	61.3	85	624.1	5.2	5.62	7.8
4	80	48.7	78.2	91.3	593.6	5.14	5.7	8.5

以第 1 组电池为例，分析如下：

阶段 I：电池在阶段 I 的整体温度变化较小，表面温度的最大温差曲线比较平缓。如图 8-46a 所示，在过充电开始初期，最大温差小于 1℃。当电池过充电至 120%SOC 时，最大温差增大至 2℃ 左右；随着过充电的持续进行，最大温差逐渐增大，当过充电至 135%SOC 时，即电压达到 V_I（5.38V）时，最大温差约 3℃，此时电池开始鼓包，但整体处于安全阶段。

阶段 II：由于电池内部副反应开始加剧，产生大量热和气体，电池鼓包严重，温升率增加，最大温差以比较恒定的速度逐渐增大。在阶段 II 末期，最大温差接近 10℃。文献 36~38 研究了锂离子电池的安全特性，结果发现电池内部的最大温度差应小于 10℃，当最大温差超过 10℃ 时，电池将进入极不稳定的状态，很有可能发生热失控。因此，电池管理系统在监测到温差接近 10℃ 时，应该立即切断电池回路，禁止电池继续工作，同时要采取冷却措施进行降温。

阶段 III：随着过充电的持续进行，锂离子电池内部的温度快速升高，电池内部的各个副反应均开始加速，最大温差继续增大。在此阶段，电压开始迅速增大，当电压达到 V_III（7.1V）时，电压急剧增加，然后瞬间降为 0V，这时电池破裂开始漏气，紧接着发生热失控。当热失控发生时，最大温差由于电池漏气释放出了部分热量而短暂降低。

阶段 IV：电池发生着火燃烧现象，最大表面温差达到最大值然后逐渐降低。

对比四组不同 SOH 锂离子电池在过充电热失控过程中的最大表面温度差，结果如图 8-47 所示。在过充电开始初期，温差均较小，但是随着过充电过程的持续进行，温差逐渐增大，并且最大表面温差随着老化程度的增加而增大。但值得注意的是，四组锂离子电池的最大表面温差均在阶段 II 末期达到 10℃，也就是电压达到 V_II 时，电池的最大表面温差达到 10℃。因此，V_II 可作为安全预警过程中的电压特征参数。当过充电热失控发生时，最大温差随着老化程度逐渐降低，这可能是因为老化严重的电池内部储存的电能减少。

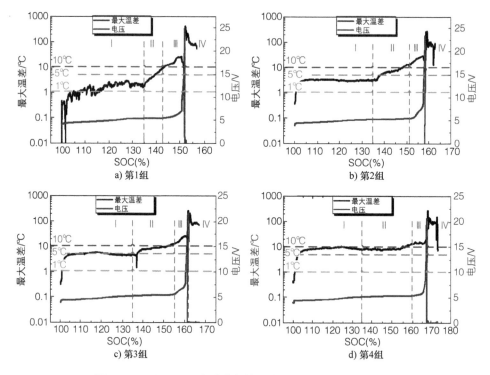

图 8-46　不同 SOH 电池内部的最大温度差与电压变化曲线

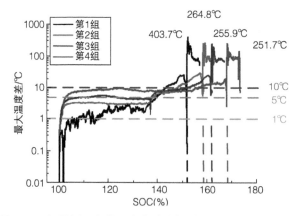

图 8-47　不同循环老化程度电池内部的最大温度差变化曲线

2. 电压和温度变化分析

不同 SOH 下锂离子电池在过充电热失控实验过程中划分的四个阶段对应的温度值分别是 $T\_Ⅰ$、$T\_Ⅱ$ 和 $T\_Ⅲ$，以及热失控发生时对应的最高温度是 T_max，具体数值见表 8-13。

图 8-48 所示为过充电热失控过程中四组电池对应的温升率、热失控温度曲线以及各阶段对应的特征温度拟合曲线。如图 8-48a、b 所示，四组电池的温升率曲线一致，在阶段 Ⅰ 末期，温升率大约为 1℃/min；在阶段 Ⅱ 末期，温升率上升至 3℃/min；在阶段 Ⅲ 末期，温升率急剧增大，当电池发生热失控时，温升率高达近 1000℃/min。图 8-48c、d 所示为四组电池在过充电过程中各阶段末期对应的温度值 $T\_Ⅰ$、$T\_Ⅱ$ 和 $T\_Ⅲ$ 以及 T_max 与电池 SOH 的拟合曲线，公式如下：

$$|T\_Ⅰ|=-0.585|SOH|+95.63 \tag{8-26}$$

$$|T\_Ⅱ|=-1.376|SOH|+184 \tag{8-27}$$

$$|T\_Ⅲ|=-0.738|SOH|+149.2 \tag{8-28}$$

$$|T\_max|=5.048|SOH|+188 \tag{8-29}$$

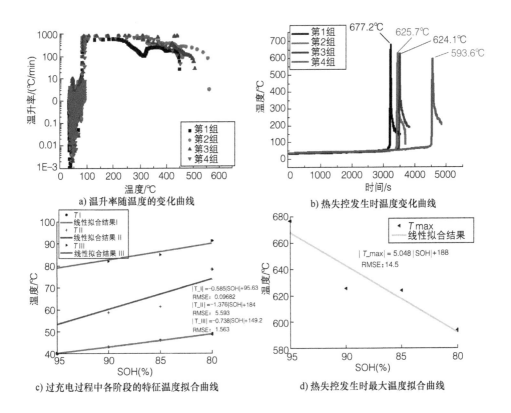

a) 温升率随温度的变化曲线

b) 热失控发生时温度变化曲线

c) 过充电过程中各阶段的特征温度拟合曲线

d) 热失控发生时最大温度拟合曲线

图 8-48　四组不同 SOH 锂离子电池的温度变化及特性温度拟合曲线

图 8-49 所示为过充电热失控过程中四组电池对应的不同阶段，电压 V_I 、V_II 和 V_III 和 SOH 的拟合曲线，公式为

$$|V\_\mathrm{I}|=0.0156|SOH|+3.88 \qquad (8\text{-}30)$$

$$|V\_\mathrm{II}|=-0.0166|SOH|+7.025 \qquad (8\text{-}31)$$

$$|V\_\mathrm{III}|=-0.09|SOH|+15.6 \qquad (8\text{-}32)$$

结合热失控过程的分析结果，锂离子电池在阶段 I 由于没有明显的副反应发生，电压和温度变化较小，虽然温度随着老化程度的增加而增大，但均小于 50℃，因此处于相对安全区域；在阶段 II 过程中，电压变化缓慢，进入新的电压平台期，但温度由于温升率增大而迅速升高，在阶段 II 末期超过 55℃，但均小于 80℃，此时电池处于比较危险阶段；当过充电至阶段 III 时，电压和温度均急剧增加，阶段 III 末期对应的温度 T_III 代表着电池即将发生热失控，但热失控发生之前，电压首先急剧上升后迅速下降为 0，此时温度开始急剧增加。

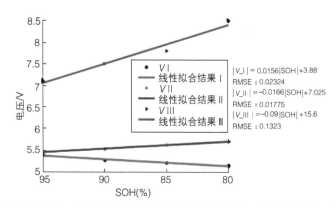

图 8-49　四组不同 SOH 锂离子电池在过充电热失控过程中不同阶段的特征电压拟合曲线

对比分析四组电池的温度变化情况：当温度小于 55℃时，四组电池均处于安全阶段；四组电池在阶段 II 的温度虽然均小于 80℃，但对第 1 组电池而言，80℃代表着热失控发生，所以无法设定具体的温度数值。因此，对上述四组不同 SOH 的锂离子电池，55℃可作为过充电阶段 I 的特征温度；阶段 II 和 III 的特征温度分别为 $|T\_\mathrm{II}|$ 和 $|T\_\mathrm{III}|$。在安全预警过程中，可根据锂离子电池的 SOH 进行计算以获取具体数值。

对比分析四组电池的电压变化情况：根据电压在阶段 I 逐渐增大、在阶段 II 变化缓慢、在阶段 III 急剧增加的变化趋势，以及无法确定具体的电压数值，可分别将 $|V\_\mathrm{I}|$、$|V\_\mathrm{II}|$ 和 $|V\_\mathrm{III}|$ 作为阶段 I 、阶段 II 和阶段 III 的特征电压。

　　注意，当锂离子电池过充电至阶段Ⅲ时，要首先注意电压的变化，因为热失控发生时，电压的急剧变化发生在温度的变化之前。

3. SOC 变化分析

　　在过充电热失控过程中，四组电池在阶段Ⅰ的过充电 SOC 差异很小，均是从 100% SOC 过充电至约 135%SOC，但是阶段Ⅱ和Ⅲ的差异较大，具体数值见表 8-14。

表 8-14　不同循环老化程度的电池在过充电热失控过程中各阶段的持续时间

电池编号	SOH (%)	$t\_Ⅱ$ /s	$t\_Ⅲ$ /s	SOC_Ⅰ (%)	SOC_Ⅱ (%)	SOC_Ⅲ (%)
1	95	493	551		143	153
2	90	990	365	135	152	156
3	85	1118	346		156	162
4	80	1942	256		161	168

　　图 8-50 所示为四组电池对应的阶段Ⅱ和Ⅲ的 SOC 的拟合结果，公式如下：

$$|SOC\_Ⅱ|=-1.16|SOH|+254.5 \qquad (8-33)$$

$$|SOC\_Ⅲ|=-1.02|SOH|+249 \qquad (8-34)$$

　　根据上述拟合公式可知，随着老化程度的增加，锂离子电池在过充电过程中，阶段Ⅱ和Ⅲ对应的 SOC 几乎成线性增加，说明过充电时间随着老化程度的增加而延长，但阶段Ⅲ的持续时间却随着老化程度的增加而大幅减少，具体信息见表 8-14。图 8-51 所示为过充电热失控过程中四组电池对应的阶段Ⅱ和Ⅲ的持续时间的拟合曲线，公式如下：

$$|t\_Ⅱ|=-89.5|SOH|+8967 \qquad (8-35)$$

$$|t\_Ⅲ|=18.08|SOH|-1202 \qquad (8-36)$$

　　低 SOH 锂离子电池在过充电阶段Ⅲ时的时间大幅减少，这说明老化程度高的电池在过充电后期时的安全预警更困难。

　　因此，综合上述分析结果，不同 SOH 锂离子电池在过充电热失控过程中，可根据不同过充电阶段对应的特征电压和温度值进行安全预警，但是当电池过充电至阶段Ⅲ时，由于电池内部的温升率较高，为了能更好地避免热失控的发生，锂离子电池的安全预警与控制过程需在 $|t\_Ⅲ|$ 之内完成。

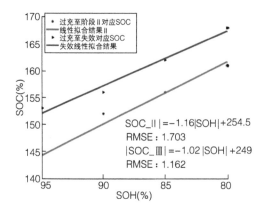

图 8-50　不同循环老化状态的四组电池在阶段 Ⅱ 和 Ⅲ 的 SOC 拟合曲线

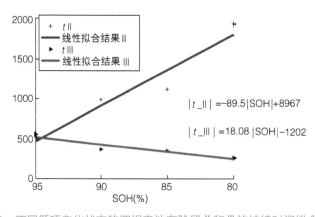

图 8-51　不同循环老化状态的四组电池在阶段 Ⅱ 和 Ⅲ 的持续时间拟合曲线

8.5.2　不同倍率下过充电热失控特征参数提取

根据 8.5.1 的分析结果，特征参数主要为电压、温度和过充电持续时间。因此，本节主要分析不同倍率下锂离子电池的温度、电压和过充电持续时间的变化情况。

1. 温度和电压变化分析

根据过充电热失控实验结果，第 1 组电池单体 1~3 在过充电热失控实验过程中各阶段的电压和温度见表 8-15。图 8-52a 所示为不同锂离子电池在过充电热失控实验过程中各阶段对应的温度特征值 $T\_Ⅰ$、$T\_Ⅱ$ 和 $T\_Ⅲ$ 与充电倍率的拟合曲线，公式如下：

$$|T\_Ⅰ|=4.9|C\_rate|+40.65 \qquad (8-37)$$

$$|T\_Ⅱ|=3.07|C\_rate|+54.65 \qquad (8-38)$$

$$|T\_\text{III}|=-3.21|C\_rate|+81.65 \qquad （8\text{-}39）$$

图 8-52b 所示为各阶段对应的特征电压 V_I 、 V_II 和 V_III 和充电倍率的拟合曲线，公式如下：

$$|V\_\text{I}|=0.083|C\_rate|+5.35 \qquad （8\text{-}40）$$

$$|V\_\text{II}|=0.12|C\_rate|+5.42 \qquad （8\text{-}41）$$

$$|V\_\text{III}|=0.24|C\_rate|+7.04 \qquad （8\text{-}42）$$

表 8-15　第 1 组电池在不同过充电热失控实验过程中的特征参数

电池编号	充电倍率	T_I/℃	T_II/℃	T_III/℃	V_I/V	V_II/V	V_III/V
1	0.5C	43.4	56.2	80	5.38	5.46	7.1
2	1C	45.1	57.7	78.5	5.45	5.57	7.36
3	2C	50.6	60.8	75.2	5.51	5.65	7.49

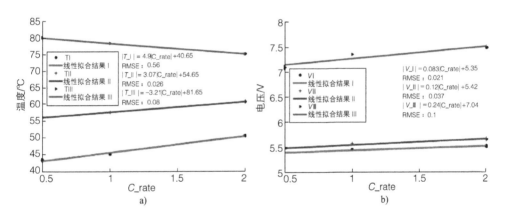

图 8-52　不同充电倍率下对应不同阶段的温度和电压拟合曲线

随着充电倍率的增加，不同阶段对应的特征电压逐渐增大，而特征温度在阶段 I 和 II 时升高，在热失控发生前（阶段 III）却降低（见表 8-15），这说明在大倍率过充电条件下，电池容易发生热失控。此外，在不同过充电倍率条件下，各电池在阶段 I 的最高温度均小于 55℃，阶段 II 的最高温度均小于 65℃，而阶段 III 的最高温度均小于 80℃。因此，对于第 1 组电池来说，在过充电安全预警过程中，阶段 I 、 II 和 III 对应的特征温度可分别设置为 55℃、65℃和 80℃；各阶段的特征电压可参考对应阶段特征值的拟合结果，根据充电倍率进行计算获取具体数值。

2. SOC 变化分析

不同锂离子电池在过充电热失控实验过程中各阶段的过充电 SOC 见表 8-16。图 8-53 所示为各锂离子电池在过充电热失控过程中阶段 I 、 II 和 III 对应的 SOC 的拟合结果，公式如下：

$$|SOC\_ I |=-4.29|C\_rate|+136 \tag{8-43}$$

$$|SOC\_ II |=-3.86|C\_rate|+144.5 \tag{8-44}$$

$$|SOC\_ III |=-6.29|C\_rate|+155 \tag{8-45}$$

表 8-16 第 1 组电池不同过充电热失控过程中各阶段的 SOC

电池编号	充电倍率	SOC_I（%）	SOC_II（%）	SOC_III（%）
1	0.5C	135	143	153
2	1C	130	140	147
3	2C	128	137	143

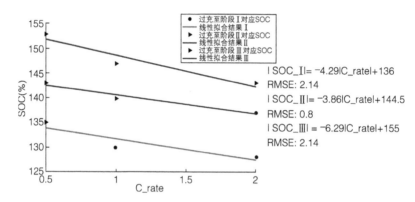

图 8-53 不同过充电倍率下电池在阶段 I 、 II 和 III 的对应 SOC 拟合曲线

随着充电倍率的增加，锂离子电池在过充电过程中不同阶段对应的 SOC 逐渐减小（见表 8-16）。根据拟合结果，过充电 SOC 与倍率成线性关系。但是有研究表明，对三元材料锂离子电池进行 0.2C、0.3C、0.5C、1C 和 2C 倍率的过充电热失控实验，结果显示在 0.5C、1C 和 2C 倍率下，热失控发生前的过充电持续时间与充电倍率约成线性关系，然而所有倍率下的过充电持续时间并不成线性关系。

8.5.3 过充电热失控安全预警策略设计

在过充电热失控实验的研究基础上，结合上述对不同 SOH 和不同过充电倍率下的热失控特征参数的提取和分析结果，针对不同 SOH 和不同充电倍率的电池，设计了一种基于电压和表面温度的安全预警策略，并根据热失控过程中不同阶段对应的温度特征值 $|T\_I|$、$|T\_II|$ 和 $|T\_III|$，以及电压特征值 $|V\_I|$、$|V\_II|$ 和 $|V\_III|$，可将安全预警分为安全、三级预警、二级预警、一级预警和热失控临界五个阶段，并针对不同安全预警阶段给出了相应的安全控制措施，如图 8-54 所示。

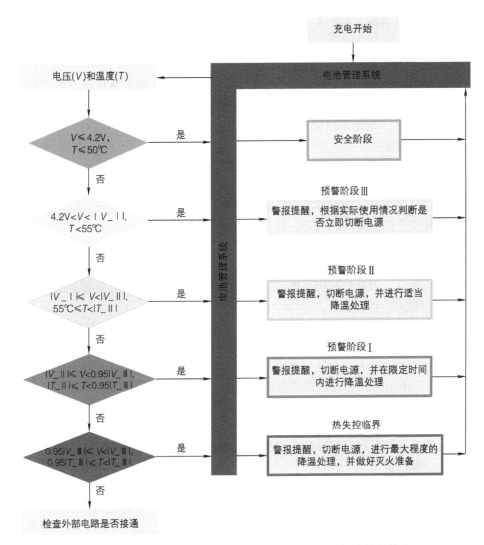

图 8-54　过充电热失控过程中安全预警阶段划分及相应控制策略

以过充电热失控实验第 1 组单体 1 为例，在进行安全预警之前，首先根据 SOH 估计方法判断锂离子电池当前的老化程度，结合 8.5.1 和 8.5.2 节的分析结果，根据当前的充电倍率即可获取对应过充电热失控过程中的特征参数值，结果见表 8-17。

表 8-17　第 1 组电池单体在 0.5C 倍率下过充电热失控过程的特征参数

电池编号	SOH(%)	充电倍率	$T\_I/℃$	$T\_II/℃$	$T\_III/℃$	V_I/V	V_II/V	V_III/V	t_III/V
1	95	0.5C	55	65	80	5.38	5.46	7.1	551

第 1 组电池单体 1 的热失控特征参数及安全预警阶段划分如图 8-55 所示，具体内容如下：

（1）安全阶段

该锂离子电池的截止电压范围为 3.0~4.2V，参考电池的安全使用手册，电池表面温度小于 50℃时属于正常使用范畴。因此当电池电压小于或等于 4.2V、温度小于或等于 50℃时，电池是正常充电过程，处于安全阶段。

（2）三级预警

当电压超过 4.2V 时，继续进行监测，首先判断监测结果是否由电池管理系统的采集精度造成的。如果可以确定电池当前处于过充电状态，则应立即发出警示。参考表 8-17，当电压 4.2V<V<5.38V、温度 $T \leqslant$ 55℃时，电池处于过充电阶段Ⅰ，此时电池内部没有明显的副反应，热量主要来源于焦耳热。根据 8.5.1 和 8.5.2 节的分析结果，此阶段的温升率小于 1℃/min，最大温度差小于 3℃。因此，锂离子电池在此阶段暂时不会造成安全威胁，但仍应立即警示提醒，并停止充电，电池在断电静置时可降温。如果此时仍需电池继续工作，则应重点观测电压和温度的变化情况，并做好随时断电的准备。

（3）二级预警

当电压 5.38V<V<5.46V 且温度 55℃<$T \leqslant$ 65℃时，锂离子电池进入过充电阶段Ⅱ。此时，电压进入一个电压平台期，变化缓慢，但温度迅速上升。在此阶段温升率达到 3℃/min，最大表面温度差逐渐增大，在阶段Ⅱ末期将达到 10℃。当最大表面温差超过 10℃时，锂离子电池将进入危险阶段。因此，当电压大于 5.46V 且温度迅速上升时，应立即发出警示，同时停止充电。由于此阶段电池内部温升率较大，所以最好采取有效冷却措施，避免温度进一步升高，导致热失控发生。

（4）一级预警

当电压 5.46V<V<7.1V 且温度 65℃<T<80℃时，锂离子电池进入过充电阶段Ⅲ。然而当电压达到 7.1V 时，预示着热失控即将发生。因此，为避免热失控的发生，在进行安全预警时，预警电压和温度阈值应小于热失控特征值 7.1V 和 80℃，但目前并没有参考的阈值设定范围，因此本文选取 $0.95V\_Ⅲ$ 和 $0.95T\_Ⅲ$，即 6.75V 和 76℃作为预警阈值。阶段Ⅲ的温升率很高，热失控发生时温升率甚至高达 1000℃/min，最大表面温差从 10℃迅速升高至约 400℃。因此，当电池管理系统监测到电池进入过充电阶段Ⅲ时，立即切断外部所有供电回路，但由于温升率很高，内部温度仍会急剧增加，很有可能发生热失控。结合表 8-14 中的过充电阶段Ⅲ的持续时间，应立即采取有效降温措施，并在 $t\_Ⅲ$ 时间内将电池冷却。冷却的时间越短，避免热失控发生的概率就越大。

（5）热失控临界

当电压大于 6.75V 且温度大于 76℃时，锂离子电池已进入热失控临界状态。此时锂离子电池极其不稳定，随时有可能发生热失控。因此，在此阶段应立即发出警报并切断所有供电回路，进行最大程度降温，并且做好随时灭火的准备。

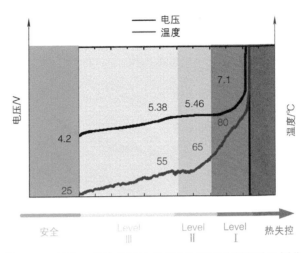

图 8-55　单体 1 的热失控特征参数值及安全预警阶段划分

8.5.4　过充电安全预警策略仿真验证

8.4 节中建立了过充电热 - 电耦合模型，并进行了实验验证，虽然结果显示随着电池老化程度的增加，模型预测热失控时间的误差逐渐增大，但对老化程度低的电池（第 1 组电池）在不同倍率下的热失控过程可以进行准确、有效的预测。因此，本节以第 1 组电池单体 1 为例，利用热失控模型对 8.5.3 的安全预警策略进行仿真验证。在仿真过程中，分别在过充电阶段Ⅰ、Ⅱ和Ⅲ的末期，即电压和温度达到各阶段对应的特征参数值时停止充电，并且在阶段Ⅱ和Ⅲ采用降温措施，观测电池的电压和温度的后续变化情况。具体内容如下：

1. 过充电阶段Ⅰ仿真验证

图 8-56 所示为单体 1 过充电至阶段Ⅰ断路时的仿真与实验对比结果。在过充电过程中，当电压和温度分别达到设定的温度和电压阈值时停止充电。仿真结果表明，电池电压不再继续增大，由于此阶段电池内部温升率较低，即使不采取降温措施，温度也不会继续上升，而是随时间逐渐下降，说明电池在此阶段较安全。因此，当应用在特殊场合时，电池可以继续工作，但要重点观测电压和温度的变化情况，并做好随时断电的准备。

2. 过充电阶段Ⅱ仿真验证

当电池持续过充电至阶段Ⅱ时，为了验证电池在此阶段的安全性，分别采取自然冷却和降温措施进行仿真对比分析。在仿真过程中，当电压和温度达到设定阈值时停止充电，仿真结果如图 8-57 所示。结果显示停止充电后，温度小幅下降后会继续上升，如图 8-57a 所示。这是因为电池内部副反应在此阶段开始加速，温升率增大至 3℃ /min，内部温度迅速上升。因此，从安全角度考虑，虽然阶段Ⅱ并不会发生热失控，但是由于电池内部副反应开始加剧而处于不稳定的状态，所以最好采取适当的降温措施。为了对比不同降温措施的效果，在仿真过程中采用正常降温措施和强降温措施,仿真结果如图 8-57b、c 所示,温度在两种降温措施下均降低。虽然强降温措施的降温效果更好,但是耗能也较大。因此,当电池进入过充电阶段Ⅱ时,立即停止充电并采取正常降温措施即可。

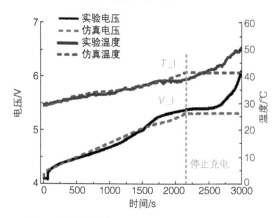

图 8-56　第 1 组电池单体 1 在过充电阶段Ⅰ断路时的仿真结果

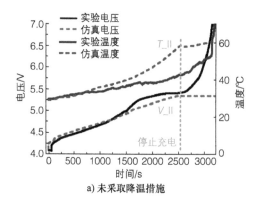

a) 未采取降温措施

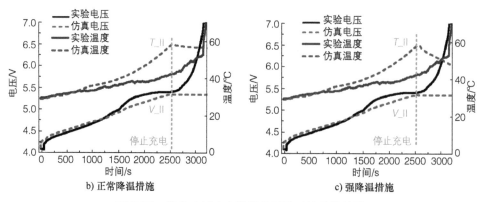

b) 正常降温措施　　　　　　　　　　c) 强降温措施

图 8-57　单体 1 过充电阶段Ⅱ断路时的仿真结果

当过充电至阶段Ⅲ时，电池处于极不稳定状态，为了能尽可能避免热失控发生，根据 8.5.3 节设计的安全预警策略，在仿真过程中分别选取 0.95V_Ⅲ 和 0.95T_Ⅲ（6.75V 和 76℃）作为温度和电压设定阈值，仿真结果如图 8-58 所示。结果显示电池停止充电后，温度仍迅速上升并发生热失控，如图 8-58a 所示。这是因为电池内部一系列副反应均加剧，温升率很高，因此在此阶段需要立即停止充电同时采取降温措施。为了对比不同降温措施的效果，在仿真过程中采用正常降温措施和强降温措施，结果如图 8-58b、c 所示。在正常降温措施下，温度并未降低，而是以较小的温升率继续上升；而在强降温措施下，温度开始逐渐降低。因此，在阶段Ⅲ过程中，必须立即停止充电并采取强降温措施，而且降温速度越快，越有利于防止热失控的发生。

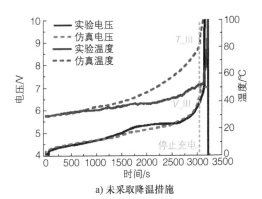

a) 未采取降温措施

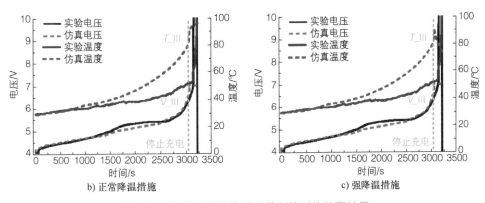

b) 正常降温措施　　　　　　　　　　c) 强降温措施

图 8-58　单体 1 过充电阶段Ⅲ断路时的仿真结果

8.6　锂离子电池过充电安全诊断研究

在实际应用场景中，除了持续过充电导致热失控的情况外，轻微的过充电导致的电池损伤同样可能发生。因为模组内单体不一致性或充电机 /BMS 的测量误差，电池将有可能在无监控的条件下过充入一定的电量。由于过充电过程中的副反应，包括固态电解质界面（SEI）在内的电池内部组分会发生不可逆转的变化，导致阻抗的异常增大。即使电池返回正常的 SOC 范围运行，这些不可逆损伤的影响仍在持续。异常变大的阻抗意味着运行过程中更大的生热率，在散热条件有限的情况下，会进一步造成电池系统内部温度分布不均匀，最终导致部分电池进一步衰退，扩大了不一致性。因此电池管理系统需要能够检测过充电损伤电池，及时更换重组，保障电池组整体安全性。

经过 8.3 节的分析可知，电池在经历过充电后，其阻抗往往会发生较大的变化。这也意味着在相同电流的激励下，经历过充电后的电池与正常电池的电压响应将有较大差异，而利用此差异便能够实现过充电损伤的诊断。

基于滤波器的多模型估计方法可以避免由于初始条件的错误或者未知干扰而导致的故障信息缺失，从而提高该方法的鲁棒性以及诊断结果的准确性，可被应用于过充电损伤的诊断之中。

此外，对于多模型估计方法而言，模型精度是保证故障诊断准确性的前提，但由于计算复杂度较高的电化学模型不能满足故障诊断中的实时性要求，因此这里将等效电路模型应用在故障诊断方法中。

8.6.1 基于多模型估计的故障诊断方法

在实际工程应用中，每个系统均存在某种不确定性，也就是说系统模型参数无法准确获得。同时由外部环境造成的随机干扰的也会对系统造成一定的影响。多模型估计（Multiple-Model Adaptive Estimation，MMAE）是通过多个线性随机系统来近似表示被控对象，进而达到线性化自适应控制系统的目的。线性随机系统的模型可由状态方程和观测方程组成：

$$\begin{cases} X(k+1) = \boldsymbol{\Phi}(\theta)X(k) + \boldsymbol{B}(\theta)\boldsymbol{u}(k) + \boldsymbol{\Gamma}(\theta)\boldsymbol{w}(k) \\ Z(k) = \boldsymbol{H}(\theta)X(k) + \boldsymbol{v}(k) \end{cases} \tag{8-46}$$

式中，$X(k)$ 为系统的状态变量，$X(k) \in R^n$；$Z(k)$ 为系统输出量，$Z(k) \in R^n$；$\boldsymbol{\Phi}(\theta)$ 为状态转移矩阵；$\boldsymbol{B}(\theta)$ 为系统输入矩阵；$\boldsymbol{\Gamma}(\theta)$ 为噪声驱动矩阵；$\boldsymbol{H}(\theta)$ 为观测矩阵；$w(k)$ 和 $v(k)$ 分别为系统的过程噪声和测量噪声，其均值为零，分别具有协方差矩阵 $\boldsymbol{Q}(\theta)$ 和 $\boldsymbol{R}(\theta)$。

利用多个线性系统近似等效非线性系统的过程如下：

1）任意选取 M 个系统工作点，并在这 M 个点分别对系统进行线性化，得到 M 个线性方程。其中 $\theta \in \{\theta_1, \theta_2, \cdots, \theta_M\}$ 为离散值，不同的 θ 值所对应的线性系统构成组合，来近似描述非线性系统模型。假设参数 θ 的任意值为 θ_i，式（8-46）可改写为

$$\boldsymbol{\Phi}(\theta) = \boldsymbol{\Phi}_i, \boldsymbol{B}(\theta) = \boldsymbol{B}_i$$
$$\boldsymbol{\Gamma}(\theta) = \boldsymbol{\Gamma}_i, \boldsymbol{H}(\theta) = \boldsymbol{H}_i \qquad (i = 1, 2, \cdots, M) \tag{8-47}$$

因此，M 个离散线性随机系统的状态空间模型为

$$\begin{cases} \boldsymbol{X}(k+1) = \boldsymbol{\Phi}_i \boldsymbol{X}(k) + \boldsymbol{B}_i \boldsymbol{u}(k) + \boldsymbol{\Gamma}_i \boldsymbol{w}(k) \\ \boldsymbol{Z}(k) = \boldsymbol{H}_i \boldsymbol{X}(k) + \boldsymbol{v}(k) \end{cases} \tag{8-48}$$

2）基于上述 M 个模型，采用 M 个并行工作的滤波器对目标状态进行估计。

3）基于输出残差信息，采用假设检验算法计算各滤波器的权值，并对所有滤波器的估计值进行加权融合得到总体状态估计值。

其中假设检验算法是利用残差信息衡量多模型估计中各个滤波器与实际系统相匹配程度的有效方法。为了从残差信号中评估和提取故障信息，检验算法应当连续监测残差信号的变化以实时衡量各模型的匹配程度。当其中某个滤波器的输出与真实系统输出能够很好地匹配时，其残差可以认为符合零均值高斯分布的假设，则残差信号的协方差矩阵为：

$$\boldsymbol{\psi}_{m,k} = \boldsymbol{H}_{m,k} \boldsymbol{P}_{m,k|k-1} \boldsymbol{H}_{m,k}^{\mathrm{T}} + \boldsymbol{R}_m \tag{8-49}$$

式中，下标 m 表示基于第 m 个模型滤波器；$\boldsymbol{P}_{m,k|k-1}$ 为状态估计先验误差协方差矩阵；在历史观测序列 $\boldsymbol{Z}(t_{k-1}) = \left[z^{\mathrm{T}}(t_1), \cdots, z^{\mathrm{T}}(t_{k-1})\right]$ 与模型参数矢量 $\boldsymbol{a} = \boldsymbol{a}_m$ 的条件下，第 m 个滤波器对应 t_k 时刻测量值为 $z(t_k)$ 的条件概率密度函数可以表示为

$$f_{z(k)|a,Z(k-1)}\left(z_k \mid a_m, Z_{k-1}\right) = \beta_m \exp(\circ) \tag{8-50}$$

$$\begin{cases} \beta_m = \dfrac{1}{(2\pi)^{\frac{l}{2}} |\psi_m(k)|^{\frac{1}{2}}} \\ (\circ) = -\dfrac{1}{2} r_m^{\mathrm{T}}(k) \psi_{m,k}^{-1} r_m(k) \end{cases} \tag{8-51}$$

式中，l 为观测量的维度；r_m 为第 m 个滤波器的残差，$r(k) = z(k) - \hat{y}_{k|k-1}$。

进一步，定义评价第 n 个模型滤波器的归一化条件概率（或者称为权值）表示为

$$p_m(k) = \dfrac{f_{z(k)|a,Z(k-1)}\left(z_k \mid a_m, Z_{k-1}\right) p_m(k-1)}{\displaystyle\sum_{j=1}^{M} f_{z(k)|a,Z(k-1)}\left(z_k \mid a_j, Z_{k-1}\right) p_j(k-1)} \tag{8-52}$$

式中，p_j 为第 j 个模型对应的概率。

　　需要注意，假设的残差信号分布往往与实际应用条件下的不同，所计算得到的条件概率并非严格意义上真实的概率，不过此概率能够很好地描述各个模型对真实系统的匹配程度，因此能够作为评估各个模型的一种有效手段。另外，当某个滤波器与系统输出匹配时，其概率将收敛至 1，其他滤波器概率将趋近于 0。在实际应用的过程中，由于数值计算的精度限制，接近于 0 的数值会被近似等于 0，所以在后续计算中对应滤波器的条件概率将始终为 0，从而失去对故障的响应能力。因此在实际应用的过程中，需要对每个滤波器的概率设置下界。

　　基于 MMAE 的故障诊断方法框架如图 8-59 所示。针对不同的故障状态能够设计多个模型来进行准确描述。当采样得到的系统输入同时输入到这一系列并联的滤波器时，每个滤波器都将给出特定故障状态对应的输出，并根据与实际系统输出的误差进行状态的测量更新。当某个滤波器的输出能够很好地与实际系统输出匹配时，通过残差信息检验方法后的权值将很高，因此可以认为系统处于该滤波器所对应的故障状态。在文献 41 中，MMAE 框架已被证实能够实时、有效地检测和诊断电池过充电或过放电故障。

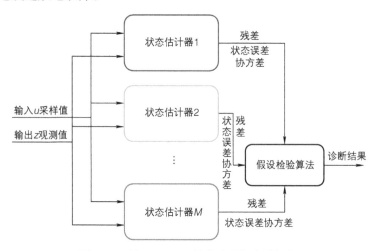

图 8-59　基于 MMAE 的故障诊断方法框架

电池一阶 RC 等效电路模型的离散状态空间方程如下：

$$\begin{cases} \boldsymbol{x}_{k+1} = \begin{bmatrix} 1 & 0 \\ 0 & \exp\left(-\dfrac{\Delta t}{\tau_1}\right) \end{bmatrix} \boldsymbol{x}_k + \begin{bmatrix} 0 \\ R_1\left[1-\exp\left(-\dfrac{\Delta t}{\tau_1}\right)\right] \end{bmatrix} u_k + \boldsymbol{w}_k \\ y_k = \begin{bmatrix} 1 & -1 \end{bmatrix} \boldsymbol{x}_k + \begin{bmatrix} -R_0 \end{bmatrix} u_k + v_k \end{cases} \quad (8\text{-}53)$$

式中，$\boldsymbol{x}_k=[U_{OCV,k}\ U_{1,k}]^T$ 是状态变量；系统输入 $u_k=I_k$；系统输出 $y_k=U_{t,k}$，其中 $U_{1,k}$ 为

极化电压；$\tau_1=R_1C_1$ 为时间常数；w 和 v 分别为过程噪声和测量噪声。

一阶 RC 等效电路模型如图 8-60 所示。对于过充电损伤诊断，则需要分别基于正常电池与过充电损伤后的电池特性测试数据进行模型的参数辨识，进而构建参数不同的等效电路模型。

考虑到处于故障状态下的电池 OCV-SOC 关系可能发生较大变化，这里选取 OCV 作为状态变量，且认为 OCV 在一个采样步长内变化很小，与上一时刻相同。基于此状态空间方程，便能够利用滤波器实现状态估计并进一步达到故障诊断的目的。

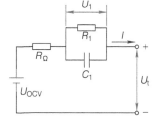

图 8-60　一阶 RC 等效电路模型

8.6.2　基于多模型的故障诊断方法对比仿真

基于滤波器的多模型故障诊断方法，可以避免由于初始条件的错误或者未知干扰而导致的故障信息缺失，从而提高该故障诊断方法的鲁棒性。文献 41，43，44 在对锂离子电池进行故障诊断时引入了各类滤波器。研究结果表明，各类滤波器在故障诊断过程中对噪声的抑制具有很强的鲁棒性，有利于提高故障诊断的准确性。本节主要通过仿真对比卡尔曼滤波器、强跟踪卡尔曼滤波器和 H 无穷滤波器对多模型故障诊断方法准确性的影响，其中模型选用一阶 RC 模型。

1. 卡尔曼滤波器（Kalman Filter，KF）

KF 由 R.E. Kalman 于 1960 年提出，作为一种最优化自回归数据处理算法用以解决离散数据点的线性滤波问题。其原理是对动态系统的状态做出最小方差意义上的最优估计，即要求最优状态估计值最为逼近真实值，目前被应用于包括自主导航或辅助导航领域在内的各个领域。

离散的线性时不变随机系统模型可以表示为

$$\begin{cases} \boldsymbol{x}_{k+1} = \boldsymbol{A}\boldsymbol{x}_k + \boldsymbol{B}\boldsymbol{u}_k + \boldsymbol{w}_k \\ \boldsymbol{y}_k = \boldsymbol{H}\boldsymbol{x}_k + \boldsymbol{v}_k \end{cases} \tag{8-54}$$

式中，x 为系统的状态量；y 为系统的输出量；u 为系统的输入量；矩阵 A、B 和 H 分别为系统的系统矩阵、输入矩阵和测量矩阵；w 和 v 分别是过程噪声和测量噪声。

需注意，在卡尔曼滤波的假设中，过程噪声及测量噪声均为零均值白噪声且互不相关。

对此，卡尔曼滤波利用了时间更新和测量更新两个过程，实现状态估计，迭代公式如下：

时间更新：

$$\begin{cases} \hat{\boldsymbol{x}}_{k|k-1} = \boldsymbol{A}\hat{\boldsymbol{x}}_{k-1|k-1} + \boldsymbol{B}\boldsymbol{u}_{k-1} \\ \boldsymbol{P}_{k|k-1} = \boldsymbol{A}\boldsymbol{P}_{k-1|k-1}\boldsymbol{A}^{\mathrm{T}} + \boldsymbol{Q} \end{cases} \tag{8-55}$$

测量更新：

$$\begin{cases} \boldsymbol{K}_k = \boldsymbol{P}_{k|k-1}\boldsymbol{H}^{\mathrm{T}}(\boldsymbol{H}\boldsymbol{P}_{k|k-1}\boldsymbol{H}^{\mathrm{T}}+\boldsymbol{R})^{-1} \\ \hat{\boldsymbol{x}}_{k|k} = \hat{\boldsymbol{x}}_{k|k-1} + \boldsymbol{K}_k(\boldsymbol{z}_k - \boldsymbol{H}\hat{\boldsymbol{x}}_{k|k-1}) \\ \boldsymbol{P}_{k|k} = (\boldsymbol{I}-\boldsymbol{K}_k\boldsymbol{H})\boldsymbol{P}_{k|k-1} \end{cases} \qquad (8\text{-}56)$$

式中，$\hat{\boldsymbol{x}}_{k|k-1}$ 为时间更新估计值；$\hat{\boldsymbol{x}}_{k|k}$ 为测量更新估计值；$\boldsymbol{z}_k$ 为观测量；$\boldsymbol{P}_{k|k-1}$ 为时间更新状态误差协方差矩阵；$\boldsymbol{P}_{k|k}$ 为测量更新状态误差协方差矩阵；$\boldsymbol{K}_k$ 为增益矩阵；$\boldsymbol{Q}$ 和 $\boldsymbol{R}$ 分别为过程噪声协方差矩阵和测量噪声协方差矩阵；$\boldsymbol{I}$ 为单位矩阵。

通过上述迭代公式，便可实现卡尔曼滤波过程，从而对系统状态进行估计。

2. 强跟踪卡尔曼滤波器（Strong Tracking Kalman Filter, STKF）

对于实际工程应用中的状态估计问题，由于描述系统的线性化模型过度简化、系统过程噪声统计特征提取不准确、系统运行时系统内部参数发生改变等情况，传统的卡尔曼滤波对模型的不确定性的鲁棒性较差，上述情况都将严重劣化其估计效果。当系统趋于平稳状态时，传统卡尔曼滤波的增益也将趋近于一个较小的值，假设此时模型精度不足或者系统内部参数发生了一定的变化，算法将难以及时响应，进而失去对系统的跟踪能力。为此，STKF 通过引入次优渐消因子以弱化老数据的影响，进一步提高对于模型不确定的鲁棒性以及对系统的跟踪性能。

对于离散系统，强跟踪卡尔曼滤波同样可以被描述为由时间更新和测量更新两个过程构成。但与传统卡尔曼滤波不同的是，STKF 对状态的先验估计误差协方差矩阵的时间更新进行了改进。具体的迭代计算流程如下：

时间更新：

$$\begin{cases} \hat{\boldsymbol{x}}_{k|k-1} = \boldsymbol{A}\hat{\boldsymbol{x}}_{k-1|k-1} + \boldsymbol{B}\boldsymbol{u}_{k-1} \\ \boldsymbol{P}_{k|k-1} = \boldsymbol{\Lambda}_k\boldsymbol{A}\boldsymbol{P}_{k-1|k-1}\boldsymbol{A}^{\mathrm{T}} + \boldsymbol{Q} \end{cases} \qquad (8\text{-}57)$$

式中，$\boldsymbol{\Lambda}_k$ 为次优渐消因子矩阵。

基于信息序列的正交原理，计算时变渐消因子可以归结为一个无约束的多元非线性规划问题。近似计算如下：

$$\boldsymbol{e}_k = \boldsymbol{z}_k - \boldsymbol{H}\hat{\boldsymbol{x}}_{k|k-1} \qquad (8\text{-}58)$$

$$\boldsymbol{V}_k = \begin{cases} \boldsymbol{e}_1\boldsymbol{e}_1^{\mathrm{T}}\,(k=1) \\ \dfrac{\rho\boldsymbol{V}_{k-1}+\boldsymbol{e}_k\boldsymbol{e}_k^{\mathrm{T}}}{1+\rho}\,(k>1) \end{cases} \qquad (8\text{-}59)$$

$$\boldsymbol{N}_k = \boldsymbol{V}_k - \beta\boldsymbol{R} - \boldsymbol{H}\boldsymbol{Q}\boldsymbol{H}^{\mathrm{T}} \qquad (8\text{-}60)$$

$$\boldsymbol{M}_k = \boldsymbol{A}\boldsymbol{P}_{k-1|k-1}\boldsymbol{A}^{\mathrm{T}}\boldsymbol{H}^{\mathrm{T}}\boldsymbol{H} \qquad (8\text{-}61)$$

$$c_k = \frac{\text{trace}(N_k)}{\sum_{i=1}^{n} \alpha_i M_{ii,k}} \tag{8-62}$$

$$\lambda_{i,k} = \begin{cases} \alpha_i c_k & (\alpha_i c_k > 1) \\ 1 & (\alpha_i c_k \leq 1) \end{cases} \tag{8-63}$$

$$\boldsymbol{\Lambda}_k = \text{diag}\begin{bmatrix} \lambda_1 & \lambda_1 & \cdots & \lambda_n \end{bmatrix} \tag{8-64}$$

式中，trace 为求矩阵的迹；$\rho \in [0,1]$ 为遗忘因子，通常取 0.95；$\beta \geq 1$ 为一个选定的弱化因子，引入弱化因子的目的是让状态估计值更加平滑；$\alpha_i \geq 1(i=1,2,\cdots,n)$ 是对于每个状态预先设定的比例系数，若已知某个状态易于突变，则可相应地增大 α_i，当没有先验知识时可取 $\alpha_i = 1$；n 为状态维数；$M_{ii,k}$ 表示 k 时刻对应的 $\boldsymbol{M}$ 矩阵第 i 行第 i 列的元素，即对角线上第 i 个元素。

测量更新：

$$\begin{cases} \boldsymbol{K}_k = \boldsymbol{P}_{k|k-1} \boldsymbol{H}^{\mathrm{T}} (\boldsymbol{H} \boldsymbol{P}_{k|k-1} \boldsymbol{H}^{\mathrm{T}} + \boldsymbol{R})^{-1} \\ \hat{\boldsymbol{x}}_{k|k} = \hat{\boldsymbol{x}}_{k|k-1} + \boldsymbol{K}_k (\boldsymbol{z}_k - \boldsymbol{H} \hat{\boldsymbol{x}}_{k|k-1}) \\ \boldsymbol{P}_{k|k} = (\boldsymbol{I} - \boldsymbol{K}_k \boldsymbol{H}) \boldsymbol{P}_{k|k-1} \end{cases} \tag{8-65}$$

3. H 无穷滤波器（H Infinity Filter, HIF）

尽管卡尔曼滤波是解决随机系统状态估计问题的一种有效手段，但由于卡尔曼滤波对系统过程噪声和测量噪声有着较严格的假设，且噪声的统计特性需要是已知的。但在实际工程应用中，通常难以获得噪声的统计特性，因此需要反复对算法进行调试。为处理建模误差和噪声不确定性，提高状态估计的鲁棒性，HIF 被引入。

基于上述离散线性系统，引入代价函数 J，定义如下：

$$J_1 = \frac{\sum_{k=0}^{N-1} \|\boldsymbol{x}_k - \hat{\boldsymbol{x}}_k\|_{S_k}^2}{\|\boldsymbol{x}_0 - \hat{\boldsymbol{x}}_0\|_{P_0^{-1}}^2 + \sum_{k=0}^{N-1} \left(\|\boldsymbol{w}_k\|_{Q_k^{-1}}^2 + \|\boldsymbol{v}_k\|_{R_k^{-1}}^2 \right)} \tag{8-66}$$

式中，$\boldsymbol{P}_0$、$\boldsymbol{Q}_k$、$\boldsymbol{R}_k$ 及 $\boldsymbol{S}_k$ 的定义与上述卡尔曼滤波中的定义存在一定差异，这四个参数矩阵均为根据指定问题而定义的对称正定阵。

通常，$\boldsymbol{P}_0$、$\boldsymbol{Q}_k$ 及 $\boldsymbol{R}_k$ 被分别设计为初始状态误差、过程噪声以及测量噪声协方差阵；$\boldsymbol{S}_k$ 则根据设计者对各个状态变量的重视程度进行设计，例如某个状态变量重视度较高，则 $\boldsymbol{S}_k$ 中该状态所对应的元素值越大。HIF 估计可以看作是在状态估计精度和噪声干扰之间的博弈，在寻求平衡的同时使代价函数最小，进而保证估计精度及鲁棒性。

一般情况下，直接最小化 J_1 难度较大，因此引入性能边界 θ，在估计过程中保

证 $J_1 < 1/\theta$。在求解过程中代价函数 $J_1 < 1/\theta$ 的递推关系如下：

$$\begin{cases} \boldsymbol{K}_k = \boldsymbol{P}_k \left(\boldsymbol{I} - \theta \boldsymbol{S}_k \boldsymbol{P}_k + \boldsymbol{H}^{\mathrm{T}} \boldsymbol{R}^{-1} \boldsymbol{H} \boldsymbol{P}_k \right)^{-1} \boldsymbol{H}^{\mathrm{T}} \boldsymbol{R}^{-1} \\ \hat{\boldsymbol{x}}_{k+1} = \boldsymbol{A}\hat{\boldsymbol{x}}_k + \boldsymbol{A}\boldsymbol{K}_k \left(\boldsymbol{z}_k - \boldsymbol{H}_k \hat{\boldsymbol{x}}_k \right) + \boldsymbol{B}\boldsymbol{u}_k \\ \boldsymbol{P}_{k+1} = \boldsymbol{A}\boldsymbol{P}_k \left(\boldsymbol{I} - \theta \boldsymbol{S}_k \boldsymbol{P}_k + \boldsymbol{H}^{\mathrm{T}} \boldsymbol{R}^{-1} \boldsymbol{H} \boldsymbol{P}_k \right)^{-1} \boldsymbol{A}^{\mathrm{T}} + \boldsymbol{Q} \end{cases} \tag{8-67}$$

与 KF 一样，HIF 可被分为时间更新和测量更新两个过程：
时间更新：

$$\begin{cases} \hat{\boldsymbol{x}}_{k|k-1} = \boldsymbol{A}\hat{\boldsymbol{x}}_{k-1|k-1} + \boldsymbol{B}\boldsymbol{u}_{k-1} \\ \boldsymbol{P}_{k|k-1} = \boldsymbol{A}\boldsymbol{P}_{k-1|k-1}\boldsymbol{A}^{\mathrm{T}} + \boldsymbol{Q} \end{cases} \tag{8-68}$$

测量更新：

$$\begin{cases} \boldsymbol{K}_k = \boldsymbol{P}_{k|k-1} \left(\boldsymbol{I} - \theta \boldsymbol{S}_k \boldsymbol{P}_{k|k-1} + \boldsymbol{H}^{\mathrm{T}} \boldsymbol{R}^{-1} \boldsymbol{H} \boldsymbol{P}_{k|k-1} \right)^{-1} \boldsymbol{H}_k^{\mathrm{T}} \boldsymbol{R}^{-1} \\ \hat{\boldsymbol{x}}_{k|k} = \hat{\boldsymbol{x}}_{k|k-1} + \boldsymbol{K}_k \left(\boldsymbol{z}_k - \boldsymbol{H}\hat{\boldsymbol{x}}_{k|k-1} \right) \\ \boldsymbol{P}_{k|k} = \boldsymbol{P}_{k|k-1} \left(\boldsymbol{I} - \theta \boldsymbol{S}_k \boldsymbol{P}_{k|k-1} + \boldsymbol{H}^{\mathrm{T}} \boldsymbol{R}^{-1} \boldsymbol{H} \boldsymbol{P}_{k|k-1} \right)^{-1} \end{cases} \tag{8-69}$$

需要指出的是，STKF 及 HIF 中的 $\boldsymbol{P}$ 将不再表示状态估计误差协方差矩阵，这里通过下式对协方差矩阵进行迭代更新：

$$\begin{cases} \boldsymbol{P}_{k|k-1} = \boldsymbol{A}\boldsymbol{P}_{k-1|k-1}\boldsymbol{A}^{\mathrm{T}} + \boldsymbol{Q} \\ \boldsymbol{P}_{k|k} = \left(\boldsymbol{I} - \boldsymbol{K}_k \boldsymbol{H} \right) \boldsymbol{P}_{k|k-1} \left(\boldsymbol{I} - \boldsymbol{K}_k \boldsymbol{H} \right)^{\mathrm{T}} + \boldsymbol{K}_k \boldsymbol{R} \boldsymbol{K}_k^{\mathrm{T}} \end{cases} \tag{8-70}$$

4. 仿真分析

通过等效电路模型，对过充电损伤条件下的电池进行仿真。向模型中加载图 8-61 所示的动态应力测试（DST）电流工况，通过调整模型参数来模拟电池过充电损伤后的情况。在仿真进行至 1000s 处，将模型参数切换至过充电损伤后的模型参数（基于某款三元电池在经历过充电后的特性试验数据），并最终获得图 8-62 所示的电压仿真数据。

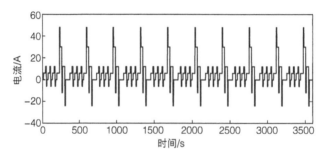

图 8-61 DST 电流工况

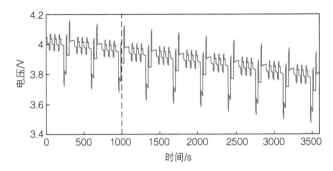

图 8-62 过充电损伤条件下的电压仿真数据

可以看出，整个仿真过程被划分为两个阶段，在 I 阶段中电池处于正常运行，而 1000s 后的 II 阶段中，则仿真的是过充电损伤后的电池；进而将电流及仿真所得电压数据输入与基于多模型估计的过充电损伤诊断方法中，分析诊断方法的可行性。需要指出的是，在电流电压数据输入诊断方法前，向其中加入了在 (−10,10) mA 和 (−1,1) mV 区间内均匀分布的噪声，以模拟传感器噪声。

图 8-63~ 图 8-65 分别给出了不同滤波器（KF、STKF 及 HIF）基于多模型估计的诊断结果。结果表明，无论应用何种滤波器，都能在过充电损伤发生时提供正确的诊断结果。从电压残差的结果可以看出，当过充电损伤发生时（1200s），对应的损伤模型的残差显著减小。此外，损伤模型的概率向 1 收敛，而正常模型的概率则向 0 收敛，提示了损伤的发生。具体来说，STKF 的结果与 KF 和 HIF 的结果有明显差异。图 8-64 所示模型概率的结果显示了，STKF 的强跟踪特性使得其对故障的敏感性减弱，与其他滤波器相比的检测延迟，然而 STKF 的使用可能会处理由于建模不准确而导致的误诊。图 8-63 和图 8-65 表明，HIF 的结果与 KF 相似，但考虑到 HIF 在鲁棒性方面更具潜力，在后续实验验证中选用 HIF。

总而言之，基于多模型估计的过充电损伤诊断方法的可行性在仿真条件下得到了验证，但仿真条件较为理想，基本忽略了模型精度等因素的影响。该方法在实际应用场景中的可行性仍需开展进一步的验证工作。

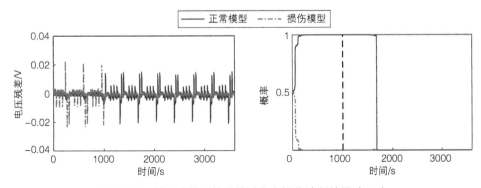

图 8-63 基于多模型估计的过充电损伤诊断结果（KF）

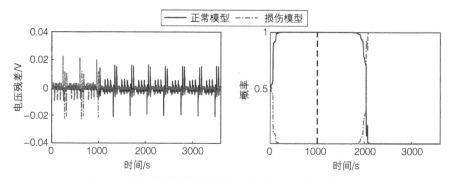

图 8-64 基于多模型估计的过充电损伤诊断结果（STKF）

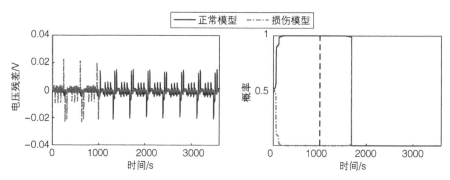

图 8-65 基于多模型估计的过充电损伤诊断结果（HIF）

8.6.3 基于多模型的故障诊断方法实验验证

通过不同滤波器的对比研究可以发现，KF 与 HIF 具有较好的诊断结果，而 HIF 具有更好的鲁棒性潜质，适合在实际统计噪声特性未知或系统具有不确定性时使用，故本节选择 HIF 作为基于多模型的故障诊断的滤波方法进行实验验证。使用过充电损伤后电池和正常电池进行脉冲电流测试（脉冲测试工况见图 8-66）。图 8-67 给出了一阶 *RC* 中欧姆电阻的辨识结果，可以看出在不同 SOC 下，正常电池与损伤电池的内阻差异大小有所变化。进一步，在 SOC 为 100%、60% 和 20% 的三种情况下，对诊断方法进行了验证，结果如图 8-68~图 8-70 所示。

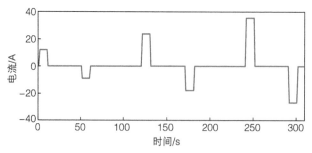

图 8-66 脉冲电流测试工况（放电为正）

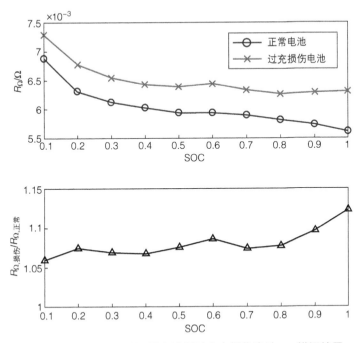

图 8-67　不同 SOC 下正常电池及过充电损伤电池 R_Ω 辨识结果

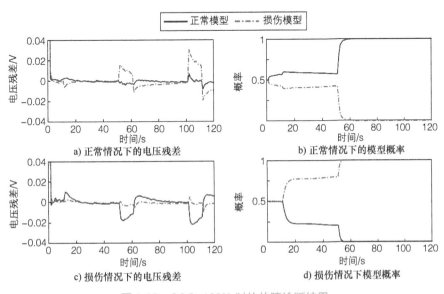

图 8-68　SOC=100% 时的故障诊断结果

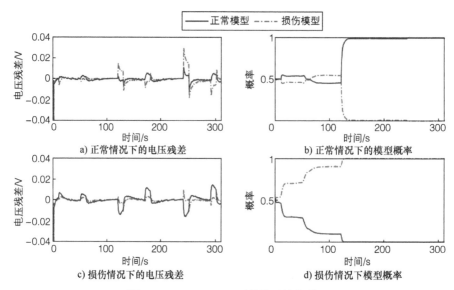

图 8-69　SOC=60% 时的故障诊断结果

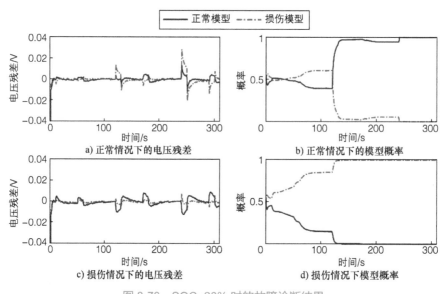

图 8-70　SOC=20% 时的故障诊断结果

　　图 8-68~ 图 8-70 中，图 a 表示正常电池在脉冲电流工况下正常模型及损伤模型估计的端电压残差，图 b 表示正常电池在脉冲电流工况下正常模型及损伤模型的匹配程度，图 c、d 则是过充电后损伤电池的端电压残差结果和模型匹配程度。

　　电流脉冲越剧烈，故障判断收敛速度越快，这是因为脉冲电流越大时电压残差区分越明显，模型匹配概率区分度更大，故障诊断效果更显著。在电池 SOC 较高的情况下，故障诊断收敛迅速。这是因为在 SOC 较大时，损伤电池与正常电池内阻的差异更大，两模型电压残差的差异较大，模型匹配概率的区分度更大，故障诊断效果更显著。总体来说，在不同 SOC 下，实验结果证明了所提出的故障诊断策略能够快速、准确地识别损伤电池。为保证诊断准确性，建议在损伤电池与正常电池的阻抗差异较大的区间进行诊断。

8.7 锂离子电池组热安全防护仿真分析

除了关注预警与诊断方面，锂离子电池组的热安全防护也同样不容忽视。而电池箱作为保护电池系统的装置，其防护设计就显得尤为重要。在受限的空间中，电池箱需要有强度、刚度、散热、防水、绝缘等设计要求。本章结合电池模组的热仿真分析，构建了一种结合隔热板和液冷的电池模组的热安全防护模型，并进行了热仿真分析。

8.7.1 阻燃板防护分析

1. 模型建立

在电池热失控的情况下，电池的温度在热失控触发后会快速上升到160℃以上的高温。减轻锂离子电池热失控的措施主要有三方面：提高电池组的抗热失控能力以及热稳定性；建立完善的热失控预警系统；防止热失控的二次伤害。在减轻锂离子电池热失控措施的后两个方面，电池箱的设计都会起到作用。其中，对于防止热失控的二次伤害，在电池之间添加阻燃板是一种简便且有效的防止热失控扩散的方式。热失控在蔓延上主要有传热、传电连接和喷出物起火三个直接因素，本章建模时只考虑传热因素。

常用阻燃材料导热系数的取值见表 8-18，阻燃板模型中选取导热系数为 0.03W/(m·K)。模型中设置阻燃板的厚度为1mm，面积与电池面积相同。在本模型的建立过程中未考虑电池之间的间隙。在带散热板的模组模型基础上添加阻燃板，建立了带阻燃板的热失控扩散模型，并进行仿真分析。模型几何如图 8-71 所示，每个电池单体两边都带有散热板，不同单体相邻的散热板之间添加阻燃板。模型中设置其中一个单体发生热失控。

表 8-18 常用阻燃材料导热系数

名称	导热系数 /[W/(m·K)]
硬质聚氨酯泡沫塑料 (PUR)	≤ 0.027
酚醛泡沫防火保温板 (PF)	<0.025
聚氨酯泡沫	0.022~0.033
聚乙烯泡沫塑料 (PE)	≤ 0.037
无机纤维喷涂	0.04

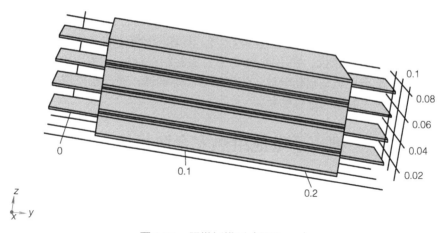

图 8-71 阻燃板模型（单位：m）

2. 仿真分析

按照自下往上的顺序，将电池单体分别命名为电池 1~4。模型中设置电池 3 在过充电滥用条件下发生了热失控。为了对比分析，针对带散热板的热失控扩散模型和带阻燃板的热失控扩散模型都进行了热仿真，其结果如图 8-72 和图 8-73 所示。

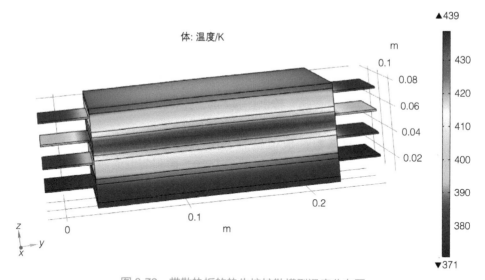

图 8-72 带散热板的热失控扩散模型温度分布图

从图 8-72 仿真表明，电池 3 最高达到 165℃的高温，发生热失控时，其平均温度达到 157℃。与此同时，由于热传导的因素，电池 3 的热量传递到了其他三个单体，电池 1、2、4 最终的平均温度分别达到 111℃、132℃、131℃。从第 7 章的仿真结果可以看出，电池在达到 80℃以后，SEI 膜就开始分解，因此可以推判在电池 3 触发热失控后，由于热量的传导最终导致电池 1、2、4 都发生了热失控，造成了电池组热失控蔓延。

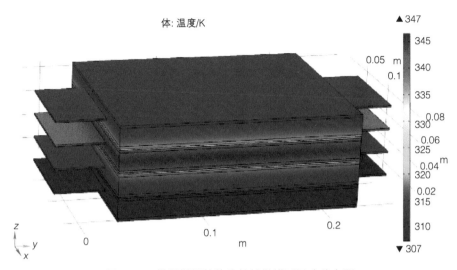

图 8-73　带阻燃板的热失控扩散模型温度分布图

图 8-73 显示了添加了阻燃板后，电池 3 触发热失控后的温度分布。相比于图 8-72 中的热失控扩散，添加了阻燃板之后，完全避免了电池组热失控蔓延。图 8-74 所示为单体 1~3 的平均温度温升，分别升高到 36℃、50℃和 140℃。为了具体显示电池中是否发生热失控，选取了副反应中对热失控贡献较大的负极材料和电解质的反应中负极材料相对余量绘制了图 8-75。图 8-75 中，电池 3 发生了负极和电解质的反应而电池 1 和 2 完全没有。

由上述两个模型的对比可以得出，阻燃板可以有效防止因热传导导致的热失控的扩散，避免了热失控的蔓延。

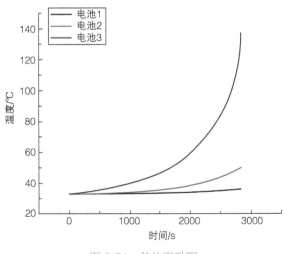

图 8-74　单体温升图

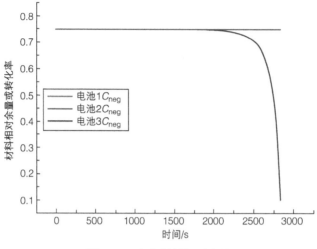

图 8-75　负极材料相对余量

8.7.2　防护模型建立及分析

电池系统长时间大负荷的运行过程相对于正常的单次充电过程会放出大量的热量。为了保证电池系统的安全以及寿命，必须对电池箱进行散热设计。在散热方式中，液冷的效果明显优于加散热板。同时添加液冷的电池模组可以显著延缓热失控触发时间，这给热失控的预警提供了更多的时间。基于此，在建立的防护模型中选取了液冷散热方式。本节建立了一种热防护模型，并仿真了其在 1C 放电过程中的生热以及模型在热失控扩散中的作用。

1. 模型建立

在液冷模组模型的基础上，在单体之间都添加了阻燃板，导热系数和阻燃板的选择和上一节相同。如图 8-76 所示，每个单体都被导热板包裹，通过导热板将热量传输给冷却板，再通过流道中的水将冷却板中的热量带走。在模型设置过程中，首先设置了电池模组在 1C 倍率放电下的模型；为研究热失控扩散的防护，分别在电池模组最侧面和中间设置了 3 个在过充滥用情况下的热失控单体。为了更好地观察电池内部的温度分布，设置了切面图来更直观地反映出电池模组内部的温度分布情况。

2. 仿真分析

图 8-77～图 8-80 展示了防护模型在 1C 倍率放电下的生热情况和电压特性。整个过程中电池平均温度的温升在 1℃ 以内，电池模组在每个时刻各个部位的温差不超过 1℃。从图 8-77 和图 8-78 可以看出，靠近冷却板的部位温度比较低。温升曲线中，电池温度的下降是由于化学反应吸热，总体的温度分布均匀。

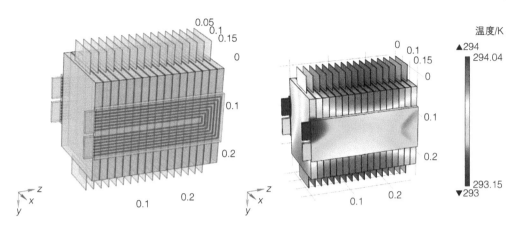

图 8-76　防护模型（单位：m）　　　　　　图 8-77　1C倍率放电温度分布图（单位：m）

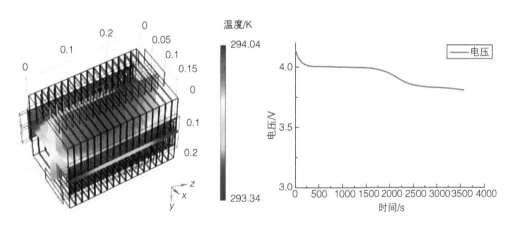

图 8-78　1C 倍率放电温度分布切面图（单位：m）　　　图 8-79　1C 倍率放电电压曲线

如图 8-81~图 8-84 所示，在锂离电池模组最外侧 3 个电池发生热失控的情况下，热失控电池温度达到 140℃以上。图 8-82 所示为未添加阻燃板的情况下，部分电池热失控扩散温度分布图。以 80℃的自产热温度为界限，由于外侧电池的热失控导致了邻近的 6 个电池达到自产热起始温度，而存在热失控风险。而且可以预见的是，热失控还会进一步向左蔓延直至整个模组发生热失控。在添加了阻燃板之后，热失控电池的温度达到 170℃以上，距离热失控单体最近的单体温度升高到 40℃，距离最远的单体温度升高到 35℃。结合图 8-83 所示的温度分布切面图可以看出，加阻燃板后可以有效地将电池热失控产生的大量副反应生热限制在已经发生热失控的电池内，防止热量向周围扩散造成电池热失控的蔓延。

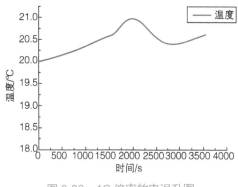

图 8-80　1C 倍率放电温升图

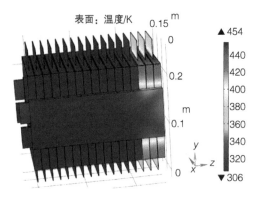

图 8-81　添加阻燃板热失控扩散温度分布

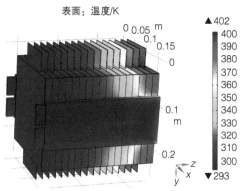

图 8-82　未添加阻燃板热失控扩散温度分布

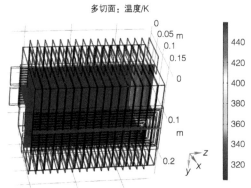

图 8-83　添加阻燃板温度分布切面

　　除了仿真防护模型在最外侧发生热失控，防护模型还仿真了在模组中心发生热失控的情况，最终的对比结果如图 8-85~ 图 8-88 所示。从图 8-86 看出，在电池模组中心触发热失控时，当中心电池热失控温度达到 160℃时，电池模组其他所有单体的温度由于电池单体间的传热都达到了 80℃以上。也就是说，此时整个模组都接近了热失控的触发温度，在很短的时间内整个模组有发生热失控的危险。而添加了阻燃板后，结合图 8-85 和图 8-87，可以发现临近热失控单体的电池温度最高升到 40℃，距离热失控单体最远的电池温度最高升到 36℃，远远低于 80℃的自产热起始温度。因此，添加阻燃板对防止电池模组中心热失控的扩散具有良好的效果。

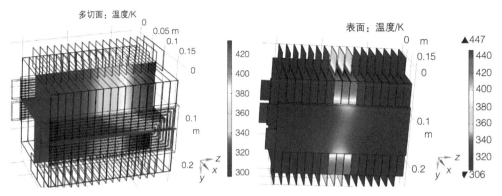

图 8-84 未添加阻燃板温度分布切面　　　　图 8-85 添加阻燃板热失控扩散温度分布

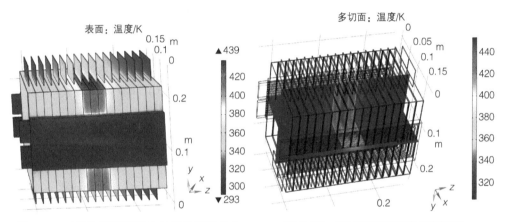

图 8-86 未添加阻燃板热失控扩散温度分布　　　　图 8-87 添加阻燃板温度分布切面

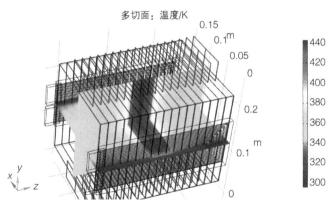

图 8-88 未添加阻燃板温度分布切面

本章以方形铝塑膜电池为研究对象，进行了多种滥用工况环境下的安全性实验，并基于此开展了电池过充电热失控内部机理分析与电热耦合有限元建模。针对锂离子电池的过充电验证了基于多模型估计的电池过充电损伤诊断方法，并提出了全寿命周期下的过充电分级预警策略。主要结论如下：

1）进行了高温实验，过充电实验、高温-过充电耦合、过放电-过充电耦合和不同 SOH 过充电实验。在这些实验过程中，采集记录了大量实验数据。

2）在过充电实验和耦合过充电实验中，电池热量由内部产生，实验过程中内部温度高于表面温度。通过对数据的分析，将电池过充电过程分为多个阶段，分析了每个阶段的电压、温度和阻抗的表现特征。对不同 SOH 的锂离子电池进行过充电热失控实验，通过分析实验结果，将过充电热失控过程根据电池表面温度的温升率分为四个阶段，并详细分析了各阶段对应的热行为。

3）采用弛豫时间分布法（DRT）分析了不同 SOH 锂离子电池的过充电阻抗特性。根据锂离子电池在过充电前后以及不同过充电程度下的 dQ/dV 曲线对应峰值的变化情况，利用容量增量分析法（IC）通过分析内部正负极固相活性电极和电解液中的活性材料损失（LAM）、可用锂量损失（LLI）和电导率损失（LoC）情况，获取不同 SOH 下锂离子电池过充电的化学特性。

4）通过将实验结果与电热耦合模型的仿真结果对比分析，验证了该模型的准确性。模型仿真的温度和电压的结果与实验数据基本吻合，而且可以应用模型来分析内部副反应速率与副反应生热率。

5）基于过充电热失控实验，通过分析实验中不同 SOH 和倍率下热失控表征参数的变化规律，提取特征点，提出了一种过充电安全预警策略。该策略将锂离子电池充电状态分为安全、三级预警、二级预警、一级预警和热失控临界五个阶段，并针对不同阶段给出了相应的安全控制措施。通过过充电电-热耦合模型验证了该策略对抑制热失控发生的有效性。

6）基于过充电后电池特性，使用多模型的方法对电池过充电损伤进行诊断。通过仿真，对比了基于 KF、STKF 和 HIF 的滤波器在多模型估计下的诊断效果，发现 KF 和 HIF 诊断准确且收敛速度较快，STKF 诊断准确但存在一定延迟。最终选用鲁棒性更强的 HIF 滤波器方法进行了实验验证，结果证明所提出的多模型诊断策略能够快速、准确地对过充电损伤电池进行诊断。

7）建立了带散热板的模组热失控扩散模型，其结果说明了阻燃板能有效进行电池组的热安全防护。在此基础上，建立了带液冷的电池模组的热失控扩散模型，仿真分析了包括模组中心的单体发生热失控、模组外侧单体发生热失控另外还对比分析了添加阻燃板对电池热安全防护的效果。

参考文献

[1] FENG X, OUYANG M, LIU X et al. Thermal runaway mechanism of lithium ion battery for electric vehicles: A review[J]. Energy storage materials, 2018, 10: 246-267.

[2] WEN JIANWU, YU YAN, CHEN CHUNHUA. A review on lithium-ion batteries safety issues: existing problems and possible solutions[J]. materials express, 2012, 2（3）: 197-212.

[3] 任东生, 冯旭宁, 韩雪冰, 等. 锂离子电池全生命周期安全性演变研究进展 [J]. 储能科学与技术, 2018,7(6):957-966.

[4] 任可美, 戴作强, 郑莉莉, 等. 锂离子电池热失效机理和致爆时间研究综述 [J]. 电源学报, 2018,16(6):186-193.

[5] 陈天雨, 高尚, 冯旭宁, 等. 锂离子电池热失控蔓延研究进展 [J]. 储能科学与技术, 2018,7(6):1030-1039.

[6] DOUGHTY D, ROTH E P. A general discussion of Li Ion battery safety[J]. Electrochemical society interface, 2012, 21（2）: 37-44.

[7] FINEGAN D P, SCHEEL M, ROBINSON J B et al. Investigating lithium-ion battery materials during overcharge-induced thermal runaway: an operando and multi-scale X-ray CT study[J]. Physical chemistry chemical physics pccp, 2016, 18(45): 30912.

[8] YUAN QINGFENG, ZHAO FENGGANG, WANG WEIDONG et al. Overcharge failure investigation of lithium-ion batteries[J]. Electrochimica Acta, 2015, 178: 682-688.

[9] GUO RUI, LU LANGUANG, OUYANG M et al. Mechanism of the entire overdischarge process and overdischarge-induced internal short circuit in lithium-ion batteries[J]. Scientific reports, 2016, 6: 30248.

[10] 冯旭宁. 车用锂离子动力电池热失控诱发与扩展机理、建模与防控 [D]. 北京: 清华大学, 2016.

[11] MANIKANDAN B, RAMAR V, YAP C et al. Investigation of physico-chemical processes in lithium-ion batteries by deconvolution of electrochemical impedance spectra[J]. Journal of power sources, 2017, 361: 300-309.

[12] GUO JUNLING, DU XINYU, ZHANG XIAOLONG et al. Facile formation of a solid electrolyte interface as a smart blocking layer for high - stability sulfur cathode[J]. advanced materials, 2017, 29（26）: 1700273.

[13] FENG XUNING, PAN YUE, HE XIANGMING et al. Detecting the internal short circuit in large-format lithium-ion battery using model-based fault-diagnosis algorithm[J]. Journal of energy storage, 2018, 18: 26-39.

[14] OHSAKI T, KISHI T, KUBOKI T et al. Overcharge reaction of lithium-ion batteries[J]. Journal of power sources, 2005, 146（1）: 97-100.

[15] FENG X, HE X, LU L. et al. Analysis on the fault features for internal short circuit detection using an electrochemical-thermal coupled model[J]. journal of the electrochemical society, 2018, 165(2): A155-A167.

[16] KAUFFMAN G B. Electrochemical impedance spectroscopy. by Mark E. Orazem and Bernard Tribollet[J]. Angewandte Chemie International Edition, 2010, 48（9）: 1532-1533.

[17] ANDRZEJ L S. Electrochemical impedance spectroscopy and its applications[J]. Modern aspects of electrochemistry, 2002, 32（4）: 143-248.

[18] BARSOUKOV E, MACDONALD R J. Impedance spectroscopy: theory, experiment, and applications[M]. New Jersey: Wiley-Interscience, 2005.

[19] SCHMIDT J P, MANKA D, KLOTZ D et al. Investigation of the thermal properties of a Li-ion pouch-cell by electrothermal impedance spectroscopy[J]. Journal of power sources, 2011, 196(19): 8140-8146.

[20] ZHOU XING, PAN ZHENGQIANG, HAN XUEBING et al. An easy-to-implement multi-point impedance technique for monitoring aging of lithium ion batteries[J]. Journal of power sources, 2019, 417: 188-192.

[21] SCHICHLEIN H, MÜLLER A C, VOIGTS M et al. Deconvolution of electrochemical impedance spectra for the identification of electrode reaction mechanisms in solid oxide fuel cells[J]. Journal of applied electrochemistry, 2002, 32（8）: 875-882.

[22] SONN V, LEONIDE A, IVERS-TIFFÉE E. Combined deconvolution and CNLS fitting approach applied on the impedance response of technical Ni/8YSZ cermet electrodes[J]. Journal of the electrochemical society, 2008, 155（7）: B675.

[23] WAN T H, SACCOCCIO M, CHEN C et al. Influence of the discretization methods on the distribution of relaxation times deconvolution: implementing radial basis functions with DRT tools[J]. Electrochimica acta, 2015, 184: 483-499.

[24] DUBARRY M, SVOBODA V, HWU R, et al. Incremental capacity analysis and close-to-equilibrium OCV measurements to quantify capacity fade in commercial rechargeable lithium batteries[J]. Electrochemical and solid-state letters, 2006, 9（10）: A454.

[25] DUBARRY M, TRUCHOT C, LIAW BOR Y et al. Evaluation of commercial lithium-ion cells based on composite positive electrode for plug-in hybrid electric vehicle applications. Part Ⅱ. Degradation mechanism under 2C cycle aging[J]. Journal of Power Sources, 2011, 196（23）: 10336-10343.

[26] WANG Q S, SUN J H, CHEN C H. Thermal stability of delithiated $LiMn_2O_4$ with electrolyte for lithium-ion batteries[J]. Journal of the electrochemical society, 2007, 154（4）: A263-A267.

[27] DUBARRY M, LIAW BOR Y. Identify capacity fading mechanism in a commercial $LiFePO_4$ cell[J]. Journal of power sources, 2009, 194（1）: 541-549.

[28] SARASKETA-ZABALA E, AGUESSE F, VILLARREAL I. et al. Understanding lithium inventory loss and sudden performance fade in cylindrical cells during cycling with deep-discharge steps[J]. The journal of physical chemistry C, 2015, 119（2）: 896-906.

[29] HATCHARD T D, MACNEIL D D, BASU A. et al. Thermal model of cylindrical and prismatic lithium-ion cells[J]. Journal of the electrochemical society, 2001, 148(7): A755-A761.

[30] BAUER M, GUENTHER C, KASPER M et al. Discrimination of degradation processes in lithium-ion cells based on the sensitivity of aging indicators towards capacity loss[J]. Journal of power sources, 2015, 283: 494-504.

[31] TAN L, ZHANG L, SUN Q N et al. Capacity loss induced by lithium deposition at graphite anode

for LiFePO$_4$/graphite cell cycling at different temperatures[J]. Electrochimica acta, 2013, 111: 802-808.

[32] TSUJIKAWA T, YABUTA K, MATSUSHITA T et al. A study on the cause of deterioration in float-charged lithium-ion batteries using LiMn[sub 2]O[sub 4] as a Cathode Active Material[J]. Journal of The Electrochemical Society, 2011, 158（3）: A322.

[33] CHRISTINA LAMPE-ONNERUD, JIE SHI, RICHARD CHAMBERLAIN, et al.Safety studies of Li-ion key components by ARC[Z].16th annual battery conference on applications and advances.2001:367-373.

[34] GUO R, LU LG, OUYANG M G et al. Mechanism of the entire overdischarge process and overdischarge-induced internal short circuit in lithium-ion batteries[J]. Scientific reports, 2016, 6：30248.

[35] LEE C Y, LEE S J, TANG M S, et al. In situ monitoring of temperature inside lithium-ion batteries by flexible micro temperature sensors[J]. Sensors, 2011, 11（10）: 9942-9950.

[36] WANG Z P, MA J, LEI Z. Finite element termal model and simulation for a cylindrical Li-ion battery[J]. IEEE Access, 2017,（99）: 1.

[37] ZHANG T S, GAO Q , WANG G H et al. Investigation on the promotion of temperature uniformity for the designed battery pack with liquid flow in cooling process[J]. Applied thermal engineering, 2017, 116: 655-662.

[38] NEWMAN J, TIEDEMANN W. Porous-electrode theory with battery applications[J]. Aiche Journal, 21（1）: 25-41.

[39] 贾林 . 基于多模型估计的转子典型故障诊断与参数识别方法研究 [D]. 上海：上海交通大学 , 2013.

[40] 郑勇 . 锂离子电池过充及过放电故障诊断研究 [D]. 西安：长安大学 , 2016.

[41] SIDHU A, IZADIAN A, ANWAR S. Adaptive Nonlinear model-Based fault diagnosis of Li-ion batteries[J]. IEEE Transactions on industrial electronics, 2015, 62（2）: 1002-1011.

[42] MENKE T E, MAYBECK P S. Sensor/actuator failure detection in the Vista F-16 by multiple model adaptive estimation[J]. IEEE Transactions on aerospace and electronic systems, 1995, 31(4): 1218-1229.

[43] WEI J , DONG G , CHEN Z . Model-based fault diagnosis of Lithium-ion battery using strong tracking extended Kalman Filter[J]. Energy procedia, 2018, 158:2500-2505.

[44] JIANG H , LI J , CHAI Z , et al. A comparative study on model-based diagnosis methods of overcharge-induced damage for li-ion battery[Z]// 2020 Chinese Control And Decision Conference (CCDC). 2020.

[45] 彭丁聪 . 卡尔曼滤波的基本原理及应用 [J]. 软件导刊 , 2009, 8（11）: 32-34.

[46] 黄小平 , 王岩 . 卡尔曼滤波原理及应 : MATLAB 仿真 [M]. 北京：电子工业出版社， 2015.

[47] 林鹏峰 . 磷酸铁锂电池建模及其荷电状态估计算法研究 [D]. 成都：西南交通大学 , 2015.

[48] 赵杨 . 基于强跟踪卡尔曼滤波的车用锂离子电池 SOC 估计算法的研究 [D]. 哈尔滨：东北林业大学 , 2016.

[49] 陈敏泽 , 周东华 . 一种基于强跟踪滤波器的自适应故障预报方法 [J]. 上海海运学院学报 ,

2001（3）：35-40.

[50] 熊瑞.动力电池管理系统核心算法 [M].北京：机械工业出版社，2018.

[51] SIMON D. Optimal state estimation: Kalman, H infinity, and nonlinear approaches[M]. New Jersey : John Wiley & Sons, 2006.